# 哲學門

第十九卷（2018年）第一册

总第三十七辑 Vol.19 No 1, 2018
Beida Journal of Philosophy

CSSCI 来源期刊（集刊类）

北京大学出版社
PEKING UNIVERSITY PRESS

图书在版编目(CIP)数据

哲学门.总第三十七辑/仰海峰主编.—北京:北京大学出版社,2019.3
ISBN 978-7-301-30351-1

Ⅰ.①哲… Ⅱ.①仰… Ⅲ.①哲学—文集 Ⅳ.①B-53

中国版本图书馆 CIP 数据核字(2019)第 034757 号

| | |
|---|---|
| 书　　名 | 哲学门(总第三十七辑)<br>ZHEXUE MEN (ZONG DI-SANSHIQI JI) |
| 著作责任者 | 仰海峰　主编 |
| 责任编辑 | 吴　敏 |
| 标准书号 | ISBN 978-7-301-30351-1 |
| 出版发行 | 北京大学出版社 |
| 地　　址 | 北京市海淀区成府路 205 号　100871 |
| 网　　址 | http://www.pup.cn　新浪微博:@北京大学出版社 |
| 电子信箱 | pkuwsz@126.com |
| 电　　话 | 邮购部 010-62752015　发行部 010-62750672　编辑部 010-62757065 |
| 印刷者 | 三河市北燕印装有限公司 |
| 经销者 | 新华书店 |
| | 787 毫米×1092 毫米　16 开本　22.5 印张　346 千字<br>2019 年 3 月第 1 版　2019 年 3 月第 1 次印刷 |
| 定　　价 | 68.00 元 |

未经许可,不得以任何方式复制或抄袭本书之部分或全部内容。
**版权所有,侵权必究**
举报电话:010-62752024　电子信箱:fd@pup.pku.edu.cn
图书如有印装质量问题,请与出版部联系,电话:010-62756370

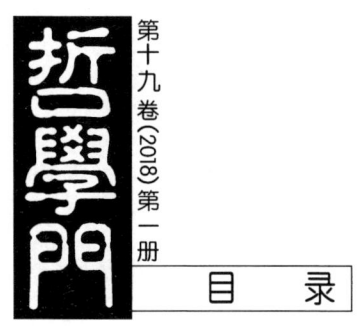

## 目录

**论坛：汉宋经学的流变**

卦象与爻变
——试论虞翻的易学观 ············· 白辉洪/1
试论《潜虚》对《太玄》拟《易》方式的继承与调整 ············· 陈睿超/17
吕大临对《中庸》的诠释及朱子对其的扬弃 ············· 李敬峰/39
吕祖谦的致知学说 ············· 彭　荣/53

**论文**

再论亚里士多德的幸福 ············· 吕纯山/69
《欧德谟伦理学》中的"功能"概念和"功能论证" ············· 魏梁钰/87
神话与梦境：奥克肖特理解政治文明的另类隐喻 ············· 李振东/123
诺斯替主义、科学与现代性
——对布鲁门伯格论题的反思 ············· 高　洋/139
伪装虔敬与共和德性的教养
——试论马基雅维利思想中宗教与共和德性的关系问题 ······ 顾超一/157
"政治人"与历史
——论波考克的公民共和主义 ············· 贺晴川/177
农奴生产方式和俄国资本主义起源
——村社共同体的解体和原始积累 ············· 周巍卫/197
庄子逍遥义辨正 ············· 韩林合/213
求知的界限与生命的涵养
——透过《庄子》看"去知"和"养知"的关系 ············· 邹　蕴/235

"自然"理念的困惑
　　——对晚期阮籍矛盾形象的一种解读 ···················· 林　凯/247
王阳明在"四句教"公案中的思想立场研究
　　——以《〈大学〉问》为中心 ························· 陈　焱/263
从"诚意"到"致良知"
　　——试论阳明"诚意"工夫与朱子之异同 ··············· 陈双珠/279

## 书评：

吴震：《阳明后学研究》（增订本） ························· 邓国元/301
高海波：《慎独与诚意：刘蕺山哲学思想研究》 ··············· 秦晋楠/311
丰子义、郗戈、张梧：《社会发展的全球审视》 ··············· 张茂钰/320
聂锦芳：《滥觞与勃兴——马克思思想起源探究》 ············· 刁超群/331
邹诗鹏：《虚无主义研究》 ································· 郭清飞/338

## 书讯：

(宋)杨时撰，林海权校理：《杨时集》 ···························· /16
(宋)张栻著，杨世文点校：《张栻集》 ···························· /68
〔美〕安乐哲：《儒家角色伦理学：一套特色伦理学词汇》 ············ /138
〔美〕欧内斯特·C.莫斯纳：《大卫·休谟传》 ···················· /156
〔英〕苏珊·詹姆斯：《激情与行动——十七世纪哲学中的情感》 ····· /176
〔英〕大卫·利奥波德：《青年马克思——德国哲学、
　　当代政治与人类繁荣》 ····································· /194
〔美〕詹姆斯·奥康纳：《国家的财政危机》 ························ /195
〔美〕安乐哲：《李泽厚与儒学哲学》 ······························ /278

# Contents

**Forum**

Hexagram Image and Change of the Lines:
    About Yu's Doctrine of *Yi*-logy ·················· Bai Huihong/1
On the Inheritance and Adjustment of *Qianxu* to *Taixuan* in the Mode
    of Imitating *The Book of Changes* ·················· Chen Ruichao/17
Lü Dalin's Interpretation of *Zhongyong* and
    Chuhsi's Sublation with it ·················· Li Jingfeng/39
The Theory of Extending Knowledge of Lü Zuqian ·················· Peng Rong/53

**Articles**

Again on Aristotle's Happiness ·················· Lü Chunshan/69
"Ergon" and "Ergon Argument"
    in Aristotle's *Eudemian Ethics* ·················· Wei Liangyu/87
The Myth and the Dream: Oakeshott's Alternative Metaphor
    to Understand the Political Civilization ·················· Li Zhendong/123
Gnosticism, Science, and Modernity:
    Reflections on Blumenberg's Thesis ·················· Gao Yang/139
Appearing Religious and the Education of Republican Virtue:
    On the Relationship of Religion and Republican Virtue
    in Machiavelli's Thought ·················· Gu Chaoyi/157
Homo Politicus and History:
    On Pocock's Civil Republicanism ·················· He Qingchuan/177
The Production of Serfs and the Origin of Russian Capitalism:
    The Disintegration of Village Community and
    Capital Primitive Accumulation ·················· Zhou Weiwei/197
Clarifications of Zhuangzi's Wandering at Ease ·················· Han Linhe/213

The Limit of Knowledge-seeking and the Cultivation of Life:
   Viewing the Relation between "Knowledge-dispensing"
   and "Knowledge-cultivating" in Light of *Chuang-Tzu* ·········· Zou Yun/235
Confusion on the Idea of Nature: An Interpretation
   on the Contradictory Image of Ruan Ji in His Later Years ······ Lin Kai/247
On Wang Yangming's Standpoint
   in the Case of "Four Precepts" ················································· Chen Yan/263
From "Sincerity" to "Expanding the Knowledge of Good":
   On the Similarities and Differences in "Sincerity"
   between Yangming and Zhu Xi ························· Chen Shuangzhu/279

## Reviews

Wu Zhen, *A Study on Late Yangming School* ················ Deng Guoyuan/301
Gao Haibo, *Vigilance in Solitude and Sincerity of Will:*
   *A Study on the Philosophical Thought of Liu Jishan* ·········· Qin Jinnan/311
Feng Ziyi, Xi Ge, Zhang Wu, *Social Development in the*
   *View of Globalization* ········································· Zhang Maoyu/320
Nie Jinfang, *Origination and Prosperity:*
   *A New Study on the Origin of Marx's Thought* ············ Diao Chaoqun/331
Zou Shipeng, *A Study on Nihilism* ···························· Guo Qingfei/338

## Information

Yang Shi, *The Complete Works of Yang Shi* ······································ /16
Zhang Shi, *The Complete Works of Zhang Shi* ································ /68
Roger T. Ames, *Confucian Role Ethics* ············································ /138
Ernest Campbell Mossner, *The Life of David Hume* ···················· /156
Susan James, *Passion and Action: The Emotions*
   *in Seventeenth-Century Philosophy* ········································· /176
David Leopold, *The Young Karl Marx:*
   *German Philosophy, Modern Politics, and Human Flourishing* ········· /194
James O'Connor, *The Fiscal Crisis of the State* ···························· /195
Roger T. Ames, *Li Zehon and Confucian Philosophy* ······················ /278

# 卦象与爻变
## ——试论虞翻的易学观

白辉洪*

**提　要**：以阴阳卦画为基础的象及其变化是《周易》的基本要素，也是理解《周易》的表达形式及其思想所无法绕开的。作为汉代易学的殿军，后汉虞翻对《周易》中的象、爻有着较为丰富的讨论，其中有不少他自己独到的看法，但往往少为人所关注。然而虞氏易注中的这部分内容是对其易学观或易学思想的表达：虞翻以月体纳甲来理解卦象的成立，以爻来理解卦象之间的变化与关联，而此两者又是对阴阳消息这一基本世界图景的描述。因此，卦象与爻变构成了虞翻对《周易》基本结构的理解，也是其易学观或易学思想的重要概念，复杂的体例则是这一易学思想的具体化。

**关键词**：象　爻　变　乾坤　阴阳　月体纳甲

与其他儒家经典相比，《周易》有着两个颇为显著的特征：以阴阳卦画为基础的象的表达形式，与写作于不同时期的文本层次及其自我解释。而此两者又相互关联："十翼"是对卦爻辞的解释，并与卦爻辞一起解释象，最终揭示其中的"圣人之意"。所谓"人更三圣，世历三古"，在经学家看来，《周易》文本本身就是不同时代圣人或作或述的"层累"或糅合，具有丰富的层次性。因

---

\* 白辉洪，1989年生，华中科技大学哲学系讲师。

此孔颖达《周易正义》卷首有"论重卦之人"和"论卦辞爻辞谁作"两节，胪列诸家，专门讨论这一问题。具体的讨论虽然琐碎，实则反映出对《周易》文本特征的重视。

两汉易学就是在这种文本特征的自觉下，处理辞与象的关系，将象置于辞之上，以辞为线索来理解卦象的变化，由此衍生出纷繁复杂的解易体例。①因此可以说，对卦象及其变化的理解是汉易的基本归止，亦是进入汉易的一把钥匙。在现存汉易诸家中，虞翻易注保存最为完整，尤其是保存了大量关于卦象及其变化的讨论。而现有的研究往往关注其复杂的解易体例，也就仅在易学解释学的领域内进行，对其思想的研究则相对不多②；从文献上看，现有研究集中在虞翻对上下经的注释，对《系辞》以下部分的注释则鲜有关注。本文则首先关注虞翻关于《系辞》的讨论，尤其是其中有关易学基础性问题的讨论，探究其繁复体例背后的易学观的基本面貌，以期对其具体的易学注释有同情之理解。

## 一　八卦与月体纳甲

庖牺创制八卦而为《周易》之始，象也成为《周易》不可或缺的独特之处。又因《系辞》有明言"古者庖牺氏之王天下也……于是始作八卦，以通神明之德，以类万物情"，故而这一点为传统看法所公认。虞翻大致也持这种看法，不过具体之处则有所不同，其于《系辞》"古者庖牺氏之王天下也"一段文字下注云：

> 谓庖牺观鸟兽之文，则天八卦效之。"易有太极，是生两仪，两仪生四象，四象生八卦。"八卦乃四象所生，非庖牺之所造也，故曰"象者，象此者也"。则大人造爻象，以象天卦可知也。而读《易》者咸以为庖牺之时，

---

① 颇值得注意的是，汉易尤其是今文易学往往试图突破辞的限制而直接理解象，例如《易林》、京房的八宫卦，乃至于扬雄的《太玄经》，都可以视作对象的重新安排。但此不在本文讨论之列。
② 从思想的角度来理解虞翻易学的，有王新春教授的《虞翻易学旁通说的哲学内涵》(《哲学研究》2001年第9期)、《虞翻易学"成既济定说"的哲学文化底蕴》(《哲学研究》2009年第6期)、《虞翻易学十二消息说语境下的宇宙大化》(《中国哲学史》2011年第2期)，以及杨淑琼《虞翻〈易〉学研究》(台北：花木兰文化出版社，2008年)等。这些研究都试图将虞翻的解易体例与易学思想统合起来，在方法和研究方向上值得关注和进一步推进。

天未有八卦,恐失之矣。"天垂象,示吉凶,圣人象之",则天已有八卦之象。①

《系辞》本意是言八卦乃庖牺氏所创立,而此处虞翻征引《系辞》其他处的文字,将庖牺始作八卦解释成效法天象,而造出阴阳爻象来表征万物。也即是说,庖牺氏所作的只是爻象这种符号,而这种符号背后的意义及其显现出来的象,则是天本身所有的,庖牺氏仅是取法于彼。这种讲法,实则是在强调《周易》在天道上的根据,圣人之作《易》就被理解成在天道显现之下的取法。在此取法的基础上,一则以天之八卦来象征万物,如《乾》卦九五虞注云"谓若庖牺观象于天,造作八卦,备物致用,以利天下",一则重为六十四卦来表征变化。

而关于所谓天之八卦,虞翻的解释比较复杂,大致有两种方式,一种是月体纳甲,《系辞》"在天成象"注云:

> 谓日月在天成八卦。震象出庚,兑象见丁,乾象盈甲,巽象伏辛,艮象消丙,坤象丧乙,坎象流戊,离象就已,故"在天成象"也。

类似的文字还出现在《坤》卦《彖传》和《系辞》"悬象著明,莫大乎日月"的注文中。另外一种则是"四象生八卦",其注文云:

> 故"四象生八卦",乾坤生春,艮兑生夏,震巽生秋,坎离生冬者也。

这里的"生"当读为"生于"。这种解释在今所有的注文中仅见于此处。相对而言,虞翻更多地使用前一种,并以此作为一种易例来解释经文;后一种则似乎只是为了解释"四象生八卦"一句。张惠言仍以月体纳甲来解释,言"月行至甲乙,而乾坤象见,是'乾坤生乎春'也。月行至丙丁,艮兑象见。月行至庚辛,震巽象见。坎离在中,不可象,日月会于壬癸而坎离象见,故'生乎冬'"②,显然,月之运行、月象变化与四时之间并无直接关联,张氏的解释或许是看到天干与四时之间的关联,但如此则有两个问题,一是八卦与四时之间可以通

---

① 黄奭辑:《虞氏易注》,见《汉学堂经解》,扬州:广陵书社,2004年,第226页。本文所引虞氏易注,主要取于黄奭辑本,并参照《周易集解》(明嘉靖聚乐堂刻本等版本)、张惠言《周易虞氏义》(北京:北京大学出版社,2012年)以及李道平《周易集解纂疏》(北京:中华书局,1994年),以下所引,不再说明。
② 张惠言:《周易虞氏义》,第151页。此外如潘雨廷先生亦如此解释,见氏著《周易虞氏易象释》,上海:上海古籍出版社,2009年,第408页。

过天干相配①,因而完全不需要月体纳甲;二是坎离配戊己在中,如何与壬癸关联起来,是未能解释清楚的。而虞翻的"四象生八卦"本身是以天干为中介来牵合四时与八卦,其中并不需要月体纳甲,其注《系辞》"五位相得而各有合"云:

> "五位"谓五行之位。甲乾、乙坤相得合木,谓"天地定位"也;丙艮丁兑,相得合火,"山泽通气"也;戊坎己离,相得合土,"水火相逮"也;庚震辛巽,相得合金,"雷风相薄"也;壬乾地癸,相得合水,言"阴阳相薄而战于乾",故"五位相得而各有合"。或以一六合水,二七合木,三八合火,四九合金,五十合土也。

这里将八卦纳甲,又将五行与八卦相配,那么八卦与四时的关联呼之欲出。当然,以十天干和五行来配八卦和四方,会出现未能匹配完全的问题,而解决的方法之一,是将乾配甲壬、坤配乙癸,以表示终始之义,比如说京房的纳甲即是如此;四方当中则加入中位。不过虞翻的月体纳甲似乎并非如此:今所见的几处关于月体纳甲的注文当中,虞翻一般言"灭藏于癸"(《坤》卦《象传》注)、"丧灭于癸"(《蹇》卦《象传》注),未见到他明确地以壬、癸配乾、坤。虽然同样是纳甲,京氏纳甲中的八卦阐述乾坤或阴阳的终始之义,而虞氏纳甲中的八卦首先是就月相而言,"二十九日消乙入坤"②,则已无月相可言,因而也就没有乾壬坤癸。对于此种情况,虞翻一般言"日月会北",日月对应的正好是坎离而非乾坤。因此可以说,虞翻的月体纳甲对京氏纳甲做了一些改变,与《周易参同契》也有所不同。③

而虞翻在这里的处理也是值得注意的:"天壬地癸,相得合水。"变言乾坤为天地,使得壬癸及水所代表的北方、冬季被排除出八卦序列,居中位的坎离和土则获得类似于北方、冬季的位置,从而形成乾坤在东配春、艮兑在南配

---

① 上引虞氏月体纳甲即是本于八卦纳甲。四时配天干,《礼记·月令》云:"春其日甲乙,夏其日丙丁,秋其日庚辛,冬其日壬癸,中央其日戊己。"
② 《坤》卦《象传》注文。虞翻也有不同的讲法,如"悬象著明莫大乎日月"注文言"三十日坤象灭乙",一般以为当以"二十九日"为确。
③ 虞翻也并非完全不以壬癸配乾坤,如《归妹》卦《象传》注云"乾主壬,坤主癸,日月会北"以及"阴终坤癸",《说卦》注云"万物成始于乾甲,成终坤癸",但这些都不是在讨论月体纳甲和"天垂象",而是言终始。与此义相同的,是虞翻有"坤亥""乾子"之说。

夏、震巽在西配秋、坎离在北配冬的图式;而这种处理方式很明显地是以月体纳甲为基础。另外,对于天地之数合为五行,虞翻以"或"的形式采用了郑玄等人的讲法,并运用在"天一,地二;天三,地四;天五,地六;天七,地八;天九,地十"的注文中。这里不用自己的匹配系统,或许表明只是权宜之计,并非是解释八卦之象的实际方法。

由以上的分析,可知虞翻的"四象生八卦"是以他的月体纳甲为基础的,因而实际上并不采取"四象生八卦"而是以月体纳甲来解释八卦卦象,也就是将一月中月相的变化来对应八卦卦象。虞翻的月体纳甲本于魏伯阳《周易参同契》,而两者之间的差异也被人所关注,如朱伯崑先生指出其中的两点不同①。实际上,如果仔细分析,其间的差别并不止于此。上文中已经说明纳甲上的不同,而这一点进一步引申,则是与其对乾坤的看法相关。

## 二 乾坤与阴阳

同是月体纳甲,虞翻与《周易参同契》关于"乾坤"的看法有所不同。《参同契》中的月体纳甲就乾坤言道:

> 十五乾体就,盛满甲东方。蟾蜍与兔魄,日月气双明。蟾蜍视卦节,兔者吐生光……坤乙三十日,东北丧其明。节尽相禅与,继体复生龙。壬癸配甲乙,乾坤括始终。②

这一段文字,"十五乾体就"与"坤乙三十日"自然是就月相而言;而"壬癸配甲乙,乾坤括始终"中的乾坤很难理解为月相,而所谓"始终"之意是借助天干来表达的,如俞琰"壬癸配甲乙,十干始于甲乙,终于壬癸"(《周易参同契发挥》上篇)。朱伯崑先生以为是"乾纳甲壬,坤纳乙癸,乾当望月,坤当晦时,乾坤两卦意味着阴阳消长之终始"③,认为这里的乾坤不是指月相而是指纯阳纯阴之卦。这种前后的不一致,实则表明魏伯阳没有区分作为符号(象)的乾坤与符号背后意义的乾坤,而将两者糅杂起来。而虞翻对月体纳甲的运用首先就

---

① 见朱伯崑:《易学哲学史》,北京:昆仑出版社,2009年,第268—269页。
② 《周易参同契》卷上,明正统道藏本。以下同。
③ 朱伯崑:《易学哲学史》,第261页。

在于解释天垂八卦之象,因而很清楚地区分两种乾坤。月体纳甲中的乾坤是用来描述月相的符号,因而在消乙入坤没有月相以后,虞翻就直接将乾壬坤癸去掉,又将坎离置入其中,从而形成一个完整的八卦之象的系统;这与《周易参同契》中坎离居中①而北方为乾消坤藏是不一样的。所以,虽然虞翻与魏伯阳同样讲"日月为易",但虞翻仅就象的意义上来讲,所谓"易谓日月在天,成八卦象,'悬象著明,莫大日月'是也"(《系辞》"是故易者,象也"注文)。由此,离日坎月的重要性在象的范围内才是有效的。

除了作为符号的乾坤之外,虞翻特别强调作为变易根本的乾坤,如在月体纳甲中所言的悬天成八卦象的日月,即与阴阳相关,《归妹》卦《象传》注云:"以离日坎月战阴阳,阴阳之义配日月,则万物兴,故'天地之大义'。"离坎从象上看是阴阳相杂,所以"战阴阳",因此日月所表达的阴阳相杂之义兴起万物,最终实现天地交而万物生之义。又如"乾二、五之坤,成离日坎月"一句数次出现,更加表明日月与乾坤、阴阳之间的紧密关联,因而天之八卦实则是在显示"易道阴阳消息之大要"。

而虞翻描述由乾坤而生八卦的过程道:

> 乾以二、五摩坤,成震、坎、艮;坤以二、五摩乾,成巽、离、兑,故"刚柔相摩则八卦相荡"也。(《系辞》"刚柔相摩,八卦相荡"注)

> 乾二、五之坤则,生震、坎、艮;坤二、五之乾,则生巽、离、兑。(《系辞》"四象生八卦"注)

> 乾二、五之坤,则八卦象成。(《系辞》"八卦以象告"注)

张惠言以为这里所说的乾坤之二、五,"谓其中气尔,非必二五爻,故三才卦亦言二五"②。虞氏注文针对的还是乾坤相摩而生六子卦,自然是没有二、五所说的内外卦中爻,而所谓乾坤相摩,也就是乾坤二气的交合相杂,因此张说得之。当然,虞翻采取二五来描述乾坤生六子卦,也是便于从卦象上来说明。

---

① 这与《周易参同契》对坎离的重视有关,所谓"坎离匡廓,运毂正轴",以及"易谓坎离,坎离者乾坤二用。二用无爻位,周流行六虚,往来既不定,上下亦无常。幽潜沦匿,升降于中。包囊万物,为道纲纪",乾坤定位,而坎离成为阴阳变易的根源与表现。
② 张惠言:《周易虞氏义》,第135页。

潘雨廷先生以易象来解释虞氏注文,这些地方亦复如此①;这种解释方法在易象方面也言之成理。虞氏以乾坤之气相摩荡来解释八卦,与月体纳甲解释八卦,乃是就不同层次上来讲的:前者言八卦之体,后者言八卦之象;前者是其实质意义,后者是其表象意义。因而在月体纳甲中,乾坤与其他六卦相并列;在相摩相荡中,乾坤则为父母而生出六子卦。而对于后者的乾坤与六子被统称为八卦,虞翻以为乃是小成:"谓乾坤与六子俱名八卦,而小成,故小。"(《系辞》"其称名也小"注)八卦中的乾坤只是乾坤二气流行小有所成的阶段;在这个阶段乾坤所呈现出的还只是"象",所谓"在天成象,在地成形"。而到六十四卦的阶段,"其取类也大",虞翻所谓乾阳"触类而长之","发挥刚柔而生爻",从而成就易道的生生变化。

同样值得重视的,是虞翻在注解六十四卦中对两爻的称呼:一、--两种爻象一般被称为阳爻、阴爻②,但在所见的注文中,虞翻除了用到阴阳之外,用乾坤来称呼这两种爻象也随处可见。对于乾而言,例如:

> 动正成乾,故"恒其德"。(《恒》六五注)
>
> 否乾为王,谓五也。(《随》上六注)
>
> 乾善为详。不得三应,故"不详也"。(《大壮》上六《象》注)
>
> 乾称威,发得位,故"威如吉"。(《大有》六五注)
>
> 王谓乾。乾之坤成坎,体师象,震为出,故"王用出征"。(《离》上九注)
>
> 乾为门,谓同于四。(《同人》初九注)
>
> 乾为易,四上之五,兑还属乾,故"丧羊于易"。(《大壮》六五注)
>
> 乾为动直,远初近上,故不桡下也。(《大过》九四《象》注)

对于坤而言,有:

> 发蒙之正以成兑,兑为刑人,坤为用,故曰"利用刑人"矣。(《蒙》初

---

① 见氏著:《周易虞氏义象释》,第370、404、450页。刘玉建也是以此种观点来看待乾坤生六子,见氏著:《两汉象数易学研究》,南宁:广西教育出版社,1996年,第692—693页。
② 当然,阴阳的观念也并非就是《周易》一开始就具备的,甚至在"十翼"当中也并不多见,明确将爻象与阴阳勾连起来的大概是《小象传》:"阳在下也"与"阴始凝也"。具体可参见王博:《易传通论》,北京:中国书店,2003年,第174—176页。

六注)

　　坤身称躬,三为二所乘,兑泽动下,不得之应,故"不有躬"。(《蒙》六三注)

　　坤为缶,礼有副尊,故"贰用缶"耳。(《坎》六四注)

　　坤为财,巽为进,故赍资也。(《萃》上六注)

　　坤为事。初失位而为讼始,故不永所事也。(《讼》初六注)

　　坤为丧。(《震》六二注)

　　初爻非坤,故不菑而畬也。(《无妄》六二注)

　　坤为鬼,坎为车,变在坎上,故"载鬼一车"也。(《睽》上九注)

虞翻直接称阳爻阴爻为乾坤。从卦画上看,乾坤为纯卦;从其代表的意义来看,乾坤为未杂的阳气、阴气,因而其中的任何一阳爻都有可能代表全体。当然,虞翻的这种做法便于扩大取象以解释经文,但直接以乾坤来形容爻的属性,则表明乾坤与阴阳之间的紧密关联。相对而言,阴阳除了描述爻的属性之外,更多侧重于变化的一面,以《乾》《坤》为例:

　　谓阳息至三,二变成离。(《乾》九三注)

　　乾称君子,阳出成为上德,"云行雨施",则成离。(《乾》《文言》注)

　　谓阴极阳生。(《坤》卦辞注)

　　阳出初,震为主,为常也。(《坤》《文言》注)

　　阳称直。乾其静也专,其动也直,故"直其正"。方谓辟,阳开为方。(《坤》《文言》注)

其中所谓"阳出""阳息"就是在讲阴阳消息之义,也就是于阴阳变易上讲。而其中第五例尤其值得注意:虞翻言"阳称直"的依据在于乾的"其动也直",这种取象明显地是就其动处言。此外如"阳为德,动在坤下"(《坤》《大象》注),是就坤卦中阴极而阳生于下所说的:与阴杀相对,虞翻将阳之动称为生,因而有"阳为德"的取象。① 相对来看,乾坤的取象则丰富得多,除了取变动之象,如"动正成乾"而取德象、"变在坎上"而取鬼象,还大量取静态之象。从这种

---

① 虞氏易中,阴阳还有一些取象,如"阳为君子"与"阴为小人""阳称大"与"阴称小""阳称名"与"阴为辱""在阳称变"与"在阴称化""阳为知"与"阴称礼(体)""阳为庆"与"阴为杀"这种成对出现的取象,由此引申出的如阳为美为嘉为赏为福、阴为肉之类的取象,以及直接来自乾象的阳为金之类。

取象上的差异,亦可以看出在虞氏易中,相较于阴阳而言,乾坤所涵盖的内容要更丰富一些,而为虞翻阐述易道的主要概念。

更值得注意的是,虞翻有"乾元""乾之元"的讲法:

> 一谓乾元。万物之动,各资天一阳气以生,故"天下之动,贞夫一者也"。(《系辞》注)

> 阳出,变化云为,吉事为祥,谓复初乾元者也。(《系辞》注)

> 乾流坤形,坤含光大,凝乾之元,终于坤亥,出乾初子,品物咸亨,故元亨也。(《坤》卦辞注)

> 复初乾之元,故"德之本也"。(《系辞》注)

"乾元"一语首见于《彖传》,《文言》则有进一步的发挥和解释,并与"坤元"一起描述了一个天施地生的宇宙发生过程。虞翻所谓"乾元"自然也延续了这一意义。而在今所见的虞氏易注中,"乾元""乾之元"出现在《坤》卦和对"复"的理解中。(当然,可以推想《乾》卦注文中会有对"乾元"更丰富的阐发。)坤"凝乾之元"自然是指坤使乾元获得形象而成物,所谓"继之者善也,成之者性也";而所谓"复初乾元"者,则指明乾元随时而在,时时发生,并非只在宇宙发生的开端,而是参与到万物生成中去而为其根源;同样,万物的变化也根于此。而且,虞翻似乎将"元亨"视作乾元的专利,所谓"乾始开通,以阳通阴,故始通",因而《坤》卦中"元亨"也被解释成乾元的元亨。此外对《屯》《大有》《随》《蛊》《临》《无妄》《升》《革》《鼎》中"元亨"的注释,亦是如此。虞翻的这种看法,在将"亨"解释为乾通于阳时,实际上将"元"解释为乾元;而这似乎意味着虞翻否认了"坤元"之说。张惠言即认为虞翻注解"易有太极"所启用的"太一"就是乾元[①];此说虽然没有直接的依据,但考察今所见虞注中对"元"的所有解释,都是指乾爻而言。如果张说为确,则接下来的问题,是虞翻对《彖传》中的"坤元"如何理解,以及如何由乾元而有坤。而这些是张氏所未处理的,虞注也未能提供更多的信息。

乾坤关系当中,有一点值得注意,即虞翻有以"凝"字来描述,如:

> 谓阴极阳生,乾流坤形,坤含光大,凝乾之元,终于坤亥,出乾初子,

---

① 见氏著:《周易虞氏义》,第150—151页。

> 品物咸亨,故元亨也。(《坤》卦辞注)
>
> 凝,成也。体姤,谓阴始凝初,巽为命,故"君子以正位凝命"也。(《鼎》《象传》注)

虞翻在很多地方将"元亨"注解为以阳通阴,又多有以乾为易、易道,以坤为阖、闭等之类,实则是在强调乾作为实现变化生生的根源,而坤更多的是静止乃至消杀。但两者对于易道之整体又不可或缺。虞翻用"凝"字来描述两者的关系,"凝乾之元"而"品物咸亨",也就是说在整体的乾道变化当中,坤乃是意味着对这一整体的固止和节制,从而使得乾元在与作为其对反的坤的关系当中展开为具体的充满差异的整全,落实为具体的万物和形象。

以上讨论八卦、乾坤及两者之间的关联,以为虞氏所谓"月体纳甲"作为一种易例,在于解释"天垂象",只是就卦象上来讲,实质意义则在于乾坤生六子;而乾坤构成了虞翻理解易道的基础。乾坤既有象的方面,所谓月体纳甲所言的月象;亦有变的方面,所谓阴阳消息大义。这也是虞翻所理解的"易"的两个方面:

> 易谓日月在天,成八卦象,"悬象著明,莫大日月"是也。(《系辞》"易者,象也"注)
>
> 地数始二,故称"易曰"。(《乾》《文言》注)

虞翻以八卦系统来取易象,在这基础上又有取六画卦之象;《文言》于九二处特表明"易曰",乃是因为"地数始二"而有乾坤相交:因此象与变构成虞氏易的两个基础。当然,所谓象也是乾坤相交、阴阳相变在一定阶段所呈现出来的,两者并非截然两分。①

---

① 今所见虞氏易注中虽然没有直接如此讲,但也可以找到一些依据,如《坤》《象传》注中言月体纳甲,就有"此指说易道阴阳消息之大要也",可见虞氏虽然强调月体纳甲在"象"上的意义,但并不就此否认其中的变,因而月体及八卦之象,可以理解为阴阳消息所呈现出来的。此外,虞翻于《归妹》注中两次引用《系辞》中"阴阳之义配日月",如果考虑到当时已认识到月相与太阳的关联这一知识背景的话(详见陈美东:《中国古代天文学思想》,北京:中国科学技术出版社,2007年,第四章第一节),那么虞翻以月体纳甲来解释八卦之象,极有可能也是本于"阴阳之义"。

## 三　爻与变

虞翻以八卦为小成,乾坤之义在八卦中只表现出象的层面,而只有在重为六画的六十四卦以后才有"大成":

> 引,谓庖牺引信三才,兼而两之以六画。触,动也。谓六画以成六十四卦,故"引而信之,触类而长之"。"其取类也大",则"挥刚柔而生爻"也。(《系辞》"引而信之,触类而长之"注)
>
> 谓乾阳也,为天为父,"触类而长之",故大也。(《系辞》"其取类也大"注)

虞翻持庖牺氏即已重卦的观点。而庖牺氏的重卦,在虞氏看来,不是简单的变八卦为六十四卦的过程,而是产生,或者说是表达出了象之外的意义:变。而这一意义的发生,乃是由乾阳来主导的,因而显现出以乾为主导的乾坤相交之义。这一意义在卦象上的表达,在虞氏看来,就是"爻"。爻与变之间的关联在《系辞》中即已建立起来,如"爻者,言乎变者也""爻也者,效天下之动者也""发挥刚柔而生爻",虞翻进一步发挥道:

> 动,谓爻也。爻者,效天下之动者也。爻象动内,吉凶见外,吉凶生而悔吝著,故"生乎动也"。(《系辞》"吉凶悔吝者,生乎动者也"注)
>
> 效法之谓坤,谓效三才以为六画。(《系辞》"爻也者,效此者也"注)
>
> 动,发也。谓两三才为六画,则"发挥刚柔而生爻"也。(《系辞》"爻也者,效天下之动者也"注)
>
> 道有变动,故曰爻也。(《系辞》"非其中爻不备"注)
>
> 谓参重二才为六爻,发挥刚柔,则爻在其中。六画称爻,六爻之动,三极之道也。(《系辞》"因而重之,爻在其中矣"注)
>
> 谓"立地之道曰柔与刚"。动,发。挥,变。变刚生柔爻,变柔生刚爻,以三为六也。"因而重之,爻在其中",故生爻。(《系辞》"发挥于刚柔而生爻"注)

以上所引虞注关于"爻"的讨论,除了以变动为中心以外,还将《系辞》中的"效法之谓坤""发挥刚柔而生爻"以及《说卦传》中的"立地之道曰柔与刚"纳入。这就不仅讨论了爻的问题,也涉及重卦的问题。如注"爻也者,效此者也"引"效法之谓坤",注接下来的"象也者,象此者也"言"成象之谓乾,谓圣人则天之象,分为三材也",那么所谓"效法之谓坤"乃是与"在天成象"相对并效法天之成象的"在地成形",因此六画卦意味着合天象、地形,所以虞注《说卦》云"'参天两地',乾坤各三爻,而成六画之数也"(《说卦传》"易六画而成卦"注)。而引"立地之道曰柔与刚"来解释"发挥刚柔而生爻",则是就乾坤相交、刚柔相推来理解六画卦及爻的意义。这里就需要联系到虞翻对《说卦传》中阴阳、刚柔的理解,其注"观变于阴阳而立卦,发挥于刚柔而生爻,和顺于道德而理于义"三句分别云:

> 谓"立天之道曰阴与阳"。乾坤刚柔,立本者。卦谓六爻。阳变成震、坎、艮,阴变成巽、离、兑,故立卦……《系》曰"阳一君二民,阴二君一民",不道乾坤者也。

> 谓"立地之道曰柔与刚"。

> 谓"立人之道曰仁与义"。和顺谓坤,道德谓乾。以乾通坤,谓之理义也。

虞氏将此三句分别对应到天、地、人三才之道,并言"乾坤刚柔,立本者"。虞翻以为这里所说的乾坤,当与阴阳同义,只是天象八卦中有乾坤二象,所以为示区别而特言阴阳,故后文有"不道乾坤者也"。"观变于阴阳"不仅是观天所垂的月体之象,也是深入到其中的阴阳消息之义,因此所立卦是六爻之卦。刚柔当是探下文而言,刚柔自然也是就乾坤而言,虞注中"乾刚坤柔"为常见习语,刚柔实则是乾坤之性情①。因而言"发挥刚柔而生爻",即已表达出发挥乾坤而生爻之义,并有坤(地)效在其中②。

---

① 李道平以为"阴阳以象言,刚柔以体言……地之刚柔,原于天之阴阳"(见氏著:《周易集解纂疏》,第691页),亦可为一说。
② 刘玉建以为虞翻并未解释清楚从三画卦到六画卦的过程,见氏著:《两汉象数学研究》,第695页。刘先生所言不知具体何谓,但虞氏在解释《系辞》"圣人有以见天下之赜,而拟诸其形容,象其物宜,是故谓之象"中言道:"乾称圣人,谓庖牺也。赜谓初。自上以下称'拟形容',谓阴'在地成形'者也",以及"物宜谓阳,远取诸物,'在天成象',故'象其物宜'。象谓三才。八卦在天也,庖牺重为六画也。"可见庖牺氏之作易,既有观于天之象,也有对地之形的拟诸形容,合两者而重为六十四卦;而观象与拟形之间所贯通起来的,自然是乾坤或阴阳。

虞翻以为爻产生于乾坤相交、刚柔相推；具体地讲，则是天地相交而成的六画卦中爻位的中正与否，表现为阴阳爻象的来往、之正、飞伏之类的易例。因而爻象之动将天地人三才之变都囊括进来，并决定着吉凶悔吝之判辞。而爻象之动，自然也意味着易象的变化，因而可以说，在具体面对《周易》卦爻辞时，以爻的变化来解释易象，乃是虞翻完成其注释的重要方式，从而尽可能地将杂乱繁复的易象纳入到一个可以贯通起来的体系当中。当然，作为爻象变化根源和背景的乾坤相摩、阴阳相荡本身也被用来解释易象，比如虞氏常用的反对、旁通两种易例，即是如此。

以爻之变动来注《易》的一个直接而显著的例子便是对"元亨""元吉"的理解。这样的例证有不少，如：

> 坎二之初，刚柔交震，故元亨。（《屯》卦辞注）
>
> 否上之初，刚来下柔，初上得正，故"元亨利贞，无咎"。（《随》卦辞注）
>
> 泰初之上，而与随旁通。刚上柔下，乾坤交，故元亨也。（《蛊》卦辞注）
>
> 上易位成既济，故"弗克违，元吉"矣。（《损》六五注）
>
> 谓五变体离，离为大腹，则妹嫁而孕，得位正中，故"以祉元吉"也。（《泰》六五注）
>
> 泰初之上，损下益上，以据二阴，故"有孚，元吉，无咎"。（《损》卦辞注）
>
> 三上易位，故"其旋元吉"。（《履》上九注）

一般所谓的爻之变动都是就一卦之内而言，但从乾坤的整体来看，卦变自然也是属于爻之变动的一种；而虞翻的卦变与荀爽的升降有所关联①。"元亨"出现于卦辞及相应的《彖传》当中，虞氏皆以卦变来解释，而且在解释体例上保持一致：以阳爻之阴爻。这实际上是在强调阴阳关系中阳的主导地位，所谓"乾始开通，以阳通阴"。"元吉"则在卦辞、爻辞及相应的《彖传》《象传》中皆有所出现，意为在某种情景下使阳爻得吉。如《损》

---

① 可参见朱伯崑：《易学哲学史》，第232—233页；刘玉建：《两汉象数易学研究》，第544页。

六五注"上易位成既济,故'弗克违,元吉'矣",言在二之五成益的基础上,上之三,六爻皆正而为既济,如此则上不与五相违,则五得元吉。又如《损》卦辞注"泰初之上,损下益上,以据二阴,故'有孚,元吉,无咎'",泰初阳之上,本为不当位,但因据有六四、六五二阴而得吉。当然,虞氏对"元吉"的解释并非皆以爻之变动,一些"元吉"或因得位,或因得应,或因互体,或因旁通之类。

综上所述,可以看到,虞翻易学虽然体例繁多,注解曲折,但背后仍有简明而一以贯之的基本原则:以卦象和爻变为基础的易学观。这乃是对乾坤流行化生万物世界图景的基本描述。而繁复的体例,则不仅是注解《周易》文本的工具,更是沟通卦象之间的桥梁,并以此来探索圣人寄寓于其中的阴阳消息之大义。以此为基础来同情地阅读和理解虞氏易,则可以不陷溺于繁杂的体例,而探求内中的义理诉求。

# Hexagram Image and Change of the Lines: About Yu's Doctrine of *Yi*-logy

## Bai Huihong

**Abstract:** The image based on the hexagram of *Yin* and *Yang*, is the essential element of *Zhouyi*, which also can't be avoided in understanding its expression format and thought. As the rearguard of Han *Yi*-logy, Yu Fan had abundant discussion on the image and lines in *Zhouyi*, some of which was different from other's but almost ignored. However, this part of Yu's annotation expressed his doctrine of *Yi*-logy: Yu comprehended the establishment of hexagram image from the view of *Yuetinajia*, and the connection among different images from the view of lines, which both described the fundamental world vision called *Yinyangxiaoxi*. So hexagram image and change of the lines consist of Yu's view on *Zhouyi*'s basic structure, and also are elementary concepts of his thought about *Yi*-logy; complicated styles can be seen as concreteness of the doctrine.

**Key words:** Image; Lines; Change; *Qian* and *Kun*; *Yin* and *Yang*; *Yuetinajia*

书讯

# 《杨时集》

(宋)杨时撰,林海权校理

北京:中华书局,2018 年 3 月

杨时,字中立,号龟山,宋朝理学家,师从程颢、程颐,是程门四大弟子之一,也是"程门立雪"的主人公之一。其思想继承了二程的思想体系,倡道东南,也对后来的罗从彦、李侗、朱熹等人产生了深刻影响。

《杨时集》共四十二卷,包括上书、奏状、表、劄子、经筵讲义、经解、史论、答问、策问、启、记、序、题跋、杂著、哀辞祭文、状述等各一卷,辨两卷,语录四卷,书七卷,志铭及表碣八卷,诗五卷。本书以明万历十九年将乐知县林熙春重刊《龟山先生文集》为底本,以明弘治李熙刊本、正德沈晖刊本、清顺治杨令闻刊本、康熙杨绳祖刊本、正谊堂张伯行刊本和四库全书本为主要对校本,并参考其他史书、经书、文集、方志、谱牒等资料,进行断句标点、分段和校勘。除正文外,本书还包括八个附录:杨时著作序跋;传记、墓志铭、行状、年谱;像赞、题词、祭文;诰、诏、记、疏;朱熹《四书集注》所引杨时著作摘抄;历代名人论杨时;杨时佚诗佚文。

林海权点校的《杨时集》于 1993 年首次出版,中华书局此次出版的《杨时集》,是林海权教授在耄耋之年所作的全新修订增补版,对初版本的讹误进行了订正,也涉及校勘体例的调整、文章的增补与序次的变更以及标题的改动等。(陈曦)

# 试论《潜虚》对《太玄》拟《易》方式的继承与调整

陈睿超[*]

**提　要**：司马光的《潜虚》是仿效扬雄《太玄》而作的拟《易》著作。在文本结构和思想方法方面，《潜虚》对于《太玄》的拟《易》方式多有继承借鉴，也做出了诸多重要的调整改造，一定程度上克服了《太玄》体系存在的数字、符号、取象三方面因素相割裂的缺点，尽管相对于《周易》严整的象数系统仍有不足，但仍体现出其易学宇宙观体系独具的思想特色。

**关键词**：《潜虚》　《太玄》　《周易》　象数

北宋司马光的《潜虚》是继汉代扬雄《太玄》之后出现的又一部重要的拟《易》著作，其中提出了一套宏大的易学宇宙观系统。温公于《潜虚》卷末云："《玄》以准《易》，《虚》以拟《玄》。"[①] 可见，这套易学系统，恰是通过仿拟《太玄》体系建立起来的。我们知道，司马光对于《太玄》一直抱有浓厚的研究兴趣，不仅专门为《太玄》作集注，而且将之作为其易学宇宙观建构的范本。因此，研讨《太玄》自身准拟《周易》的结构特征、《潜虚》对《太玄》拟《易》方式的继承与调整等问题，正有助于我们寻得深入温公《潜虚》易学思想内核的门径。下面我们先从《太玄》拟《易》的方式特征讲起。

---

[*] 陈睿超，1985年生，首都师范大学政法学院哲学系讲师。
[①] （宋）司马光：《潜虚》，《四部丛刊》续三编第218册，第36页左。

## 一 《太玄》模仿《周易》的方式特征及其不足

扬雄《太玄》对《周易》的模拟，可分为文本形式与思想方法两个方面。在文本形式方面，《太玄》对于《周易》经传的符号系统、篇章结构、重要观念都做了仿拟。其中，就符号系统说，《太玄》以—(一)、--(二)、---(三)之基本符号准《周易》—(阳)、--(阴)之基本爻画，以方州部家四位之八十一玄首符号准《易》六位之六十四卦象符号。就篇章结构说，《玄》以《首》辞准《易》之《彖》，以《赞》辞准《易》之爻辞，以《测》辞准《易》之《象传》，以《攡》《莹》《棿》《图》《告》准《易》之上下《系辞》，以《玄文》准《易》之《文言》，《玄数》准《易》之《说卦》，《玄衡》准《易》之《序卦》，《玄错》准《易》之《杂卦》。就重要易学观念说，《易》有"乾之四德""元、亨、利、贞"，《玄》准以"玄之五德""罔、直、蒙、酋、冥"；《易》之筮法以大衍之数五十用四十九，揲之以四，《玄》之筮法准之以三十六策用三十三，揲之以三；《易》有七八九六，为四象，《玄》准以一、二、三，为三摹；《周易》筮法之步骤，如分两、挂一、过揲、挂扐等，《太玄》筮法皆一一准拟之。凡此种种，司马光于其《说玄》一文皆有清晰的论述。[①]

不过《玄》拟《易》之文本形式尚有一处待辨者，那就是《玄首》所准《易》之"彖"，究竟是指《周易》经文的卦辞还是指"十翼"中的《彖传》呢？司马光《说玄》"《易》有《彖》，《玄》有《首》"一条下自注云："《彖》者卦辞也，《首》亦统论一卦之义也。"[②]认为《首》辞准卦辞，后代学者多从此说。不过今人郑万耕教授的意见则不同，他指出："《周易》有《彖传》，《太玄》则有《首》"，且认为"《周易》每卦皆有卦辞，而《太玄》每首则无辞"。[③] 郑教授的观点当是源自南宋校勘范望《太玄解赞》的右迪功郎充两浙东路提举茶盐司干办公事张寔所作的校勘记[④]，其在《中·首辞》"阳气潜萌于黄宫，信无不在乎中"后下校记

---

① (汉)扬雄撰，(宋)司马光集注：《太玄集注·说玄》，北京：中华书局，1998年，第3—5页。另参见郑万耕：《扬雄及其太玄》，北京：北京师范大学出版社，2009年，第31—34页。
② 《太玄集注·说玄》，第4页。
③ 郑万耕：《扬雄及其太玄》，第32页。
④ 《太玄解赞》万玉堂翻宋本卷末有"宋右迪功郎充两浙东路提举茶盐司干办公事张寔校勘"字样，可知此本中的校记皆当为张寔所作。刘韶军引清代钱大昕的观点，依"干办公事"之官名考证出张寔为南宋人，见刘韶军：《扬雄与〈太玄〉研究》，北京：人民出版社，2011年，第90—91页。

云:"此《玄》《首辞》也,象《易》《彖》曰'大哉乾元'已下之辞也"①,显然是认为《玄首》所准为《易》之《彖传》而非卦辞,其理由则在于《汉书·扬雄传》所录扬雄《自序》对《太玄》经传结构的分判。张氏云:

> 杨子作《太玄》,为其太曼漶而不可知,故作《首》《冲》《错》《测》《攡》《莹》《数》《文》《棿》《图》《告》凡十一篇,以解剥玄体。②

张氏所引即扬雄《自序》之文,其中明确指出《玄首》与《冲》《错》《测》等篇的性质相同,都是为"解剥玄体",即皆为对《太玄》本文进行解释、注解的文字。这样看来,《玄首》便只可能对应《周易》经传中属于传注的《彖传》,而不当对应经文之卦辞。反过来说,排除《首》《冲》等十一篇传注性质的文字,《太玄》文本中相当于经文的仅有准《易》爻辞的《玄赞》一篇,这样就没有真正对应《易经》卦辞的篇目,这也印证了郑教授"《太玄》每首无辞"的观点。而《太玄》今本在每首符号后皆先列《首》辞后列《赞》辞,很容易让人误解为《首》辞即如《易》之系于卦象符号后的卦辞,实际上这并非扬雄《太玄》之本貌。张寔已指出,《玄首》"乃一篇,并《序》自为一卷",即本来《玄首》并其《玄首都序》作为传注是单独成篇、与《玄赞》经文相分离的,如同《周易》本来经传分离的面貌一样。而"至范望《解赞》时",方采宋衷、陆绩两家之义对《玄首》加以注释,并将《玄首》之文及其注释"散于八十一首之下"③,一如王弼注《易》将《彖传》《象传》散于经文卦爻辞之下。所以今本《太玄》经传合一的状态是经过范望调整后的结果,由此也可推知,对于《玄首》准《易》卦辞的误解或许从范望作《解赞》时就开始了。幸有张寔、郑万耕教授之辨正,我们才能对此问题得一正确的认识。

那么为何《太玄》经文中没有相当于《周易》卦辞的部分呢?这恐怕与卜筮有关。《周易》卦爻符号所系之卦爻辞,一个重要的功能就是通过阐发卦爻象之象征意义以用于占卜,所以卦爻辞在文字风格上通常都有拟象和占断的

---

① (晋)范望:《太玄解赞》卷一,《四部丛刊》收录上海涵芬楼影印明万玉堂翻宋本,第4页左。
② 同上。按此所引为班固《汉书·扬雄传》正文,原文见《汉书》卷八十七下《扬雄传下》,北京:中华书局,1962年,第3575页。班固在此传赞语中说"雄之《自序》云尔",可见正文皆录扬雄自己所作之《自序》,非班固手笔,清代钱大昕、王念孙对此皆有辨析,见《杨雄与〈太玄〉研究》附录《历代学者评扬雄和〈太玄〉》,第534、542页。
③ 《太玄解赞》卷一,第4页左。

特征。① 但《太玄》之筮法实仅能以《赞》辞占断,所以《赞》辞中有设象、占断②,而《首辞》则无此特征,如《中》之《首辞》"阳气潜萌于黄宫,信无不在乎中",既没有拟物设象,也没有吉凶断语。实际上《玄首》是将八十一首对应为阳气周天运行之八十一个阶段,用以解释每个阶次的天道气运形态,这与《周易·象传》联系天道发挥六十四卦之义,显然更为接近。而《太玄》之所以仅能以《赞》辞占,根本原因在于玄首符号与《玄赞》实分道而行、不相干涉,玄首符号并不具备《周易》卦象符号的象征与占卜功能,也就无法系以占筮之辞。这一点我们在后文讨论《太玄》对于《周易》思想方法模拟上的不足之处时再详加检讨。

以上我们讨论的是《太玄》对《周易》文本形式的模拟。不过准拟《易》之篇章结构,仅得易道之皮相,《周易》作为一套完整的宇宙观系统的思想方法才是其精髓所在,在这方面《太玄》同样进行了模仿。我们知道,《周易》思想方法的核心在于关联与象征,此思想方法可通过两种思想要素来体现——"象"与"数"。所谓"象",即《周易》之卦爻符号,它具有广泛的关联与象征作用,如阴阳爻画可与宇宙中全部的二分对待关系相联系,阴阳爻以三位排布而成八卦可象征世间万物的形态、属性,八卦相重而得之六十四卦则可象征人世间的各种处境、遭际,每卦之六爻又可象征处一类处境之人中因其居位、与他者关系的不同而面临的具体差别的境遇。所谓"数",又可分为两类,一类为表示先后上下次序的序数,如六爻初、二至上之位数;一类为表示数量之量数,此类多为与筮法有关之筮数,如天地之数、大衍之数、老少阴阳七八九六之数、乾坤之策数等等。"数"同样具有关联象征意义,如爻位之序数可象征人之居位(初为民,二为在下之臣,四为近君之臣,五为君等等),筮数中分两象天地、挂一象三才、揲四象四时、乾坤三百六十策"当期之日"等等。③而对于"象""数"二者的关系,春秋时人已有认识。《左传·僖公十五年》载

---

① 举例来说,《履》之卦辞"履虎尾,不咥人,亨","履虎尾,不咥人"为设象,"亨"为占断。《屯》六三之爻辞"即鹿无虞,唯入于林中,君子几,不如舍,往吝","即鹿无虞,唯入于林中"为设象,"君子几,不如舍,往吝"为占断。
② 如《太玄·中首》次四"庳虚无因,大受性命,否"(《太玄集注》卷一,第5页),即以"庳虚无因,大受性命"为设象,"否"为占断。
③ 关于"象""数"的讨论参见林忠军:《象数易学发展史》第一卷,济南:齐鲁书社,1994年,第1—2页。

韩简之语云：

> 龟，象也；筮，数也。物生而后有象，象而后有滋，滋而后有数。①

朱伯崑先生对此解释说："韩简认为，先有龟象而后有筮数，因为有物则有象，有象方有数，数是物象繁多的标志。"②依此说，象与数两者中，数是后于象的，且"数"与物之"滋"即数量的繁多相关，也就是说，"数"所表征的主要是量的关系，而非质的差别。具体到《周易》中的"数"来说，无论表示阶次地位之先后升降的爻位序数，还是表示筮策数目多寡增减的筮数，都仅具有量的意义，其关联象征义也基本基于数量的相合（如乾坤三百六十策，三百六十之数量与一年之日数三百六十相合，故以乾坤之策象"期之日"）。而《周易》卦爻"象"之象征意义相比"数"远为广泛得多，因为它关乎事物生来即有之形象、属性，故可以象征不同类事物之间的质的差异（如八卦乾卦象马，坤卦象牛，即非根据不同数量建立关联，而是根据牛马两类之健、顺性质与乾、坤象征义的相合，而具备健、顺属性的所有物类都可以进一步与乾、坤建立象征关联，如《说卦》广象所述）。由此可见，相比于"数"，"象"之思想要素能更加充分体现《周易》关联象征的思想方法，故《周易》宇宙观的思维方式实以"象"为中心，"数"则处于衍生、从属的地位。

而《太玄》仿拟《周易》之思想方法，却着重在"数"的层面，这与扬雄构建其易学宇宙图示的方式有关。扬雄《自序》云：

> 其用自天元推一昼一夜阴阳数度律历之纪，九九大运，与天终始。故《玄》三方、九州、二十七部、八十一家、二百四十三表、七百二十九赞，分为三卷，曰一二三，与《泰初历》相应，亦有《颛顼》之历焉。③

从这段叙述可知，扬雄是通过描述周天气运之模式来建构其《太玄》宇宙图景的，而对天运的描摹必合于历法，历法本质上是对历时过程各阶段的计量，故必有赖于记数，因此扬雄以"数"拟《易》实为此等易学宇宙观建构方式下的必然思想抉择。《太玄》模仿《周易·系辞》"易有太极，是生两仪，两仪生四象，

---

① 杨伯峻编著：《春秋左传注》，北京：中华书局，1990年，第365页。
② 朱伯崑：《易学哲学史》第一卷，北京：昆仑出版社，2005年，第33页。
③ 《汉书》卷八十七下《扬雄传下》，第3575页。

四象生八卦"中体现的"二分"数字关系,以三才之"三"数为核心制定了遵循统一之"三分"原则的"数"的系统。根据《自序》所述,《太玄》三分之数可分两类:其一为"大潭思浑天,参摹而四分之,极于八十一"①,此为玄首数,以方、州、部、家自上而下分列四位,每位有一、二、三这三种数字选择,故共有八十一种排列方式,以象一玄之三分为三方、方各三分为九州、州各三分为二十七部、部各三分为八十一家,此八十一家即八十一首将周天之气的运转划分为八十一个阶段,分别与孟喜卦气之卦名次序相准;其二则为"旁则三摹九据,极之七百二十九赞"②,此为玄赞数,即在八十一首划分的基础上,每首复"三摹"而分为三表,共二百四十三表,三表再三分成九赞(即"九据","据"为"位"之义),共七百二十九赞,每首九赞以初一、次二、次三至上九的九个序数为标志。扬雄以一赞当半日(或昼或夜),七百二十九赞即当三百六十四日半,复增《踦赞》当半日,《嬴赞》当四分之一日,合于历法周年日数三百六十五有四分之一,此即所谓"与《泰初历》相应"。③《周易·系辞》以乾坤策数总和三百六十"当期之日",仅以约数相当,而《太玄》不但准拟之以七百二十九赞当周年日数,且其数目更加精密,与历法更为契合。《玄》之首、赞之数又可进一步与星象之二十八宿、乐律之十二律吕相配合,形成"阴阳数度律历"相统一的宏阔体系,皆可看作是对《周易》"数"之思想要素的拓展。

《太玄》在拟《易》之"数"的同时,也引入了"象"的元素。前述玄首方州部家之数,每位之一、二、三即以⚊、⚋、⚌三个符号表示,形成八十一首的图象符号,以此仿拟《周易》六十四卦之卦象。那么《太玄》之"象"是否与《周易》之"象"一样具备广泛的关联象征意义,充分体现出易象思维的特征呢?答案却是否定的。这一点扬雄本人有清晰的认识,他在《自序》中说:

> 观《易》者,见其卦而名之;观《玄》者,数其画而定之。《玄首》四重者,非卦也,数也。④

---

① 《汉书》卷八十七下《扬雄传下》,第3575页。
② 同上。玄首、玄赞数之区分依司马光《说玄》,《太玄集注·说玄》,第3页。
③ 《太玄》数与历法的对应关系参见田小中:《〈太玄〉易学思想研究》第二章第三节,山东大学2009届博士学位论文(下同),第58页。根据田小中的分析,《太玄》本于《泰初历》,故《嬴赞》所当之余数准确地说当为一千五百三十九分之三百八十五日。
④ 《汉书》卷八十七下《扬雄传下》,第3575页。

这里扬雄确切指出了玄首符号的意义在于"数其画而定之",也就是说这些符号仅具有记数的作用,并无更广泛的象征义。我们知道,《周易》的基础爻画 ⚊、⚋ 是内在蕴含阴阳性质差异的象征含义的,因此其组成的八卦、六十四卦图像可以通过阴阳之间的不同排列组合与万事万物建立关联。但是《太玄》对应一、二、三这三个基础数字之符号 ⚊、⚋、⚏,其主要表征的则是一个历时过程中的始、中、终三个相继阶段①,其间只有数量上的差异,由之组成的八十一首符号,其实只是确定八十一首对应的气运阶段之序数的数符而已。观八十一首之符号排列特征可知,扬雄是用类似三进制计算、逢三进一的方式表示气运阶次序数的递进。如第一首《中》䷀,方、州、部、家序数皆为一;第二首《周》䷀,在家数上增一为二;第三首悲《礥》䷀,在家数上增二为三;第四首《闲》䷀,家数满三归一,进一位,在部数上增一为二。余首皆可以此类推。《玄数》一篇有一段文字名为"推玄筹",即是说明如何通过玄首符号计算一首之序数的②,其计算方式与古代的算筹十分相似,方州部家仅相当于算筹之数位,这便进一步证实了玄首图象仅具有用于记数的量的意义。

　　玄首符号的上述特点决定了它与易象之间有着本质区别。扬雄明言易象的特征是"见其卦而名之",即可根据卦象之象征义赋予其卦名。如《屯》之象䷂,由二体上坎下震相重而得,取其象则为云雷满盈,取其义则为动乎险中,两方面皆可与"始生艰难"之处境关联,故此卦得名为"屯"。而《太玄》之玄首符号则没有除记量气运阶次之序数而外的其他任何意义,故《玄首》之名无法从其符号的象征义得来。实际上《玄首》之得名皆源自孟喜卦气说之卦序,如第一首名《中》准《中孚》,第二首名《周》准《复》等等,所取仅为这些卦名代表的气运状态之义("中孚"表示阳气潜藏于中,"复"表示阳气始复等

---

① 《玄莹》云:"夫一一所以摹始而测深也,三三所以尽终而极崇也,二二所以参事而要中也。"(《太玄集注》卷七,第 190 页)此所言虽为九赞之象征义(九赞由三表三分而得,故可表示为一一、一二、一三、二一、二二、二三、三一、三二、三三),却亦可推知《太玄》一、二、三这三个基本数字的首要含义就是始、中、终。

② 《玄数》云:"推玄筹:家一置一,二置二,三置三。部一勿增,二增三,三增六。州一勿增,二增九,三增十八。方一勿增,二增二十七,三增五十四。"(《太玄集注》卷八,第 203 页)《说文》:"筹,长六寸,计历数者,从竹从弄。"就是算筹的意思。潘雨廷据此指出:"若扬雄八十一首之数,今所谓三进制法。"并且给出了计算公式(见潘雨廷:《读易示要》,上海:上海古籍出版社,2003 年,第 17 页)。此说可取,不过《太玄》的"三进制"是用 1、2、3 三数而不是今日数学中的 0、1、2 三个数来计算的。

等),与《玄首》之图象毫无瓜葛。① 后世学者如明代叶子奇不明此理,仍欲探寻玄首"四画之位果何所见以取象而定名",结果只能是"求而未通",徒劳无功。②

由此可见,《玄首》尽管配有符号图示,但其本质上仍然是仅具量之意味的"数",而非真正意义上可作为质之象征的"象"。那么这是不是说明《太玄》完全抛弃了"象"这一思想元素呢?事实并非如此。玄首之数虽然只有"数其画而定"的意义,但玄赞之数却通过与《尚书·洪范》五行生序(一水、二火、三木、四金、五土)及《礼记·月令》四时数(春数八、夏数七、秋数九、冬数六)的对应关系引入了五行的性质差异,从而具备了类似《周易》之"象"的象征功能。③《玄数》云:"三八为木。……四九为金。……二七为火。……一六为水。……五五为土。"④这是以一六、二七、三八、四九、五五分别为水、火、木、金、土的生数与成数。⑤《玄数》在以上每段中都罗列九数可象征的与五行质性相应之一系列物象,相当于《周易·说卦传》所列八卦之广象,这表明通过五行生成数的引入,九赞之"数"兼有了"象"的特质。故《玄莹》云:"鸿本五行,九位重施,上下相因,丑在其中,玄术莹之"⑥,可见《太玄》仿拟易象思维广象物类("丑在其中"之"丑"即物类之意)的"玄术",就体现在本于五行的九赞之数上。

上述"玄术"的具体表现,就是扬雄创作《赞辞》之时,大量根据九赞数与五行的对应而取象。范望作《解赞》对这种取象方式多有指点。如《中首》次

---

① 元代胡一桂已指出《太玄》这一问题:"《太玄》以八十一首系之于方、州、部、家四画之下,于象与亦初无所取,特不过以四画分之,有八十一样,借以识八十一首之名。"见氏著《周易启蒙翼传·外篇》,转引自《杨雄与〈太玄〉研究·附录》,第498页。
② 叶之奇:《太玄本旨》卷首,转引自郑万耕:《太玄校释》附录,北京:北京师范大学出版社,1989年,第431页。
③ 九赞之数作为一至九的序数自身也具有象征历时过程自始至终之阶段、形体自下而上之各部位、人之自卑而尊之不同地位的意义,即《玄数》所云"九人""九体""九属""九序""九事"等等(《太玄集注》卷八,第202—203页),此种象征义与玄首三画始中终的含义类似,仍只具量的特征,与对应五行的九赞象征义是两套系统。
④ 《太玄集注》卷八,第195—200页。
⑤ 田小中研究指出,五行生数、成数的对应关系在《尚书·洪范》《礼记·月令》《大戴礼记》中已经逐渐建立起来,故并非扬雄首创。见田小中:《〈太玄〉易学思想研究》第二章第一节,第29页。
⑥ 《太玄集注》卷七,第189页。

七"酋酋,火魁颐,水包贞",范望《解赞》云"七,火也"①,可见此赞以其数七为火之成数,故取"火魁颐"之象;《锐首》初一"蟹之郭索,后蚓黄泉",《解赞》云:"一,水也,故称泉"②,此赞数一为水之生数,故取"泉"象;《上首》次三"出于幽谷,登于茂木,思其珍穀",《解赞》云:"三,木之王,故茂也"③,此赞数三为木之生数,故有"茂木"之象;《周首》次四"带其钩鞶,锤以玉镮",《解赞》云:"四,金也。其于九赞,在中也。腰中之金,故谓之钩"④,此赞数四为金之生数,又其位置在九赞之中可象腰,腰中有金,故取"钩"象;《莅首》次五"莅有足,托坚穀",《解赞》云:"五,土也,土爰稼穑,故为穀也"⑤,五为土之生成数,土性经稼穑可产谷,故取"谷"象。以上皆为其例。

《太玄》九赞之数合于五行,可谓"以数取象"⑥,但其与《周易》之爻象之间仍存在一个深刻的差异:《周易》六爻即合为一卦,爻象是卦象的有机组成部分,其所系爻辞及爻辞之取象皆与一卦之中的爻画符号有明确对应;而《太玄》虽在《赞辞》中体现了取象的特征,但《赞辞》本身却没有相应的图象符号,其玄首符号与九赞的五行取象之间并无任何关系,不可能像《周易》的六爻辞分系六爻画那样,将九赞分配到方州部家四位之下。⑦ 因此司马光于《说玄》中明确指出:

> 《易》卦六爻,爻皆有辞,《玄》首四重,而别为九赞以系其下。然则首与赞分道而行,不相因者也。⑧

《玄》之首、赞"分道而行",意味着玄首之数有符号而无取象,玄赞之数有取象而无符号,《太玄》体系中数字、符号、取象三方面因素处于相互割裂的状态,与《周易》卦爻象相关的各种体例,如卦之二体,爻之当位、承乘比应等,《太

---

① 《太玄解赞》卷一,第6页右。
② 同上书,卷二,第1页右。
③ 同上书,卷一,第15页左。
④ 同上书,卷一,第7页左。
⑤ 同上书,卷一,第19页右。
⑥ 关于《太玄》"以数取象"的讨论参见田小中:《〈太玄〉易学思想研究》第二章第一节,第29—31页。
⑦ 当然,《太玄》之首、赞尽管在象数形式上不相关涉,但在内容上仍是紧密关联的,就天道言九赞为一首所象气运阶次从始至终运化的九个小的阶段,就人事言九赞描述了一首所象人生处境由始之思至中之福再到终之祸的逐渐发展的过程。《玄告》云:"人三据乃著,谓之思福祸"(《太玄集注》卷十,第215页),故《玄》之九赞以始三赞为思,中三赞为福,终三赞为祸。
⑧ 《太玄集注·说玄》,第3页。

玄》皆无从仿拟，这便是《太玄》"以数拟《易》"在思想方法上的不足之处。北宋道学家程颐批评《太玄》"于《易》中得一数为之，于历法虽有合，只是无益"①，正把握到了问题的实质。

《太玄》体系存在的这一重要不足处也可以解释《太玄》筮法的问题。唐代王涯已经发现了《易》《玄》筮法的差别，指出"《易》之占也以变，而《玄》之筮也以逢"②。《周易》思想方法以"象"为核心，故其占法注重"象"之变化，而卦爻符号皆有象征义，且为一统一的整体，爻之变化即引起卦之变化，因此卦象亦在占筮中发挥重要作用，可系辞用于占卜。而《太玄》之玄首符号只能用于记数，并无象征意义，也就无从加以设象占断，故无卜筮之辞可系，一首九赞亦无符号与之相配；其占筮只能依凭历法，以《赞辞》所"逢"之星、时、数、辞诸要素判断吉凶休咎。③《太玄》筮法虽然与《周易》大衍筮法相类，三十六策用三十三，再扐成一画④，六算成一首之符号，但玄首符号仅用来确定占卜所用之赞⑤，以及推算每赞距离冬至日的天数、昼夜、星度，仍只有记数功能。故相对于《周易》兼用卦爻象之占筮之重"变"，无象征符号、仅以"逢"而占的《太玄》筮法引入的变化因素是偏少的，其七百二十九赞之《赞辞》吉凶皆已根据所当昼夜而确定（当昼则吉、当夜则凶），远不及《周易》爻辞占断之丰富多

---

① （宋）程颢、程颐：《河南程氏遗书》卷十九，明道先生语五，《二程集》，北京：中华书局，2004年，第251页。
② 《太玄解赞·太玄论》，第1页。
③ 《玄数》云："占有四：或星，或时，或数，或辞"（《太玄集注》卷八，第194页），按刘韶军的解释，四者分别指周天星宿、占筮时间（旦、中、夕）、九赞之数、九赞之辞四方面要素，见《杨雄与〈太玄〉研究》，第246—247页。
④ 《太玄》筮法究竟是一扐出一画还是再扐出一画，历来有争议，本文依刘韶军所取苏洵之说，认为是再扐成画，见《杨雄与〈太玄〉研究》，第248页。另参见王兆立，于成宝：《〈太玄〉的筮法和天道观略论》，《周易研究》2009年第4期，第25—26页。
⑤ 按《玄数》篇的规定，九赞依其与五行方位的对应分经纬，一、六、五、二、七为经，三、八、四、九为纬。占卜时间分旦、中、夕，旦筮则选用筮得之玄首的三经赞一、五、七，夕筮则用三纬赞三、四、八，中筮杂用经纬二、六、九。由于《赞辞》之吉凶系于其昼夜，皆已确定，序数为奇数的首（即阳首）则奇数赞皆吉偶数赞皆凶，序数为偶数的首（即阴首）则反之，所以卜筮的结果仅根据卜筮时间和玄首序数的奇偶而存在六种可能性：旦筮得阳首则其一、五、七皆吉，得阴首则一、五、七皆凶；中筮得阳首则二凶、六凶、九吉，得阴首则二吉、六吉、九凶；夕筮得阳首则三吉、四凶、八凶，得阴首则三凶、四吉、八吉。参见《杨雄与〈太玄〉研究》，第250—251页。

变,这也成为了后世学者批评《太玄》的重要理由。①

综上所述,《太玄》在思想方法上对《周易》的模拟偏重于"数",导致其玄首之数虽有符号图象,但本质上仍是仅具量之意义的记数符号,而无法取象;玄赞之数与五行相应,能广泛取象却无符号图象相配,与玄首符号亦不相关;如是数字、符号、取象三方面因素相割裂的局面,构成了《太玄》拟《易》方式的重大缺憾。司马光在《说玄》中已经指出《玄》首、赞不相因的问题,则他对于《太玄》体系之缺憾当有明确的认识,其拟《太玄》以构建《潜虚》易学宇宙观,在继承《太玄》体系特征的同时必然要针对其不足处加以调整,这便是我们下一节讨论的内容。

## 二 《潜虚》对《太玄》拟《易》方式的继承与调整

与《玄》之拟《易》类似,《虚》之准《玄》也体现在文本形式和思想方法两个方面,温公从这两方面着力模仿《太玄》体系结构的同时,也引入了很多差异化的思想要素,呈现出《潜虚》易学宇宙观建构不同于《易》《玄》的独有特色。在文本形式方面,《太玄》仿照《周易》,其主体皆由文字所划分的不同篇章构成,如《易》有上下经及《易传》"十翼",《玄》有《玄赞》三卷为经,《玄首》以下十一篇为传。但温公《潜虚》却并非以文字章节,而是以图示来组织其结构的。《潜虚》有《气》《体》《性》《名》《行》《变》《解》《命》八图,其中《变》《解》与《行》合而为一,以此为单元分作六部分,每部分图示皆附有文字解说。图示这一独特的文本形式特征,可能也出于对《太玄》的继承。《太玄》本有《太玄图》一篇,范望《解赞》注释此篇有"图画四重,以成八十一家"、"如图之形者也"之语,不免让人猜测《太玄》本配有图示,但这一

---

① 如朱子即云:"《易》'不可为典要',《易》不是确定硬本子。扬雄《太玄》却是可为典要。他排定三百五十四赞当昼,三百五十四赞当夜,昼底吉,夜底凶,吉之中有自分轻重,凶之中又自分轻重。《易》却不然。有阳居阳爻而吉底,又有凶底;有阴居阴爻而吉底,又有凶底;有有应而吉底,有应而凶底,是'不可为典要'之书也。是有那许多变,所以如此。"(黎靖德编:《朱子语类》卷七十六,北京:中华书局,1986年,第1956页)朱子以《太玄·赞辞》吉凶之缺少变化,批评其与易道之"不可为典要"不类。

点无法确证。① 而更可能的影响因素则是北宋易学中图书之学的兴起。北宋中期的许多易学家都作有易图,如刘牧传《河图》《洛书》,李之才作《卦变图》,周敦颐作《太极图》,邵雍作《先天图》等,皆将图示作为其易学宇宙观建构的重要形式。究其原因,则在于图示有助于直观地揭示世界的内在方向性,亦即天地自然之本有秩序,以此自然秩序便可为人世价值秩序奠定根基,因此图示正是适合于达成人世价值的天道奠基这一北宋易学之共有思想意旨的思想表达方式。② 这一图示化的思想表达方式,正是温公《潜虚》八图之所取。

《潜虚》文本既以图示为组织单元,便不具备如《太玄》准《易》那样在文字篇目上的紧密对应关系。不过,《潜虚》诸图之排布次序却别有用意。《潜虚》卷首云:

> 万物皆祖于虚,生于气。气以成体,体以受性,性以辨名,名以立行,行以俟命。③

这段话表明,《潜虚》中《气》《体》《性》《名》《行》(含《变》《解》)与《命》诸图的依序排布,实际上展示出了宇宙自其本根"虚"而成气,到物之形体、性质,再到人之名分、行为、命运的全部生化过程。这一特征是《太玄》乃至《周易》所不具备的。《易》《玄》之篇章皆分经传,其中经文居首主要起卜筮之用(如《易》之卦爻辞、《玄》之《玄赞》),多关人事;而其天道宇宙观方面的内容则零散地反映在经文之后的传文之中(如《易》之《象传》《系辞》,《玄》之《首》《摛》等篇),并不系统,其篇章排布也无特别意涵。但《潜虚》没有拘泥于对经传文本结构的刻意模仿,而是直接以图示排序系统性地展现出其易学宇宙观

---

① 如南宋张寔校勘《太玄》时即在卷末列有与传为邵雍所作之《太玄准易图》形制相同的一幅图示,指出"杨氏始著时已有此图,后世妄儒多称己撰,诬罔世俗,不为愧耻"(《太玄解赞》明万玉堂本卷末),认为此图为《太玄》本有之。今人王铁则认为:"《太玄》本附有图,读《太玄图》一篇可知。《太玄》原有的图,至晋代尚存,……但这些图大概未能流传至宋代。然而宋人正好因此而发挥自己的想象力,画出各种《太玄》图来"(王铁:《宋代易学》,上海:上海古籍出版社,2005年,第105页),故仍以《太玄准易图》为邵雍自创。郑万耕也类似认为《太玄图》"图画《太玄》之形象","范望解赞之时,似其图尚存。……然而至司马光集注之时已不可见。"(《太玄校释·太玄图》,第360页)不过刘韶军的意见则是:"《图》篇以具体事象解说《太玄》的各种意旨"(《杨雄与〈太玄〉研究》,第287页),不认为《玄图》包含任何图示。此诸说未知孰是。
② 相关论述参见陈睿超:《北宋道学的易学哲学基础》,北京大学博士论文,第一章第二节,2016年。
③ 《潜虚》,《四部丛刊》续三编第218册,第1页右。

的整体格局,在此方面实较《易》《玄》为优。

　　当然,《潜虚》文本结构中仍然保留了与《易》《玄》篇章对应的部分,那就是《行》《变》《解》三图。《行图》系于《名图》所列五十五名之下,相当于《易》之《象》、《玄》之《首》;行皆有变①,其《变图》相当于《易》之爻辞,《玄》之《赞》;《解图》是对《变图》的注解,相当于《易》之《象传》、《玄》之《测》。《行》《变》《解》三图虽名为图,实为以三篇文字合列之表格。② 司马光之所以将此三篇文字列为表格,或许与经传分合的问题有关。我们知道,《易》《玄》文本之本来面貌都是经传单独成篇、相互分离的,经后代注家(王弼、范望等)的调整,才将注解经文的传文分散到经文之下,形成我们今天所见经传合一的状态。不过经传无论是分是合都有其不足处:经传如相分,固然有助于保持各自的完整性,但传文对经文的注释关系就难以体现,也不便于读者对应查阅;经传如相合,虽然注释关系变得明确,但经传本身的完整性又会被破坏。《潜虚》则将有经传关系的《行》《变》《解》文字合列为一表,此表横观则三篇文字各自成体,纵观则对应解释关系一目了然,这样便为经传分合问题提供了一个极佳的解决方案。

　　另一个有趣的地方是,温公尽管在《说玄》中误以《玄首》对应《易》之卦辞,但是其准《玄首》而作之《行图》,从体例上看恰恰更合于《易》之《象传》。一方面,《行图》之辞多始于对五十五名之义的一字训诂,而对卦名加以训诂正是《象传》的常用体例(如《师·象传》首训"师,众也",《夬·象传》首训"夬,决也"等)。另一方面,《行图》之辞多自天道及人事发挥一名之义,如《元·行图》:"元,始也。夜半,日之始也。朔,月之始也。冬至,岁之始也。好学,智之始也。力行,道德之始也。任人,治乱之始也。"③此即自天道之始言及人事之始。这与《玄首》于天道角度言首名之义所象周天气运之阶段形态,《象传》联系天道人事阐发一卦之义,都十分近似。因此《虚》之《行图》与《玄》之《首》一样,都应看作是准拟《易》之《象传》而作。这也说明,《潜虚》与《太玄》一样没有相当于《周易》卦辞的部分,这正是《潜虚》体系承继《太玄》

---

① 五十五名中《元》《余》《齐》无变,但仍在《变》《解》图中占一位;其余五十二名一行七变,占七位。
② 表称为图的现象在古代典籍中常见。王铁即指出:"汉代《易纬稽览图》等之所谓图,实际不过如今天所谓的表。"(王铁:《宋代易学》,第105页)
③ 《潜虚》,《四部丛刊》续三编第218册,第8页右。

而未能更革的缺憾之处，其原因则有待下面对《虚》拟《玄》之思想方法的讨论来揭示。

除《行》《变》《解》三图外，《潜虚》还有一图实为表格，即是《命图》。《命图》实际上是对《变图》吉臧平否凶之占断的列表表达。这与《易》《玄》的体制也十分不同，二者用于占筮的吉凶断语都是与占筮之辞相连属的，而《潜虚》则将断辞单列一表，与《变图》之占辞相分离。温公此处的用意正在于《潜虚》卷首所云"行以俟命"，《行》《变》所示人之行动，其所带来的命运遭际很多时候是无法由人来掌控的，因此将昭示命运的《命图》与《行》《变》相分，可让人不汲汲于对不测命运的卜求，转而注重对自身可以把握之行事的践履。故《潜虚》之《命图》单列这一独特的文本结构背后，其实蕴寓着"君子居易以俟命"的儒家生活态度。

综上所述，《潜虚》在文本形式方面虽有取于《太玄》，但也多有调整，这一特点也延续到易学世界观建构的思想方法方面。我们在上节说过，《太玄》拟《易》之思想方法，在"象""数"两者中偏重于"数"。这一点温公基本继承了扬雄，《潜虚》体系也是以"数"为其核心的，不过《太玄》之数取于三才之"三"，《潜虚》则取于五行之"五"。五行依其生序水火木金土分别对应一至五数为其生数，生数各加五为五成数，此十数正合于《易传·系辞》所述一至十的天地之数，即是《潜虚》系统之基础数字。显然，此生成数与五行的对应关系仍是取于《太玄》的《玄数》《玄图》之说。① 同样仿效《太玄》为其基础数字一、二、三赋予━、━ ━、━ ━ ━的符号表征，《潜虚》也相应为十数创制了十种符号：原丨（天一，水生数）、荧丨丨（地二，火生数）、本丨丨丨（天三，木生数）、廿丨丨丨丨（地四，金生数）、基×（天五，土生数）、委丅（地六，水成数）、炎丅丅（天七，火成数）、末丅丅丅（地八，木成数）、刃丅丅丅丅（天九，金成数）、冢十（地十，土成数）。又复类似于《太玄》之三数在方州部家四位排布成八十一首，《潜虚》亦以十数两两左右相配成五十五种不重复的组合，为五十五名，合于天地之数的总合五十有五。此五十五名按不同方式排列即构成《体》《性》《名》诸图形制。

---

① 当然，五行生成数与天地之数的对应关系则是由东汉郑玄建立起来的，郑玄在扬雄的基础上将十作为土之成数，这样才导向了宋代刘牧《洛书》《潜虚·气图》的五十五点图的形制。见王铁：《宋代易学》，第104—105页。

表面上看，《潜虚》"数"的系统的基础除基础数字有别外与《太玄》无异，但实际上当司马光将一至十之数分别对应为五行之生成数并赋予其符号图象之时，已经产生了与《太玄》象数体系之间的本质差异。我们前面反复说过，《太玄》之一、- -、- - -仅可表征一历时过程依序而有之始中终三阶段，其组合而成的玄首符号也仅有"数其画而定之"的计量序数的作用，本质上仍然是只具量之意义的"数"而非有象征关联功能的"象"；《太玄》体系中可用于取象的是九赞之数，其所以能取象恰恰是因其与五行的对应关系引入了五行性质的差异，但九赞又无符号可表征。而温公《潜虚》则直接以具有符号象征的五行生成数作为其象数体系的基础，这便意味着其基础数字与符号皆内在蕴含着五行之质的差别，因而能起到真正意义上的"象"的象征关联作用。这一点从十数符号之命名即可看出：如｜所以为"原"在于天一作为水之生数，可象水始流之源头；‖所以为"荧"则在于地二作为火之生数，可象火始燃之微弱荧光。可见｜之一与‖之二之间的区别绝非单纯的量的变化，而具有水与火之间根本性的质的殊异。《潜虚》其余各数与其象也皆有类似的特征。这样，温公在制定其《潜虚》系统之基本数字与符号的过程中，通过五行生成数对五行性质的引入，便避免了《太玄》象数体系有符号之数无象征、有象征之数无符号的问题，让数字、符号、象征义三者重新结合起来，这可谓是对《太玄》思想方法的重大调整与改进。

通过上述思想方法上的调整，《潜虚》相较《太玄》具备了更多与《周易》本有象数系统相契合的特质。《易》之六十四卦卦象皆由三画之八卦卦象上下相重而得，通过重卦引入的二体上下或内外关系，可以产生新的象征义，成为六画卦成卦得名之因由，此即扬雄所谓"观《易》者，见其卦而名之"之义。《太玄》因其基本符号无可取象，其玄首之构成亦无所谓重卦。[①] 而《潜虚》以十数左右相配成五十五名，则具有重卦的意味。《潜虚》五十五名之左右两位"左为主，右为客"[②]，相当于易卦两体之上下、内外。随《潜虚》图示之不同，其左右之位亦被赋予不同的象征意涵。如在《体图》中，左右位与图示之上下

---

① 部分学者，如叶子奇将玄首四位拆分为上下两位构成的两部分，言玄首亦有重卦（见《太玄本旨序》，《太玄校释·附录》引，第430页），此说在《太玄》文本中基本找不到根据，非扬雄本意。
② 《潜虚·命图》，《四部丛刊》续三编第218册，第35页左。

方位共同象征天地自然秩序中的尊卑主从关系。① 在《性图》中，左位象征五行之种类，右位则象征每一五行之类再按五行划分所得之分殊特性。② 而在《名图》中，《潜虚》左右符号的"重卦"象征意味更加凸显。《名图》与《太玄》玄首次序类似，皆展现周年气运的过程，五十五名按与五行相配位的四时、四方排列。其左位表征的是五十五名所示气运阶次的四时、四方归属，如元｜｜、衰｜｜｜、柔｜｜｜｜、刚｜｜｜｜｜、雍｜×、昧｜丅、泯丅十、造丅丅、隆丅ㅠ、散丅ㅠ、余丅ㅠ十一名左数皆为水之生成数（天一地六），故皆列于图示与水相配之北方（图下方）冬季处。类似地，左数为木之生成数的十一名列于配木之东方（图左方）春季处，左数为火之生成数的十一名列于配火之南方（图上方）夏季处，左数为金之生成数的十一名列于与配金之西方（图右方）秋季处，以象四时依五行相生关系之运行次第（木火金水，春夏秋冬）。其余左数为土之生成数的十一名，除齐××列于图示中心外，皆配四方、四时交际处之四隅位，以象土之分王四季。其右数则大体按五行生序（水火木金土）从一至十依次挨排，并仿效《太玄》等分八十一首为"九天"之例③，均分五十五名为十一组：形、性、动、情、事、德、家、国、政、功、业，每组五名，以示"人之生本于虚，虚然后形，形然后性，性然后动，动然后情，情然后事，事然后德，德然后家，家然后国，国然后政，政然后功，功然后业，业终则返于虚"④的人事活动之终始过程。每组之名其右数皆按木、金、土、水、火之序排列，结合其所属之分组及右位五行数之象征义，即为此"名"得名之由。典型的如属于"性"组之五名：柔｜｜｜｜、刚｜｜｜｜｜、雍｜×、昧｜丅、昭×ㅠ，其得名即源自右数所蕴五行之不同性质：｜｜｜｜木性柔韧故名"柔"，｜｜｜｜｜金性刚强故名"刚"，×土性中和故名"雍"（"雍"为"和"义），丅水性暗昧故名"昧"，ㅠ火性昭明故名"昭"。再如属"德"组之五名：礽｜｜｜｜、宜｜｜｜｜｜、忱｜｜×、喆｜｜丅、戛｜｜ㅠ，直接根据右数五

---

① 张敦实《潜虚发微论·体论》云："体有左右，所以辨宾主也；体有上下，所以辨尊卑也。左为主，右为客，上为尊，下为卑。"《四部丛刊》续三编第218册，第49页。
② 《性图》始于左右相同之五行生成数的相配，后左数不变，右数依次进一与之相配，终于同一行生成数之左右相配。这一自纯至杂的过程可看作是五行之类下每类各分五行，左数代表普遍性的分类，右数代表差异性的特质。
③ 《太玄·玄数》云："九天：一为中天，二为羡天，三为从天，四为更天，五为睟天，六为廓天，七为减天，八为沈天，九为成天。"（《太玄集注》卷八，第202页）此是将周年气运等分为九段，每段九首，分别其最先一首之名名之，以示所谓"九九大运，与天终始"。
④ 《潜虚·名图》，《四部丛刊》续三编第218册，第6页左。

行与五常之德的对应来命名：木仁为"切"（《论语》云："仁者其言也切"），金义为"宜"，土信为"忱"（"忱"训"诚"），水智为"喆"（"喆"训"哲"），火礼为"戛"（"戛"训"礼"）。当然，《名图》符号之得名尚有更复杂的方式，但几乎无一例外地与右位五行数的取象有关。① 我们说过，《太玄》"以数拟《易》"导致的一个关键问题就是玄首符号与玄首名义毫无关联，而《潜虚》则通过五十五名右位五行数之象征意义建立了符号与名义的紧密关系，使其基本具备了《周易》"见其卦而名之"的卦象特征②，这又是温公改造《太玄》重"数"之思想方法所取得的重要思想成果。

除上述调整之外，在"以数拟《易》"思想方法之其他层面，尤其是与历法的结合方面，《潜虚》仍以继承《太玄》体例为主。《太玄》八十一首，首配九赞共七百二十九赞，两赞当一日，复增《踦》《赢》二赞以合于周天三百六十五有四分之一之数。《潜虚》仿此，一名对应一行，除《元》《余》《齐》之外，五十二行每行七变，共三百六十四变③，变主一日，共计三百六十四日，复以《齐》不主日，《元》主一日，《余》主四分之一日，亦合于一年周天三百六十五有四分之一之数。④ 其名、变亦如《太玄》玄首，可与星度、律吕相配。⑤

另外，《潜虚》一行七变也与《太玄》一首九赞一样，是与五行相配的。不过《太玄》直接以九赞之序数等同于五行生成数，故九赞与五行的配法每首皆同，如初一皆配水，次二皆配火等。《潜虚》之变则不同，其一行诸变虽也以初、二至上记其序数，但并非根据此序数对应五行生成数，而是以《元》行对应《变图》位置为起首，全部三百六十四变作为连续序列，按照五行生序（水火木

---

① 很多情况下，每组五名，右数为木金、水火象征两种阴阳对待关系，右数为土则象征阴阳调和状态，以此命名五名。唯独"形"组之五名"元衰齐散余"，由于表征的是气运整体阶次，所以与右数五行取象无直接关系。
② 当然，《潜虚》之左右与《易》之二体重卦仍有本质区别，《易》二体之象均参与六画卦之得名，而《虚》之五十五名之得名仅与右数五行取象有关，与左数实无关系。
③ 张敦实《潜虚发微论·玄以准易虚以拟玄论》云："《虚》之有变，以金木水火土生成之合，旋相为宫，而生商、角、徵、羽，及变宫、变徵，于是有七变。七七而乘之，以《元》《余》《齐》之无变，故五十二名三百六十四变生焉。"（《四部丛刊》续三编第218册，第41页）认为《潜虚》一行七变合于五音宫、商、角、徵、羽及其变声变宫、变徵之七数。
④ 张敦实《潜虚发微论·名论》云："冬至之气起于《元》，转而周三百六十四变，变尸一日，乃授于《余》而终之。"（《四部丛刊》续三编第218册，第52页右）另参见潘雨廷先生所列《潜虚》当周天日数的计算公式，《读易提要》，第116页。
⑤ 具体配合方式见张敦实《潜虚发微论·名论》《变论》，《四部丛刊》续三编第218册，第52—53页。

金土)往复排列,故每《行》之《变》与五行对应方式不尽相同,如《元》行配水,其次《衰》行七变与五行配法即为:初火、二木、三金、四土、五水、六火、上木,再次《柔》行七变则为:初金、二土、三水、四火、五木、六金、上土,后皆以此类推。此七变与五行的错杂对应每三十五变(即经五《行》之后)一循环,如第六《昭》行七变即回到初火、二木、三金、四土、五水、六火、上木的状态。前面提到过,《太玄》九赞的五行象征义主要体现于《赞》辞依五行取象,而《潜虚》诸变与五行的对应则未应用于《变》辞的取象,而是用于确定《命图》对《变图》的吉凶占断。其法盖以五行生克所含王相休囚死之关系,为吉、臧、平、否、凶五种结果①;《元》《余》《齐》无变不占,每《行》初上二变为事之终始亦不占②;其余五变以其所属之《名》右数之五行为用事者,一变所配五行若与之同则为王为吉,若是王所生则为相为臧,生王者为休为平,克王者为囚为否,王所克者为死为凶。③ 每变所属之《名》《行》不同、与五行对应关系不同,其吉凶占断亦不同。相比于《太玄》之赞逢昼则吉、逢夜则凶的单调安排,《潜虚》之《命图》通过五行取象为卜筮占断引入了更多变化,相对而言更趋近易道"不可为典要"的特征。④

论述至此,我们不难看出,《潜虚》象数体系尽管针对《太玄》做了很多调整,但是《太玄》体系的一个严重不足处,即是《玄》之首、赞分道而行的问题仍然遗留下来未能解决。显然,与《太玄》类似,《潜虚》相当于《易》爻的一行七变也没有自身的符号表征而仅有文字,七变亦无法配合到相当于《易》卦的五十五名符号之左右位上,借用司马光自己的话说,《虚》之《变》与《名》也可谓是"分道而行,不相因"的。究其原因,《周易》所以卦爻皆有象有辞,是因为易道思想方法以"象"为核心,因象而系辞,故一卦之象为一整体,其爻画六位,

---

① 朱子明确指出:"《潜虚》只是'吉凶臧否平,王相休囚死'。"(《朱子语类》卷六十七,第 1675 页)五行王相关系也取自《太玄》。《玄数》云:"五行用事者王,王所生相,故王废,胜王囚,王所胜死。"(《太玄集注》卷八,第 200 页)
② 见《潜虚·命图》所附文字说明,《四部丛刊》续三编第 218 册,第 55 页右。
③ 如《衰行》,衰丨丨丨右数火,故此《行》为火王,其二至六变与五行对应为二木、三金、四土、五水、六火。六火为王,故吉;四土,火所生为相,故臧;二木,生火为休,故平;五水,克火为囚,故否;三金,火所克为死,故凶。因此《衰行》之《命图》为六吉、四臧、二平、五否、三凶。因为七变与五行对应关系每五《行》一循环,故《命图》吉、臧、平、否、凶之排布方式也是每五《行》一循环。
④ 当然,七变与五行的对应使得《命图》吉、臧、平、否、凶之排布每五《行》一反复,吉凶结果还是有规律可循的,根本上说仍远达不到易道"不可为典要"的程度。

自然有一卦及六爻之辞系于其上。而《玄》《虚》皆以"数"为核心，其独创之符号系统仅是"数"的附属品，而数算又必牵合于历法，如《玄》之一首九赞、《虚》之一行七变，皆非着眼于首、名符号之整体性，而仅考虑数字如何安排计算能合于律历周天日数星度，则赞、变数与首、名象之不相合，岂可免乎？这大概是《玄》《虚》一类拟《易》之作难以克服的通病。

因《变图》与五十五名符号不相配合，七变不能成为其一名之符号的有机组成部分，故《潜虚》也与《太玄》类似不能以五十五《名》之象来占筮，而只能以其《变》占，这就是为什么其文本结构无与《周易》卦辞相应者。而《潜虚》之占法以七十五策用七十，经两次独立的分两、挂一、揲之以十的过程，从余数可得一名之左右数，但也与《太玄》以首定赞类似，占得之《名》仅用于确定所用之《变》，故还需第三次分两、挂一、揲之以七，以其余数得所占为此《名》之哪一《变》，复以《命图》之占断决之。① 其筮法运用的数学原理，与《易》《玄》也有很大区别。②

## 三 结 论

总结来说，温公《潜虚》在基本继承扬雄《太玄》之文本形式与思想方法的基础上，做出了很多重要的调整。如文本形式上转而以图示为单元组织全书结构，系统性展示出其易学宇宙观建构的整体格局；思想方法上虽仍以"数"为重，但通过《潜虚》基本十数及其符号的五行取象，避免了《太玄》体系数字、符号、象征义相割裂的问题，在五十五名中达到了数、符与象的统一；这些皆是其思想特色所在。不过，《潜虚》效法《太玄》"以数拟易"、牵合历法以构建

---

① 见《潜虚·命图》所附文字说明，《四部丛刊》续三编第218册，第55页左—56页右。
② 《周易》的大衍筮法，其分两过揲归奇的步骤运用了数学上的同余元理，参见董光壁：《"大衍数"和"大衍术"》，《自然辩证法研究》1988年第3期，第46—48页。王兆立、于成宝研究指出，《太玄》筮法同样"巧妙的运用了两次同余知识"（王兆立、于成宝：《〈太玄〉的筮法和天道观略论》，第25页）。同余元理在筮法运用的关键是分两之前蓍草策数的总合是过揲数的整数倍（《易》之四十八策［排除挂一之策］是四的整数倍，《玄》之三十三策是三的整数倍），这样分两后左右手策数过揲后的余数之合或者等于过揲数（左右策数均不能被过揲数整除的情况），或是过揲数的两倍（左右策数均能被过揲数整除的情况），故《易》筮之一变，归奇之余数和不四则八，由此方能在三变之后以九六七八定卦之一爻；玄之每次"三搜"，其余数和不三则六，方能在两次"三搜"后以七八九定首之一位。而《潜虚》经两次分两各得一名之左右数，过程完全独立，没有运用同余元理，与《易》《玄》筮法殊为不同。

其易学宇宙观的思想方法，仍然不能避免拟卦之《名》与拟爻之《变》分道而行的问题，与易道终有不相似处。总之，通过与《太玄》的比较，温公《潜虚》作为一部拟《易》之作的所得所失，皆可了然无遗。

附录：司马光《潜虚》诸图

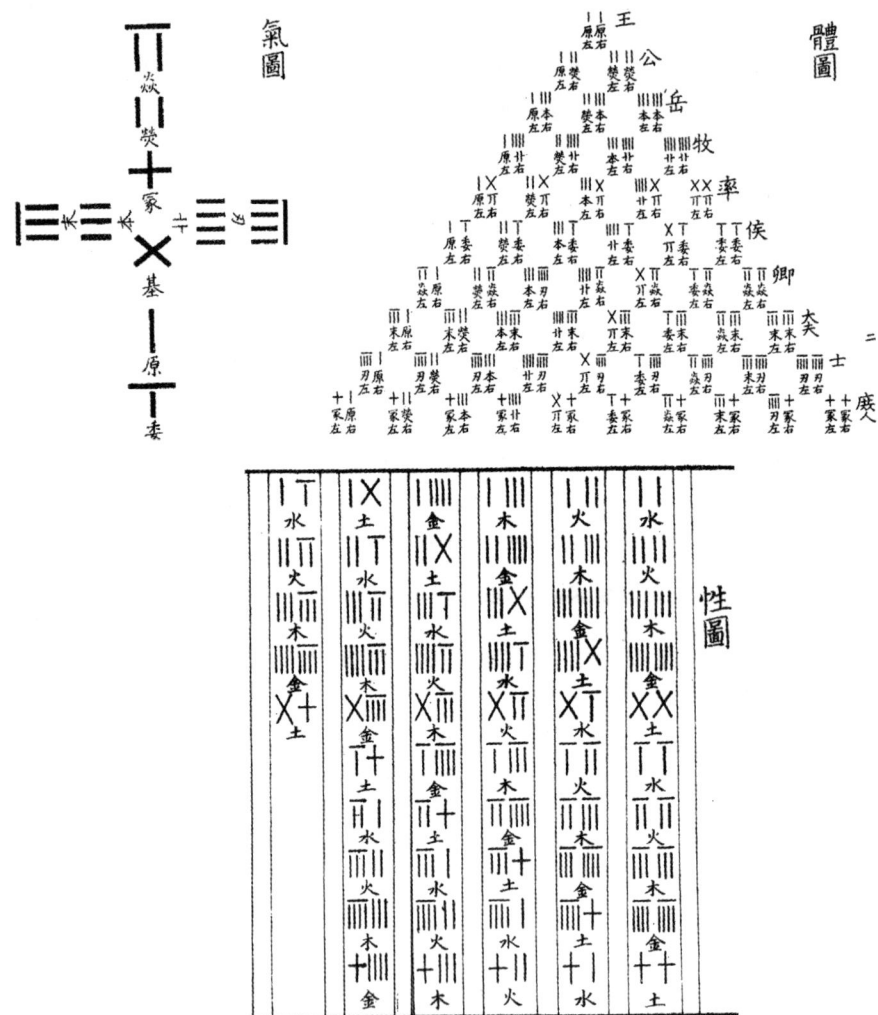

《潜虚》的《气图》《体图》《性图》（《四部丛刊》本）

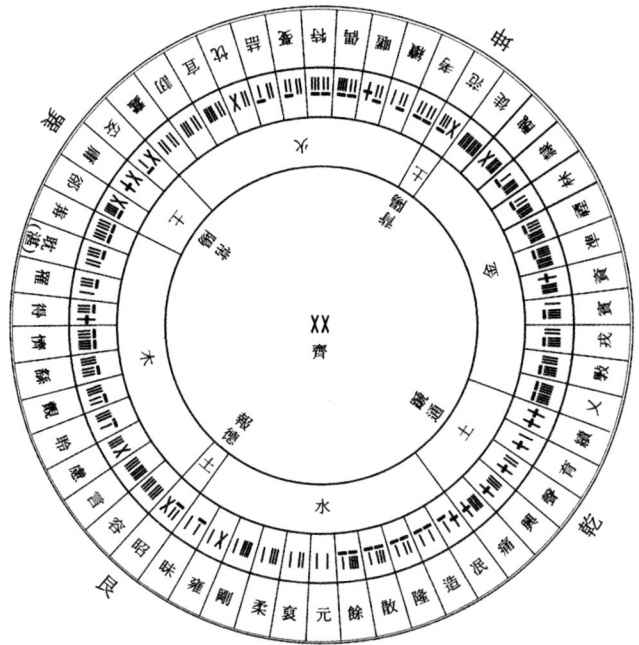

《潜虚·名图》(引自张晶晶《司马光易学研究》①)

《潜虚》的《行图》《变图》《解图》《命图》局部(《四部丛刊》本)

---

① 《潜虚·名图》今存各本皆讹误众多,唯台湾政治大学张晶晶所著《司马光哲学研究——以荀学与自然气本论为进路》(新北:花木兰文化出版社,2013年)一书所用之图校订讹误,形制精准,故引于此。其具体勘定之处见其书附录,第202—203页。

# On the Inheritance and Adjustment of *Qianxu* to *Taixuan* in the Mode of Imitating *The Book of Changes*

## Chen Ruichao

**Abstract:** Sima Guang's *Qianxu*(潜虚) is an analogic work of *the Book of Changes*, which is created by imitating Yang Xiong's *Taixuan*(太玄). In the aspect of text structure and thingking method, *Qianxu* inherited *Taixuan*'s mode of imitating *the Book of Changes* in many ways, and also made important adjustments and transformations. To a certain extent, it overcame the shortcoming of separating three *Yi*-ology factors, namely number, symbol and symbolic meaning, that existed in the *Taixuan* system. Despect of its insufficiency in designing a rigorous image-number system comparing with *the Book of Changes*, *Qianxu* still manifested some unique characteristics in its *Yi*-ological worldview construction.

**Key words:** *Qianxu*; *Taixuan*; *The Book of Changes*; Image-number system

# 吕大临对《中庸》的诠释及朱子对其的扬弃[*]

## 李敬峰[**]

**提　要**：吕大临秉承张载关学和二程洛学推崇《中庸》的学派传统，专作《中庸解》以显其意。他的《中庸解》卓然自成一家，舍弃汉唐经学注疏，以"理在解语内"的方式重点围绕"中"展开诠释，以"中"提领全篇，将"中"作为形上本体和逻辑起点，继而以"中"统摄心、性，最后以"求中"为工夫返归本体。从本体到心性，再到工夫，以至境界，建构以"中"为核心的圆融的《中庸》哲学体系，进一步推进心学体系的完善和发展。他的《中庸解》因其发越和纯粹受到朱子的高度赞扬，并深深影响朱子《中庸》学，尤其是"中和新说"的形成。

**关键词**：吕大临　《中庸解》　朱子　扬弃

吕大临（1040—1092），字与叔，陕西蓝田人。作为张载高弟及二程门下四大弟子之一，因其思想的发越和纯粹，受到二程的极力称许以及朱子的高

---

[*] 本文为国家社科基金青年项目（18CZX025），教育部人文社会科学青年项目（17YJC720013），陕西省社科规划项目（2015C005）。

[**] 李敬峰，1986年生，陕西师范大学副教授。

度褒扬,这在关、洛门下众弟子当中是极其难见的。① 吕大临先拜师张载,后受业二程,身兼发扬关、洛二学派之重任,他勇担此道,在经典诠释以及义理阐释方面,多所发明,甚至有的学者将其置于牟宗三先生所划分的儒学三系之一——五峰蕺山系之首(此系为儒学正宗)②,这足以说明吕大临在哲学史上的地位。吕大临一方面秉承乃师张载推崇《中庸》的治经、解经传统③,另一方面迎合时代思潮,"迨有宋儒研求性道,(《中庸》)始定为传心之要,而论说亦遂日详"④,专做《中庸解》⑤以彰其意。他的《中庸解》成就之高,不仅一度被是时学界误认为是程颢所作⑥,同时也对朱子《中庸》学的定型产生直接的影响。然当前学界对其少有专题性的研究,多是按照预设的理学范畴论的框架对其零碎裁剪,无法整体把握吕大临《中庸解》的思想精华、诠释特质和学术影响。因此,回归文本,通观全书,围绕其《中庸解》的核心要旨"中",层层剖析,揭示核心主旨以及由此反观朱子《中庸》学思想的来源就显得尤为必要。

## 一 以"中"为形上本体

较之以往儒学,北宋儒学更为注重建构形上本体以辟佛立儒,且尤以"北宋五子"最为典范。而位居张载、二程与朱子之间的吕大临,继续探索和深化儒学的心性本体论,借诠释《中庸》刻意凸显"中"之形上本体的地位,他说:

---

① 朱子对二程众多弟子多有批评,他说:"游杨谢诸公当时已与其师不相似,却似别立一家。"(黎靖德:《朱子语类》,北京:中华书局,1986年,第2557页。)但对吕大临则评价道:"吕与叔惜乎寿不永,如天假之年,必所见。程子称其深潜缜密,可见他资质好,又能涵养,若只如吕年亦不见得到此天地矣。"(黎靖德:《朱子语类》,第2560页。)
② 文碧方:《关洛之间——以吕大临思想为中心》,北京:中华书局,2011年,第24页。
③ 张载二十一岁时拜访范仲淹,范仲淹指点其读《中庸》,随后潜心《中庸》累年,他曾自述道:"某观《中庸》义二十年,每观每有义,已长得一格。"(张载:《张载集》,中华书局,1978年,第277页。)《宋史》明确指出其学乃"以《中庸》为体"。[(元)脱脱:《宋史》,中华书局,1985年,第2724页。]《中庸》是张载关学建构的重要经典依据,为门人后学所承继,成为关学的一贯传统。
④ 纪昀等:《中庸辑略》提要,台北:台湾商务印书馆,影印文渊阁四库全书第198册,1986年,第555页。
⑤ 吕大临关于《中庸》的著作有两篇,一篇是他的《礼记解·中庸》与《中庸解》,两篇皆是其从学二程之后所作,且《中庸解》是对《礼记解·中庸》的改本,内涵相差不大。详参文碧方:《关洛之间——以吕大临思想为核心》,第9—11页。
⑥ 胡宏在《题吕与叔〈中庸解〉》中称:"有张焘者携所藏明道先生《中庸解》以示之,师圣笑曰:'何传之误?此吕与叔晚年所为也。'"(陈俊民:《蓝田吕氏遗著辑校》,北京:中华书局,1994年,第627页。)

> 中者,道之所由出。①
>
> 盖中者,天道也、天德也。……由中而出者莫非道,所以言道之所由出也。②
>
> 圣人之学,以中为大本。虽尧、舜相授以天下,亦云"允执其(厥)中"。③
>
> 大本,天心也,所谓中也。④

徐复观先生曾指出:"'中'为儒家思想中之重要观念,而《中庸》一书'中'之观念实重于'庸'之观念。"⑤徐先生所言不虚,"中"在《中庸》一书中确实占有重要地位,在某种程度上揭示《中庸》的核心精神与主旨,但少有学者将其上升至本体之境。而吕大临则做出突破性的尝试,他将《中庸》之"中"的地位无限拔高,与天道、天德、天心这些一向被视为至高无上的范畴相等同,这就赋予"中"客观独立的实体性,为形上之本体,为圣人之学的根本,为圣贤代代相授之道。吕大临之所以在宋儒中别具一格,将"中"确立为形上本体,我们从其自述中可见一斑:

> 大临昔者既闻先生君子之教,反求诸己,若有所自得,参之前言往行,将无所不合。由是而之焉,似得其所安,以是自信不疑,拳拳服膺,不敢失坠。⑥

由上可见,吕大临认为己说是闻听张载之教以及自己反复思考得出来的,并对此自信不疑。不唯如此,朱子也明确指出:

> 吕与叔云:"圣人以中者不易之理,故以之为教。"如此,则是以中为一好事,用以立教,非自然之理也。先生曰:"此是横渠有此说,所以横渠殁,门人以'明诚中子'谥之。"⑦

---

① 陈俊民:《蓝田吕氏遗著辑校》,第495页。
② 同上书,第271页。
③ 同上书,第497页。
④ 同上书,第307页。
⑤ 徐复观:《中庸的地位问题》,《学术与政治之间》,上海:华东师范大学,2009年,第192页。
⑥ 陈俊民:《蓝田吕氏遗著辑校》,第1182—1183页。
⑦ 黎靖德:《朱子语类》,第2561页。

可见朱子亦认为吕大临之说渊源有自,直承张载。实际上,推崇和重视"中"是张载关学的一贯传统①,只是张载并未将其作为形上本体来对待,吕大临则推进师说,将"中"作为独立之实体,拔高至本体之境。也就是说,在吕大临这里,"中"在词性上是名词,在内容上则指向形而上的本体。吕大临此说一出,在当时即遭到程颐的强烈反对,程颐说:

> 中者,道之所由出,此语有病。……中即道也,若谓道出于中,则道在中外,别为一物矣。……不偏之谓中,道无不中,故以中形道。若谓道出于中,则天圆地方,谓方圆者天地所自出,可乎?②

吕大临是直接将"中"作为至高无上的本体,而程颐则认为吕氏此说有病,因为"中"本身就是"道"的状态,"道"无不"中","中"只能作为形容词来描述道。若依吕氏之说,则不仅将"中"与"道"判分为二,且将"中"置于"道"之上,这就消解"道"的至高无上性,无疑是床上叠床,屋上架屋。对程颐的批驳,吕大临辩解道:"由中而出者莫非道,所以言道之所由出也,与'率性之谓道'之义同,亦非道中别有'中'也"③,也就说,吕大临本意并不是要割裂"道"与"中",说"道出于中"只不过是模仿"率性之谓道"的句式,因为"率性之谓道"就是"道出于性"的意思。吕大临的这种辩解终不能为程颐所接受。实际上,两者分歧的根本就在于"中"是否具有实体的意涵,以及"中"与"天道"的体用关系,程颐持明确的否定态度,坚持"道"体"中"用,而吕大临显然是持肯定态度的,但他也并不否认"天道""天性"等作为最高范畴的存在,只是沿袭孟子、程颢一系的圆融、直觉型的思路,将这些最高范畴等同、打并为一,这一方面发出陆王心学的先声,另一方面也在根本上与程颐、朱子一系的理性、架构型的理学进路区别开来。总之,吕大临通过对《中庸》"中"的提揭和重构,不仅成为程门乃至哲学史上的别具特色的理论,也确立起其《中庸》哲学体系的逻辑起点。

---

① 对于关学重视"中"的缘由,文碧方先生认为是与关学重视礼分不开的,礼的作用就是"无过与不及",就是"中"。文先生之分析实为确论,笔者认同此说。(参见文碧方:《关洛之间——以吕大临思想为中心》,第190—191页。)
② 陈俊民:《蓝田吕氏遗著辑校》,第495—496页。
③ 同上书,第495页。

## 二 以"中"统摄心性

《中庸》首章所探讨的"中和"问题因其与心性论密切关涉,故而在北宋道学重构心性论的学术热潮①中得到格外的重视,成为是时学界的公共学术话语。吕大临不仅积极参与到此学术思潮之中,且由他与程颐的"中和"之辨更是引起此后学者的反复争辩。吕大临在确立"中"为形上本体后,首先将其与"心"联系起来,他说:

> 情之未发,乃其本心,元无过与不及,所谓"物皆然,心为甚",所取准则以为中者,本心而已。②

在这里,吕大临认为本心即是"喜怒哀乐"之情未发之时,是"无过与不及",亦是"中"。他进一步借"赤子之心"来表述"心"与"中"的关系:

> 理之所自出而不可易者,是为中,赤子之心是已,尊其所自出而不丧,则其立至矣。③

> 喜怒哀乐之未发,则赤子之心。当其未发,此心至虚无所偏倚,故谓之中,以此心应万物之变,无往而非中矣。孟子曰"权,然后知轻重;度,然后知长短。物皆然,心为甚",此心度物所以甚于权衡之审者,正以至虚无所偏倚,故也有一物存乎其间,则轻重长短皆失其中矣,又安得如权如度乎,故大人不失其赤子之心,乃所谓允执其中也。④

"赤子之心"最先由孟子提出,主要指"爱父母之心,具有确定的伦理意义"⑤。而吕大临则借此以释《中庸》,认为"喜怒哀乐未发"之时,就是"赤子之心",显然已经超越孟子的原意。吕大临认为此"赤子之心"空灵至虚,不偏不倚,这就是所谓的"中",所谓的"理之所自出而不可易者"。以此"赤子之心"应

---

① 李祥俊先生指出"心性论是儒、佛二教的核心义理,并且在其发展过程中不断得到凸显。北宋时期,心性论是构成当时各派学说关注的中心问题"。(李祥俊:《道通与一——北宋哲学思潮研究》,北京:北京师范大学出版社,2006年,第60页。)
② 陈俊民:《蓝田吕氏遗著辑校》,第273页。
③ 同上书,第307页。
④ 同上书,第549页。
⑤ 陈来:《宋明理学》,上海:华东师范大学出版社,2004年,第282页。

接万事,则自然皆中,合乎义理。他以孟子所讲"权""度"为例,认为"赤子之心"如有一物存于其间,则权衡度物必然失"中"。因此,大人应该保有这与生俱来的"赤子之心",这就是"允执厥中"之意。我们再通过其与程颐的辩论来进一步彰显其思想的特色,程颐辩道:

> "喜怒哀乐未发谓之中。"赤子之心,发而未远于中,若便谓之中,是不识大本也。① 赤子之心可谓之和,不可谓之中。②

程颐认为"赤子之心"是已发,故不能谓之"中",只能言"和",这实际上与《中庸》首章经文中"发而皆中节,谓之和"原意相一致。受程颐影响,吕大临改变前说:

> 大临始者有见于此,便指此心名为中,故前言中者,道之所由出也。今细思之乃命名未当尔,此心之状可以言中,未可便指此心名之曰中。③

在此,他不再坚持"中"与"心"直接等同为一的观点,而改为描述心之体的状态,也就是所谓的"以中形心",由"中"名"心"走向以"中"形"心"。需要指出的是,吕大临始终未改变"赤子之心"为"未发"的观点,他说:"大临以赤子之心为未发,先生以赤子之心为已发。……大临初谓赤子之心,止取纯一无伪,与圣人同。恐怕孟子义亦然,更不曲折。"④吕大临认为他以"赤子之心"为未发,是有经典依据的,是取孟子"本心"之纯粹无伪之意。由此可见,他在对"中"与"心"的关系上基本是顺着孟子的思想在推衍。而程颐则坚持"赤子之心"为已发,既然是"已发",就只能说是"和",不能说是"中",后虽改变前说,认为"心"有未发和已发两种状态,但仍不能认同大临以"中"状"心"之体的主张。

在"中"与"性"的关系上,吕大临说:

> 盖中者,天道也,天德也,降而在人,人禀而受之,是之谓性。《书》曰:"惟皇上帝,降衷于下民",《传》曰:"民受天地之中以生",此人性所

---

① 陈俊民:《蓝田吕氏遗著辑校》,第 497 页。
② 同上书,第 498 页。
③ 同上书,第 349 页。
④ 同上书,第 498 页。

以必善,故曰:"天命之谓性。"①

如前所述,吕大临将"中"与天道,天德相等同,将其拔高至本体的地位,人秉受此"中"以为性,如此"中"就成为至高无上的本体,同时与"性"成为异名同实的概念范畴,他明确提出"中即性":

> 中即性也。在天为命,在人为性,由中而出者莫非道,所以言道之所由出也。② 天命之谓性,即所谓中。③
> 
> 性与天道,一也。天道降而在人,故谓之性。④
> 
> 所谓中者,性与天道也。⑤

吕大临认为"中"就是"性",就是"天道",从天的角度而言是命,从人的角度而言则为性,是道之产生的根源。吕大临以此将传统儒学的"性"上升到天道本体的高度,达至"中"的境界,继续推动儒学心性论的形而上建构。对此,其师程颐亦给予激烈批判:

> 中即性也,此语极未安。中也者,所以状性之体段。若谓性有体段亦不可,姑假此以明彼。如称天圆地方,遂谓方圆即天地可乎?方圆既不可谓之天地,则万物决非方圆之所出。……若只以中为性,则中与性不合。……中止可言体,而不可与性同德。……又如前论"中即性"也,已是分而为二,不若谓之性中。(性中语未甚莹)⑥

程颐认为吕氏的"中即性"之说有不妥之处,"中"只能作为形容词来描述"性"之体段,而不能与"性"处在同等地位,就如同"天圆地方","圆"与"方"只能用来形容"天"与"地",而不能将"方圆"等同于"性",吕氏此说恰恰落入此窠臼,将"中"与"性"分而为二,不如"性中"更为合适,虽然此语仍非最佳。⑦ 总而言之,程颐和吕大临之所以在"中"与"心性"的关系上,很难契合,

---

① 陈俊民:《蓝田吕氏遗著辑校》,第271页。
② 同上书,第495页。
③ 同上书,第271页。
④ 同上书,第481页。
⑤ 同上书,第273页。
⑥ 同上书,第496—498页。
⑦ 《朱子语类》载:铢曰:"然则谓性中可乎?"曰:"此处定有脱误,性中亦说得未尽。"(黎靖德:《朱子语类》,第1512页。)朱子认为程颐的"性中"说有脱误之处。

在于吕大临始终坚持的是"本心即性"的思路,始终将"中"理解为"本心"的状态,理解为"性",以"中"来融摄贯通心、性;而在程颐那,"心"并不是"本心",而是知觉形下之"心",不可能与"性"在同一层次上,因此"中"的定位并不如在吕大临哲学体系中那么高高在上。可见,两者对"心性"理解的差异已经初显"理本论"与"心本论"的分歧,至后来的朱子、陆王则将这一分歧推扩和彰显出来。

## 三 以"求中"为工夫

儒学所论本体,非一现成之物,而需由通过在心性上做工夫去达至。吕大临以"中"统摄心、性,那么如何来贯通心、性、天道呢,如何将这应然之理变为实然之态,这就需要落实到心、性上去做工夫,也就是去求"中"。吕大临说:

> 人莫不知理义,当无过不及之谓中,未及乎所以为中也。喜怒哀乐未发之前,反求吾心,果何为乎?《易》曰:"寂然不动,感而遂通天下之故。"《语》曰:"子绝四:毋意,毋必,毋固,毋我。"《孟子》曰:"大人者,不失赤子之心。"此言皆何谓也?……此所谓性命之理,出于天道之自然,非人私知所能为也。故推而放诸四海而准,前圣后圣,若合符节,故曰"喜怒哀乐之未发,谓之中"。①

> 求之此心而已。此心之动,出入无时,何从而守之乎?求之乎喜怒哀乐未发之际。②

吕大临认为"无过不及"就是中,故应该在喜怒哀乐未发之前去求此大本之体,《易经》《论语》和《孟子》所言皆是性命之理,而这些皆源于天道,非人所能干预,而这就是所谓的"喜怒哀乐之未发谓之中"。至于为何要去求"中",吕大临从内外两方面进行分析,从内在来说,之所以要在未发之际去求,是因为未发之时,心体昭昭自在,无私欲遮蔽,而已发之际,心则出入无时,无从所

---

① 陈俊民:《蓝田吕氏遗著辑校》,第273—274页。
② 同上书,第497页。

守,故要在未发之际去求之。从外在效果来说,吕大临说:

> 虽圣人以天下授人,所命者不越乎此也,岂非中之难执难见乎?岂非道义之所从出乎?后世称善治天下者,无出乎尧舜禹,岂非执中而用之,无所不中节乎?无过不及,民有不和,世有不治者乎?圣人之治天下,犹不越乎!执中,则治身之要,舍是可乎?故苟得中而执之,则从欲以治,四方风动,精义入神,利用出入可也。自中而发,无不中节,莫非顺性命之理,莫非庸言庸行而已。①

> 圣人之学,不使人过,不使人不及,立喜怒哀乐未发之中以为之本,使学者择善而固之,其学固有序也。学者盖亦用心于此乎?用心于此,则义理必明,德行必修,师友必称,州里必举,仰企于上古,可以不负圣人之传,俯达于当今,可以不负朝廷之教养。世之有道君子,乐得而亲之,王公大人,乐闻而取之。②

吕大临认为"中"是圣人传授的内容,实际上就是韩愈所说的"道统",只是吕大临没有明确用此表达。尧舜禹之所以能善治天下,皆是执"中"之故,圣人之治天下不过如此。因此,执中不仅是治身之要,同时亦可实现明义理、修德行,可以被师友称,州里举,有道君子乐于亲近,王公大人乐于用之,仰望于上古,不负圣人之传,俯察当今,不负朝廷教养的外王效果。吕大临实际上是认为通过"求中"可以达至"内圣外王"的儒家终极目的。既然求"中"有如此多的实效,为什么人不能直接现实地拥有"中"呢,吕大临分析道:

> 盖均善而无恶者,性也,人所同也;昏明强弱之禀不齐者才也,人所异也;诚之者,反其同而变其异也。③

> 然人应物,不中节者常多,其故何也?由不得中而执之,有私意小知挠乎其间。故理义不当,或过或不及,犹权度之法不精,则称量百物,不能无铢两分寸之差也。④

---

① 陈俊民:《蓝田吕氏遗著辑校》,第274页。
② 同上书,第270页。
③ 同上书,第297页。
④ 同上书,第274页。

> 立己与物,私为町畦。胜心横生,扰扰不齐。①

吕大临认为人之所以不能拥有"中",来自于两方面的原因,一是先天所禀赋的混浊之气;二是后天私意、小智横阻其间,故造成理义呈现偏差,失去"中"节。吕大临的分析实际上符合宋明理学大多数儒家对人性的分析,借鉴佛教两层存在论,发明"气质之性",从先天、后天两个方面较好地解决人与人之间在现实人性的差异。"中"如同权度之法,必须毫厘不差,方能称量万物。因此,欲达至"中",就必须有针对性地做"变化气质""克己"之功,他说:

> 喜怒哀乐之未发,无私意小知挠乎其间,乃所谓空,由空然后见乎中,实则不见也。若子贡聚见闻之多,其心已实如货殖焉,所蓄有数,所应有期,虽曰富有,亦有时而穷,故"亿则屡中",而未皆中也。②

> 君子所贵乎学者,为能变化气质而已。德胜气质,则柔者可进于强,愚者可以进于明;不能胜气质,则虽有志于善,而柔不能立,愚不能明。③

吕大临认为学者一方面要克去己私,克除私意小智,使心体空灵,不着一物;另一方面要变化气质,克去气质之偏,以使天命之性流行无碍,如此柔可变强,愚可变明。吕大临的工夫针对先天与后天之病使人心达到"空"的境界,如此方能见"中"。他认为孔门弟子子贡之心为货殖之类所实,故并不能皆"中"。总之,吕大临强调"求中"与道南学派一样,皆是发展程颢之学,直接从本体入手,去追求大本之体,体现出"明体而达用"的工夫进路,而与程朱一系的"下学而上达"之路径相区分。

## 四 朱子对吕大临《中庸》学思想的扬弃

吕大临的《中庸解》虽然不限于对"中"的诠释,但其侧重点实际上是围绕"中"建构起从本体到心性再到工夫的《中庸》哲学体系。因卓然自成一家,受到《中庸》学研究的集大成者朱熹的格外重视。在程门后学中,注《中庸》者大有人在,但朱熹唯独对吕大临的《中庸解》赞赏有加,他说:"吕与叔《中庸》,皆

---

① 陈俊民:《蓝田吕氏遗著辑校》,第590页。
② 同上书,第274页。
③ 同上书,第297页。

说实话也"①,又说:"吕与叔《中庸义》,典实好看。"②虽如此,朱子在建构《中庸》学时,并未完全盲从,而是审慎、扬弃对待。从承继的角度而言,主要体现在:(1)直接引用:在朱子《中庸章句》中,直接引用吕氏之解的有五处之多,《中庸》第二十章有四处,第二十九章一处。(2)间接认同:如朱子在对"中"进行释名时,就融合吕大临"中者,无过与不及"和"不倚之谓中"以及程颐的"不偏之谓中"的说法,释"中"为"不偏不倚,无过不及之名"。

从批判的角度而言,朱子亦是围绕吕大临所提揭的"中"与"心""性"的关系以及与此相联的"求中"工夫进行集中批判。他首先对吕大临《中庸解》中的以"赤子之心"为"未发",为"中"的观点有所批评:

> 问:"赤子之心莫是发而未远乎中,不可作未发时看否?"曰:"赤子之心也,有未发时,也有已发时,今欲将赤子之心专作已发看也不得,赤子之心方其未发时,亦与老稚贤愚一同,但其已发未有私欲,故未远乎中耳。"③

> 吕说大概亦是,只不合将赤子之心一句插在那里便做病,赤子饥便啼,寒便哭,把做未发不得,如大人心千重万折,赤子之心无恁劳攘,只不过饥便啼,寒便哭而已。④

在此,朱子既不认同吕大临的"赤子之心"为"未发"之论,亦不接受程颐"赤子之心"为"已发"的观点,他综合二者,认为"赤子之心"既有"未发"时,如"纯一无伪",又有"已发"时,如"饥啼渴饮"。由此可见吕大临此说对朱子的深刻影响。

而对于吕氏《中庸解》中的"中即性"之说,

> 问吕氏言"中则性也"或谓此与性即理也语意似同,铢疑不然。先生曰:"公意如何?"铢曰:"理者万事万物之道理,性皆有之而无不具者也。故谓性即理则可,中者又所以言此理之不偏倚、无过不及者,故伊川只说

---

① 黎靖德:《朱子语类》,第2561页。
② 同上。
③ 同上书,第13页。
④ 同上书,第2505页。

状性之体段。曰:"中是虚字,理是实字,故中所以状性之体段。"①

朱子在与学生关于吕大临的"中即性"的讨论中,他同意学生"中即性"不同于"性即理"之论,亦认同程颐对吕大临的批评,认为"中"只是虚词,不能作独立的实体词来看待,而理则是具有实在内容的概念,故"中"只能作为形容词来描述"性"之体段。后朱熹对此稍有改变:"'问吕与叔问中处,中者道之所从出,某看吕氏意如何?'曰:'性者道之所从出云尔,中即性也,亦是此意,只是名义未善,大意却不在此。'"②较之先前的批评,朱子对吕大临之论已经多有回护,认为只是命名不当,意思却不在于此。

而至于吕大临所注重的"求中"工夫,朱子则进行激烈批评:

> 言察便是吕氏求中,却是已发,如伊川云只平日涵养便是。③

> 未发之前,则宜其不待着意推求,而了然心目之间矣;一有求之之心,则是使为已发,固已不得而见之,况欲从而执之,则其为偏倚亦甚矣,又何中之可得乎?且夫未发已发,日用之间固有自然之机,不假人力。方其未发,本自寂然,固无所事于执……此为义理之根本,于此有差,则无所不差矣。此吕氏之说,所以条理紊乱,援引乖刺,而不胜其可疑也。④

朱子首先认为吕氏"未发之前,心体昭昭俱在,说得亦好",但对其在未发之前求中则始终不能默契于心,他认为未发之前,寂然不动,无事可执,又如何去得"中",故不可着意去求,只能如程颐所说的"平日涵养即是",因此他认为吕氏之说条理紊乱,援引错误,故可疑之处甚多。朱子基本是延承程颐的思路对吕大临进行批评,但在深度上有所推进。实际上,朱子不仅对吕大临,对同样主张"未发以心体中"的道南学派亦多所批评。可见,朱子对深受程颢之学影响的吕大临、杨时一系直从本体入手的为学进路始终不能认同,折射出直觉主义和理性主义的差异和分歧。

---

① 黎靖德:《朱子语类》,第1512页。
② 同上书,第2504页。
③ 同上书,第1509页。
④ 朱熹:《中庸或问》,《朱子全书》第六册,上海:上海古籍出版社、合肥:安徽教育出版社,2002年,第563页。

## 五 小 结

"中国哲学家取历史或经典的诠释方式阐发义理,其每一时代思想系统的差异,乃由于其所注重经典之不同和诠释原则的变化。"①北宋时期正是经典内容与诠释原则发生剧烈变革的时期,在北宋《中庸》学滥觞之际,吕大临的《中庸解》独具特色,卓然自成一家,他紧紧围绕"中"展开诠释,从本体到心性,再到工夫,自始至终皆贯穿"中",既有对关学思想的坚守,亦有对洛学思想的接受,更有自己的独立思考,可谓是融合关、洛思想的典范之作。他的《中庸解》诠释特色主要体现在:(1)摆落汉唐注疏,注重以义理解经;这虽然是北宋经学的主流特质,但吕大临的努力继续推动和强化北宋经学诠释向义理范式的转变。(2)围绕"中"展开诠释,以"中"为大本之体,统领本体、心性和工夫,这种诠释进路在《中庸》学史上独成一家。(3)理在解语内。朱子说:"程先生《经解》,理在解语内。某集注《论语》,只是发明其辞,使人玩味《经》文,理在《经》文内。"②朱子在对比其与程颐的解经方式,总结出两条不同的诠释路径,即"理在解语内"与"理在《经》文内"。吕大临的《中庸解》是在转投洛学时所作,深受程颐解经风格的影响③,在诠释《中庸》时,以己意解经之风明显,不同于朱子力图遵循经文原意,在最大程度上保持客观之解经态度,但朱子也吸收吕氏《中庸解》透显出的部分"义理"思想。更为重要的是,吕大临《中庸解》中关于"中和"思想的探讨,不仅使"中和"成为二程之后,朱熹之前道学的核心话语,更是间接影响朱子"中和"新说的形成。④

---

① 李景林:《教化的哲学》,哈尔滨:黑龙江人民出版社,2006年,第31页。
② 黎靖德:《朱子语类》,第438页。
③ 程颐自述云:"《中庸》书却已成。"但是此条小注却补充道:"陈长方见尹子于姑苏,问《中庸解》。尹子云:'先生自以为不满意,焚之矣。'"(朱熹:《伊洛渊源录》,《朱子全书》(修订本)第12册,上海:上海古籍出版社,合肥:安徽教育出版社,2010年,第978—979页。)由此可知,程颐曾注解《中庸》,后因不满意焚之。
④ 参见刘学智:《朱熹"中和新说"与关学关系探微》,《哲学研究》,2015年第12期。

# Lü Dalin's Interpretation of *Zhongyong* and Chuhsi's Sublation with It

## Li   Jingfeng

**Abstract:** Lü dalin inherited the tradition that Guan school attaches importance to *zhongyong*, writing *zhongyong jie* to display its meaning. His *zhongyong jie* abandoned Han and Tang's study of Confucian classics, using "truth in the comment" to explain "*zhong*", and putting the noumenon *zhong* as the logical starting point, then using *zhong to* unify mind and nature, and put "*seek zhong*" as a practice to return noumenon. *From* noumenon *to mind and nature and then to practice,* as well as the realm, constructing the harmony philosophical system. his *zhongyong jie* was praised highly by Chuhsi because of transcendence and purity and influenced deeply the construction of Chuhsi's *zhongyong*, especially the formation of his new theory of "zhong-he".

**Key words:** Lü Dalin; *Zhongyong jie*; Chuhsi; Sublation

# 吕祖谦的致知学说

彭 荣[*]

**提 要**：吕祖谦认为工夫须从心上做，并发展出一套以持敬涵养为夹辅，以体察、集义为基本内容的致知之学。他对良心的遍在性，良心之起与人欲之萌，有详细论述，而对观过的论述则别具一格，是朱、陆所未有的。

**关键词**：良心 致知 观过 不贰过

在道学叙事中，《大学》的八条目被认为是入圣阶梯，而格物致知则是工夫的起始。一般说来，格物被理解为"穷理"，这一道学基本论点是以二程与张载的"洛阳议论"为发端，在二程与关学门人讲学的过程中形成的。[①] 朱子继承了这一观点，并做了更进一步的发挥，将"物"和"知"理解为事物之理与吾心之知，只有将天下事物之理穷究到极处（物格），才能让吾心之知豁然贯通而知到极处（知至）。[②] 这里，格物与致知实际上是同一种对象化的知识活动的两个方面，前者是认知活动本身，后者是认知活动所导致的结果，所谓"若是极其所知去推究那事物，则我方能有所知"。[③] 陈来先生对此

---

[*] 彭荣，1986年生，浙江师范大学马克思主义学院、孔氏南宗研究中心讲师。
[①] 具体论证参见拙作：《二程格物论的形成与朱子的重构》，《儒家典籍与思想研究》第七辑，北京：北京大学出版社，2015年，第297—308页。
[②] 朱熹：《四书章句集注》，《朱子全书》第六册，上海：上海古籍出版社，2010年，第20页。
[③] 朱熹：《朱子语类》卷十五，《朱子全书》第十四册，第473页。

有详尽的辨析。① 需要指出的是,按照这一说法,为学工夫的重点就在于穷格物理,致知只是格物活动的自然结果,即是说,在工夫的层面上,格物成为首要,"致知"被空心化了。而同为南宋道学代表人物的吕祖谦,其为学工夫的重点则放在致知上,所谓"学问以致知为本"。② 他甚至评价说"《大学》致知"③,而不甚提及格物。这并不意味着吕祖谦没有格物活动,但这些活动恐怕都是"致知"活动的内容,而没有被刻意分离出来。被朱子对象化了的认知活动,重新回到主体的内在视野中进行,形成了具有心学气质的致知学说。

## 一 致知之学的基本内涵

对吕祖谦而言,致知才是为学工夫的重心所在,他对此有不少表述:

> 圣贤千言万句,会其有极,归其有极,皆在乎致知。致知是见得此理,于视听、言动、起居、食息、父子、夫妇之间,深察其所以然,识其所以然,便当敬以守之。④

致知的具体意涵是"见得此理",或所谓"识其所以然",这其实就是"格物穷理"所要达成的目标。以此来说,将格物训为穷理,吕氏当然是可以接受的,但在他看来,格物穷理,其目的在于实现人对天理的领会与认同,故而仍需以致知为重点。吕祖谦云:

> 学者最当于致知处用工,如"哭死而哀非为生,经德不回非干禄,言语必信非正行。"夫言语自当必信,初不是异事。自今观之,正行之人,亦是好人。要之,才说"正行",便不是正,此盖从病源说。⑤

此处所列三事出自《孟子·尽心下》,强调的是道德行为的非功利性,也即道德行为不应该有超出自身之外的目的。例如"言语必信",只是人本应去做

---

① 陈来:《朱子哲学研究》,上海:华东师范大学出版社,2000年,第289—290页。
② 吕祖谦:《东莱吕太史别集》卷十,《吕祖谦全集》第一册,杭州:浙江古籍出版社,2008年,第504页。
③ 吕祖谦:《丽泽论说集录》卷五,《吕祖谦全集》第二册,第153页。
④ 同上。
⑤ 吕祖谦:《丽泽论说集录》卷七,第212页。

的,不是为了匡正行迹,虽然匡正自己行迹的人也是好人,但想去"正行",其心念即已驳杂,不是循性而为,于德性有所偏离。所谓"病源",指的是心志发端。这一段文字表明,吕祖谦所谓的致知,是紧紧围绕人心而展开。换句话说,吕氏的为学工夫,是以作为主体的人为关切点。

致知工夫落在人心,固然是说人要"见得此理",但单单洞见某一道理,并不意味着工夫达成。祖谦说:

> 致知与求见不同。人能朝于斯,夕于斯,一旦豁然有见,却不是端的易得消散。须是下集义工夫,涵养体察,平稳妥帖,释然心解乃是。①

这里,吕祖谦将致知与求见作了区分,但二者似乎并不是毫无关联,后者实际上是前者的内容之一。"求见"是指洞见某一具体道理,或自身心性的某方面缺陷。显然,觉察到自身心性的缺憾,并不意味着吾人当即不再有此问题,只有经过不断的反省和理解,对这一心性缺憾有了全面的了解与同情,才能达成对这一缺憾的消解;对于具体道理的领会也是如此,吾人只有不断增进对这一道理的理解,并在此基础上不断进行反省,使得洞见持续深入,才能对其有较全面的认知而罕有疑惑。这整个洞见道理、理解道理的认知过程,才是致知的基本内容。前者即吕氏这里所说的"涵养体察",后者即是所谓"集义工夫"。可知,致知包括体察道理与集义。

吕祖谦说,有一项工夫是伴随致知过程之始终的,那就是"敬"。其云:

> 《大学》固是以致知为本,然人之根性有利钝,未能致知,要须有个栖泊处,"敬"之一字即是。②

此段引文说,在还不能做到致知时,需要有个"栖泊处",那就是"敬"。而前述引文又说,在"识其所以然"之后,吾人也应该"敬以守之"。则持敬应是贯穿于致知工夫之始末的。而所谓敬,依然是落在人心上说,所谓"心不在焉,是谓不敬"③。

---

① 吕祖谦:《丽泽论说集录》卷九,第243页。
② 吕祖谦:《丽泽论说集录》卷五,第153页。
③ 吕祖谦:《丽泽论说集录》卷十,第266页。

## 二 致知与良心

吕祖谦说"工夫须从心上做"①,其为学工夫主要是围绕人心展开,已如上述。他是以《左氏博义》等史学作品名家的,并常常要求从学者读史,但这种知识性的活动,在他看来也是在心上做工夫:

> 看史非欲闻见该博,正是要"识前言往行,以畜其德"。大抵事只有成己、成物两件……史亦难看,须是自家镜明,然后见得美恶;称平,然后等得轻重。欲得镜明、称平,又须是致知格物。②

读史非为了解史事,而是要在纷纭复杂的史事中辨清是非得失,以获得良好的道德判断力。学者以此良好的道德判断力应对现实诸事件,就能迅速辨清其中是非,找到可供操行的规矩,成己成物。这里的关键在于澄明心境的获得,如此方能公允地辨明是非。而要做到心地澄明,就需要致知格物。需要指出,读史并不是致知格物之外的另一种工夫。吕氏解程颐"于学上格物"时说:"凡有体段形象可见可言者,皆物也。"③史事当然也是"物",故而读史本身便是致知格物的内容。然而,致知格物(读史)需要以心地澄明为基础,而心地的澄明又需要靠致知格物而达到,这就陷入自我循环而导致悖论。但从工夫实践的角度看,这一悖论却并不成问题:在吕氏这里,心地澄明既是德性的初始之地,又是德性的成就之所,故而既可以作为格物致知的出发点,又可以作为其目标。某种意义上,这恰说明心地之澄明,具有先验性和遍在性。

能够辨别是非的澄明心境,也就是良心、良知,它是遍在的。吕祖谦在论及"秦取梁新里"的典故时曾说:

> 与生俱生者谓之良心,毁之不能消,背之不能远。虽甚无道之人,是心或一日而数起也。是心既起,有以继之,则为君子;无以继之,则为小人。继与不继,而君子小人分焉,故学者不忧良心之不生,而忧良心之

---

① 吕祖谦:《丽泽论说集录》卷九,第244页。
② 吕祖谦:《丽泽论说集录》卷十,第259页。
③ 吕祖谦:《东莱吕太史别集》卷十六,第614页。

不继。①

良心是与生俱来且不可磨灭的，哪怕是在人欲之中，也依然存在。譬如梁伯假借"秦将袭我"的虚言诱使民众为自己建宫殿，这种欺诈之心也以良心为基础，"诈非良心也。所以诈者，良心也"——如果不是感到歉疚，知道自己的要求是不对的，何必"虚张外寇以胁之"呢？是先有歉疚之心存在，而后才以欺诈之心继之。而歉疚之心正是良心，是"改过之门"与"复礼之基"，圣人也无非是接续此善端而推广之，从而成就沛然德性。而梁伯虽有此心，却继之以诈心，所以成其为小人。② 同理可知，澄明心境是与生俱来的，哪怕昏聩之心也以之为基础。问题的关键不在于忧虑澄明之心的存在与否，而在于接续、推广此澄明心境，使它彻底实现出来，这也就是他所谓"良心起处，须要接续。"③良心是遍在的，这是致知之学以良心为出发点与落脚点的学理基础。唯有如此，致知之学才能首尾衔接，才成其为一以贯之的工夫。

在吕祖谦，致知之学围绕良心展开，也就是围绕穷理而展开，因为良心与天理是同一的。其云："人之良心，饮食居处之间，未尝不在，但不能察。（注：只为这个道理无已时。）"④又云："凡人未尝无良心良知也，若能知所以养之，则此理自存至于生生不穷矣。"⑤即是说，良心之所以是遍在的，是因为"道理无已时"，即天理是遍在的。人若能够完整地接续、存有此良心，则能存有此生生不息的天理。据此而言，说"致知是见得此理"，相当于说致知是体察、接续此良心。这也是吕祖谦围绕人心做工夫的本体论基础。

良心与天理是同一的，则若要穷理，就要存养良心。故而其所谓格物致知，都是围绕人心而展开，他说："人心皆有至理，惟讲说则能兴起。"⑥至于外物之理，在他看来属于枝末，既不可能穷尽，也没有执着于此的必要。例如在论及礼仪的学习时他说：

《曲礼》《少仪》，皆是逊志道理。步趋进退，左右周旋，若件件要理

---

① 吕祖谦：《左氏博义》卷十一，《吕祖谦全集》第六册，第282页。
② 同上书，第281—282页。
③ 吕祖谦：《丽泽论说集录》卷十，第253页。
④ 同上书，第252页。
⑤ 吕祖谦：《丽泽论说集录》卷二，第51页。
⑥ 吕祖谦：《丽泽论说集录》卷十，第255页。

会,必有不到处,如学者常存此心,则自然不违乎礼。心有时而不存,则礼有时而或失,内有毫厘之碍,则外有毫厘之差。如天之于百物根茎、枝叶、华实、条干,岂一一生之哉? 气到则百物自生。若一枝一叶之病,则是气不到处也。①

《曲礼》等礼书要传达的是谦恭的道理,其所讲的礼仪程序,十分繁杂,要将之作为知识来学习,容易挂一漏万。学习者若把握礼书主旨,保持谦恭之心,自然就能循规蹈矩而不自失。这就好像元气生万物一样:万物皆由元气而生,但元气不是逐一创生出物类的根茎、枝叶、花果——它们是物类禀得元气之后,自己生长出来的,元气不充则枝叶有病。同样的,"理之在天下,犹元气之在万物"②,君臣、父子之间,宗庙、军旅之类,一举一动皆有具体的要求,但它们不是由天理逐一去塑造的,而是天理所至,遇事自然如此;要想穷格物理,就不应该去逐一探究这些具体节目,而是应该直探本源,体察至精至一的天理,因为"名虽至于千万,而理未尝不一也"。③ 故对天理的体察,终归要回到对含有至理的人心的体察上来。祖谦以致知为本,将工夫的重点放在人心,原因也在于此。这与朱熹通过穷格外物之理以达致吾心之知豁然贯通的工夫进路,颇为不同。

## 三 观过与改过

按照祖谦门人的记述,他的修养工夫主要有五个内容:"持养,体察,主敬,致知,观过。"④这五个方面其实是相互连贯的。祖谦云:"持养之功甚妙,常常提起,自有精神。持养之久,自有不可掩者,当以居敬为本。"⑤故知所谓持养,指的是持久地保持心的自我觉知,照此说法,持养与居敬实是同义词。至于所谓体察,是指观照自身的心念与言行:

或问:"体察良心,如何是体察?"云:"体察上著'如何'不得。"又问:

---

① 吕祖谦:《丽泽论说集录》卷五,第 149 页。
② 吕祖谦:《左氏博义》卷三,第 58 页。
③ 同上。
④ 吕祖谦:《丽泽论说集录》卷十,第 254 页。
⑤ 同上书,第 260 页。

"今若欲用工,毕竟体察是如何?"云:"看他所起处。"又问:"今人良心虽不能尽识,纵有自谓识之者,虽欲看之,竟以不见而止,毕竟如何方可以看?"云:"持养之功甚切,若不知'敬以直内'之理,方良心未发,岂都无所事?"①

照祖谦所说,体察是良心良知的天然运用,不应该有所疑问。良心的自我觉知即是所谓体察,这在良心发见处最为清楚,"当忽然觉不是时,便是良心;才思量计较如何是不是,便差了"。② 但对常人而言,良心发见毕竟不是常态,主体并不能经常察觉到自己的言行之非,故而体察这一工夫有其限制。不过良心未发时并不是无工夫可做,此时应"敬以直内",也即是持养此心,保持警醒。需要指出的是,体察是以持养为基础的。持养能保证心时时警觉,如此方能在"忽然觉不是"时,及时觉察并予以重视。若没有这种时时警觉之功,即便是良心呈露,也容易倏忽放过,体察良心也就无从谈起。这里,体察良心只是瞬时性的,持养、居敬则贯穿于良心之未发与发见。③

据前文可知,致知包括体察与集义,则体察又是致知工夫的一个部分。这样一来,前述五个内容,就只剩下"观过"未有所交代。但"忽然觉不是"其实就是观过,故而观过应从属于体察,因而从属于致知。

在吕祖谦,观过其实是他致知之学的一个重要组成部分,这与他对心性之偏的理解有关。他解《论语·里仁》"人之过也,各于其党。观过,斯知仁矣"时,将"党"解作"偏",说人"各有所偏","或偏于厚,偏于薄。偏于厚则去仁近,偏于薄则去仁远",故而观察这些偏性,就能看到自己和他人是否近仁。④ 更进一步,他将观过视为改过的不二法门:

> 须是寻病源起处克将去。若强要胜他,克得一件一件来,要紧是观过。人各有偏处,就自己偏处,寻源流下工夫克,只是消磨令尽,所谓"见睨曰消"。如扬子云"胜己之私之谓克",恐未尽。⑤

---

① 吕祖谦:《丽泽论说集录》卷十,第258页。
② 同上书,第260页。
③ 这里须说明:良心之未发只是说,良心没有"忽然觉不是",即没有因错误的言行而被掀动,其实良心一直都在。
④ 吕祖谦:《丽泽论说集录》卷六,第156页。
⑤ 吕祖谦:《丽泽论说集录》卷十,第259页。

所谓病源起处,照前文所述,应是良心方起而继之以诈心处,即天理方呈露而继之以人欲处。吕祖谦认为,这种诈心、人欲的萌动太多,不可能逐一克服,问题的关键在于观过,即体察人欲替代良心而起处,这才是病根所在。他认为,每个人的偏性各有不同,故而人欲的萌动有其特征,要探查到自己的偏性所导致的人欲萌动处,并完全理解这一偏性,这样自然就能"消磨令尽",如同雪花在日光照耀下即行销铄一样。他不完全同意扬雄"胜己之私"的说法,因为这既不见得是从根源处克己,并不究竟,又带有勉力相斗之意,并不自然。

吕祖谦曾说:"在已之过,有心点检,已是不是,然初间亦不可不点检。"①在他看来,刚开始做工夫时虽需要检视自己的过错,但工夫熟后,就不应如此刻意。他甚至不赞成为自己树立榜样,因为这是"先立标的于外,非自然而然也。非自然而然,则有时而息"②。树立外在榜样,毕竟不是与良心同一的,无法持久。而天理是自然不息的,良心亦然。故而克己的工夫,要因应着良心与人欲的运作机制而为,也即"从病源处克将去",不能先立一个"正确"作标准,而在内心做斗争。在吕祖谦看来,颜回的"不贰过"就是自然而然的,这是改过的最佳方式:

"不贰过。"人之有一过,必变成二过,何也?人惟恶其过也,是以求以盖其过;惟求以盖其过,则非为妄言以自饰,必为巧计以自蔽:故本是一过,遂成二过。颜子之过,盖未尝如是,亦听其如是,而后不复犯之耳。③

孔子所论的"不贰过",本来是说颜回有错即知,知之即改,永不再犯。吕祖谦却加进去一层解释,认为"贰过"还指犯错之后,又文过饰非,导致错上加错,一个错误就变成了两个。而颜回则坦然承认自己的错误,不去刻意做什么,这就杜绝了其他错误衍生的可能;而对这个初始的错误,他既然认识到了,以后不做即可。这样一来,错误也就自然消弭于无形。这一说法是他观过以至于改过的精微之处。从学理上看,在根源处做观过工夫,就能在人欲始萌之处予以杜绝,而不让它壮大衍生,力少而功多。某种意义上,认识错误即意味

---

① 吕祖谦:《丽泽论说集录》卷十,第253页。
② 同上。
③ 吕祖谦:《丽泽论说集录》卷六,第159页。

着改正错误。这样的观过工夫,由于借重的是天然即有的良心良知,而不额外增加什么,自然容易持久。

吕祖谦所论观过以至"不贰过"的工夫,是他致知之学中的精彩部分。据说他幼时暴躁易怒,后来病中读到《论语》"躬自厚而薄责于人"而有所醒悟,才逐渐克服性急的毛病,养成后来温润谦逊之人格。① 其变化气质之功效既如此显著,则其改过工夫之熨帖当属分内。事实上,在同时代道学家中,他应是于改过的原理与技巧最有心得者。当我们将吕祖谦与朱熹、陆九渊的格致工夫加以对比时,这一点体现得尤为明显。

## 四 与朱子格致说之异同

吕祖谦与朱子的格物致知之论显然有共同的基础。例如他们都承认"格物"是要明理或"穷理",都承认"涵养须用敬,进学则在致知"这一程颐所提出的工夫论宗旨。但在共识之外,二者仍存在着较大分歧。第一个分歧在对《大学》的工夫论要旨的理解上,本文开篇已有所交代:朱子是格物、致知并提,且重心落在格物上的,而吕祖谦的工夫重心显然落在致知上。当然,"致知格物只是一事"②,吕氏的集义、体察、观过也可以被视为"格物",从而能与朱子格物说进行对比;反之亦然。但这毕竟显得曲折,而且即便如此,吕、朱之间的分歧依然存在,这就要说到他们的第二个分歧:吕祖谦的"体察"包括了"体察良心"(当然也包括了随之而来的"观过"),而朱子并不认为"体察良心"是"格物致知"的内容。

在朱子,"体察"指的是"置心在物中,究其理,如格物致知之意",③故而"体察"实为格物致知工夫的另一种表达。这一点,吕祖谦当然也是同意的。不过,朱子所理解的"体察"只能是"置心在物中","将自家这身入那事物里面去体认"④,这是以人为主体而认知客观对象的工夫,是一种正向的观照,而非反向观照。反向观照即所谓"观心",朱子将之视为佛教的说法,并撰《观心

---

① 朱熹:《朱子语类》卷一百二十二,《朱子全书》第十八册,第3851页。
② 朱熹:《朱子语类》卷十五,《朱子全书》第十四册,第473页。
③ 朱熹:《朱子语类》卷九十八,《朱子全书》第十七册,第3310页。
④ 同上。

说》批判之。在他看来,心"为主而不为客",只能"以心观物",而不能以心观心。① 当然,朱子批评观心之说,并不意味着他忽视或放弃谈论心的自我觉知的能力。就朱子的学理而言,心的正向观照是建立在心、物一体的基础上的,他说:"天大无外,物无不包。物理所在,一有所遗,则吾心为有外,便与天心不相似,"②又说:"所以格物致知,要得无外也,"③又说:"人能即事即物,穷究其理,至于一日会贯通彻而无所遗焉,则有以全其本心廓然之体,而吾之所以为性与天之所以为天者,皆不外乎此,而一以贯之矣。"④可知"以心观物"虽是由内而外的正向观照,心、物表面上是二分的,但"物理"本来就不在心之外,观物理的过程,也就是打通物我界限,觉解"本心廓然之体"的过程。既然内外一体、心物一体,自然就无须为反向观照留下地盘。

朱子对反向观照工夫的拒斥是相当彻底的,不但以心观心之论被否定掉,连儒家本身的观良知发见也不受重视:

> 傅问:"而今格物,不知可以就吾心之发见理会得否?"曰:"公依旧是要安排,而今只且就事物上格去。如读书,便就文字上格;听人说话,便就说话上格;接物,便就接物上格。精粗大小,都要格它。久后会通,粗底便是精,小底便是大,这便是理之一本处。而今只管要从发见处理会。且如见赤子入井,便有怵惕、恻隐之心,这个便是发了,更如何理会。若须待它自然发了,方理会它,一年都能理会得多少。圣贤不是教人去黑淬淬里守着。而今且大着心胸,大开着门,端身正坐,以观事物之来,便格它。"⑤

朱子将"格物"限定为读书、听讲、接物等,而不承认体察良心是"格物"内容。他是从可操作性上展开否定的:一方面,良心发见是一种本能,人即便体察到了也无从做工夫;另一方面,朱子认为良心的发见带有偶然性,并不是可持续的,圣门工夫不可能守株待兔,等待良心的乍然一发。

据此立场,他也反对胡宏《知言》中,"齐王见牛而不忍杀,此良心之苗裔

---

① 朱熹:《晦庵先生朱文公文集》卷六十七,《朱子全书》第二十三册,第3278页。
② 朱熹:《朱子语类》卷九十八,第3310页。
③ 同上书,第3311页。
④ 朱熹:《晦庵先生朱文公文集》卷六十七,《朱子全书》第二十三册,第3273页。
⑤ 朱熹:《朱子语类》卷十五,第466页。

因利欲之间而见者也。一有见焉,操而存之"的说法①,认为心的操存涵养是"间不容息"的,而胡氏此说则会导致工夫的不可持续,"未见之间,此心遂成间断……于其本源全体,未尝有一日涵养之功"。② 而吕祖谦并不完全同意朱子此说。他认为工夫分两种,其一为朱子所说的"平居持养之功",其二为胡宏所说的"随事体察之功","二者要不可偏废";在他看来,良心之发见并非如朱子所说是"发用之一端",而是可以直入本原,"因苗裔而识本根"的。③ 朱子则说:

> 熹谓二者诚不可偏废,然圣门之教,详于持养而略于体察,与此章之意正相反,学者审之,则其得失可见矣。孟子指齐王爱牛之心,乃是因其所明而导之,非以为必如此,然后可以求仁也。夫必欲因苗裔而识本根,孰若培其本根而听其枝叶之自茂耶!④

这里,朱子先承认吕氏持养、体察不可偏废之论,紧接着就强调,在儒家传统中,持养比体察更为重要,这等于否定了吕说。朱子又进一步说,恻隐之心的发见不是求仁工夫的必要条件,"因苗裔而识本根"的体察,不如直接培养、壮大本根的涵养。其实,倘若这里的"体察"是"格物致知"的别称,朱子必定承认二者"不可偏废",承认其"识本根"的重要性。但五峰之"体察"正是要体察良心,就不为朱子所允可了。故而问题的关键并不在于持养、体察二者孰轻孰重,而在于吕氏、五峰这里的"体察",在朱子根本算不上"格物致知"式的"体察"。

吕祖谦当然不会同意这一观点。站在他的立场,恻隐之心的发见是求仁的必要条件——如果一个人从未有过良心发现之时,就根本断绝了向善的可能;正因为每个人都有四端之心发见的时候,所以才有"求仁"的可能性,也才能谈到持养之功!吕祖谦说:"与生俱生者谓之良心,毁之不能消,背之不能远。虽甚无道之人,是心或一日而数起也。"我们据此可以为吕氏而向朱子辩护:良心是遍在的,人人皆有良心,且人人都会有良心发见之时,常人良心之

---

① 朱熹:《晦庵先生朱文公文集》卷七十三,《朱子全书》第二十四册,第3560页。
② 同上书,第3561页。
③ 同上书,第3562页。又见于《东莱吕太史别集》卷七,第406—407页,文字基本一致。
④ 同上书,第3562页。

发见固然带有偶然性,不可持久,但其频率决没有朱子所设想的那么低,"是心或一日而数起"是说良心几乎每天都会发见,其发见是必然的、频繁的。良心之发见当然不可持续,然而这正是求仁工夫所要克服的:"良心起处,须要接续。"当吾人能够将良心之发见持久地接续,从而实现良心的可持续性时,"本心廓然之体"自然就"会贯通彻而无遗",朱子孜孜以求的致知境地,也就实现了。故而"因苗裔而识本根",与"培其本根"是相互夹持的,居敬涵养固然重要,体察良心也绝不容忽视。

吕祖谦对良心之发见的频率有如此乐观的判断,与他对良心的遍在性、绝对性的深切体认有关。如前文指出的那样,吕祖谦甚至认为,梁伯的欺诈罔民之心也以良心为基础——正因为知道自己所作所为会触怒民众,所以才以虚言惑众,用一个错误掩饰另一个错误。而这种"知道"正是良心的作用,能从这一根本之端倪入手而"体察良心",才可能从根本上停止这种"二过"行为,所谓"见睨曰消"。而对于自身过失的这种体察,正是"观过"。反观朱子,由于对观心说的强力拒斥,对良心发见之必然性、频繁性估计不足,其致知工夫也就舍体察良心,而直接从穷究事物之理入手。站在朱子的立场,这一工夫取径其实无可指摘。但既然体察良心不算在格物致知工夫之内,"观过"也就无从谈起了。

## 五 与象山格致说之异同

如上文所述,在吕祖谦的致知之学中,"体察良心"与"观过"是反向观照工夫的两个侧面,这是属于"观心"类的工夫,是朱子所要彻底否定的。在理学与心学的分野之下,这种观心工夫无疑具有强烈的心学气质。这就使我们不免想要了解,吕祖谦的这一工夫与陆九渊之间的异同。学者向来都认为,吕祖谦之学介于朱熹与陆九渊之间,具有"杂博"的特点。[①] 其工夫论中不同于朱子的部分,是否就与象山有一致性呢?

陆象山对"格物致知"也有过解释,一种颇有影响力的观点认为,象山之"格物"是"格心"或"正心",并引象山"所谓格物致知者,格此物致此知也"之

---

① 侯外庐、张岂之、邱汉生:《宋明理学史》上卷,北京:人民出版社,1997年,第346—349页。

语,认为"'格此''致此',都是指'心'而言"。① 这一判断似乎不太妥当。此句出自《武陵县学记》,其文曰:

> 彝伦在人,维天所命,良知之端,形于爱敬,扩而充之,圣哲之所以为圣哲也。先知者,知此而已;先觉者,觉此而已……学校庠序之间,所谓切磋讲明者,何以舍是而他求哉? 所谓格物致知者,格此物致此知也,故能明明德于天下。②

从这段文字可以看到,"知此""觉此"以及"格此物致此知"之"此",指的是"彝伦",也即良知所呈现出来的"爱敬"之理,并不是指"心"。即是说,象山所谓格物,只是"明理"。他说:"格物是下手处……万物皆备于我,只要明理。然理不解自明,须是隆师亲友。"③当然,由于"此心此理,实不容有二",④故而明此理,即是明此心。某种意义上,我们就仍可以按照前辈学者的说法,将"格物"理解为"体认本心"或"彻悟本心"。⑤ 但"明理"实际上属于正向观照,而"体认本心"则需有反向观照,两者所指示的工夫并不完全一致。故而我们有理由认为,象山的"格物明理"包含正向的"观物理"与反向的"观心",单纯说象山之格物是格物理或格心,都是不妥的。

比较陆九渊、吕祖谦的格致说,我们可以看到,陆氏以格物为明理的说法,与吕氏以致知为"见得此理"的说法,是比较一致的;而且,陆氏的"明理"包含正、反双向观照,吕氏"致知"也是如此。然而继续探究便会发现,陆氏的"明理"无法将正向的"格物理"与反向的"观心"分离开,而吕氏则有"体察良心"的说法,是从良心之发见处入手,明显属于反向观照;陆氏的"明理"实际目的是要挺立本心,"先立乎其大"⑥,吕氏的"体察良心"实质是要接续良心,使其"生生不穷"。两者的区别是相当明显的。问题的关键大约在于,象山所说的"理"是万古不变的道德伦理,故而象山可以直言挺立本心,然后只需要

---

① 张立文:《论陆九渊的"格致"学说》,《江西社会科学》1982年6月,第52—53、55页。陈来先生也认可此说,见陈来:《宋明理学》,上海:华东师范大学出版社,2004年,第153页。
② 陆九渊:《陆九渊集》卷十九,北京:中华书局,1980年,第238页。
③ 陆九渊:《陆九渊集》卷三十五,第440页。
④ 陆九渊:《陆九渊集》卷一,第5页。
⑤ 张立文:《论陆九渊的"格致"学说》,第56—57页。
⑥ 陆九渊:《陆九渊集》卷一,第1页。

不断践履、充养之即可;而吕祖谦的"理"是活动的,以"生生不穷"为基础特性,故而哪怕吕祖谦也认可良心与天理之间的同一性,但仍不可以只说一句"挺立良心",盖心既是活物,挺立与否反在其次,保养此心之生意才是至关紧要的,故而吾人就应当通过反向观照的方式,来廓清人的私意干扰,使得"流而不息"之心保持畅通。①

双方的区别还在于,陆九渊将《大学》的八条目分成讲明、践履两节,也即分成了知、行两个部分,所谓:

> 为学有讲明,有践履。《大学》致知、格物……此讲明也。《大学》修身、正心……此践履也……自《大学》言之,固先乎讲明矣。②

可知"格物明理"属于知,是工夫之始,而"隆师亲友"之类的践履则是行,是工夫之完成。吕祖谦则将知、行打通,且落脚点仍在致知上:

> 致知、力行不是两事,力行亦所以致其知,磨镜所以镜明。③

故而哪怕吕祖谦接受了陆九渊对《大学》两节工夫的解读,最后仍会指出,道德践履的目的仍是要接续吾人之良心,故而《大学》仍是以致知为本。这与陆九渊欲先格物明理,后践履此理的论述是不一样的,后者所持是知先行后的立场。

此外,象山还将"持敬"排除在修养工夫之外,说"'持敬'字乃后来杜撰"。④ 这表明象山之工夫,与提倡居敬、致知并进的二程之学距离较远。事实上,象山也有"涵养"工夫,有所谓"惟精惟一,须要如此涵养"⑤,其实质与"持敬"无别。但他似乎将"涵养"限定在无事之时:

> 既知自立,此心无事时,须要涵养,不可便去理会事。⑥
> 
> 无事时,不可忘小心翼翼,昭事上帝。⑦

---

① 吕氏说:"心是活物,流而不息。"见吕祖谦:《丽泽论说集录》卷十,第256页。
② 陆九渊:《陆九渊集》卷十二,第160页。
③ 吕祖谦:《丽泽论说集录》卷十,第260页。
④ 陆九渊:《陆九渊集》卷一,第3—6页。
⑤ 同上。
⑥ 陆九渊:《陆九渊集》卷三十五,第455页。
⑦ 同上。

无事时涵养,则有事时只是践履,"涵养"似乎不能贯穿于讲明、践履之始终。而吕氏之学则直接源自二程,以居敬涵养、体察致知为工夫之两翼,且居敬涵养是贯彻致知活动之始终的,无论有事无事,都需要如此。

综上所述,吕祖谦的致知之学以体察、集义为基本内涵,以居敬涵养为夹辅助力,以观过为着力点。其体察良心、观过等说法,自成体系,既不同于朱子,也不同于象山,在当时道学诸家中具有独特地位。吕氏致知之学是从二程之学生长出来的,其反向观照式的体察良心,与二程之说并不矛盾。考虑到胡宏亦有这种反向观照工夫,我们似可推断,这种反向体认式的工夫,本应是二程以降,道学工夫论的主要内容之一。朱子为清除佛教影响,对反向观照类工夫予以彻底否认,使得"良心之发见"也丧失了工夫论意涵,这种策略是否会影响到儒门工夫的完善性,是值得商榷的。

# The Theory of Extending Knowledge of Lü Zuqian

## Peng Rong

**Abstract:** In Lü Zuqian's opinion, we should adopt cultivation practices from our heart-mind. Given this, he developed the theory of extending knowledge (*zhizhi*) which takes having respect for everything as an external condition, and the observance and accumulation of righteousness as its basis. He made a through exploration of the omnipresence of conscience and the occurrence of conscience and desires. In particular, his views on observing one's faults are peculiar, an area untouched in the writings of Zhu Xi and Lu Jiuyuan.

**Key words:** Conscience; Extending knowledge; Observing faults; Not to repeat a previous mistake

书讯

## 《张栻集》

(宋)张栻著,杨世文点校

北京:中华书局,2015 年 11 月

张栻,字敬夫,又字钦夫,号南轩,又号乐斋、葵轩,谥曰宣,后世又称张宣公。南宋汉州绵竹人,徙居长沙。南宋著名理学家、哲学家和教育家,湖湘学派的主要代表人物和集大成者。当时东南地区还有朱熹、吕祖谦等著名学者讲学,传播理学思想。他们与张栻相互切磋,被时人誉为"东南三贤",对当时和后世都产生了重大影响。

此版《张栻集》是中华书局"理学丛书"系列之一,共为五册。收录内容包括:《南轩易说》三卷、《南轩先生论语解》十卷、《南轩先生孟子说》七卷、《新刊南轩先生文集》四十四卷、《南轩先生集补遗》一卷、《汉丞相诸葛忠武侯传》一卷、《南轩易说钩沉》一卷、《南轩诗说钩沉》一卷、《太极图说解易钩沉》一卷、《附录》一卷。其中《南轩易说》以文渊阁《四库全书》为底本,校以《枕碧楼丛书》本。《论语解》以《通志堂经解》本为底本,校以《张宣公全集》本、《四库全书》本、《摘藻堂四库全书荟要》本、《学津讨原》本、《丛书集成初编》本等。《孟子说》以《通志堂经解》本为底本,校以《张宣公全集》本、《四库全书》本、《摘藻堂四库全书荟要》本等。《南轩集》以嘉靖元年(1522)刘氏翠严堂慎思斋《新刊南轩先生文集》为底本,校以宋残本、缪本、《四库全书》本、《正谊堂全书》本、道光本及其他诸本,并参考宋元以来各种文献进行校勘。朱熹所编《南轩文集》不收录张栻早年之作及奏议文字,中华书局"理学丛书"版《张栻集》对此类文献加以网罗收集,辑为《南轩先生集补遗》一卷。《汉丞相诸葛忠武侯传》以《四部丛刊续编》影印宋刻本为底本,校以《十万卷楼丛书》本、《续古逸丛书》本、《宛委别藏》本、《明辨斋丛书初编》本等。《附录》包括有关张栻著作的序跋资料和生平传记资料等。(马卓文)

# 再论亚里士多德的幸福*

## 吕纯山**

**提　要**：本文针对研究者们认为亚里士多德《尼各马可伦理学》中的幸福观有论证不严密的嫌疑，并力图调和综合论幸福和理智论幸福的做法，指出《尼各马可伦理学》的幸福观点并没有含混之处，而是观点鲜明、论证思路清晰的，既与他在这部书中的主旨一致，也符合他的一贯做法，因此那些认为这部书内容矛盾的说法都是对他论证思路的误解。在亚里士多德那里，理智论亦即沉思的幸福是第一等的幸福，综合论的幸福是第二等的幸福，亚里士多德在这部书中刻意区分了这两种幸福，因此任何试图调和这两种幸福的做法也是对他的旨趣的误解，本文也具体分析了一些不成功的做法。

**关键词**：幸福　综合论　沉思　外在善　直观理性

---

\* 本文为2014年度教育部人文社会科学研究青年基金项目的阶段性成果（项目批准号：14YJC720022）。本文的初稿曾在2016年12月10—11日于北京师范大学举办的"亚里士多德哲学研究工作坊(1)：实践智慧与幸福"会议上宣读，会上的热烈讨论给了笔者很多启发，本文为会后修订稿。

\*\* 吕纯山，1974年生，天津外国语大学欧美文化哲学研究所副研究员。

## 一 问题的提出

《尼各马可伦理学》中谈到什么样的生活最幸福的话题时,第十卷似乎有了一种与全书尤其是第一卷主旨完全不同的、很突兀的说法,如果说全书尤其是第一卷强调的是一种被称之为综合论(或涵盖论)的幸福(εὐδαιμονία)的话,第十卷则强调了一种理智论的幸福,即,前者是指拥有各种外在善的符合道德德性的兴旺发达的幸福,后者是指一种沉思的幸福,而后一种生活在这部书中其他地方是几乎没有讨论的。于是,研究者们对于这两种幸福论的说法进行了各种各样的解读,而这些解读的根本基调就是认为第十卷的说法与全书的主旨不一致,或者说《尼各马可伦理学》是一部内在不统一的著作。如肯尼(A. Kenny)认为不可能连贯地解释《尼各马可伦理学》,尤其合理而融洽地解释卷一和卷十。① 惠廷(Whiting)认为:"很难确定亚里士多德在《尼各马可伦理学》第十卷里倾向于比较的是哪两种生活。"② 希尔兹(Christopher Shields)承认第十卷"亚里士多德在要点重述时,引入了一个新的要素,它不仅在早先的讨论中根本没有提及,而异常奇怪地与他早先的观点有直接冲突"③,"如果道德德性现在被排除在幸福的领域之外,那么这种说法不仅不与前面所说的一致,而且根本不可调和"④,他用"包含性的善"与"狭窄性的善"来区别,认为前者是包含所有的道德德性和理智德性在内的人类活动,后者限于最好的理智德性即沉思的生活。⑤ 厄文(T. Irwin)对于第十卷的沉思生活的幸福提出了两个问题却没有给出答案:"他的意思是(a)它是幸福的整体?还是(b)它是最重要的一个部分?"⑥ 余纪元这么总结这些争论:"综合论(或涵盖论)和理智论的争论,从20世纪60年代就开始了。大量笔墨已被付诸这

---

① Anthony Kenny, *Aristotle on the Perfect Life*, Oxford: Clarendon Press, 1992, p. 93.
② 转引自余纪元:《"活得好"与"做得好":亚里士多德幸福概念的两重意义》,林航译,《世界哲学》,2011年第2期,第246—260页,下文提到会简称"余文"。第257页注释24。
③ 克里斯托弗·希尔兹:《亚里士多德》,余友辉译,北京:华夏出版社,2015年,第330页。
④ 同上书,第331页。
⑤ 同上。
⑥ Terence Irwin, *Aristotle: Nicomachean Ethics*, Translated with Introduction, Notes and Glossary, Second Edition, Hackett Publishing Company, Inc., 1999, p. 334.

一问题,但还是很难看到什么一致意见。不用说,对亚里士多德的幸福的不同理解,会导致对整个亚里士多德伦理学的不同解读。很多人对于这个问题究竟能否被解决,持相当悲观沮丧的态度。"①纳斯鲍姆(M. Nussbaum)和安娜斯(J. Annas)甚至认为第十卷的 6—8 章并不属于《尼各马可伦理学》本来的计划,应该被删除。②

而对于这两种不一致的幸福论,研究者们也提出各种各样的解决方案,其基本的旨趣即在于努力调和二者。我们刚才提到的希尔兹的解决策略是:"考虑到亚里士多德在界定属人的善时一贯强调理性中心主义,或许人们应该期望所有构成性的手段都至少是对理智德性的良好的结构性表达,而不只是毫无内在秩序地混杂在一起。如果是这样,那么就能把亚里士多德关于属人的善的概念既看作是理智性的又看作是包含性的:就其给予沉思以崇高的位置而言它是理智性的,就其认为非沉思的德性行为展现了一个理性的稳定结构而言,它是包含性的。这种结构来自于人们对具有人类本质特征的生物的最好生活形式的思考。"③余纪元认为亚里士多德的幸福概念是在两种意义上说的,一个是"活得好",一个是"做得好",认为这种区分是亚里士多德关于幸福的双重特性——涵盖论与理智论争论的基础,在余纪元看来,"幸福是'活得好'还是'做得好'这一问题是一个比涵盖论—理智论的论争更为基本的问题。在很大程度上,涵盖论—理智论的论争之所以会发生,正是由于争论双方都没能在作为'活得好'的幸福和作为'做得好'的幸福之间进行区分。"④他认为:"在很大程度上,综合论(引者按:即涵盖论)与理智论的论争之所以会发生,正是由于双方都没能在幸福生活与幸福活动之间,在思辨的活动与思辨的生活之间进行区分。他们通常设定幸福的意思在于'活得好',即幸福生活,并继而开始争论它到底是一个各种善的复合,还是与思辨有关。"⑤

---

① 余纪元:《亚里士多德伦理学》,北京:中国人民大学出版社,2011 年,第 203 页。在上述我们提到的余文第 251 页注释 12 中,余纪元还这么总结道:"第六卷已经讨论过了理论部分的最高德性,例如理论智慧。但为什么第十卷第七章又返回到思辨(按本文译作沉思)?卷六之中的理论性质的灵魂与卷十第六章到第八章中的思辨的理论,这两种被讨论的德性之间的关系到底是什么?研究文献中对这个问题的讨论较为缺乏。"
② 同上书,第 203 页。
③ 克里斯托弗·希尔兹:《亚里士多德》,第 335 页。
④ 余文,第 246 页。
⑤ 余纪元:《亚里士多德伦理学》,第 203 页。

然而,在笔者看来,认为亚里士多德在《尼各马可伦理学》中的论述有矛盾并试图解决矛盾的观点,是对亚里士多德论证方法和思路的严重误解。因为在亚里士多德哲学中,沉思的生活一直是最高级的生活,也是最幸福的生活,最像神的生活,这一点不仅在《尼各马可伦理学》中的论证中是思路清楚的,《形而上学》的文本也支持这个观点,更与亚里士多德的一贯做法相一致。其次,在《尼各马可伦理学》这部著作中,亚里士多德致力于区分智慧和明智的不同关注领域,并刻意区分第一等和第二等的幸福,因此那些致力于调和两种幸福论的做法在笔者看来是违背亚里士多德宗旨的。而幸福定义中的"活得好"和"做得好",在笔者看来也并非幸福的两层意义,毋宁说,"活得好"就是幸福,而"做得好"是亚里士多德一直在强调的,毋宁说是幸福的必要条件,不仅沉思的幸福需要"做得好",合道德德性的实践生活的幸福也需要"做得好",甚至可以说,"做得好"才能说达到了幸福。至于区分活动(πράξις)和生活(βίος),也是对亚里士多德思想的误解。那么本文就对这些观点展开论证,以消除对亚里士多德幸福论的误解。

## 二 沉思的生活最幸福

亚里士多德在《尼各马可伦理学》的第一卷和第十卷分别对幸福这个主题进行了讨论,但似乎在说法上有所不同。在第一卷中,亚里士多德强调幸福是最高的人类善,也就是"活得好"并"做得好",尤其在第7—8章,亚里士多德强调幸福是完善并自足的,是所有活动的目的,当然,自足不是孤独,而是有父母妻儿、有朋友同胞,有外在善和运气。同时,亚里士多德指出,既然幸福是人类善,那么,这种善既不是植物也具有的营养和生长活动,也不是动物也具有的感觉活动,而是有理性的人的实践活动,是人的灵魂的合德性的实践活动,幸福不仅是拥有德性,而是不仅必须要做,还要做得好。这样一种幸福论被研究者总结为是"综合论"或"涵盖论",强调的是一种符合多种德性的要求并实践且做得很好、有各种外在善的辅佐而获得的幸福。

而在《尼各马可伦理学》第十卷7—8章,亚里士多德再次提起幸福这个话题时,却似乎突然转变了论证的主题。他认为既然幸福是合德性的实现活动,既然我们人类身上最好的部分是像神的那个部分,即直观理性(νοῦς)①这个部分,那么,合于直观理性的德性的实现活动就是最完善的幸福,也就是说,沉思的幸福是最高的幸福。因为直观理性最属于人,从而沉思是最高等的一种实现活动。尤其是在第8章,亚里士多德明确指出:

> 合于其他德性的生活只是第二好的。(1178a9)②

也正是这里把《尼各马可伦理学》全书主要讨论的幸福,突然降低为第二等的幸福,引起了研究者们的诧异,认为这里的突兀是没有道理的。然而,亚里士多德果然是不融贯地解释幸福概念的吗?下面将从三个角度就这个问题展开分析。

**(一)《尼各马可伦理学》中对两种幸福的论证是思路严密的**

我们知道,在《尼各马可伦理学》第一卷第5章,亚里士多德提到一般所认为的三种幸福生活——追求快乐的生活,追求荣誉也即政治的生活,沉思的生活——的时候,明确指出,以快乐为目的的生活是动物式或奴性的生活,而追求荣誉的政治生活需要别人授予荣誉从而不是属己的,但他把第三种生活,即沉思的生活"留到以后考察"(1096a5)。换言之,虽然这一章两次提及沉思生活而没有展开讨论,却为后文沉思生活与幸福的关系的讨论埋下了伏笔。第一卷7—8章集中讨论"人类善"(τὸ ἀνθρώπιον ἀγαθὸν),如我们上文所简略概述的,这部《尼各马可伦理学》著作主要讨论的灵魂合德性的实现活动,实际上为后文的绝大部分奠定了基础。亚里士多德先从什么是善的问题谈起,认为我们要追求的善是人们所追求的各种善中"完善的"

---

① νοῦς一词,中译中有"理性""理智"等译法,更有音译的"努斯"。然而,在笔者看来,既然在灵魂中无论用于理论中对最高题材的本原问题的思考,还是在实践领域中对个别、具体、终极事实的把握,都是νοῦς的功能,在前一个领域它无法进行推理和证明,在后一个领域也不是用于忖思的能力,而是都表现为对两端的终极事物的直接把握,亚里士多德有时候还用"感觉"来类比,但不是具体的感觉,而是一种直观的理性,因此本文以"直观理性"来翻译这个词,既包括理论的直观理性,又包括实践的直观理性。同时我们也知道,νοῦς也是亚里士多德哲学体系中最高的一种存在,是一种实体,是无质料的现实,是神,神的沉思也是对沉思对象的直接把握。

② 本文使用的《尼各马可伦理学》希腊文本是 Bywater, L., *Aristotelis: Ethica Nicomachea*, Oxford University Press,1894。参考的英译本:Terence Irwin, *Aristotle: Nicomachean Ethics*, Translated with Introduction, Notes and Glossary, Second Edition, Hackett Publishing Company, Inc. ,1999。中译本《尼各马可伦理学》,廖申白译,北京:商务印书馆,2003 年,下同,具体的翻译中或有改动。

(τέλειον)或"最完善"(τελειότατον)①，因为"我们把那些始终因其自身(δι' αὐτὴν)而从不因他物而值得欲求的东西称为最完善的"(1097a35-b1)，我们固然因荣誉、快乐、直观理性和每种德性自身而选择它们，但最终也是为了幸福，所以只有幸福才是最完善的；同时，幸福也是"自足的"(αὐταρκεία)，所谓自足绝不是"孤独"(οὐκ αὐτῷ μόνῳ)，因为人在本性上是政治的人，必然是有父母、儿女、妻子以及朋友和同胞，因此所谓自足就是"一事物自身便使得生活值得选择且无所缺乏"(1097b14-15)，并且幸福是没有其他善事物与其本身并列的东西，因为并没有其他东西使它更善。总之，"幸福是完善的和自足的，是所有活动的目的"(1097b20)，是活得好且做得好。不仅如此，在进一步对何为"人类善"、幸福究竟是指身体的善、灵魂的善还是外在善(ἀγαθὸν τῶν ἐκτός)的区分中，肯定幸福主要是一种灵魂的善，当然也需要有外在善和运气(τύχη)，并且也不排斥身体的善。在这里，我们有必要强调一下"外在善"，亚里士多德的外在善包括作为手段的朋友、财产、政治权力，还有好的出身、好的子女并且长得美(κάλλος)，一个相貌丑陋(ἰδέα παναίσχης)或出身卑贱、没有子女的孤独的人、有坏子女、坏朋友、或者有好子女和朋友却失去的人都不会有幸福。坚持综合论幸福为沉思幸福奠基的研究者往往强调沉思也需要"外在善"，这恐怕是一种误解，沉思所需要的如健康的身体这样的基本生存条件不属于"外在善"，关于这个问题我们下文还会谈及。

而就在这对"人类善"的概述中，其实也有对沉思的幸福的提示：

> 人类善就是灵魂的合德性的现实活动，如果有不止一种的德性，就是合乎那种最好、最完善的(κατὰ τὴν ἀρίστην καὶ τελειοτάτην)部分的现实活动。(I7, 1098a17-18)

---

① 对于τέλειον的解释，研究者们似乎也各执一词。支持综合论的学者们倾向于理解为"完全的"，而理智论的学者们倾向于理解为"最终的"，然而这两种理解方式其实都忽视了亚里士多德本人对这个词的解释，在《尼各马可伦理学》中，亚里士多德明确地认为τέλειον的意义就是"那些始终因其自身(δι' αὐτὴν)而从不因他物而值得欲求的"(1097a35-b1)，也就是说，τέλειον的意义与"自足"的意义一致，都是因其自身而被追求的，不同于荣誉、快乐等，而是作为它们的目的的幸福，无论涵盖论还是理智论的幸福都是"完善而自足的"。因此从这个词的理解上来区分两种幸福是不适当的，分别强调其"完全的"和"最终的"意义是一种过度的解释。

德性当然不只一种,最好、最完善的灵魂的部分是什么呢？这里没有讲,但在后文里明确这最好、最完善的灵魂的部分就是用于沉思的直观理性(νοῦς):

> 如果幸福在于合德性的现实活动,我们就可以说它合于最好的部分(κατὰ τὴν κρατίστην)。(X7,1177a13-14)

而在紧接着的后文中明确指出,最好的部分就是直观理性,是我们理性灵魂中最好的部分,同时也是最像神的部分。事实上,Ⅰ7,1098a17-18 和 X7,1177a13-14这两句话的意义是很接近的,如果我们能联系后文所讲的内容,就会知道第一句话中,他所谓的"不止一种德性",显然除了道德德性,还有理智德性,而理智德性中有智慧和明智,并且前者高于后者,而且智慧中的直观理性比知识高,因此最高的部分就是直观理性。换句话说,在第一卷第7章的内容中,也已经暗示了有一种最为高级的人类善。当然这里的理解或许有歧义,或者有人会把这里所说的最好的部分仅仅理解为是理智的部分,但是一旦我们与X7,1177a13-14 相对比来阅读,就可知这里暗示的应该是沉思部分的理性灵魂。

既然我们提到"联系后文",部分也是指讨论理智德性的第六卷。作为全书核心部分的第六卷,详细讨论了理性灵魂,毕竟,德性的中道的确定要有理性灵魂的参与。在这一卷中,亚里士多德重点讨论了智慧(σοφία)和明智(φρόνησις)两种理智德性,虽然后者是《尼各马可伦理学》所重点讨论的理智德性,确定德性的实现活动的手段的正确性,但亚里士多德在这里明确指出智慧比明智要高,智慧是各种科学中最为完善的,是直观理性和知识的结合,关注的是关于最高题材的、首要的知识。因为,如果说政治和明智是最高等的知识,那将是荒唐的,因为人不是这个世界上最高等的存在物。(1141a18-22)因此:

> 明智并不优越于智慧或直观理性的那个较高部分。……此外,我们还可以补充说,说明智优越于智慧就像说政治学优越于众神。(1145a5-11)

可见亚里士多德明确地把智慧和明智相比较,强调以明智为主要知识的政治或者伦理学是属人的知识，并不是最优的，而智慧则是更优越的，因为智慧中包含有直观理性，是对本原的知识，也是最高等的知识，尤其其中的直观理性，最像神。换句话说，在第六卷亚里士多德已经明确，讨论明智的政治学（包含伦理学）是属人的知识，讨论智慧的知识高于它，这样也为后文论证人有两种不同领域的关注、从而有两个层次的幸福奠定了基础。当然，亚里士多德没有澄清的是，既然直观理性在两个终端来把握事物——直观理性在智慧中把握本原，而在实践上，直观理性把握终极的可变的事实，也就是这些具体事务的感觉，有了这样的直观理性，明智就能真正地为道德德性提供正确保证——那么，为什么只强调了构成智慧的直观理性，也就是沉思的生活最像神，而在明智中参与的直观理性为什么要少于智慧中的直观理性呢？

当《尼各马可伦理学》第十卷再次讨论幸福的时候，也是全书快结束的时候，亚里士多德已经充分地讨论了实践哲学，讨论了各种道德德性和理智德性，讨论了明智。那么，第一卷提到却没有讨论的沉思的幸福究竟如何安放？于是，第十卷明确地指出，幸福就在于合我们身上最好的德性的部分，也就是神性的那个部分，即直观理性。这是一种比人的生活更好的生活，因为人是以自身中神性的部分来过这种生活。正是合于直观理性自身的德性的实现活动构成了完善的幸福，这就是沉思。而因为全书没有过多涉及这个话题，许多研究者忘记了前文所提到的相关说法，更由于对《形而上学》中相关思想的忽视，便认为他在这里的思想十分突兀，甚至因此否定全书的内在统一性。实际上，如我们在上文已经说到，在文章的结论部分再次提到这个话题，既是他的刻意安排，也是他的哲学体系使然。在笔者看来，他在这里直接讨论沉思的生活是默认了读者对于《形而上学》Λ6-10 的熟悉，那里已经给出了对直观理性、对最高的、像神的、最幸福的沉思生活的论述，不过这一点我们下一小节再展开讨论，这里先进行《尼各马可伦理学》这部书本身论证思路的说明。《尼各马可伦理学》第十卷6—8 章对沉思的生活最幸福的讨论是极有逻辑而层层递进的。第 6 章首先再次提起话题，认为幸福就是合德性的实现活动，第 7 章认为直观理性是人身上最好的部分，当然幸福就是最合于直观理性的德性的，而第 8 章则进一步比较了第一好和第二好的幸福，说明了沉思的生活为什么是最幸福的。

在亚里士多德那里，沉思的、理智的生活一直是优越于实践生活的，因为沉思的生活是最合于人的灵魂的最高部分的生活。我们知道人类善中的诸多德性,都强调某种中道,而中道实际上又和具体的情况相关,这时候需要的就是明智这个德性来决定保证得到中道。明智的德性达到的幸福,因为需要诸多的外在善,永远比不上高贵的沉思生活带来的幸福,只有后者才是最像神的,从而也是最幸福的。因为沉思的生活是最完善的、自足的幸福,也是最令人愉悦的且最为纯净。亚里士多德明确地称第二好的幸福是一种"人类善",而第一好的幸福"最像神",在他那里,神是比人更为高级的一种存在,是最神圣、最纯净、最完善、无质料、只思想的一种存在,类神的幸福当然高于人类善,而沉思就是这样的生活,因此,沉思的生活是最幸福的。那么合乎其他德性的生活为什么是第二好呢?他分别从是否属人的事务、是否与人的混合本性相关、需要外在善的多寡、与神的比较、与动物的比较几个方面进行了区分:首先,合于其他德性的实现活动属于人的事务,都是在与他人的关系中做出的,在亚里士多德看来,无论是正义,还是勇敢,或者慷慨、节制等其他德性的实现活动,都是人的实现活动,人的事务,都是在与他人的关系中体现出来的,都是在遵守交易与需要方面适合每一种场合的实践与感觉,比如慷慨还需要外在的财富来支持,节制需要能力等;尤为重要的是,这些德性还与感情相关,因此也就与人的混合本性相关,而这种混合本性完全是属人的,这一点也与第一卷以及《尼各马可伦理学》的其他绝大部分内容直接相关,因为这本书讨论的中心概念就是明智,而明智与道德德性直接相关,是使道德德性正确的品质,并与具体场景相关,而直观理性的德性则似乎是分离的;第三,沉思生活只需要生活必需品就够了,而道德德性需要更多的外在善和他人的支持来实现,许多人认为即使沉思生活也是需要外在善的,因而强调道德德性生活为沉思生活提供了生活的保障,但是,如我们在前文所澄清的,亚里士多德所谓的"外在善"所包括的内容是很多的,不是指比如沉思的人也需要健康的身体、得到食物和照料这个意义上,而是指如表现慷慨得有适当的财产这样意义上说的外在善,不必十分富有,但也必须是有中等的财产或能力(ἀπὸ μετρίων δύναιτ),或者更准确说外在善是指"中等程度的外在善"(μετρίως τοῖς ἐκτὸς),因此人的沉思所需要的起码的生活条件不是亚里士多德的"外在善"概念中所包括的。但显然,除了这些,人身上还有一部分最神圣的直观理性,这种直观理性在人那里是分离存在的,或者说不明确需要身体的某个部分来支持,当然对这个概念的表述,亚里士多德在不同文本中有不同的说法,在《论灵魂》中似乎指出人分有了宇宙中的直观理性,而这部分理性能力的发挥似乎也很难说能离得开身体,不过亚里士多德在这里强调的是这部分理性能力的发挥似乎可以离开身体,就这部分直观理性而言,它的活动就是沉思,而不需要其他的东西,最为独立。因此,幸福就在于沉思,因此,沉思的生活也是最像神的生活。动物没有幸福,而人就是因为能沉思而与神相似从而才有幸福,所以沉思与幸福同在,沉思本身就是善,所以幸福就在于沉思。亚里士多德一边说直观理性最属于人,一边说直观理性与人分离,这样看似矛盾的表达,实际上前者强调的是人与动物的差别,而后者强调的是最像神。

### (二) 与《形而上学》Λ6-10 思想的一致性

在这点上,亚里士多德在《形而上学》A 卷对智慧的解释可以与之关联。在那里,亚里士多德强调所追求的智慧就是最普遍的知识,而不是对具体的每一个具体事物的知识;知道最困难而不为人所知的知识;知道更准确的知识;知道能教授的知识;是为其本身而非结果的知识,是对最初因的知识;统治性的知识比依附性知识更具有智慧本性。在后来的文本中,亚里士多德认为第一哲学就是关于作为存在的存在的学问,就是最高的学问,就是智慧,而这种学问最神圣的内容,就是对思想的思想,这也就是《形而上学》Λ6-10 的内容。在这几章,亚里士多德讨论了一种没有质料的实体,也就是现实,是直观理性,亚里士多德用了"神"的字眼,认为神就是善,是最高的存在,是一种最完美的活动,因为神永恒地处于沉思之中,它沉思的对象就是直观理性自身,这种活动就是善,是宇宙中善和秩序的源泉。[①] 直观理性通过分享沉思对象而沉思自身,它由于接触和沉思变成沉思的对象,所以沉思和被沉思的东西是同一的。沉思就是对被沉思者的接受,对实体的接受。在具有对象时沉思活动就在实现着,沉思的实现活动比对象更为神圣。在亚里士多德那里,神是有生命的,生命就是沉思活动的实现,神就是实现,是就其自身的实现,他的生命是至善和永恒。我们说,神是有生命、永恒的至善,由于他永恒地生活

---

[①] 大卫·福莱(David Furley)主编:《从亚里士多德到奥古斯丁》,冯俊等译,冯俊审校,北京:中国人民大学出版社,2004 年,第 80 页。

着，永恒归于神。知识、感觉、意见、理解看来各有不同的对象，而只是偶然地以自身为对象。

> 在一种知识中，沉思对象就是无质料的实体和本质，沉思对象就是逻格斯和思想，直观理性和对象没有什么不同，都没有质料，是同一的，也即思想与直观理性是一。(Λ4,1075a4-6)①

因为直观理性在没有思想对象的时候什么也不是，只有在思想对象时才获得其存在，这也说明它与其对象的同一性。

最后，亚里士多德区分了人的直观理性和永恒直观理性，他认为以自身为对象的直观理性才是永恒不变的，这样的直观理性就是万物的第一因，因为它，万物才有了秩序和运动。而人的直观理性在一段时间中，也就是说，人如果在某一时刻能像神那样沉思，也就达到了最高的幸福，且人只有极少数时刻能拥有这种至高无上的快乐：

> 天体和自然就是出于这种本原，它过着我们只能在短暂时间内体验到的最美好的生活，这种生活对它是永恒的（对我们则不可能 [ἡμῖν μὲν γὰρ ἀδύνατον]），它的实现就是快乐。(Λ7,1072b13-16)

> 沉思是最大的快乐，是至高无上的(ἡ θεωρία τὸ ἥδισιον καὶ ἄριστον)。如果我们能一刻享到神所永久享受的**幸福**，那就令人受宠若惊了。如果享受得多些，那就是更大的惊奇。(εἰ οὖν οὕτως εὖ ἔχει, ὡς ἡμεῖς ποτέ, ὁ θεὸς ἀεί, θαυμαστόν εἰ δὲ μᾶλλον, ἔτι θαυμασιώτερον.)(Λ7,1072b24-26)

> 作为人的直观理性(ὥσπερ ὁ ἀνθρώπινος νοῦς)，或者作为复合物的直观理性(ὁ τῶν συνθέτωι)，它在一段时间之中(ἔχει ἔν τινι χρόνῳ)。(Λ9,1075a6-7)

的确，在《形而上学》Λ6-10 的文本中，亚里士多德只有一次提到幸福(εὖ)，而且更强调了神的快乐的一面。但是我们把对于神和人的直观理性所

---

① 本书所引用的《形而上学》希腊文均由笔者翻译自 W. Jeager 编辑的希腊文本：Jaeger, W., *Aristotelis Metaphysica*, London: Oxford University Press, 1957。参考的英译本是 Ross, W. D., *Metaphysics*, 选自 Barnes. J. *The Complete Works of Aristotle*, Princeton University Press, 1984。德译本是 Thomas Alexander Szlezák, *Aristoteles Metaphysik*, Akademie Verlag GmbH, Berlin, 2003。参考的中译本是《形而上学》，苗力田译，北京：中国人民大学出版社, 2003 年。

描述的内容与《尼各马可伦理学》中的表述相比较的话,因为同样的直观理性,我们会找到一致性。

**(三) 哲学方法使然——不同文本对概念不同侧面的强调**

我们再从亚里士多德的论证方法上来说明。我们已经提到亚里士多德是学科分类的奠基人,他区分了理论哲学、实践哲学和创制哲学,认为第一哲学/形而上学、自然哲学/物理学和数学属于理论哲学,研究的是知,尤其第一哲学是对智慧的追求;实践哲学中包括伦理学和政治学,这些学问强调不是知而是做,对它们的研究不能达到数学般的精确性,因为它们涉及的是具体情境,只能达到一定程度的精确。我们不妨举几个例子来说明亚里士多德在不同文本对不同概念的强调。我们知道《范畴篇》中提出著名的范畴学说,而在《形而上学》多卷宗的开篇、《论生灭》《论天》《尼各马可伦理学》等多个文本都是直接拿来使用而没有进一步阐释,他默认大家知道这个范畴学说;著名的四因说是在《物理学》中提出的,而在《形而上学》A、Z、Λ 等卷直接使用;对于质料概念,他在《物理学》《论生灭》中强调它有生灭的一面,而在《形而上学》中强调它潜在性的一面;潜能和现实概念他在《物理学》中直接使用,而在《形而上学》Θ 卷进行了细致的说明……对于这些内容的充分把握,显然必须联系各个文本。的确,他作为学科分类的奠基人,把同一概念分别在不同的文本里进行说明,让我们不知道该肯定他的功绩还是该抱怨他文本的复杂,恐怕这也是他没有料到的一个结果。

具体到第一哲学与伦理学的关系,亚里士多德其实用了不同的词来表达两种哲学的不同,第一哲学在他那里就是智慧(σοφία),研究"作为存在的存在",研究范畴的存在、潜能和现实的存在,而实体作为首要范畴成为了研究的核心,从而对于没有质料的实体——直观理性的研究成为了最为神圣的研究对象,也就是思想的思想,像神一样的。伦理学不研究智慧,不研究需要知道的知识,它研究的是人类善,讨论"做"(πρᾶξις)的问题,在意的是德性和实践,最关键的是道德德性以及与其紧密相关的明智(φρόνησις),因为这些与人的混合本性相关,与人的感情相关,也与外在善相关。那么《尼各马可伦理学》中大部分篇幅提到的幸福,就是这种人类善,也即是综合论的幸福。但是,我们在上文已经提到,虽然因这部伦理学著作的主题所限,亚里士多德讨论了很多的人类善,但字里行间他已经提示我们还存在另外的更为高级的幸福,这也就是在《形而上学》Λ6-10 已经提到的,但因为后者主题主要讨论的是实体,所以《尼各马可伦理学》第十卷 7—8 章实际上在比较的意义上深入讨论了这种沉思的幸福,如果我们能明确意识到他在别处已讨论过沉思的幸福,就会明确这样的安排自然而得当。这种幸福不是一般意义上的人类善,而是一种像神的善和幸福,也就是神永远处在这种状态而人只有很少时间可以处于这种状态的一种幸福,这种幸福只有少数人可以达到,或许只有哲学家这样爱智慧的人才能达到,因为沉思是人灵魂的最好部分的实现活动,最持久、能带来最为纯净的快乐、最多的闲暇、自身就是目的。亚里士多德强调我们应该努力追求这种幸福,达到理性灵魂的不朽。总之,在亚里士多德那里,最为幸福的生活就是对第一哲学的沉思的生活,是直观理性的沉思的生活,因为这样的生活最像神,是最高的一种人类善。这两种生活是不同的生活,并不存在矛盾。《尼各马可伦理学》中一直强调幸福是完善并自足的,因为它不缺少任何东西,是就其自身就值得选择过的,见 1097b6、1134a27、1160b4、1169b3-8、1170b17、1177a27,与伦理学一体的《政治学》中也是这般强调,见 1252b29、1253a26、1256b4、1275b21、1280b34、1326b3、1328b17。沉思的生活中这种完善和自足性更强,亚里士多德承认沉思的人需要一定的生活必需品,但在满足之后,沉思的人靠自己就可以沉思了,但无论是正义、节制、勇敢、慷慨的人都需要他人接受或者财产或者能力才能完成实践行为,甚至在他看来,沉思不仅不需要这些外在的东西,甚至这些东西会妨碍沉思活动。(1178b1-3)而且沉思也是比其他任何东西更是只为自身之故而被喜欢的,因此亚里士多德深情地说道:

> 如果人可以获得的自足、闲暇、无劳顿以及享福祉的人的其他特性都可在沉思之中找到,人的完善的幸福……就在于这种活动。(1177b20-23)如果直观理性是与人的东西不同的神性的东西,这种生活就是与人的生活不同的神性的生活。(1177b29-30)合于直观理性的生活对于人是最好、最愉悦的,因为直观理性最属于人。(1178a6-7)

因此,我们上文所提到的希尔兹提供的"就其给予沉思以崇高的位置而言它是理智性的,就其认为非沉思的德性行为展现了一个理性的稳定结构而言,它是包含性的"这一解释实际上是对亚里士多德思想的误解,可以说是一种过度解释,综合论和理智论不是在不同角度的说法,而是不同的生活重点的表达。那么,厄文提到的沉思生活究竟是一种完整的生活还是完整生活中的主要部分的问题,笔者认为也不是亚里士多德考虑的问题,沉思生活既非前者也非后者。苗力田承认沉思是最大的幸福,却不区分人类善和像神的善,也就是不区分综合论的幸福和理智论的幸福,这其实也是对亚里士多德幸福理论的一种误解。①

## 三 "活得好"与"做得好"

对于幸福论的两种争论,有学者提出区分亚里士多德给出的幸福定义:"活得好"和"做得好"来进行解释,比如余纪元。我们知道亚里士多德在《尼各马可伦理学》A 4,1095a18-20 和 A8,1098b20-22 中明确幸福是什么:

> 无论是一般人,还是那些受过教育的人,都会说这是幸福,并且会把它理解为活得好和做得好 (τὸ δ' εὖ ζῆν καὶ τὸ εὖ πράττειν υπολαμβάνουσιτῶ εὐδαιμονεῖν)。
>
> 那种幸福的人既活得好也做得好的看法,也合于我们的描述。因为我们实际上是把幸福确定为活得好和做得好。(συνάδει δὲ τῶ λόγω καὶ τὸ εὖ ξῆν καὶ τὸ εὖ πράττειν τὸν εὐδαίμονα. σχεδὸν γὰρ εὐξωία τις εἴρηται καὶ εὐπραξία.)

另外,在 1139b3,1140a28,1140b7 等几处亚里士多德也多次强调幸福就是"活得好"并"做得好",余纪元认为这是幸福概念的两重意义,并进行了如下解释:"就亚里士多德而言,幸福是指一种人类所过的善生活('活得好'),还是好的理性生活('做得好')?"②他把"活得好"理解为是过善的生活,而把"做得好"理解为好的理性生活,并把这种区分作为他解决幸福的涵盖论和理智论之间矛盾的工具。但对这样强的一个设定,余文却没有给出基本论述,更没有提及文本的根据:何以"活得好"就是过善的生活,"做得好"就

---

① 苗力田:《思辨是最大的幸福》,见亚里士多德:《尼各马可伦理学》,苗力田译,北京:中国人民大学出版社,2003 年,译序。

② 余文,第 247 页。

是好的理性生活呢？亚里士多德在文本中对于"活得好"并没有过多强调。不过，幸福与"活得好"在笔者看来应该是同义的，幸福就是"活得好"，而"做得好"却是对幸福的进一步规定，或者可以说是幸福的必要条件，当然"做"不一定就是理智活动，"做"包含所有的道德德性和理智德性。亚里士多德特别强调"做"，认为我们的幸福不在于知道什么，而在于实际做什么，他形象地比喻说如果我们拥有所有的德性，但是什么也不做，就像是一个时刻在睡觉的人一样，并不是一个有德性的人。德性是什么？德性是从实践中生成、存在，并由实践活动而体现的一种状态或品质，而绝非仅仅一种品质。他特别强调了"做得好"（τὸ εὖ πράττειν），在整个文本中亚里士多德都强调了我们在伦理学中注重的都是"目的不是知识而是实践"（τὸ τέλος εστὶν οὐ γνῶσις ἀλλὰ πρᾶξις, 1095a5-6），"做得好"在亚里士多德那里自然也是好的理性生活，绝非仅仅余文所设定的理智论意义上的理性生活，因为道德德性也受实践理性的指导，是一种宽泛意义上好的理性生活，甚至亚里士多德所谈到的人类善本身就是宽泛意义上好的理性生活。而一个人最好的状态自然是最高理性占有统治地位的时候，最高的理性就是直观理性，就是像神的状态。人的德性发挥的最好的状态，就是最幸福的状态，这自然就是沉思的状态。这也是亚里士多德为什么在文本中竭力强调后者的原因所在，幸福不是什么也不做就能实现的，幸福实际上就是实践活动本身，让我们用文本例句来印证亚里士多德对于"做"（τὸ πράλλειν）和"实践"（πρᾶξις）的强调：

> 实现活动不可能是不行动的，它必定是要去做，并且要做得好。（1099a3）
>
> 幸福是灵魂的一种合于完满德性的实现活动。（1102a5）
>
> 幸福我们指的是灵魂的实现活动。（1102a17）
>
> 但是德性不仅产生、养成与毁灭于同样的活动，而且实现于同样的活动。（1104a29）
>
> 德性成于活动……成就着德性也就是德性的实现活动。（1105a15）

"做得好"是道德德性的要求，也是理智德性的要求，更是幸福的要求，德性本身更是被亚里士多德强调是一种实践活动。实践生活是不同于理论生活的。因此,说"活得好"和"做得好"的幸福有两种不同意义,并因此为两种幸福论奠基,是不成立的。

余纪元在文章中还讨论了幸福究竟是整体的生活(βίος)还是一种活动(πρᾶξις)的问题①,在他看来,"思辨(θεωρία,我们译为沉思)的生活以思辨的活动为特点,但它们不是同一件事"②,区分了就正在思辨活动而言的思辨者和就他作为一个人而言的不同。所引用的文本是:

> 一个在沉思的人,就他这种实现活动而言,不需要任何东西,它们反而会妨碍他的沉思。然而作为一个人并且与许多人一起生活,他必须选择德性的行为,也因此需要那些外在的东西来过人的生活(πρὸς τὸ ἀνθωπεύεσθαι)。(《尼各马可伦理学》1178b2-7)

余纪元从这段话指出"思辨生活"和"思辨活动"的不同在于,"各种善对于思辨活动能够而言是阻碍,但对于思辨生活而言却是必需"。③ 然而,这段话恰恰是在第十卷的以"合于其他德性的生活只是第二好"开篇、致力于区分第一好与第二好的第8章,前文正是在区分过道德德性的生活与过沉思的生活所需要的外在善不同,指出作为生存必须的手段上(τῶν ἀναγκαίων)两种生活所需要的程度相同,即使在这里,亚里士多德也强调政治的生活对身体的需要更多(εἰ καὶ μᾶλλον διαπονεῖ περὶ τὸ σῶμα ὁπολιτικός)(1178a23-25),然后指出它们在"实现活动上的差别非常大"(πρὸς δὲ τὰς ἐνεργείας πολὺ διοίσει)(1178a25-30),因为道德德性如慷慨、正义等的实现都需要许多外在的东西。尤其在我们上述引文的前一句,是:

> 德性的实践需要许多外在的东西,而且越高尚、越完美的实践需要的外在的东西就越多。(1178a35-b1)

亚里士多德旨在区分德性的活动和沉思的活动,强调前者所需要的外在善更多,1178b2-7后一句话所强调的"人的生活"并非沉思的人的生活,而是与前面内容呼应的那种需要外在善的那种德性的生活,因此并非"生活"和

---

① 余文,第249页。
② 余文,第255页。
③ 同上。

"活动"的区分。在笔者看来,活动、实践这些概念与生活不是截然区分的,或者说生活就是由这些活动构成的。在亚里士多德那里,活着本身即意味着积极地做事情,他在《尼各马可伦理学》第十卷第 6 章谈到了幸福不在于消遣,因为我们休息是为了实现活动,而幸福作为合德性的生活,在于严肃的工作,而不是消遣,而且越好的人、能力越佳的人,他们的实现活动也就越严肃,因此,越好的人、能力越佳的人的实现活动越优越,也就越幸福,一句话,生活也就意味着活动,因此区分二者的说法值得商榷。

## 四 结 论

亚里士多德在《尼各马可伦理学》中主要讨论的是人类善,是包含道德德性和理智德性、也包含各种外在善的涵盖性的幸福,但这种幸福不及沉思的幸福,因为后者才是最像神的,是最幸福的,是更高层次的人类善。这一点在第一卷、第六卷都有提示,只是在第十卷进行了阐述和与第二好幸福的比较。这种思想也与《形而上学》Λ 卷是一致的。而许多研究者认为第十卷提到沉思的幸福很突兀,说明他们不仅忽视了这部书前文提到的内容,更是对亚里士多德论述方法的忽视。亚里士多德作为知识分科的奠基人,他在不同的文本中集中讨论一定的概念和理论,但整体上看,他的理论是一致的,也只有整体地看,才能正确地把握他的理论。因此亚里士多德所认为的最高的幸福,一直是沉思的幸福。

# Again on Aristotle's Happiness

## Lü Chunshan

**Abstract:** Some researchers of Aristotle's philosophy believe that Aristotle's argument on the view of happiness in *Nicomachean Ethics* is not strict, so they try to reconcile the practice of comprehensive happiness with intellectualism. This paper points out that Aristotle's view of happiness in *Nicomachean Ethics* is not ambiguous, and it has been given a clear point of view and a tight reasoning. It is consistent with Aristotle's subject in this book and his general theory in other books. Therefore, those who believe that the argument in this book is contradictory are wrong. To him, the intellectualist happiness, namely the contemplating one, is the first happiness, while the comprehensive happiness is the second. Aristotle deliberately distinguishes these two kinds of happiness in this book. So any attempt to reconcile these two kinds of happiness is also a misunderstanding of his purported interest. This paper also analyzes some unsuccessful reconciling practices.

**Key words:** Happiness; Comprehensive theory; Contemplation; External good; Intuitive reason

# 《欧德谟伦理学》中的"功能"概念和"功能论证"

## 魏梁钰 *

**提　要**：本论文主要对亚里士多德在《欧德谟伦理学》(*Eudemian Ethics*)第2卷第1章中基于"功能"(*ergon*)来定义幸福是什么的论证(1218b31-1219a39)进行探讨,着重处理如下问题:关于亚里士多德两部伦理学著作中的"功能论证"(*ergon* function argument),当前学界主流的意见受耶格尔(Werner Jeager)"发展论"影响,认为亚里士多德在《尼各马可伦理学》(*Nicomachean Ethics*)中提出了更加成熟的"功能论证",而在《欧德谟伦理学》中提出的论证版本则是更多带有柏拉图在《理想国》第1卷(352d1-354a11)中提出的"功能论证"的痕迹的"早期版本"(并且有更多相同之处)。本文通过分析并对比柏拉图在《理想国》中的相关论证和亚里士多德在《欧德谟伦理学》中给出的论证,尤其对比二者在理解"功能"(*ergon*)概念上的异同,提出一种不同于主流观点的关于《欧德谟伦理学》"功能论证"版本和柏拉图《理想国》的论证版本之间关系的理解。

**关键词**：功能　目的　幸福　"功能论证"

---

\* 魏梁钰,1987年生,北京大学哲学系博士生。

在当代对亚里士多德伦理学的研究中，学界长久以来都将《尼各马可伦理学》（简称《尼各马可》，或 EN）作为表达其伦理学思想的代表著作，而《欧德谟伦理学》（简称《欧德谟》，或 EE）只居于次要地位①。20 世纪下半叶，已经开始有学者对两部著作受到的极不对称的关注提出质疑，尤其是肯尼（A. Kenny）②。根据肯尼，将《尼各马可》视作代表亚里士多德成熟时期伦理学思想的主导看法源自耶格尔（W. Jaeger）③，他在将《欧德谟》归给亚里士多德的同时④，将它放入到亚里士多德思想发展的早期阶段，联系它和《劝勉》（Protrepticus）这一残篇的关系将其定位在"改良的柏拉图主义"（reformed Platonism）这一发展阶段⑤。正如鲍勃尼奇（C. Bobonich）所指出的，大多数学者尽管接受《欧德谟》的真实性，但是都认为："（1）这部作品早于《尼各马可》；（2）《尼各马可》是哲学上更出色的作品。"⑥尽管对耶格尔的"发展论"（developmentalism）观点已经有了不同版本的意见提出甚至试图转变这一理解

---

① 另一部《大伦理学》（Magna Moralia）其真伪问题仍然存在争议。Jaeger, Walzer, Brink, 以及晚近的 Kenny, Rowe 拒绝其真实性, 而 von Arnim, Dirlmeier 以及晚近的 Düring, Cooper 则接受它为真作, 参见 C. Bobonich, "Aristotle's Ethical Treaties", in The Blackwell Guide to Aristotle's Nicomachean Ethics, ed. by R. Kraut, Oxford: Blackwell 2006, p. 15。
② A. Kenny, The Aristotelian Ethics, Oxford University Press, 1978.
③ A. Kenny, The Aristotelian Ethics, pp. 1-3，尽管《尼各马可》在古代晚期（公元 2 世纪以后）就逐渐被当做代表亚里士多德伦理学思想的代表作, 但是当代学界对《尼各马可》和《欧德谟》关系的理解在很大程度上是受到耶格尔的影响。如 C. J. Rowe（The Eudemian and Nicomachean Ethics: A study in the development of Aristotle's Thought, Cambridge, 1971），支持耶格尔的基本观点, 即《尼各马可》是基于更早的学园时期的草稿重新写就的代表亚里士多德成熟时期伦理学思想的著作, 尽管他反对耶格尔关于明智（phronesis）的看法。另外, John M. Cooper（Reason and Human Good in Aristotle, Heckett Publishing Company, 1986）尽管反对耶格尔对《欧德谟》的解读（如: Ibid., pp. 72-76, 135-136, 144, note 1），但是依然认为《尼各马可》相比《欧德谟》是更成熟的著作（参见 Ibid., pp. 72-73, note 99, pp. 144-145, and note 2）。
④ 在 19 世纪, 主要在 Schleiermacher 和 Spengel 的影响下, 《欧德谟》被视为是伪作, 它出自亚里士多德学派的成员罗德岛的欧德谟之手。参见 A. Kenny, The Aristotelian Ethics, pp. 1-3, W. Jaeger, Aristotle: Fundamentals of the History of his Development, tr. Robinson, Oxford, 1948, p. 228。另可参见最近 C. Bobonich 关于亚里士多德伦理学著作的概述的精彩文章"Aristotle's Ethical Treaties", pp. 14-15。
⑤ W. Jaeger, Aristotle: Fundamentals of the History of his Development, p. 231，耶格尔将亚里士多德伦理学思想的发展划分为三个阶段（对应于他所理解的亚里士多德思想整体包括形而上学思想的发展）：（1）晚期柏拉图阶段；（2）改良的柏拉图主义阶段；（3）晚期的亚里士多德主义阶段。
⑥ 另外一点是关于《尼各马可》和《欧德谟》的"共同卷"（EE IV-VI 和 EN V-VII）的归属问题, 即认为"（3）共同卷最初来自《尼各马可》。并且那是它们的恰当归属"。关于这一点的说明并不在本文的研究范围之内。参见 C. Bobonich, "Aristotle's Ethical Treaties", p. 15。

模式①,上述观点仍然是普遍接受的"教义"(dogma)②。这一状况恰好和从亚里士多德去世(公元前332年)直到公元2世纪时的两部伦理学著作地位相反,那时《欧德谟》而非《尼各马可》一直被视作代表亚里士多德伦理学的标准著作③。肯尼通过研究从亚里士多德自己的著作以及有争议的两部著作《问题集》和《大伦理学》到亚历山大的克莱门(Clement of Alexandria)以及之后其他一些评注家的古代证言(testimonia)说明了上述事实④。

然而,这一"教义"同时强有力地影响当代学界关于亚里士多德著名的"功能论证"(Function Argument)的研究,关于这一论证的几乎所有讨论都是围绕他在《尼各马可》卷一7章给出的论证版本进行的;《欧德谟》卷二1章的版本,则作为相对不完善的论证而未得到足够的重视。以库珀(J. Cooper)的观点为例,他认为在《欧德谟》中的论证是"直接从柏拉图《理想国》卷一的论证来的"⑤。相比《欧德谟》,《尼各马可》中的论证版本则有所改进:在那里并没有讨论"灵魂"的功能而是直接从"人"的功能开始,从而避免了对从灵魂的自然功能及其良好发挥(德性)的讨论过渡到灵魂的"持有者"(possessor)的幸福的质疑⑥。因此,《欧德谟》的论证是一个相对《尼各马可》的论证而言的早期版本。

---

① 如 G. L. E. Owen, "Logic and Metaphysics in Some Earlier Works of Aristotle", in *Logic, Science, and Dialectic*, ed. by Martha Nussbaum, Cornell University Press, pp. 180-199;另外,也有学者指出亚里士多德著作的笔记性质,以及他终其一生都习惯反复修改之前的材料,这些都使得发展论的观点面临极大的困难,参见 C. Bobonich, "Aristotle's Ethical Treaties", p. 17。对学界关于"发展论"的态度变化(尤其是就亚里士多德形而上学思想而言)的清晰刻画见 M. Gill, "Aristotle's *Metaphysics* Reconsidered", *Journal of The History of Philosophy*, vol. 43 (2005), pp. 233-251。
② A. Kenny 如此称呼(*The Aristotelian Ethics*, p. 2)。Kenny 指出之前只有 Allan 和 Monan 等少数几位学者对此"教义"提出质疑。
③ A. Kenny, *The Aristotelian Ethics*, p. 5,两部著作地位的决定性转变最早体现在 Aspasius 对《尼各马可》的评注那里,在他之后十卷本的《尼各马可》才取代了八卷本的《欧德谟》成为标准文本,见 A. Kenny, Ibid., p. 29。
④ Ibid., pp. 5-46.
⑤ Cooper 认为《欧德谟》的和《理想国》的论证版本在两个关键的理解上相一致:(1) 对功能(ἔργον)和德性的关系的理解;(2) 对灵魂的功能的理解,即"灵魂的工作在于生命的制作(production)",参见 J. Cooper, *Reason and Human Good in Aristotle*, p. 145。对于第一点我同意 Cooper 的看法,但是不同意他提出的第二点。具体讨论见下一个注释。
⑥ Ibid., pp. 145-146。Lawrence 对 Cooper 的这一理解提出了质疑和反驳:首先,柏拉图在《理想国》卷一"功能论证"中一方面将灵魂的功能和一系列特定的活动联系起来,如统治、思虑等(353d5),这些都是作为有理性动物的人的活动;他又进一步将灵魂的功能界定为"活着"(τὸ ξῆν, 353d9),(转下页)

本文的论证目标限制在一个相对较小的范围内:通过集中于很少被关注的《欧德谟》的"功能论证"尤其是其中关于"功能"(ἔργον)概念的理解来说明,《欧德谟》中的论证版本并不是直接来自或者接近于《理想国》卷一的"功能论证"并仍然受柏拉图哲学影响的早期版本。由此对上述主流的意见提出有限的质疑①。但是,本文将把重心放在理解亚里士多德的论证结构和过程上,核心目的是反思亚里士多德在《欧德谟》"功能论证"中关于"功能"的界定及其在论证中的角色。具体而言:首先,对柏拉图在《理想国》卷一中的"功能论证"版本进行考察,着重于其中关于"功能"(ἔργον)概念以及对灵魂的功能的讨论,揭示出柏拉图对"功能"概念的理解;接下来,我将尝试重构《欧德谟》卷二1章的"功能论证",说明亚里士多德关于"功能"概念的讨论(尤其是1219a13-18)如何构成了整个论证的重要组成部分。最后,通过进一步考察亚里士多德在《欧德谟》卷二1章中关于"功能"概念的理解做如下几点工作:(1)亚里士多德对"功能"的理解和柏拉图在《理想国》卷一的理解之间的异同;(2)基于前一点对亚里士多德的"功能"概念的一个主流解释提出质疑;(3)论证亚里士多德"功能"概念的统一性及其规范性内涵。

## 一 《理想国》卷一中的"功能论证"

在开始正式讨论之前,有必要简单澄清一下关于ἔργον这一希腊词的翻译。该词的主要含义有以下三种:(1)工作(work),其中包括行为(deeds)、行动(action)或某一行业的工作;(2)某种事物(thing, matter);(3)工作的结果

---

(接上页)而这一功能又是一切有生命的存在物所共同(common)具有的;柏拉图将专属于某类事物的功能和不同种类有生命事物的共同的功能并列在一起但并没有说明这之间的关系。其次,从"灵魂"的功能过渡到灵魂的持有者"人"并不是《欧德谟》和《尼各马可》这两个论证版本的区别所在,而是灵魂(或人)的一般或共同功能和特殊类型的功能之间的对比。参见 Lawrence, "The Function of the Function Argument", *Ancient Philosophy*, 21 (2001), pp. 449-450. 我认为,Cooper 的担心实际上源于柏拉图对灵魂的功能的理解(他认为这一理解在《欧德谟》和《理想国》卷一中是一致的),这一理解预设了存在一个对灵魂的使用者(即 Cooper 所说的"持有者"),灵魂仿佛刀(knife)这样的工具通过一个使用者来发挥其功能。我将在下一部分讨论并且说明这一点在根本上依赖柏拉图对"功能"(ἔργον)概念的理解。

① 这项工作还需要包括对《尼各马可》那里的"功能论证"的考察以及和《欧德谟》之间的对比。笔者将在另一篇论文中处理这部分内容。

或产品(result or product)①，这些含义既涉及行为也涉及结果或产品；如下文将要表明的，ἔργον在柏拉图和亚里士多德那里同样是既可以指行为也可以指结果。此外，在他们那里ἔργον也是与目的论解释相关的、具有规范性的概念。本文将采用"功能"(function)这一通行的翻译，是因为：一方面英文 function 一词像 work 一样可以表达在活动和结果之间的歧义性②；另一方面，function 这一概念虽然在当代分析哲学尤其是心灵哲学中的"功能主义"(functionalism)的语境下并不涉及目的论③，但是用它来表达(并非在"功能主义"的语境下)某种和目的相关的含义也不是完全不合适的。根据索拉布吉(R. Sorabji)的分析，function 一词可以表达：(a)联系某一工具通过努力达到某一结果的含义(比如"公牛在荷马时代的社会中有多种功能，它被用来耕地也作为肉来食用"④)，这一含义与目的以及有意识的能动者相关；(b)它还可以表达和好或者目的相关的含义(比如"心脏的功能是使血液循环"⑤)，这一含义虽然也和目的相关，但似乎并不需要有意识的能动者参与。因此，根据(a)和(b)，采用"功能"这一通行翻译(在经过一些限定以后)至少不会对柏拉图和亚里士多德涉及目的论的功能概念造成严重的误解⑥。

通常认为，亚里士多德在两部伦理学中提出的"功能论证"可以追溯到柏拉图在《理想国》第一卷中关于苏格拉底通过引入"功能"概念以及和德性的

---

① 在《希英辞典》(Greek-English Lexicon)的"ἔργον"词条中除了上述三个含义，还单独列出了该词的特殊用法，即这里要讨论的"功能"(function)或"特定的工作"(proper work)；参考 Liddell, Scott, Jones, *Greek-English Lexicon*, Ninth edition with a Revised Supplement, Oxford: Clarendon Press, 1996, "ἔργον"词条。
② 参见 Santas, *Goodness and Justics*. Blackwell Publishers, 2001, p. 69。
③ 在针对"功能主义"理论所提出的一些反驳中，也存在对这一理论可能设定的"合理化"概念(rationalization)所包含的规范性要求(prescriptions)，即"要求表明一个个体的信念、欲求或行为如何同某种理论的或实践的推理的先天规则(norms)或理想(ideals)相一致或至少接近它们"的质疑。虽然这一质疑目前仍然存在争议，但是至少可以表明即便在当代的"功能主义"这里，"功能"(function)也并没有完全免除作为"规范性"概念来理解的可能，尽管不需要像在柏拉图和亚里士多德那里同时涉及目的论。对这一质疑以及回应的介绍，见 Levin, Janet, "Functionalism", *The Stanford Encyclopedia of Philosophy* (Fall 2018 Edition), Edward N. Zalta (ed.), URL = <https://plato.stanford.edu/archives/fall2018/entries/functionalism/>。
④ 参见 R. Sorabji, "Function", *The Philosophical Quarterly*, 14 (1964), p. 290。
⑤ 如果没有和好或目的的联系，那么也可以说"心脏的功能是产生噪音"。Ibid, pp. 291-292。
⑥ 但柏拉图和亚里士多德的目的论并不是一回事，下面将会通过分析二者关于"功能"概念的不同理解体现出来。

关系所构造的反驳色拉叙马库斯(Thrasymachus)的论证(352d-354a)①。苏格拉底和色拉叙马库斯的对话构成了《理想国》第一卷中论证最为密集的部分②,虽然最后以苏格拉底对自己的论证的"不满"和反思结尾(354a11-c2)。我们将集中在所谓的"功能论证"(352d8-354a11)上,并着重考察柏拉图通过苏格拉底所表述的关于"功能"概念的理解③。

柏拉图笔下的苏格拉底通过诉诸"功能"概念以及一个事物的功能和专属于它的德性之间的关系(功能发挥得好依赖于相应的德性,353b14-c2)来论证:灵魂具有多种功能,活着是其中一种;正义作为灵魂的德性使得灵魂的功能发挥得好;因此正义的人活得好亦即幸福,而不正义的人则相反。在这个论证开始之前,他通过苏格拉底强调了正在讨论的主题关乎我们应当如何生活这一至关重要的问题(352d5-6),接着,柏拉图便给出了他对"功能"概念的第一个界定,他以马为例来说明(352e3-4):

> 你是否将一匹马或者其它任何东西的功能设定为这样,即某人只能用它才能做或者用它做得最好?④ (Ἆρ' οὖν τοῦτο ἂν θείης καὶ ἵππου καὶ ἄλλου ὁτουοῦν ἔργον, ὃ ἂν ἢ μόνῳ ἐκείνῳ ποιῇ τις ἢ ἄριστα;)

这一界定首先需要注意的是马这个例子,柏拉图在这里讨论的并不是马自身

---

① 这一观点已经成为学界的共识,较早的相关文献参见 Barney, "Aristotle's Argument for a Human Function", *Oxford Studies in Ancient Philosophy*, 2008, p. 300 的注释 17;较晚近的文献参见 J. Cooper, *Reason and Human Good in Aristotle*, p. 145; T. Irwin, *Plato's Ethics*, Oxford: Oxford University Press, 1995, p. 183; Barney, "Aristotle's Argument for a Human Function", p. 300; Barker, "The Concept of *Ergon*: Towards an Achievement Interpretation of Aristotle's 'Function Argument'". *Oxford Studies in Ancient Philosophy*, 2015, p. 232 等。
② 关于苏格拉底和色拉叙马库斯之间的论辩的分析,参见 Barney, "Socrates' Refutation of Thrasymachus", In G. X. Santas (ed.), *The Blackwell Guide to Plato's Republic*, Blackwell, 2006, pp. 44-62, 以及 T. Irwin, *Plato's Ethics*, pp. 174-179; C. D. C. Reeve, *Philosopher-Kings*, Hackett Publishing Company, 1988, pp. 10-22; J. Annas, *An Introduction to Plato's Republic*, Oxford: Clarendon Press, 1981, pp. 50-57。
③ 对《理想国》第一卷中的论证的评价及其同其它各卷的关系学者们有不同的看法,如,Reeve 认为第一卷是柏拉图对苏格拉底的批判,尤其是对其问答法(elenchus)和技艺类比的反思(*Philosopher-Kings*, pp. 22-23);有些学者将第一卷作为一个"绪论"(参见 White, Nicholas P., *A Companion to Plato's Republic*, Hackett, 1979, p. 61),用来引出下面的话题;还有学者强调第一卷中引入的"功能"概念和整个《理想国》的联系,如 Santas;Barney 则试图论证在第一卷中的论证在哲学上的有效性并且是后面各卷尤其是 IV—IX 卷的"提纲"(参见 Barney, "Socrates' Refutation of Thrasymachus", pp. 44-62, esp. p. 57)。我预设这一卷中关于"功能"的理解是柏拉图自己的观点。
④ 中译文参考了 Reeve (2004)的译本。希腊文本根据 Oxford Classical Texts(OCT)中 S. R. Slings(2003)的校订本。

能够发挥某种特定的功能,而是马作为由某个人(τις)所使用的工具(instrument)发挥的功能,后半句中的表示手段或工具的与格(dative of means, μόνῳ ἐκείνῳ)可以清晰地表明这一点①。并且,正如哈迪(Hardie)所观察到的,柏拉图在这里以及下面给出的例子,如眼睛、耳朵、修枝刀等(这些例子也都用了表示手段的与格)都是"被制作、被训练和被使用,或者至少作为工具为了某个目的被使用"②,比如,(1)马"被训练",用来供人骑乘;眼睛"被使用",因为只有用它才能看(352e5);(2)而修枝刀"被制作"或"为了这一目的而被设计(或制作)"(τῷ ἐπὶ τούτῳ ἐπγασθέντι, 353a4-5),是因为用它比用其它的刀具能更好地修剪枝条(352e11-353a5)。

目前,可以清楚地看到,在柏拉图对"功能"概念的第一个界定中,以及他接着用身体器官、人工制造物这些例子对"功能"做出的澄清中,X 的功能是通过作为工具被某个使用者所设计或使用来理解的,从而体现出"工具论"(instrumentality)③的特征,即 X(无论是自然还是技艺的产物)④的功能及其良好发挥都是通过外在于 X 的使用者对它的"使用"(χρεία)来规定的(以下简称为T1)。这一点可以结合《理想国》卷十中关于使用和制作的关系来说明:"因此,难道每一种手工产品、有生命的事物和行动的美德、善好和正确都并不与别的任何东西相关,而是和使用(χρεία)相关,每一个或者被制作的或者自然地产生的事物都与之相关。"(601d4-6)因此,X 的功能只有通过对于 X 的"使用"和使用者才能得到理解,同时这一段文本还说明在柏拉图那里对工具的使用不仅涉及技艺产品(结果),也包括有生命的事物和行动⑤。然而,哈

---

① 不同于 Santas, *Goodness and Justics*, pp.67-70,他认为这里是基于一个事物(如马)的能力(capacities)来讨论其功能,同时采用了 Shorey 对该句的译文("that is the work of a thing which it only or it better than anything else can perform",忽略了这里十分明确的作为工具的与格 dative of means)。这一理解试图消除原文中所体现的"工具论"特征,但是正如 Hardie 正确地指出的(他针对的是另一个十分接近 Shorey 的译义):"这里的义文所说的并不是'只有马能做的'东西,而是某人'只有用马'才能做的去做的东西"。参见 Hardie, *Aristotle's Ethical Theory* (2nd. edtion), Oxford: Clarendon Press, 1980, p.362.
② Ibid., p.362.
③ 或可译作"手段论"。这一称呼来自 Barney, "Aristotle's Argument for a Human Function", p.299,我的理解受她在这篇文章中对柏拉图《理想国》卷一关于"功能"的看法的影响。
④ 这里并没有在自然物和技艺产物这两类事物之间做出区分,因为柏拉图关于"功能"的界定并没有提供这一区分的资源。下文将说明这一点。
⑤ 这一点与下面将要讨论的在活动和结果之间具有模糊性的功能概念相对应。另外,需要注意的是,"功能"(以及"使用")在柏拉图这里虽然具有"工具论"特征,但并不是说它们对于柏拉图而(转下页)

迪正是基于这一点来诟病亚里士多德在《尼各马可》中给出的"功能论证",尤其是论证人具有功能的那一部分(1097b24-33),因为功能涉及使用者或者"有意识的设计者",尽管可以说某个身体器官(如眼睛或手)像工具一样被设计或使用,但是并不能说作为整体的人或者人的灵魂也有某种(同样意义上的)功能①。但是这一理解恰恰是基于上述传统的看法,即认为亚里士多德的"功能论证"十分接近于《理想国》卷一中的论证版本。然而,在没有对亚里士多德和柏拉图各自的"功能"概念的差别和共同点做出进一步考察之前,就断定亚里士多德关于"功能"的理解和柏拉图的理解相一致(包括他们所使用的例子)并且认为二者的"功能论证"是十分接近甚至相同的看法是很不可靠的②。我们应当避免这样的解释方式,比如:一些学者在对亚里士多德的"功能"概念的批评上不自觉地带入了柏拉图的理解;或者,另一些学者又试图否认或淡化柏拉图的"功能"概念的"工具论"特征即T1(我认为这是理解柏拉图和亚里士多德的"功能"概念之间区别的关键),而强调"功能"是事物自身的"专有的活动"(proper activity)③。

---

(接上页)言只是不涉及规范性层面(或"应当"如何)的单纯描述性的概念;相反的观点,见刘玮:《功能论证:从拉图到亚里士多德》,载《道德与文明》2017 年第 3 期,第 74 页。在《理想国》卷十那里,柏拉图关于使用者和制作者的关系的说明体现出规范性的特征:使用者向制作者指示出关于他使用的产品在使用中所表现出的好或者坏的地方,并且"规定或命令他们应当如何去制作(ἐπιτάξει οἵους δεῖ ποιεῖν, 601e2)"。这一点清楚地说明了"使用"以及由此得到理解的"功能"在柏拉图这里具有规范性的内涵。

① Hardie, *Aristotle's Ethical Theory* (2nd. edtion), pp. 23-24.
② 比如,Irwin, *Aristotle's First Principles*. Oxford: Clarendon Press, 1988, p. 607, note 37, Santas, *Goodness and Justics*, pp. 69, 238;与此不同的观点,见 Lawrence, "The Function of the Function Argument", p. 449, Barney, "Aristotle's Argument for a Human Function", pp. 298-304;另外,在 Cooper 关于《欧德谟》和《理想国》卷一的比较中,他对《欧德谟》中的"生物学的功能"(biological function)的批评用的就是刀具的例子(见注释12),这正是因为预设了柏拉图和亚里士多德二人关于"功能"的理解(包括用例)都是相一致的理解。Whiting 针对这一点做出了有力的批评,通过引入亚里士多德在《论灵魂》(*De Anima*, DA) 2.4 中对"所为"(ἕνεκα)的两种方式的区分来说明亚里士多德事实上并且有理由将这里的无生命的工具(刀具)排除出他关于"功能"的讨论,见 J. Whiting, "Aristotle's Function Argument: A Defence". *Ancient Philosophy*, 8 (1988), pp. 35-36。
③ 如 Irwin, *Plato's Ethics*. Oxford: Oxford University Press, 1995, p. 179: "苏格拉底诉诸 F 的德性和 F 的功能,或者本质性的活动(essential activity)之间的联系";另外,Annas, *An Introduction to Plato's Republic* 则试图淡化柏拉图对"功能"的第一个界定:"ἔργον 是一个事物作为那一种事物(qua a thing of that kind)所做的。当它通过他们所做的被用在人这里时,它的意思是'job'或'work'。当它运(转下页)

我们将在第三节回应将柏拉图和亚里士多德的"功能"理解为一致的观点,这里首先讨论把柏拉图的"功能"等同为"专有的活动"这一观点:

首先,细致考察《理想国》卷一,我们发现柏拉图并没有将ἔργον完全等同于"行为"或者"活动"(act 或 activity),而是既可以指活动也可以指结果或产品①。具体来说:(1)在《理想国》卷一中ἔργον第一次出现的地方(330c5),苏格拉底通过诗人如同父亲爱自己的孩子一般爱自己的诗作(ποιήματα),来说明那些赚钱的人对钱财的重视如同自己的ἔργον,柏拉图并没有用这一概念指"活动"(activity)而是指产物或作品(product,result);(2)在针对色拉叙马库斯的第二个论证(345e-347d)中,苏格拉底论证了"赚钱术"是不同于"医术"和"造房术"的另一个技艺:医术的功能是提供健康、造房术的功能是提供房屋、而赚钱术提供的是报酬(346d1-5),它们每一个的ἔργον在这里也都不是活动而是结果或产品。(3)柏拉图也会将ἔργον和行动联系在一起(332e3-4),**或者**可以指在活动和结果之间存在歧义的事物,比如热的功能(ἔργον)并不是冷却(335d3,可以指冷却这一活动也可以指得到冷却这个结果),或者干的功能(ἔργον)并不是使事物变湿而是相反(335d4-5,同样既可以指活动也可以指结果)。因此,柏拉图在这些地方用ἔργον既指活动又指产品,这至少说明柏拉图意识到了该词作为一个希腊日常用语在行为和结果上是有歧义的②,然而他似乎满足于这一情形并不做出更明确的澄清(我将ἔργον在日常使用和在柏拉图这里是有歧义的这一点标示为T2)。

然而,上面这些例子都是在第一卷的"功能论证"部分之前出现的,那么

---

(接上页)用在人这样的自然种类上时,它的意思接近'典型的行为'(characteristic behavior)。……为了某种目的所作的技艺产品仅仅是具有ἔργον的事物的子集。"(p.54)面对柏拉图对灵魂的定义中明显带有的关于"功能"的第一个界定中"使用"和"使用者"的设定,Annas 只能说是柏拉图"无意"造成的。另一些学者则更关心柏拉图对"功能"的第二个定义(353a10-11),见 Antonis Counmoundouros & Ronald Polansky,"Function,Ability and Desire in Plato's *Republic*",in G. Anagnostopoulos ed., *Socratic, Platonic and Aristotelian Studies: Essays in Honor of Gerasimos Santas*,Springer,2011,p.207。对柏拉图这里的"功能"概念的非"工具论"的和更加"自然主义"的解读,参见 Santas, *Goodness and Justics*, pp.66-75。

① Adam, *The Republic of Plato*, With Critical Notes, Commentary and Appendice, Cambridge: Cambridge University Press, 1963, p.57 对柏拉图在352d-354c 的"功能论证"做出的总结中就明确将"ἔργον"解释为某事物"特有的工作或产品"(peculiar work or product)。

② 我们在本节开始处讨论了"ἔργον"的通常含义,清楚地表明了该词在日常使用中既可以指某种活动,也可以指某一活动的结果。

柏拉图在"功能论证"之前对ἔργον的讨论是否在这一论证之中同样适用呢？我的回答是肯定的。因为，首先对"功能论证"部分和之前对话的区分并不是柏拉图自己做出的，而是我们（研究者们）基于对其论证结构的理解提出的划分；更重要的是，柏拉图在"功能论证"之前或其中都并没有改变ἔργον的日常层面的特点，即可以指活动也可以指产品（T2）。同样值得注意的是，在之前的苏格拉底对珀里马库斯（Polemarchus）关于正义就是"扶友损敌"①的观点的检验中（332d2-336a10），不仅"德性"（ἀρετή）这一概念在《理想国》卷一首次出现（335b8），而且一个事物的"功能"（ἔργον）的概念也已经在这里出现②。这一段论证有两个要点需要注意：（1）德性或正义被视为类似于一门技艺那样被其持有者使用的东西（也就是所谓"德性-技艺"类比，332d2ff, 335c9-d1）；（2）某种事物的德性与其ἔργον的紧密联系。比如，马术师并不会用马术使人变成不通马术的人，同样正义的人（以及一般而言的好人）也不会用正义或德性使人变成不正义的或恶的③。紧接着苏格拉底又对热、干的"功能"（ἔργον）以及好人、正义的人的"功能"进行了讨论（335d）：对于好人或正义的人，其ἔργον并不会带来与之相反的情况（如同热使事物变冷），而相反的情况就是德性或者正义的对立面即恶或者不正义。并且，对人进行伤害就是使之变坏（或恶）（335b6-12）。因此，正义的人或好人并不会对他人（包括敌人）进行损害。上述论证所体现出的ἔργον和ἀρετή间的紧密关联即要点（2）同样也是在之后的"功能论证"部分中被进一步明确的一个核心原则，即通过X的德性可以将其功能实现得好（353c5-7）。此外，要点（1）也可以和前面T1即柏拉图的ἔργον所具有的"工具论"特征相一致。因此，我们可以说柏拉图在"功能论证"之前关于ἔργον（以及ἀρετή）的讨论同样适用于他在该论证之中对ἔργον（以及ἀρετή）的理解。

---

① 332d5-6：ἡ τοῖς φίλοις τε καὶ ἐχθροῖς ὠφελίας τε καὶ βλάβας ἀποδιδοῦσα。
② 关于后一点可以参见 White, *A Companion to Plato's Republic*, pp. 71-72。
③ 这部分还提供接下来"功能论证"部分所需的一个重要前提，即：正义是人的德性（335c4）。但是有争议的问题是柏拉图是否认为正义是德性这一点是已经被证明了的。相关讨论还可参见 Annas, *An Introduction to Plato's Republic*, p. 55, White, *A Companion to Plato's Republic*, p. 72 和 Barney, "Socrates' Refutation of Thrasymachus", pp. 44-62。关于"德性-技艺类比"在其他地方的讨论，见 *Charmides* 159c1; *Laches* 192c5-7；对这一"技艺类比"和卷一的论证之间的联系的讨论，见 Reeve, *Philosopher-Kings*, pp. 4-24。新近的关于柏拉图的德性及幸福的讨论可参见 Devereux, "Virtue and Happiness in Plato", in *The Cambridge Companion to Ancient Ethics*, ed. by C. Bobonich, Cambridge, 2017, pp. 53-71。

其次,虽然在"功能论证"的部分,柏拉图用来澄清ἔργον的例子,比如,作为眼睛的功能即看(seeing)明显地是指活动,而修枝刀则是被园丁用来修剪葡萄藤的工具,它是为实现这一功能而被设计的(352e6-353a5);但是这两个例子并不完全相同:虽然眼睛的功能就是看这一活动,但是对于技艺事物来说则存在不同情况:柏拉图在前面(比如,345e-347d)明确将医术或造房术的功能视为是结果或产品(健康、房子),而又将这里的修枝刀的功能视为某种活动,说明在技艺事物中这两种表述方式可以并存而没有被区分①。此外,无论是作为自然物(及其部分)的事物,如眼睛、耳朵,还是生产性技艺(及其产品),如医术、修枝刀,活动或结果在柏拉图这里都可以被称作"功能"。因此,通过上面这些涉及"功能"的不同例子,说明柏拉图并没有将"功能"这一概念直接等同于"行为"(act)或者"活动"(activity),而是既可以指行为或活动也可以指活动的结果(product),并没有进一步澄清某事物的功能在何种条件下应当理解为活动或是结果。由此我们可以说这一概念在柏拉图这里(特别是在技艺事物这里)依然保持着日常使用中的歧义性。但这里的问题并不仅仅关涉语词,而同时关系到对具有功能的事物的理解:对于某类事物(如医术或医生),它的功能在什么条件下是活动(治疗过程)而不是结果(健康)或者相反在这里并没有得到澄清。由此,上述 T2 同时还涉及事物的性质而不仅和语言相关②。

接着,让我们来看柏拉图关于"功能"的第二个界定。该界定虽然不像第一个界定那样明确体现出"工具论"的倾向,但这一界定依然体现出 T2 的特征:

> 是否对于任何事物来说,它的功能就是指那只有它能做到或者它比别的事物做得更好的事。(εἰ οὖ τοῦτο ἑκάστου εἴη ἔργον ὃ ἂν ἢ μόνον τι ἢ κάλλιστα τῶν ἄλλων ἀπεργάξηται, 353a9-10)

在这一界定中,ἑκάστου(each thing)既可以指同一类事物中不同的成员,也

---

① 同样,我们也可以合理地设想修枝刀的功能是为了提供修剪活动所达到的某种结果,比如,剪除多余枝蔓以利于结果枝的生长;或者,修剪成某种形状。
② 在《高尔吉亚》(Gorgias)中,柏拉图也在活动或过程和产品的两种方式上使用ἔργον,452a7, 503e2-3, 516e7-8, 517a7。参考 Irwin 译本。我将在下面指出与柏拉图一样,ἔργον在亚里士多德那里也并不直接指"行为"或"活动"。

可以指不同种类的事物①,由此使得"功能"概念可以对应于第二个界定(同样在第一个界定)中的两个构成要素(或标准),即对于不同种类事物而言只有用 A 而不是 B 才能达成某一功能 E,并且对于同一种事物 B 中不同成员(B1,B2 等)而言 B1 相比 B2 可以更佳地做到它们都可以达成的功能 F。但是,"功能"概念在这里依然保持着在活动和结果之间的多义性,在同一类事物那里,比如在作为一门生产性技艺的医术之下的医术 M1(sub-kind),相比医术 M2 可以更佳地达成功能 E:E 可以或者是健康这一结果或者是治疗这一行为;在不同种类事物那里,比如,只有通过热而不是别的种类的事物才能达成功能 F:F 也可以或者是加热这一过程或者是将某一事物变成热的这一结果。因此,这一界定也无法将某一事物的功能(如医术)在于行为(治疗过程)还是在于结果(健康)区分开(支持 T2)。

尽管上面第二个界定没有体现 T1 即"工具论"的特征,但这两个界定依然是可以相容的,因为,根据第二个界定,修枝刀的功能就是修剪枝条(或是这一过程或是该过程带来的某种结果),因为相比其他种类的刀具只有它才能更好地达成这项功能。但是,这里修枝刀依然暗示存在着某个使用者用它来做这项工作(正如第一个界定明确地显示的)。更重要地,我们看到在柏拉图于这个界定**之后**对灵魂的功能的讨论中(353d3-10),又再次体现出 T1:

> 是否灵魂也有某种你不能用其他任何存在的东西来执行的功能,正如下面这些:照料、统治、思虑以及一切这类事情?(ψυχῆς ἐστιν τι ἔργον ὃ ἄλλῳ τῶν ὄντων οὐδ' ἂν ἑνὶ πράξαις; οἷον τὸ τοιόνδε. τὸ ἐπιμελεῖσθαι καὶ ἄρχειν καὶ βουλεύεσθαι καὶ τὰ τοιαῦτα πάντα,353d3-5)

这里对灵魂的说明令人奇怪的地方在于,柏拉图将灵魂作为"你"用它来做(πράξαις)某事的东西,如同修枝刀一样被某个使用者所使用的工具。虽然这一做法与柏拉图通常对灵魂和人的同一性(personal identity)的关系的看法

---

① 关于第二个定义中包含的这一模糊性的讨论,参见 Antonis Counmoundouros & Ronald Polansky,"Function, Ability and Desire in Plato's *Republic*", p.207。

之间存在张力①,但是却和这里的"功能"概念保持一致:正是由于这一概念所具有的"工具论"特征,使得柏拉图可以将灵魂看作是如同修枝刀一样的工具。另外,尽管(在柏拉图的笔下)色拉叙马库斯和苏格拉底对正义有着极端不同的理解,但他们二人都分享了一个重要的观点,即通过技艺来类比德性,将德性理解为一种技艺。这一点正是在我们已经讨论过的首次引入 ἀρετή 的那段论证中(332d2-336a10)确立起来的(简称"技艺类比")。比如,色拉叙马库斯通过联系牧羊人(使用牧羊技艺)并不是为了牛或羊的好而是为了他们自己或他们的主人,来论证正义是为了他人的亦即强者的利益(343b1-c9);与此相对,苏格拉底则通过类比医生(使用医术)是为了给病人带来健康,来说明统治者(使用统治的技艺)是为了被统治者的利益(341c4-343a2)。德性作为一种技艺被理解为使用者达到某种目的(幸福)所使用的工具(instrument)②,这一对德性的理解和这里对"功能"的"工具论"理解(T1)是相一致的。正是基于"技艺类比"这一共识,柏拉图笔下的苏格拉底在反驳色拉叙马库斯的"功能论证"中引入灵魂及其功能的讨论时,也设定了T1的理解。

但是,我们或许可以联系柏拉图将灵魂的 ἔργον 不仅界定为照料、统治等特殊活动,同时也界定为"活着"(τὸ ξῆν, 353d9)来质疑上面的解释,因为"活着"(以及"活得好"或者幸福③)是就行动者自身来说的,并没有设定外在的使用者。然而,即便如此,柏拉图关于"功能"概念的界定(特别是第一个)和他用来澄清这一概念所举的例子,如修枝刀,依然表现出 T1 的特征。他如何通过对修枝刀以及灵魂的功能的讨论来支持他的结论(即正义的人"活得好"或是幸福的)就会存在张力。其次,柏拉图也没有说明他将灵魂界定为

---

① 这一关于灵魂是"我们"使用的工具的看法与柏拉图将灵魂代表一个人的自我的看法相冲突(如 Alcibiades 129b5-130e6; cf. Rep. IV, 434d2-435c4; 435e1-436b2),参见 Barney, "Socrates' Refutation of Thrasymachus", p. 60, note13。
② 关于德性作为技艺和幸福之间的"工具论"意义上的联系,参见 Irwin, Plato's Ethics, pp. 65-77; 174-180。
③ 柏拉图同意大多数希腊人的观点即认为幸福就是活得好(或做得好)。这一点可以和亚里士多德比较:EN 1095a17-20, 1098b20-21; EE 1214a15 (cf. a30-2, 1214b11-27), 1219b1-2; MM 1184b27-28。

"照料"等具体活动的同时,又将其界定为"活着"的理由①。此外,"活着"这一概念还有另外的问题,即它既可以指具有活着这一能力(比如睡着的人),也可以指活着这一过程或活动(比如醒着的人),同样地,就它作为灵魂的功能而言,好的灵魂或好人和其相反者也同样既可以是仅仅能够活得好的灵魂或人(比如睡着的好人),也可以是实际上在这样活着的人(比如醒着并行动的好人)。这些(尤其是最后两个)问题在亚里士多德的《欧德谟》的"功能论证"中得到了回应。

综上所述,柏拉图在《理想国》卷一的论证版本中关于"功能"概念的理解主要有以下特点:(1)这里的"功能"概念具有"工具论"倾向(T1);(2)柏拉图的"功能"概念保持了其日常的使用特点,即同时来指"行为"和"产品或结果",尽管他在"功能论证"中的一些例子(比如眼睛)是指某种行为,但由于他没有对在何种情况下 X 的功能是行为或者是结果作出澄清,从而无法说明不同种类的事物或同一种类事物中成员的功能到底在于行为还是结果(T2)。

## 二 对《欧德谟》卷二 1 章"功能论证"的重构

在这一节,我将尝试重构《欧德谟》中的"功能论证"(1218b31-1219a39),说明亚里士多德关于"功能"概念的讨论构成这一论证及其结论的重要的部分②。由此为我们进一步反思亚里士多德在《欧德谟》论证版本中对"功能"概念的运用和说明提供预备工作。

我将这段文本分为五个部分:[一]1218b31-36;[二]1218b36-1219a5;[三]1219a6-18;[四]1219a18-28;[五]1219a28-39。在每一个部分之后会进行讨论和展开。在本章开始处,亚里士多德首先对内在于灵魂的善好和外在

---

① 无论他是否认为在"活着"和"照料"等具体活动之间是平等的还是不平等的关系,他都欠缺说明这样界定的理由。一个可能的辩护是"活着"对于希腊人的日常理解而言就是灵魂的作用,由于这一点对他们很直观,所以不用做出解释。但是这一辩护并不能同样适用于我们这些当代读者,因为至少灵魂是带来生气或活力的观点对我们并不是直观的。
② 《欧德谟》希腊文本依据 R. R. Walzer & J. M. Mingay 的校订本 *Ethica Eudemia*, OCT. Oxford: Clarendon Press, 1991;同时还参考了 Susemihl 的校订本 *Eudemi Rhodii Ethica Aristotelis Ethica Eudemia*, Leipzig: Teubner, 1884。

的善好进行了区分,并认为前者(如智慧、德性和快乐①)更好(1218b31-36)。

[一]"关于善好的区分"(一个新的开端):

1. (前提)所有善好或者是内在于灵魂的或者是外在于它的。
2. (前提)内在于灵魂的好比外在于它的好更好。
3. (结论)最好的东西是内在于灵魂的善好。

在这部分中,亚里士多德指出接下来的工作是一个"新的开端"(ἄλλη ἀρχή),正式开始讨论在卷一中提出而未处理的问题,即"正确地(καλῶς)定义幸福应当(χρή)如何来理解"(1215a21-22)。因此,这一序言首先暗示了"功能论证"的目标,即给出什么是幸福的定义。同时,他对卷一中关于幸福的三种通常理解即智慧、德性和快乐(1214a30-33;1215a32-35)进行了定位:善好或者是内在于灵魂的或者是外在的②,而内在的善好比外在的善好更好;因为人们都将智慧、德性和快乐作为目的(最好的东西),因此它们是内在于灵魂的善好或目的。但这些具体的善好哪一个可以等同于幸福并不是亚里士多德接下来的论证关注的主题,因为正如他在这一论证结束的地方紧接着指出的:"我们已经正确地(καλῶς)说明了幸福的属和定义(τὸ γένος καὶ τὸν ὅρον)"(1219a39-40),从而亚里士多德在这个论证中是要给出关于幸福是什么的说明。另外,虽然他在目前的讨论中并未说明"灵魂"和"人"的关系,他在后面检验幸福定义以及灵魂结构的时候排除了灵魂的营养

---

① 亚里士多德在《欧德谟》第一卷中提出这三种关于最值得欲求的善好基本区分,并根据它们划分了三种生活方式:哲学的、政治的和快乐的(1215a35-b5;1216a28-29),比较 EN 1095b15-20。其中 phronesis 在目前的论证中还没有作为明智(practical wisdom)和智慧(sophia,wisdom)区别开,但是,这并不是说亚里士多德在《欧德谟》中未能区分明智和智慧,比如,亚里士多德在"共同卷"以外的卷 VIII.1 中明确将 phronesis 和伦理德性联系起来并且将之区别于知识(1046b33-36),相关讨论可参见 Brodie, *Ethics with Aristotle*, Oxford: Oxford University Press, 1991, pp. 374, 433, note7,另外可比较 EN 1096b24,那里出现的 phronesis 也等同为智慧。Irwin 不慎将之译作 prudence,同样 Crisp 译作 practical wisdom (*Nicomachean Ethics*. Translated with Introduction. Cambridge: Cambridge University Press, 2000, p.9);比较 Rackham: wisdom (*The Nicomachean Ethics*, Loeb Classical Library, Harvard University Press, 1934, p.23); Broadie & Rowe: understanding (*Nicomachean Ethics*, Translation, Introduction, and Commentary, Oxford: Oxford University Press, 2002, p.98)。

② 亚里士多德引入外在于灵魂的好和内在于灵魂或灵魂之中的好这一在"外传著作"(exoteric works)中的区分,这一区分可以和 *Magna Moralia* (*MM*) 1184b1-7 对善好的区分比较:(1)灵魂之中的善好(智慧、德性和快乐);(2)身体之中的好(如健康、美貌等);(3)外在的善好(财富、官职、荣誉等),而"灵魂之中的善好是最好的"(1184b5)。另可比较 EN 1098b13-16。在 EE 这里,外在于灵魂的善好似乎可以同时包括身体的以及外在的善好。

和生长的部分(或"某种意义上"的非理性的部分,1219b32),并否认这部分灵魂的德性属于幸福定义中的"完全的德性"(1219b21),而这也即是他要探究的人的德性(1219b28)。因此,在"功能论证"这部分中亚里士多德是在更一般的层面上讨论灵魂(或人)的功能以及德性,在后面的讨论中才对它们作出进一步界定。而在[一]这里亚里士多德通过区分外在于/内在于灵魂的善好并不是将外在于灵魂的善好(包括外在善以及身体的善)当作与灵魂或人无关的情况排除出去,仅仅把灵魂作为讨论的重心。如果是这样,那么我们就不仅将一个对他(尤其考虑他的质形论)和我们同样难以接受的观点,即(作为复合物)人仅仅是他/她的灵魂归给亚里士多德,同时使他的论证在一开始就难以成立。同样,他也并非(与柏拉图一样)从"灵魂"的讨论最后悄悄地转换到人的幸福上面①。亚里士多德在这里仅仅是要强调关于幸福的研究(即它是什么以及如何实现)的恰当范围或领域②,而幸福或人的好作为最首要的善(the chief good, τὸ ἄριστον, cf. 1218b25)自然是和善好中最好者相关,也就是这里通过善好的区分得到的结论([一]3):内在于灵魂的善好是最好的。因此,亚里士多德并没有将灵魂直接等同于人,也没有从灵魂的讨论偷偷过渡到对人的幸福的讨论。尽管在《尼各马可》的"功能论证"中亚里士多德以"人的功能"开始讨论(1097b24-25),但他同样强调人的功能和幸福是**灵魂**的活动,因为灵魂的善好是最严格意义上的好③。根据我们的解释,这两处论证的差别仅仅是表面上的,从而强调《欧德谟》的"功能论证"存在从"灵魂"到"人"的过渡而《尼各马可》避免了这一过渡(从而更成熟)实际上并没有说明二者的根本差别④。

[二]两组基本概念⑤:

1. (前提)在灵魂中的事物:或是(a)状态(ἕξεις)和能力(δυνάμεις),

---

① 从"灵魂"到"人"的过渡的质疑来自Cooper,最近的相关讨论和回应,见刘玮《功能论证:从拉图到亚里士多德》,第73—79页。但是刘玮也接受Cooper的这一观点即:《欧德谟》的"功能论证"存在这一过渡的嫌疑而《尼各马可》则从人的功能开始讨论,从而避免了这一质疑。由此说明《尼各马可》的"功能论证"在哲学上更成熟。我不同意此观点。
② 在《欧德谟》第一卷中,亚里士多德已经说明了他关于幸福的研究的两个问题:(1)幸福(或活得好)的定义;(2)幸福是如何被实现或通过什么来达到的。参见 EE 1214a14-15, 1214b24-25。
③ 参见 EN 1 7, 1098a5-6, 7-8, 12-14, 16; 1 8, 1098b12-16。
④ Pace Cooper 以及刘玮。
⑤ 在下面的对论证的重构中,每一部分独立排序,当一个部分中的命题涉及到其他部分中的命题时,用后一命题所在部分的方括号序号加上命题序号来表达。

或是(b)活动(ἐνέργειαι)和运动(κινήσεις)。

2. (对德性的定义)德性是具有功能或使用(χρῆσις)的事物 X 的最好的倾向、状态或能力。(基于 1a)

3. 对德性的界定的归纳论证：

外套、船和房子具有功能或使用,它们最好的状态就是它们的德性(用于归纳的例子)。

4. 基于德性的界定对灵魂拥有德性的说明：

(a)(前提)灵魂具有某种功能。

(b)(结论)灵魂拥有德性(就是它的最好的状态)。(基于 2、4a)

在论证[二]这部分中,亚里士多德区分了灵魂中的事物:状态和能力、活动和运动([二]1)①,并且给出德性的一个定义([二]2)。亚里士多德通过归纳论证的方式(induction)来支持德性的定义②,他用了一些技艺产品的例子(如外套、船和房子),但值得注意的是,他并没有用这些技艺产品的例子来说明自己关于"**功能**"概念的理解(像柏拉图在《理想国》卷一中讨论功能时那样,如修枝刀),而是用它们来支持这一德性的界定(柏拉图虽然也这样做,但是下面会指出亚里士多德和他的区别);随后,他结合德性的界定来论证灵魂具有德性([二]4)。但是,在这里他并没有去**论证**灵魂具有一个功能,而是将这一点设定为前提([二]4a)③。在这一部分中,亚里士多德虽然提出了"功能"和"使用"(以及与"使用"相对的"状态")的概念,但并没有做出解释(对"功

---

① 亚里士多德在这里讲的运动并不是在《尼各马可》卷十以及在《形而上学》卷九那里区分完全的活动和不完全的活动(变动)的意义上讲的,而是将变动和灵魂的感受(πάθη)联系在一起,参见 *EE* ii, 1220a30, 1220b27; *EN* ii, 1105b20,尤其是 1106a4-5:'就我们有感受而言,我们说我们受到变动'(πρὸς δὲ τούτοις κατὰ μὲν τὰ πάθη κινεῖσθαι λεγόμεθα)。根据 Woods, *Eudemian Ethics, Books I, II, and VIII*. Translated with a Commentary. Oxford: Clarendon Press, 1992, p.88。

② 同样的理解见 Kenny, *The Aristotelian Ethics*, p.198；最近的相关讨论参见 Karbowski, "Phainomena as Witnesses and Examples: the Methodology of Eudemian Ethics 1.6", *Oxford Studies in Ancient Philosophy*, Volume XLIX (2015), pp.193-226。

③ 在 *EN* 的"功能论证"中,亚里士多德在 1097b28-33 这一部分论证人具有功能,大部分学者认为这是一个归纳论证,并且对这一论证提出许多质疑,；专门对这一部分的讨论,参见；晚近也有学者主张亚里士多德在这里并不是要论证人有功能。见 Leunissen, "Aristotle on Knowing Natural Science For the Sake of Living Well", In *Bridging the Gap Between Aristotle's Science and Ethics*, ed. by Devin Henry and Karen Margrethe Nielsen, Cambridge: Cambridge University Press, 2015, pp.214-231 和 Shields, *Aristotle*. Routledge, 2007, p.318。

能"概念的解释是在[三]中进行的);在这部分亚里士多德只是引入了两组基本概念(状态/现实活动或使用),并联系这些概念给出德性的一个临时的界定①。

[三]关于"功能"概念的探讨:

1. (前提)更好的状态拥有更好的功能,它们之间相互对应。("状态-功能对应关系")

2. (前提)每个事物的功能是它的目的(作为目的的功能)。

3. (前提)目的作为目的是最好的东西。

4. (结论)功能(作为目的的功能)比状态(或倾向)更好。(基于2、3、[二]1)

5. (前提)"功能"的两种方式:

 (a)作为结果的功能:指功能不同于(παρά)使用的事物。

 (b)作为活动的功能:指功能等同于使用的事物。

6. (结论)如果 X 的功能等同于使用,那么它的使用就必然比它的状态更好。(基于4、5b)

在这一部分,亚里士多德通过将功能和目的相联系(作为目的的功能)提供了他对"功能"概念的一个界定([三]2,简称为A1),我们将看到他接下来区分功能的两种方式并不是表明"功能"这一概念的模糊性(如柏拉图那里),而是通过作为目的的功能来为事物的功能提供一种统一的解释②。同时,他通过对目的或"最好的东西"含义做出澄清:(1)目的是最好的和终极的(τὸ βέλτοστον καὶ τὸ ἔσχατον);(2)所有其他事物都为了它存在(1219a10-12),亚里士多德得出功能比状态更好这一结论([三]4)③。

但是这一结论显然还不够充分,因为这里要讨论的是灵魂最高的善好,

---

① 之所以说是临时的,是因为亚里士多德在之后的讨论中会逐步给出更加严格的德性定义(参见 EE 2. 5, 1222a10-12, 2.10, 1227b5-10)。还可参见 J. Allen, "Quasi-mathematical method in the *Eudemian Ethics*", MANSION, Aristote et les problèmes de méthode, pp. 304-318。

② 这一点将在下一节展开讨论。

③ Kenny 富有启发地将这一步论证和卷一结尾关于目的因的讨论联系起来,目的或最好的东西是一个原因,在卷一结尾那里亚里士多德将它和动力因进行比较:作为动力因是事物的存在或是(εἶναι)的原因,而目的因是事物的存在或是善好(ἀγαθὸν εἶναι)的原因(1218b20-22)。基于这一说明,Kenny 引入一个在亚里士多德原因或解释理论那里的一般原则来解释论证[二]中功能比状态更好这一结论:"如果 Y 是 P 的原因是 X,那么 X 必然比 Y 更加是 P(P-er)"(Kenny, *The Aristotelian Ethics*, p. 198),因此在将功能等同于目的之后,从这一原因的等级关系来理解,功能作为目的因(X 是善好的原因,cause of being good)必然比状态(Y 是某种好)更好。

即幸福;而幸福是和灵魂的德性相关的(根据[二]4确立了灵魂拥有德性);但是,亚里士多德在那里通过归纳论证来支持德性定义时,所用的例子都是技艺产品(船、房子、外套)①。尽管它们具有功能从而也具有德性,但亚里士多德显然并不认为这些无生命物也可以分享幸福②;另外,他也认为仅仅具有德性并不能算作是幸福的,因为有可能具有德性的人处在长久的睡眠中而无法彰显其德性③。从而,在首先确立了功能比状态更好这一结论之后,通过引入"功能"的两种方式的区分([三]5),亚里士多德得以将功能等同于其使用的事物(如视力、数学知识)和功能不同于(παρά)其使用的事物(如造房技艺、医术)区别开来,并且基于前一结论([三]4)进一步得出如果 X 的功能等同于使用(或活动),那么它的使用(或活动)就必然比它的状态更好这一结论([三]6)。这一结论不仅论证了以何种方式使用(或活动)比状态(德性是最好的状态)更好,即在作为活动的功能这一方式上理解;同时也将目的在自身之内的事物的使用(或活动)与技艺事物那里的使用(或活动)区别开来,而之前亚里士多德在[二]4那里通过技艺事物的归纳论证来说明灵魂具有德性,其中所包含的未经进一步分析的两类不同事物(船、房子、外套等技艺事物和灵魂)在这里通过引入功能的两种不同方式的区别得到了很好地界定和澄清。

同时,这一区别具有规范性的内涵,即:对于技艺事物来说,它们的结果(作为结果的功能)并不仅仅是不同于(παρά)其使用,而是比使用更值得欲求,也在这个意义上更好。因为作为工匠使用技艺的活动(如制鞋活动)并不

---

① 见 1219a2-3。针对亚里士多德通过外套、船或者房子具有德性来类比灵魂具有德性,Cooper 虽然准确地指出了"这两类事物各自的德性带来的作用明显地是不同的,并且反思一件制作良好的外套如何给你保暖,或者制作良好的船如何让你安全又迅速地穿过大海,是不可能对人如何通过德性而变得幸福这一点有任何帮助"(Cooper, *Reason and Human Good in Aristotle*, pp.146-147),但这并不是说亚里士多德没有意识到这一点,在这里仅仅停留在"粗略且未经分析的事实"(bald and unanalyzed fact)上;相反,如我们下面指出的,正是由于在[一]3 那里通过技艺事物来说明灵魂具有德性([一]4),这一说明包含了未经分析的两类不同事物;因此亚里士多德在得出功能比状态(德性是最好的状态)更好结论([二]4)之后又进一步引入了功能的两种方式的讨论([二]5),对两类不同事物的功能进行了分析,最后得出对功能等同于使用(或活动)的这类事物其使用(或活动)比状态更好的结论([二]6);这一结论明确了对灵魂的活动以及幸福的恰当的理解方式(区别于技艺事物),而这一点当然对于我们理解幸福和如何达到幸福是有帮助的。

② 亚里士多德对幸福的独特性的理解在于,不仅无生命物不能得到幸福的称谓,而且在一切有生命事物中,只有人类才能拥有幸福的称谓,因为他最多地分享了神性。见 *EE* I 7, 1217a25-27; *EN* I 9, 1099b32-1100a1; *PA* ii 10, 656a5-8。

③ 参见 *EE* 1216a4-5; *EN* 1096a1-2。

是出于自身值得欲求的,而是为了外在于这一活动的结果(作为结果的功能),即鞋子。但是对于目的在自身内的事物(尤其是灵魂的活动及其幸福,在论证[四]和[五]中展开①),其功能(作为活动的功能)就等同于使用(活动),因此,这类事物的功能的实现就必须(或应当)去活动,而不是无所事事。这一区分也为接下来亚里士多德对灵魂的功能的说明([四]2)做好了铺垫②。功能的两种方式的区分具有规范性内涵这一点说明,亚里士多德引入这一区分不仅仅是出于形式上(formal)即推论形式的有效性的考虑(尽管这一区分对形式上的有效性也起到关键作用,下文将会说明),同时也有更加"实质的"的考虑,即联系具体的论证对象(或事物)提出与之相符的解释:灵魂的活动(最好的活动是有德性的灵魂的活动)比状态(最好的状态是灵魂的德性)更好或更值得欲求,是因为灵魂就是目的在活动自身之中的事物,也就是功能等同于而不是外在于活动的事物。另外,需要注意的是第一个前提([三]1,"状态-功能对应关系")并没有在这部分中发挥作用,这一点将在对[五]的讨论中说明。

[四]德性和功能:

1.(前提)X 的功能和 X 的德性的功能是同一的,但是以不同的方式。(德性-功能关系)

2.(前提)(a)灵魂的功能是使 X 活着;

(b)活着的功能是使用(醒着),睡着是不工作(ἀργία)。(基于[三]5、[三]6,进一步澄清 2a)

3.(结论)灵魂的德性的功能是有德性的(σπουδαία, excellent)生活。(基于 1、2a、[二]4)

4.(结论)有德性的生活就是完全的善好,亦即幸福。(对幸福的定义 I)

在论证[四]中亚里士多德首先提出了德性和功能的关系([四]1),通过技艺事物为例说明:鞋匠的技艺的功能(作为结果的功能)是鞋子,而这一技

---

① 对比 Meta. IX, 1050b1-2:"看[活动]在看者之中,沉思[活动]在沉思者之中,而生命[活动]在灵魂之中,并且因此幸福[也在灵魂之中];因为那也是某种生命[活动]。"

② 因此,亚里士多德这里关于作为结果的功能和作为活动的功能的区分在整个论证的目标(幸福定义)起到了重要的作用,而不是未被发掘的,这一观点见 Woods, *Eudemian Ethics, Books I, II, and VIII. Translated with a Commentary*, p. 89。

艺的德性的功能(作为结果的功能)是好的鞋子(1219a20-22)。这里对什么是鞋匠(或其技艺)的功能做出了限定：只有当通过将 E 完成得好从而实现鞋匠(或其技艺)的德性的功能时，E 才能作为鞋匠的功能。因为只有通过它(鞋子)才能说明谁是好的鞋匠，即做出一双好鞋的人(同时也可以说明糟糕的鞋匠)。因此，通过德性和功能关系的讨论亚里士多德揭示出了某类事物 X 的ἔργον具有的一个限定条件：当且仅当某个 x 通过将 E 完成得好可以成为 X 这类事物中好的或者有德性的(excellent)一员，E 才能称为 X 的ἔργον(我们将这一说明称作 A2)。需要注意的是，在这里并没有文本依据表明亚里士多德将事物 X 的ἔργον视为是单纯描述性的(descriptive)概念，并且独立于德性，而只有后者才提供评价或规范①。

他进而将灵魂的功能(作为活动的功能)看作是使得 X 活着(τό ξῆν ποιεῖν,[四]2a)。看上去他和柏拉图一样，都将灵魂界定为活着(尽管亚里士多德并没有提及其他具体的灵魂活动)。但是，亚里士多德在如下两个要点上区别于柏拉图：首先，根据他对ἔργον的界定 A2，他可以说明为什么将活着(而不是别的东西)作为灵魂的功能，即只有活着才能将好的灵魂或灵魂的德性的功能显示出来。但是在柏拉图那里并没有说明这样做的理由。其次，他对此还做出了进一步说明：活着的功能是使用(或活动)，而不是不工作或无所事事(ἀργία,[四]2b)②；因为亚里士多德通过在[三]5 那里区分作为活动的功能和作为结果的功能说明对于目的在自身中的这类事物，X 作为 X 的功能就是自身的活动(使用)，从而实现其功能 E 就必须通过去做 E，并且只有通过做 E 并且做得好才能将好的 X 显示出来(同时坏的 X 就是在 E 上做得坏)。在柏拉图对灵魂功能的界定那里存在的问题，即活着既可以是仅仅具有这一能力也可以实际地发挥这一功能，由此在亚里士多德这里

---

① 把亚里士多德的ἔργον概念理解为"描述性的"这一观点，参见 Gomez-Lobo, "The Ergon Inference". *Phronesis*, Vol. XXXIV/2 (1989), pp. 170-184 和刘玮：《功能论证：从柏拉图到亚里士多德》。这里亚里士多德的界定 A2 同样也出现在 *EN* 1.7 的"功能论证"中(1098a7-9)，并且我认为这两个论证中亚里士多德对ἔργον概念的理解是相同的。限于本文篇幅我并不对此加以展开，我的理解基本上与 Charles, "Aristotle on Virtue and Happiness", in *The Cambridge Companion to Ancient Ethics*. Ed. by C. Bobonich, Cambridge: Cambridge University Press, 2017, pp. 105-123 对 *EN* "功能论证"中的ἔργον概念的解释相一致。

② 对比 *EN* 1.7 中的说明人具有功能的部分(1097b22-33)。

得到了澄清。这也是[三]5的区分在其"功能论证"中的重要作用。

这部分中的第一个结论([四]3)可以从"德性-功能关系"([四]1)和对灵魂功能的说明([四]2)推导出来;但是第二个结论即"对幸福的定义 I"([四]4)并不能直接从前一个命题[四]3推导出来,因为在"有德性的生活"和"完全的善好"之间缺乏说明二者联系的前提。这也是为什么亚里士多德在下一组论证[五]中基于前面已经确立的前提再次讨论幸福是什么这一问题[①]。另外,在"对幸福的定义 I"中,亚里士多德将幸福和有德性的生活联系在一起(通过隐含的前提,下文将讨论),"生活"(ξωή)作为灵魂的功能进一步被澄清:活着的功能是使用([四]2b),而不是仅仅具有这一能力。因为灵魂作为功能就是使用的事物,其功能就等同于使用或活动(作为**活动**的功能)[②],而使用和活动在这里是可以互换的概念。而"有德性的生活"是灵魂的德性的功能(作为**活动**的功能),因此这一定义已经指向了"幸福"定义中恰当的属(genus):活动(ἐνέργεια, activity)。

[五]对幸福定义的再次澄清:

1. (前提)幸福[作为目的]是最好的东西。([三]3)
2. (前提)活动比倾向(状态)更好。(=[二]1、[三]4、[三]5b、[三]6)
3. (前提)最好的活动关于最好的状态。(="功能-状态对应关系")
4. (结论)灵魂的德性的活动是最好的东西。(基于 1、2、3)

[1 重复前提]幸福是最好的东西。]

5. (结论)幸福是**好的灵魂**的活动。(对幸福的定义 II)
6. (前提)(a)幸福是完全的(τέλεον);
   (b)有完全的和不完全的德性和生活。
7. (结论)幸福是依据完全的德性的完全的一生的活动。(对幸福的定义 III,基于 6、4、5)

---

[①] 在对论证[三]和整个论证的关系的理解上,我追随 Simpson 的解释(2013: 236)。不同的观点,见 Woods, *Eudemian Ethics, Books I, II, and VIII*. Translated with a Commentary, pp. 87-88,他将[三]这部分论证看做是独立于整个论证的"辅助论证"(subsidiary argument),认为除了这部分论证存在问题以外,整体的论证是有效的。

[②] Woods, p. 87 指出:"生活"在这个语境中指对灵魂内部的能力的运用,而不只是处在活着的状态下(比较 *EE* I, 1216a2-5)。

在论证[五]中亚里士多德重述了前几个部分中的所有的关键前提:(1)幸福是最好的;(2)活动比倾向状态更好;(3)最好的活动关于最好的状态。

其中前提(1)基于[三]3,因为幸福是目的,而根据[三]3对目的的说明,即目的是"最好的(东西)",从而得出"幸福是最好的"这一前提。前提(2)则是依赖我们之前讨论的亚里士多德引入功能的两种方式的区分及其结论([三]5、6),并且表明"活动"(ἐνέργεια)和"使用"(χρῆσις)是可以相互转换的;而前提(3)则是依据之前并没有发挥作用的[三]1("状态-功能对应关系")。另外,他在这一部分中还补充了一个重要的前提,即"幸福是完全的(τέλεον)"([五]6a)。根据这些重述的前提(不包括补充的前提),亚里士多德得出结论([五]4)即灵魂的德性的**活动**是最好的东西。他在1219a31那里通过再次重复前提(1),得出了"对幸福的定义Ⅱ":幸福是**好的灵魂**的活动(1219a35)。在这个定义中活动(ἐνέργεια)被明确地作为"幸福"的属(τὸ γένος)。这也是亚里士多德开始对这一定义进行检验时指出的:"我们已经正确地说明了幸福的属和定义(τὸ γένος καὶ τὸν ὅρον)"(1219a39-40)。

但是,目前存在两个问题:一是上述对关键前提的重述如何有助于说明[四]中的"对幸福的定义Ⅰ"(简称"定义Ⅰ问题")?二是"对幸福的定义Ⅱ"是如何推出的(简称"定义Ⅱ问题")?因为从前一个命题([五]4,其中说的是"灵魂的德性的活动")我们并不能直接的得出这个结论([五]5,"好的灵魂的活动")①。下面我们将对这两个问题进行分析并表明这两个问题是彼此相联系的。

我们首先来看"定义Ⅱ问题"。通过[五]4("灵魂的德性的活动是最好的东西")和重述的前提(1)即"幸福是最好的东西"并不能直接得出所谓的"对幸福的定义Ⅱ"即"幸福是**好的灵魂**的活动"([五]5),而应该是如下结论([五]5′):幸福是**灵魂的德性**的活动。如果我们将这一结论和[四]3(灵魂的德性的功能是有德性的生活)联系起来,那么,因为[四]3中的功能是在"作

---

① Woods, *Eudemian Ethics, Books I, II, and VIII. Translated with a Commentary*, p. 88 认为亚里士多德这里还需要设定一个前提:"灵魂的最好的状态的活动一定是处于好的状态的灵魂的活动";Simpson, *The Eudemian Ethics of Aristotle*, Translated with Explanatory Comments, Transaction Publishers, 2013, pp. 236-237 则提供了不同的解释,我在下面的重述基于这一解释思路,但在具体的理解上有所不同。

为活动的功能"的方式上说的,即:灵魂的德性的作为活动的功能是有德性的生活([四]3′),而在"作为活动的功能"的方式上功能等同于活动,所以"灵魂的德性的功能"="灵魂的德性的活动"(=幸福,[五]5′);那么将[四]3′中的"灵魂的德性的活动"根据[五]5′替换为"幸福",从而可以得出:幸福是有德性的生活。由此,这一结论确立了幸福和有德性的生活之间的等同关系;同时还需要亚里士多德在论证中补充的前提([五]6a),即"幸福是完全的(teleon)"。这两点确保了"对幸福的定义 I"([四]4:"有德性的生活就是完全的善好,亦即幸福")的有效性。我们通过对定义 II 问题的展开和转述找到了解答定义 I 问题的线索,而其中的关键转述([四]3′和[五]5′)都是由于引入功能的两种方式的区分才得以可能的。

让我们回头再看定义 II 问题。在对论证[四]的说明中,我们已经知道灵魂的德性的功能(作为活动的功能)是有德性的生活。结合亚里士多德在那里给出的技艺事物的例子,鞋匠的技艺和"好的鞋匠的技艺"(1219a21-22)的德性的功能(作为结果的功能)是同一的;那么,灵魂的德性的功能也就是**好的灵魂**的功能(作为活动的功能)。再联系定义 I 问题,因为好的灵魂的功能(**作为活动的功能**)是有德性的生活([四]3′),从而有德性的生活就是好的灵魂**活动**,即作为活动的功能(功能=活动);由此确保了"对幸福的定义 II"的有效推论,即[五]4 推导出[五]5:从"灵魂的德性(=好的灵魂)的活动是最好的东西"得出"幸福是好的灵魂的活动";通过和定义 I 问题联系,定义 II 问题得以解决,并且在这里起到关键作用的还是"功能"概念的两种方式。需要强调的是,通过结合技艺事物那里德性的功能("好的鞋匠的技艺的功能")来说明灵魂的德性的功能等于好的灵魂的功能,这并不是仅仅在词语上的说明,它还关系到具有功能的事物的性质①。这里亚里士多德想要强调的是:对比技艺事物,比如好的鞋匠的技艺的功能(好的鞋子,作为结果的功能)比他的德性(好的造鞋技艺)及其使用(或活动)更好,相反,好的灵魂的功能(作为活动的功能)就是在于有德性的生活本身。如辛普森(Simpson)指出的,幸福作为有德性的生活强调的并不是外在于灵魂的东西(比如运气或外在善),而是"灵魂自身通过对自身的能力的运用所做的事情"。亚里士多德对"功能"

---

① 这里可以联系我们在前面第一节中对柏拉图的ἔργον概念的特征 T2 的讨论。

概念的讨论,尤其是区分两种方式的功能,对这一论证的并非仅仅在语词上的合理性提供了有力的解释和理由。另外,幸福的定义 II 可以说是亚里士多德给出的一个形式上充分并且有效的定义,因为这一定义运用了前面给出的全部重要前提(论证[五]重述的前提(1)、(2)和(3)之中包含了前面三个部分讨论的核心前提及结论)。最后,亚里士多德通过引入补充的前提[五]6,得出幸福的定义 III:幸福是依据完全的德性的完全的一生的活动(1219a38-39)①。

在对定义 I 和 II 的形式上的有效性作出澄清后,我们可以清楚地看到亚里士多德在《欧德谟》卷二 1 章中对幸福是什么的论证展现出推理形式上的严密和精炼②。在这一形式性的(formal)层面上,我们通过对论证[四]和[五]中的两个问题("定义 I 问题"和"定义 II 问题")的解决说明了亚里士多德关于"功能"的讨论(尤其是两种功能的方式)在其中起到了关键的作用;另一方面,亚里士多德还在更加实质的或具体的层面上,通过区分"功能"概念的两种方式所指向的两类不同**事物**,提供了将灵魂及其德性的功能(作为活动的功能)和用于类比的种种技艺事物及其德性的功能(作为结果的功能)区别开来的并非形式的而是和两类事物的性质相关的理由。因此,作为活动等同于功能的事物,灵魂的有德性的活动本身就是目的,亦即幸福。

综上,我们可以看出,在《欧德谟》的"功能论证"中,亚里士多德对"功能"概念的探讨(论证[三])构成这一论证的重要组成部分。功能的两种方式的区分不仅在幸福定义形式上的有效性问题(两个定义问题)的澄清中以及幸福定义的属(τὸ γένος)的明确中扮演了重要的角色,同时对于我们理解幸福是"好的灵魂的活动"提供了更加实质的解释(不仅关涉语词也关系到事物的性质)。我们将在下一节更加深入地讨论他对"功能"的理解以及和柏拉图之间的异同。

---

① 在《尼各马可》中同样的表述,见 *EN* 1.9, 1100a5; cf. 1.13, 1101b5-6。
② 如 Simpson, *The Eudemian Ethics of Aristotle*. Translated with Explanatory Comments, p.237 指出的,亚里士多德的这一论证令人吃惊之处在于:"所有必要的前提都或隐含或明显地给出了,但是它们需要重新组织在一个连贯的推论中",并对这一特点做了这样的解释:也许亚里士多德是面对他的哲学的听众(而不是作为"公开著作"的一般听众)而构造这些论证的。

## 三 《欧德谟》"功能论证"中的"功能"概念

在这一节中,我们将要集中考察亚里士多德在《欧德谟》卷二 1 章中关于"功能"概念的理解,并由此说明亚里士多德和柏拉图对这一概念的理解上的差异和共同点。首先要处理的问题是:亚里士多德在这里的"功能"概念是否也体现出"工具论"的特征(T1)?

"功能"在本章第一次出现是在亚里士多德关于德性的(初步)界定中:

> 德性就是那些具有某些使用或者功能的事物的最佳的倾向或状态或能力。(ὅτι ἐστὶν ἡ βελτίστη διάθεσις ἢ ἕξις ἢ δύναμις ἑκαστων, ὅσων ἐστί τις χρῆσις ἢ ἔργον, 1218b37-1219a1)①

在对德性的这一界定中,"功能"是和"使用"(χρῆσις)一起出现的。看上去亚里士多德似乎是在柏拉图的意义上理解"功能",因为他将"功能"和在柏拉图那里有"工具论"特征的"使用"这一术语放在一起,而在《尼各马可》中则被避免了②。然而,这一看法是不能成立的,理由如下:

第一,正如亚里士多德接下来(以及在其他地方)做的,他将"功能"和每一事物的目的联系起来(*EE* 1219a8)③;在他看来,一个事物为了自身的目的

---

① 译文参考了 Brad Inwood & Raphael Woolf (2013)的英译文。
② Cooper, *Reason and Human Good in Aristotle*, pp. 72-73, note 99 指出了在《欧德谟》中亚里士多德用"χρῆσις"(和ἕξεις相对)来说明德性,而在《尼各马可》(除了"共同卷"以外的其他地方)中则避免了这个与"工具意义的好"(instrumentally good)相关的概念,而采用"ἐνεργεία"这个概念;但同时他也指出亚里士多德在《欧德谟》中在涉及到人的德性时更偏重于用"ἐνεργεία"而不是"χρῆσις"。Cooper 在这里的意图只是提供支持将"共同卷"视为最初属于《欧德谟》这一观点的理由,但并不一定就是 Cooper 自己的观点。另外,正如我们在前面的注释中指出的,"使用"以及"功能"在柏拉图那里尽管具有"工具论"特征,但它们也是规范性的概念。
③ 1219a8:"每一事物的功能是目的(καὶ τέλος ἑκάστον τὸ ἔργον)",其他地方的讨论见:*De Caelo*, 286a8-9, 306a14-16;"每一个具有功能的事物,都是为了各自的功能而存在"(Ἑκαστόν ἐστιν, ὧν ἐστιν ἔργον, ἕνεκα τοῦ ἔργου)";*Generation of Animals*(简称 *GA*), 718b27:"哪里是终点,也就是功能(ὅπου δὲ τό πέρας καὶ τὸ ἔργον)";*Metaphysics*(简称 *Meta.*), 996b7:"目的因就是功能(οὐδ' ἕνεκα τὸ ἔργον)";*DA* 434a32-b1:"如果每一身体具有行进的能力但却不能感知,它就会消亡并且没有达到其目的,也就是其自然的功能(εἰ οὖν πᾶν σῶμα πορευτικόν, μὴ ἔχον αἴσθησιν, φθείροιτο ἂν καὶ εἰς τέλος οὐκ ἂν ἔλθοι, ὃ ἐστι φύσεως ἔργον)";*Politics*(简称 *Pol.*), 1252b32-33。

也就是功能而存在,而目的是内在于有生命事物的结构或自然本性之中的①,因为对于亚里士多德,目的或善好并不是"毫无限定或单纯的(ἁπλῶς),而是相关于每一个事物的实体"(Phys. ii 7, 198b4-9),也就是说,并不是单纯出于某种外在的或共同的善好或目的(比如某个设计者的或者整个宇宙的目的),相反,目的是通过每个或每种具体事物的自然或本性来理解的。同时,如我们在上一节看到的,在提出"功能"的两种方式那里,亚里士多德同时区分了房子、船等技艺事物和灵魂这一有生命物,亦即:对于前者,相应制作技艺的功能(作为结果的功能)外在于对技艺的使用,而后者的功能就是或内在于自身的活动和使用(作为活动的功能)。因此,这里的"功能"概念并不需要一个外在于事物自身的"使用者"或"理性设计者"来规定它的目的和功能②。这一点尤其体现在亚里士多德的动物学研究中:比如,因为在动物中只有人是最智慧的(τὸ φρονιμώτατον),所以人才拥有手;自然(这里是作为形式的或实体意义上的自然)总是尽最大可能为每一生物做最好的安排③。在其他地方(而不是在《欧德谟》这里),亚里士多德还将"功能"与事物的定义或本质联系在一起,只有当这个事物能够发挥其功能时才真正地是它之所是,否则只能以"同名异义"(homonymous)的方式来称呼(只在名称上相同):"一个事物是什么总是由功能来定义;因为只有当每一事物能够去发挥它的功能时才真正是它所是(ἅπαητα δ᾽ ἐστὶν ὡρισμένα τῷ ἔργῳ τὰ υὲν γὰρ δυνάμενα ποιεῖν τὸ αὑτῶν ἔργον ἀληθῶς ἐστιν ἕκαστον)",一个不

---

① 参见 Physics (简称 Phys.) 194a29-30; 198b8-9。
② 关于亚里士多德和柏拉图的目的论的差别,参见 Johnson, Aristotle on Teleology. Oxford: Clarendon Press, 2005, pp. 122-3; Charlton, Physics, Books I and II. Translated with Introduction, Commentary. Oxford: Clarendon Press, 1992, p. 121;关于柏拉图的"非自然目的论"的讨论,见 Lennox, Aristotle's Philosophy of Biology, Cambridge: Cambridge University Press, 2001, pp. 280-298。
③ Part of Animals (以下简称 PA), 687a5-20; 亚里士多德虽然对自然用了拟人化的方式,但他实际上是指每一事物自身的形式的自然,可参见 Leunissen, Explanation and Teleology in Aristotle's Science of Nature, Cambridge: Cambridge University Press, 2010, pp. 81-83;关于自然或本性的两层含义(形式或实体和质料),参见 PA, 640b24-30;另可参见 Ross, Aristotle's Physics. A Revised Text with Introduction and Commentary. Oxford: Clarendon Press, 1936, p. 528,他在其《物理学》评注中对上面引用的段落(198b4-9)提供了很好的解释。

能看的眼睛就如同画中的或石头做的眼睛,仅仅是在名义上说的①。尽管对功能的这一理解没有出现在《欧德谟》这里,但是同样没有设定外在的使用者或设计者。

第二,如我们已经看到的,在亚里士多德给出德性的界定之前,他首先将"内在于"灵魂的善好以不同的存在方式分成两组:(1)状态和倾向;(2)现实性或活动(ενεργεία)和运动(κινήοις)②;正如接下来的论证所表明的(比较1219a14-18 和 a28-35;1219b2),χρησῖς 是和第(2)组中的 ενεργεία 联系紧密的术语③;而 ενεργεία 就是作为目的的功能达到完全(Meta. IX, 1050a21-23)。从而 χρησῖς 在亚里士多德这里和功能、活动或现实性是一组概念,并且和状态、倾向相对,是这些作为灵魂内部的能力(NE 1105b20-21)的运用(employment)或实现;每个能力都指向其活动或现实性活动,因为它处于现实性中就是在更加充分的意义上存在(EN 1170a17-19;DA 412b8-9),并且我们称一个东西是 X,是就它处于现实性而不是潜在性来说的(Phy. 193b6-8);这里同样没有预设某个外在的设计者或者使用者。

第三,亚里士多德尽管没有在《尼各马可》卷一7章那里的功能论证中使用这一术语,而是主要采用"依据现实性或活动"(κατ' ενέργειαν)这一表述,但是根据上面已经指出的,这一点并不能说明亚里士多德在《欧德谟》中

---

① 参见 *Meteorologica*, 390a10-13;另外,*PA* 640b33-641a6, 648a15-16;*GA* 731a25-26;*Meta*. 1035b16-18, 1045b32-34 (cf. 1036b30-32);*Pol*. 1253a23-25;(cf. *EN* 1176a3-9)。本文暂不对"功能"的这一理解做出讨论,而是留待以后的研究中处理。
② 状态((ἕξις)和倾向在伦理学的讨论中与德性联系在一起(在德性定义中的灵魂的状态或倾向是属,而中道则是种差),似乎并没有将它们区别开(参见 Woods, *Eudemian Ethics, Books I, II, and VIII. Translated with a Commentary*, p. 88),而在其他地方(《范畴篇》8 章),他明确地区分了状态和倾向,前者是持久的、稳定的,比如知识;而后者是易变的,如冷和热。ενεργεία 在伦理学中主要是和两类概念相对比:(1)"变动"(关于快乐的讨论)和(2)"状态"或"倾向",在这两个对比中 ενεργεία 通常都翻译作"活动"(activity);而在其他地方(比如,1098a5-6),尤其是在《形而上学》卷九中,不仅和(1)"变动"相对,而且(更重要的)是和(3)"潜在性或能力"(dunamis)相对,在这种情况下通常翻译作"现实性"(actuality)。在伦理学的讨论中,(3)通常是作为灵魂中的能力(capacity)来讨论的,包括(3.1)知识或技艺这些需要通过反复练习而获得的理性能力(*EN* 1103a26-b2;*EE* 1220b2-3;*Meta*. 1047b31-35)和(3.2)如欲望等自然能力(*EE* 1224b30-31)。另可参见 Bostock, *Aristotle's Ethics*. Oxford: Oxford University Press, 2000, p.150;关于理性能力和非理性能力的讨论,见 *Meta*. IX, chap. 2-5;Irwin, *Aristotle's First Principles*, pp. 226-230。
③ 更强的观点是,如 Woods, *Eudemian Ethics, Books I, II, and VIII. Translated with a Commentary*, p. 89 指出的,在这里使用就是活动,与倾向或状态相对。但对于我的论证目标而言(这里"χρησῖς"没有"工具论"特征),建立这两者间的紧密联系就足够了。

"使用（χρησῖς）"具有柏拉图那里"工具论"特征,并由此认为《欧德谟》的"功能论证"是比《尼各马可》更早的版本,因为"使用"和"现实性或活动"在《欧德谟》中(至少是在"功能论证"中)是一组紧密关联的概念;尽管在涉及到德性的一些讨论中用了"使用"这一概念,比如对德性的使用与促进它又损坏它的因素相关(1220a33),以及在对正义的讨论那里("共同卷"*EE* IV/*EN* V)指出正义是完全德性的使用(τῆς τελείας ἀρετῆς χρησῖς ἐστιν, 1129b31 以及 1130b20-21);但是亚里士多德同时也认为这些德性"自身并不是现实—活动的,但是有它们的现实性—活动(ταῦτα δ' οὐκ ἐνεργεῖ, ἀλλ' εἰσὶν αὐτῶν ἐνέρειαι, 1220a7-8)",并且指出"灵魂的德性的实现就是最好的东西"(τῆς ἀπετῆς ἐνέργειαν τῆς ψυχῆς ἄριστον εἶναι, 1219a33),在这些地方与《尼各马可》一样,亚里士多德也用"现实性或活动"来讨论德性的实现。因此,亚里士多德在《欧德谟》中并没有仅仅用"使用"来说明德性的实现,而是同时也用"现实性(或活动)"来讨论,这再次说明这两个概念在《欧德谟》这里是紧密联系在一起的。因此通过亚里士多德在《欧德谟》中用"使用"而在《尼各马可》那里用"现实性(或活动)"来论证这两部著作的先后顺序,并由此认为《欧德谟》对于德性的讨论以及"功能"概念的理解更接近柏拉图是很难成立的。

上述三点说明,亚里士多德的"功能"概念是和一个事物 X 的本性和目的相关的,并且通过 X 的功能来理解其本质或"是什么",而不是通过外在的使用者或设计者来规定。需要说明的是,在上面所给出的段落中,亚里士多德首先是指自然物(尤其是有生命事物)而不是技艺事物的功能,正如上文(第一点理由)指出的,目的是内在于(intrinsic)自然物尤其是作为整体的有生命物之中,目的既是对于个别的也是对于每一种类的有生命物来说的,并没有超出有生命物这一层次之上的整体的目的[①]。虽然技艺事物涉及到外在的工匠或使用者并且由使用者赋予目的,但是对自然物而言,它的目的和其运动的本原都在自身之中,并且在亚里士多德的本体论中自然物是比技艺事物更

---

① 对于个别的有生命物,参见 *Progression of Animals*(简称 *IA*),708a9-12,对于每一种类的有生命物,参见 *IA*,704b15-17;关于亚里士多德的目的论的范围或限度,以及技艺类比并不设定整个宇宙的设计者的讨论,参见 Shields,*Aristotle*,pp. 78-90;Johnson,*Aristotle on Teleology*,pp. 90-93;Balme,*De Partibus Animalium I and De Generatione Animalium I*. Translated with Notes. Oxford:Clarendon Press,1972,p. 96。

首要的存在物。因此,亚里士多德的"功能"概念并不需要设定外在的使用者,从而并没有柏拉图在《理想国》卷一中的"功能"概念的"工具论"特征(T1)。

但是,ἔργον在亚里士多德这里的含义和柏拉图那里一样也并不直接就是指"特定的活动"(characteristic activity)。比如,在《尼各马可》卷一 1 章(1094a5-6)那里,亚里士多德说:"在那些目的不同于行动(πρᾶξις)的情况下,结果(ἔργα, products)在本性上比活动(ἐνέργειαι, activities)更好。"很明显,这里ἔργον是在不同于活动(activity)的另一个意义上讲的。这一对比也以类似的方式出现在《欧德谟》卷二 1 章(1219a13-18)中:

> 功能是以两种方式使用的(ἀλλὰ τὸ ἔργον λέγεται διχῶς):(1)某些事物的功能不同于使用(τῶν μὲν γάρ ἐστιν ἕτερόν τι τὸ ἔργον παρὰ τὴν χρῆσιν)。比如,建筑师的技艺的功能并不是建造活动而是房子[结果],医术的功能并不是治疗活动,而是健康[结果]。(2)另一些事物,它们的使用就是功能(τῶν δ' ἡ χρῆσις ἔργον)。比如,视觉的功能是看[活动],并且数学知识的功能是沉思[活动]。(引文中的编号和方括号中的内容为笔者所加)

这一段是亚里士多德在全部著作中最清楚地对ἔργον的不同方式的澄清。首先,他将技艺事物,如建筑技艺的"功能"作为是它的结果(product),即房子;而对于视觉或者知识,它们的"功能"就是活动或使用,即看的活动或者沉思活动。同时,他是基于作为不同种类的事物而对ἔργον进行划分的①,即 X 作为 X 属于功能不同于活动的事物,其ἔργον是结果,而 Y 作为 Y 属于功能等同于活动的事物,它的ἔργον是活动。因此,亚里士多德的"功能"概念并不

---

① 这一点说明在亚里士多德一个语词的含义和指称的关系并不是(像当代受弗雷格影响的语义学理论那样)相互区分开的:书写的或口头的语词(约定的)是灵魂中思想的标记,而这些思想和实际中的或实在的事物相似(*De Intepretatione*, 16a3-9),语词和实际事物的相似性关系为这一意指理论提供了实在论基础,这一理论被中世纪思想家所继承,体现在关于"意指"(signification)的讨论中:当我说出一个语词时,就在听者的灵魂中唤起相应的思想,而这一思想和外部的事物具有相似性关系;参见 Marenbon, *Medieval Philosophy: An Historical and Philosophical Introduction*, Routledge, 2007, pp. 123-4; 141。在对"功能"概念的讨论中,强调这一概念的不同含义只是出于方便的考虑,而一般情况下我都会用"不同方式"这一说法来代替。

能简单地等同于某一类事物的特定的活动(characteristic activities)①,而是(根据某类事物 X 的性质)可以指结果也可以指活动。

但是,"功能"在亚里士多德这里并不是一个停留在某种程度上的模糊的概念,正如已经指出的,亚里士多德根据不同种类的事物对"功能"的不同方式进行分类,从而避免了在柏拉图那里的模糊性(见第 1 节),如制鞋技艺的功能既可以是制作鞋子这一活动过程也可以是作为结果的鞋子。在上面引用的文本中亚里士多德也十分明确地指出:造房子的技艺并不是造房活动。亚里士多德在《欧德谟》卷二 1 章中的"功能"概念也不仅仅是一个"在结果和活动之间有歧义的"(act/result ambiguous)概念②,因为亚里士多德提供了有关"功能"概念的统一的说明。在引入ἔργον的两种方式之前,亚里士多德对ἔργον概念做了如下界定(A1):"功能就是每一事物的目的"(EE 1219a8),并对此做出进一步解释:"目的作为目的是最好的东西,因为我们将最好的和最终的视为目的,其他事物都是为了它"(1219a10-13)。首先,在这一对功能的说明中,亚里士多德将功能和目的联系在一起;其次,在他对目的的进一步说明中并没有针对具体某类事物,仅是说"所有其他事物都是为了它"。从而,在亚里士多德看来,无论是对 X 作为技艺事物(活动不同于结果即目的)的功能,比如医术的功能是健康(作为结果),还是对 Y 作为活动等同于目的

---

① 参见 Barney, "Aristotle's Argument for a Human Function", Oxford Studies in Ancient Philosophy, 2008, p. 293。这一种理解十分普遍,除了 Barney,其他持这一观点的学者如:Irwin, Nicomachean Ethics, Translated with Introduction, Notes, and Glossary, Hackett, 1999, p. 183; Broadie, Ethics with Aristotle, p. 35; Broadie & Rowe, Nicomachean Ethics Translation, Introduction, and Commentary, p. 276; Crisp, Nicomachean Ethics, Translated with Introduction; M. C. Nussbaum, "Aristotle on Human Nature and the Foundations of Ethics", In World, Mind, and Ethics, Ed. by J. E. J. Altham and Ross Harrison, Cambridge University Press, 1995, pp. 86-131, esp. 112; Korsgaard, "Aristotle's Function Argument", In The Constitution of Agency, Oxford: Oxford University Press, 2008, pp. 141-142 的理解有些复杂,即将"ἔργον"理解为和有生命事物的为了保存自身形式的活动(activities)相关的发挥功能的方式(manner of functioning),但依然留下将这一概念等同于活动的痕迹。另外,这一理解可以追溯到中世纪,如在 Aquinas 那里:"如果人具有一些特定的现实活动(propria operatio, characteristic activity),他的最终的好也就是幸福就在于此。"(Commentary on Aristotle's Nicomachean Ethics, 1. 10, 119, trans. by C. I. Litzinger)。对此传统解释提出质疑的最新研究,参见 Barker, "The Concept of Ergon: Towards an Achievement Interpretation of Aristotle's 'Function Argument'", Oxford Studies in Ancient Philosophy, 2015, pp. 227-266。

② Baker, "The Concept of Ergon: Towards an Achievement Interpretation of Aristotle's 'Function Argument'", p. 239 引用了 Reeve (Practices of Reason, p. 123) 的这一说法,并对此提出了反驳。我接下来对ἔργον的统一性的解释追随 Baker。

的事物的功能,比如视觉的功能就是看(作为活动),虽然它们各自是不同种类的事物而具有相应不同方式的功能(作为结果或作为活动的功能),但是在它们所为的最好的东西即在"目的作为目的"(1219a11)上,无论结果(鞋子)还是活动(看)都由于和各自目的相联系从而被统一地称为ἔργον。因此,尽管他对ἔργον的不同方式进行了澄清,ἔργον和目的(τέλος)之间的联系依然为不同类别的事物的功能提供了统一的说明。

我们可以将到此为止关于亚里士多德"功能"概念的讨论进行简要的总结,ἔργον在亚里士多德这里具有如下特性:

(1)根据不同种类的事物,可以指结果(作为结果的功能)也可以指行为或活动(作为活动的功能);

(2)每一类事物(尤其是有生命事物)的ἔργον与作为这类事物的目的(τέλος)相联系(A1);

(3)某物 X 的ἔργον具有一个限定条件:当且仅当 X 通过将 E 完成得好可以成为好的(excellent)X,E 才能作为 X 的ἔργον(A2)。

上述特性(1)和(2)可以说明尽管在亚里士多德这里ἔργον可以有两种方式,但是并不是说它就是在"行为/结果"之间有歧义的概念,它和目的的联系(A1)提供了对ἔργον的统一的界定。由此在亚里士多德这里并没有柏拉图的ἔργον的所具有的歧义或者模糊的问题(T2)。同时,特征(2)还说明了亚里士多德的ἔργον并没有在柏拉图那里的"工具论"特征(T1),它与 X 作为 X 这类事物的目的相联系。

最后,ἔργον的特性(3)可以对如下问题做出回应:如伍兹(Woods)指出的,亚里士多德似乎将事物,比如 X 的功能等同于目的(或善好),但他之后又指出 X 和 X 的德性(ἀρετή)具有相同的功能,但是以不同的方式(ταὐτὸ τὸ ἔργον τοῦ πράγματος καὶ τῆς ἀρετῆς, 1219a19-20)[①],比

---

① Woods 对这一句的翻译是:"a thing and its excellence have the same function, though in different ways";Brad Inwood & Raphael Woolf 对这句的翻译是:"a thing has the same function as its virtue, but in a different way"。Woods 的译文更清楚地表达了这段希腊文的结构和含义(根据 Walzer & Mingay 以及 Susemihl 的希腊文校订本,这里的"ταὐτὸ"是编者根据文意添加的)。这里的表述与 EN 略有不同,那里的表述是:某类事物 X 的功能和这类事物中一个卓越的 x 的功能在属上是同一的(1098a8-9)。对 Woods 的质疑,见吴天岳,"Aristotle on the Function of Reason (draft)"(未发表)。

如,制鞋技艺及其德性具有相同的功能(根据上面的结构,即作为结果的功能),即鞋子,但是后者的功能不仅是鞋子而且是好的鞋子("以不同的方式")。既然在前面亚里士多德已经将功能等同于目的(善好),为什么还要说 X 的德性的功能("the function of X's virtue"),似乎是在重复说一样的东西(好的好)?这里所面临的是所谓"好的重复的问题"(reduplication of good)①。这里首先要注意 X 的功能并不是被"等同于"目的②;进一步,这个问题在根本上是将"功能"和"德性"视作两个可以相互独立的概念,然后再来讨论ἔργον 是一个规范性(normative)概念还是一个描述性(descriptive)概念:因为如果说鞋匠(拥有制鞋技艺的人)和好的鞋匠(具有属于该技艺的德性的人)的功能(作为结果的功能)都是鞋子,那么这里的功能似乎是描述性的,因为这一步还不涉及对鞋匠的价值上的评价(evaluative judgements),即无论好坏与否,鞋匠的功能就是做出鞋子;只有当加入德性以后,也就是考虑好的鞋匠的功能时,才会有好坏的评价,即好的鞋匠做出好的鞋子③。

然而,ἔργον 的特性(3)则表明,在亚里士多德这里,事物的ἔργον 并不与其德性(ἀρετή,excellence)在这个意义上相互独立,即:前者只是一个描述性(descriptive)概念,后者则是进行规范或评价的规范的(normative)概念。相反,在亚里士多德看来,X 的ἔργον 要求 X 中的一员能够通过将它实现得好也就是合乎 X 的德性的实现从而成为好的或有德性的(excellent)X(A2)。通过 A2 可以将不满足这一条件的候选者排除到 X 的ἔργον 之外。比如,鞋匠或制鞋技艺的ἔργον 只能或应当是鞋子而不是(比如)养花或吹口哨,因为只有鞋子而不是其它的选项才能满足ἔργον 的这一限定条件 A2④。另外,关于德性和功能关系的讨论(1219a18-23)这段文本也很难支持亚里士多德的ἔργον 是独立于德性、并且是单纯描述的概念这一观点,这里也并没有表明ἔργον 在这

---

① 参见 Gomez-Lobo, "The Ergon Inference", p.178。
② 这里似乎很难去辩护一种"数目上的"等同,我接受二者在亚里士多德那里具有密切联系的理解,并采用"将功能和目的相联系"的表述。
③ 关于这里"功能"概念是规范性还是描述性的问题的极有启发的讨论,见 Gomez-Lobo, "The Ergon Inference", pp.170-184。
④ 在人这一更复杂的例子这里,我们可以通过 A2 将一些质疑亚里士多德对人的ἔργον 的理解的例子排除,比如,直立行走、不分季节的性交、或杀人取乐。这些活动都不能通过将它们做得好而显示出好的或有德性的人。上述这些的例子主要是来自 B. Williams, *Morality: An Introduction to Ethics*. Cambridge: Cambridge University Press, 1972, pp.55-62。

个意义上独立于德性;他在这里只是说某物的ἔργον与其德性的ἔργον是相同的,但是以不同方式(1219a19-20)。如果我们的解释是对的,那么ἔργον对于亚里士多德并不仅仅是描述性的,而是具有规范性内涵;同时通过ἔργον的限定条件 A2 说明,X 的ἔργον与其ἀρετή具有内在的关联,二者并不是相互独立的两类不同概念。

综上所述,我们展示出了亚里士多德在《欧德谟》卷二 1 章中对"功能"(ἔργον)概念的理解,以及这一观念在其整个功能论证中的角色。同时,我们也说明了认为他直接接受了柏拉图在《理想国》卷一中的"功能"概念的观点很难成立:(1)与柏拉图的"功能"概念不同,"功能"在亚里士多德这里是根据事物(首先是自然物或有生命事物)内在的自然(本性)来理解的,并不需要预设一个外在的使用者或设计者(不具有 T1);(2)更为重要的是,亚里士多德明确对"功能"概念的两种方式根据事物的类型进行了澄清,同时,他也提供了对事物的ἔργον的统一的界定(A1)。由此,在柏拉图那里的具有模糊性的"功能"概念(T2)在亚里士多德这里转变为具有统一性同时可以根据不同种类的事物来运用的观念。

## 四 结 论

通过上面三个部分的工作,我们展示出亚里士多德在《欧德谟》的"功能论证"中对"功能"概念的理解相比柏拉图有十分重要的差别和推进。"功能"概念首先不再依赖一个外在的"使用者"("工具论"特征 T1),而是理解为与依据某物 X 的本性或自然(X 之为 X)所达到的目的相联系的概念;在柏拉图那里的在活动和活动的结果之间有歧义性的概念(T2)则通过亚里士多德基于不同事物的本性的分类得到进一步澄清;同时,通过他对功能的界定(A1),即将事物的功能与其目的联系起来,为不同类型事物的功能提供了统一的说明。此外,正如我们在第二节关于《欧德谟》"功能论证"的重构所表明的,亚里士多德通过对"功能"概念两种方式的明确探讨,构成他在这里对幸福定义的论证的重要组成部分,不仅为我们理解他的幸福定义(尤其是定义 I 和定义 II)的有效性提供了指引线索,而且说明了如何将幸福定义的属明确为"活动"(ἐνέργεια),这一点对于柏拉图的在结果和活动之间有歧义的"功能"概念则是很难做到的。基于这些考察,我们已经实现了一开始提出的论证目标,即理解亚里士多德对"功能"概念的界定以及它在《欧德谟》的"功能论证"中的角色;同时,说明这个论证并不是直接来自或者接近于《理想国》卷一的相关论证、并仍然受柏拉图哲学影响的早期的版本。更重要的是,根据ἔργον的限定条件(A2),亚里士多德的"功能"概念具有规范性的内涵,这一点可以部分地回应对亚里士多德"功能论证"的从事实性层面的讨论(对人的功能或自然本性的研究)过渡到规范性的层面的讨论(对人的好或伦理学的研究)的质疑,但这一点还有待结合他在《尼各马可》的"功能论证"中以及其它地方(比如《形而上学》和《论动物的部分》等动物学研究)对"功能"概念的讨论做出更深入的思考。最后,也许以鲍勃尼奇(Bobonich)的下述评论作为结尾并不是不恰当的:"对于《欧德谟伦理学》的严肃的哲学探究还处在起步的阶段。"[①]

# "*Ergon*" and "*Ergon* Argument" in Aristotle's *Eudemian Ethics*

## Wei Liangyu

**Abstract:** This paper mainly focuses on Aristotle's concept of "*ergon*" and the "*ergon* argument" in the *Eudemian Ethics* (1218b31-1219a39). Most of contemporary researchers, being influenced by the 'development theory' of Werner Jaeger, usually hold that in the *Nicomachean Ethics*, Aristotle provides a more refined and "mature" version of "*ergon* argument" than he does in the *Eudemian Ethics*, the latter version is closer to (or even equal to) Plato's version of "*ergon* argument" in the *Republic* I (352d1-354a11). Thus, the *Eudemian* version is taken to be an early, "immature" version. In this pa-

---

[①] Bobonich, "Aristotle's Ethical Treaties", p. 24.
致谢:感谢吴天岳老师、程炜老师以及刘玮老师对本文初稿提出的十分有益的批评。

per, I shall analyze and compare the *Eudemian* "*ergon* argument" and Plato's version in the *Republic* I, especially the common features and differences of the concept of "*ergon*" in each argument, in order to provide a different view and interpretation of the relationship between Aristotle's *Eudemian* "*ergon* argument" and Plato's version.

**Key words:** *Ergon* (function); *Telos* (end); *Eudaimonia* (happiness); "*Ergon* argument"

# 神话与梦境：
# 奥克肖特理解政治文明的另类隐喻

## 李振东[*]

**提　要**：奥克肖特是当代英国著名的保守主义政治哲学家。他对"政治文明"的理解诗意而深邃,独树一帜。在他看来,"政治文明"是"一个集体主义之梦",是一个神话,是可以区别于政治个体与政治社会的另一话语场域。当然,奥克肖特的思想表达并不直白,他是借助于作品的思想碎片中丰富的隐喻实现的。他以"生活""文明""神话""梦"作为重要的隐喻性概念,通过概念的互释与意涵衍伸,搭建起政治文明诗意性理解的逻辑架构。实际上,与奥克肖特对政治个体与政治社会的理解一致,他对政治文明的理解同样贯穿到他对诗歌意象的诗意逻辑之中。有着"在梦"特征的文明之维神话的隐喻,实质上就作为了有着"此在"喻意的"上帝"进行审美自我立法的诗意形式。

**关键词**：奥克肖特　政治文明　保守主义　神话　利维坦　上帝

政治哲学是一门应然之物的探究之学。理想的政治安排应该是怎样的？思想史上诸思想家都殚精皓首,各有争鸣。按政治理解的主体范畴划分,可以从政治个体、政治社会与政治文明几个层次作出回应。尽管几个层次间并没有严格的论域界限,但理论上的话语场域区分是对政治生活向纵深认知的

---

[*] 李振东,1986年生,中共克拉玛依市委党校讲师。

客观要求。奥克肖特是英国当代著名的保守主义政治哲学家。他对"政治"的多维理解诗意而深邃,独树一帜。特别是他对政治文明的理解,不同于他探究政治个体(个体维度)的诗歌隐喻,也不同于他探究政治社会(集体维度)的会话隐喻,奥克肖特对政治文明的探究是以神话为象征的,通过一系列隐喻性概念的互释与意涵衍伸,他搭建起了自己对政治文明诗意性理解的逻辑架构。

## 一 "生活""文明""神话""梦":几个重要的隐喻性概念

奥克肖特政治文明思想的阐发主要就集中在了《利维坦:一个神话》这样一篇关于霍布斯思想的解读中。另外,在其他的论著中,像《〈利维坦〉导读》《历史是神话》《经验及其模式》《诗歌之音》《自由学习的声音》等也都直接或间接地触及了他政治文明的思想。当然,我们这样说并不是断定在奥克肖特那里,政治文明的思想有着一个清晰的面貌。事实上,它并不是系统的、详尽的,甚至可以说是朦胧的。除了其总是作为某种附带论说外,这多少是与文明维度内诸概念过于隐晦的存在和过于模糊的外延有关。无论如何,鉴于奥克肖特政治文明思想的这种状况,要更为清晰地把握到他文明之维及其诗意性的内在理路,我们有必要首先澄清几个核心的概念。这几个概念并不仅是理解奥克肖特政治文明的组成部分,同时还是理解奥克肖特整个诗意性政治哲学的概念素材。

首先,关于"生活"。通常地看,"生活"并不是一个多么引人关注的概念。它在政治哲学中一向也是如此。但是,对奥克肖特来说,由于政治文明是一种"生活"中的文明,所以在理解一种文明的维度之前,理解"人类生活的特性"就是十分必要的。也是因此,我们看到,"生活"在奥克肖特那里,就像在狄尔泰那里一样不可避免地具有了哲学或政治哲学的意味。① 奥克肖特是这

---

① 19世纪的德国思想家狄尔泰是生命哲学的代表人物之一,其思想对后继现象学、存在主义等流派的兴起有深远影响。他曾撰写就大量的诗歌哲学,并明确地提出了"生活"范畴。他认为生命、生活在本体论上应该有优先地位,并指出生活范畴也可以作为认识论法则,它的认识方式是领会、解释和体验。参阅刘小枫:《诗化哲学》,上海:华东师范大学出版社,2007年,第189—228页。

样诠释"生活"的:"生活是一种人类获取的所有知识都无法驱散的梦。"①毫无疑问,奥克肖特的这一"生活"理解明显地受到了他哲学观念论的影响。生活是一场梦,它也就没有了绝对的"真"与"假"的二分,没有了绝对的"我"与"非我"的对立;而且同时,"生活"也就在时间上具有了不间断与永存的特征。当然,这里的"时间"也只能是观念中的"时间",因为"梦"是意识作用下观念中的"梦"。如此,观念存在,梦就存在,生活也就存在。另外,再联系到奥克肖特的"文明",将其置于这种观念论的"生活"理解中,显然地"文明"也就具有了这种观念论的特征。奥克肖特不就说道,"人们在这种世俗之眠中所做的梦便是文明"。② 除此之外,我们还不应该遗忘从个体的视角去理解"生活",毕竟奥克肖特是将生活理解为"梦"的,而"梦"从观念论来说,或从存在论来说,都是个体的我的梦,是经验着的、存在着的我的梦。所以,我们从文明与个体两个维度去理解"生活"是必要的,在后面我们将看到文明之维的神话所对应的"生活"就不得不从个体之维的"我"的层面去延展。

其次,关于"文明"。奥克肖特的"文明"不是什么具象的东西,它就是生活本身。当然,严格地说来,"文明"又是区别于"生活"的。在奥克肖特那里,"生活",这是一种人类集体的生活,它在时间上是不间断的、永存的。而"文明"则不一样,尽管它也是生活,是人类集体的生活,但它意指的仅仅是有着多样性与时间割裂特征的某种或某类人类生活形态。也是因此,我们看到,一方面奥克肖特就明确地宣称:"文明"是"一个集体主义之梦";③另一方面,奥克肖特也还断言,这"集体主义之梦",也即"文明",并不是"某种固定的和外在的东西"④,它是会溶化掉的,从而表现为松散的个体之梦的联结,就像"社会"之于"国家"的状态。对于这种区别于"生活"之梦的"集体主义之梦",奥克肖特形象地将其称作"一个神话"。"利维坦"就是一个神话,它是霍布斯从17世纪的欧洲政治社会中汲取灵感从而创作出的一个神话。这个神

---

① M. Oakeshott, *Hobbes On Civil Association*, Indianapolis, Liberty Fund, 1975, p.162.
② Ibid., p.159.
③ 奥克肖特于1947年发表了《文明的集体之梦》一文,该文在1975年再版时改名为《利维坦:一个神话》。See Glenn Worthington, Poetic Experience and the Good Life in the Writings of Michael Oakeshott, *European Journal of Political Theory*, 2005, p.62.
④ See M. Oakeshott, *Hobbes On Civil Association*, Indianapolis, Liberty Fund, 1975, p.159.

话并不像多数史学家描述的那样令人惊恐,那样缺乏自由与宽容。在奥克肖特看来,它是一个集体主义的理想,是一种"将因人的本性和环境而产生的恐惧与强制排除在外的文明生活"。① 事实上,奥克肖特这里的理解又不单是说"利维坦"的,他是认为,凡是"政治文明"都是一个神话。这神话每一种都是一个比较稳定的封闭的意义系统,它是将一个社会的整个集体的可能的自由梦想加以提炼聚合的产物。

再次,关于"神话"。奥克肖特的"神话"事实上是有着双重意蕴的,当然,更准确地说,是要从两个层次上去理解的:一个是"生活"的层次,一个是"文明"的层次。当我们从个性或殊相上去言说"神话",将其视作一种封闭的意义系统时,它就处在了文明的层次。这时的"神话"是历史性的,是特定环境或特定条件下的一种或一类生活形态。而当我们从共性或共相上去言说"神话",将其视作一种开放的个性神话变迁的"通道","一个传承下来的神话通道"(one passage in the inherited myth)②时,它就处在了生活的层次。这时的"神话"是超时空的,它不能说是某一个或某一类,而只能被认作是那不可驱散的生活或梦本身。这生活或梦本身在时间上的连续性或在观念上的完整性实际上就诠释着"神话"在形式上的自足性。也就是说,生活层次的"神话"常常能够借助于内容去理解形式。在这里,"形式"而非"内容"才是重点。它是经验世界这个"大全"本身的"神话"。这样的"神话"是一件能够解释人类存在奥秘的艺术品,尽管它"对于那些由较古老神话培育出来的人们而言似乎仍是太过于幻灭"。③ 当然,与文明层次的"神话"相较,生活层次的"神话"应该说是一种更广义的神话理解,它是奥克肖特那里有着个体维度意蕴的"诗歌"以及集体维度意蕴的"会话"给出的对应于文明维度的一个"象征"。所以,整体上理解奥克肖特哲学就需要着重强调与阐明这种神话。然而,关于他的神话的理解,我们又只能从其论说中审慎地析取,因为它相对于另一些概念的存在要更为隐蔽。比如奥克肖特勾勒的神话的政治意境我们就可以从卡西尔关于神话的论说中获取启发。卡西尔曾说过,"神话思想的题材、

---

① M. Oakeshott, *Hobbes On Civil Association*, Indianapolis, Liberty Fund, 1975, p.162.
② Ibid.
③ Ibid.

主题、主旨乃是无边无际的;如果我们从这方面来接近神话世界的话,那么它始终都是——借用密尔顿的话说——'一个深不可测的海洋,无边无际,苍苍茫茫,在这里长度、宽度、高度和时间、空间都消逝不见。'"①以这种理解来看,它不正是与奥克肖特的"航海船"之隐喻②发生着强烈共鸣吗?

最后,关于"梦"。对应于奥克肖特双重意蕴的"神话",奥克肖特的"梦"也有着双重理解。一种是生活层次的"梦"。就像他的"经验"一样,这种"梦"是一个总体性的概念。它是一个观念世界。因为,且不说这梦的主体是什么,它既然是梦,它就处在了思维的活动中。而在奥克肖特那里,思维就意味着一个观念世界。通常来说,梦的主体,也就是这思维着的"在者",就是"此在"③,也即经验着的"我"。然而,由于奥克肖特这里梦的维度上的提升,我们在后面还会看到梦的另一个主体,尽管这个主体不像我们一样是"梦的奴隶"④,它只是在梦中。另外,还有一种文明层次的"梦"。这是一种"集体主义之梦",它有着实质的内容或强调实质的内容,其就表现为了不同个性的"神话"。它们在意识的作用下,成型于梦境质地的观念世界中。总的来说,尽管有这样两种理解,"梦"却又总是一种思维或经验的造梦活动。或者说,"梦"本身就是一种活动。在这活动中,存在显现自身。

---

① 恩斯特·卡西尔:《人论》,甘阳译,上海:上海译文出版社,1985,第93页。
② 1951年奥克肖特在就职伦敦政治经济学院时讲到,"从事政治活动,犹如在一个无垠无界、深邃无底的大海上航行;既没有港口可凭靠,亦没有浅滩可抛锚,既没有出发地,亦没有目的地。而身处其中者所可做的就是使这船舶平稳地漂浮着;大海既是朋友,又是敌人;航海之要领就是学会利用传统行为样式的资源去克服行途的灾难"。
③ "此在"本来是海德格尔探究存在意义所设定的一个概念。这里,缘于海德格尔与奥克肖特在关于人之存在思想上的契合性(奥克肖特对此就做出过明示,见《论历史及其他论文》第26页),接下来我们将援引这一概念建构奥克肖特的诗性哲学。当然,如此对这一概念的阐释也就必要了。海德格尔的"此在"从本质上说是一种"在者",但它同时又是一种有着特殊性的"在者":它能够使在者显现自身,使存在所表征的意义显现达到敞开、澄明与照亮。实际上,海德格尔的"此在"指的就是我们经验着的、生活着的人自身,"就是我们自己向来所是的存在者,就是除了其它可能的存在方式以外还能够对存在发问的存在者"(见第9页)。人具有理性,他探求生活的意义,他能够认识,能够领悟,能够使作为在者的自我显现存在的意义。不仅如此,海德格尔也指出了自我显现自身存在意义的方式。诗歌、语言与艺术就都典型地位列其中。这一点可说是他与奥克肖特的另一共鸣。参阅海德格尔:《存在与时间》,陈嘉映、王庆节译,北京:生活·读书·新知三联书店,1999年。
④ M. Oakeshott, *Hobbes On Civil Association*, Indianapolis, Liberty Fund, 1975, p.160.

## 二　是生活也是梦境：政治文明诠释的神话特征

在对奥克肖特几个重要的隐喻性概念进行大致的阐明之后，他政治文明的诗意理解便得以展开。它是以一种生活层次的"神话"为象征和理解中枢的，需要我们在隐喻性概念的互释与意涵衍伸中重新诠释与建构。这不难理解。一者，奥克肖特在《利维坦：一个神话》中明确指出了，作为一种文明生活意象的"利维坦"，它是一个神话，它处在了生活的梦的通道中。因此，奥克肖特神话的思想与一种文明维度难舍难分。二者，奥克肖特也曾间接地表明生活层次而不是文明层次的"神话"才能够诠释一种诗意的维度：狭义的"神话思维方式先于我们所认为的'科学'思维方式；但是它的风格特征是实用性和宗教性的，而不是诗意性的"。①

具体来说，奥克肖特政治文明理解的"神话"隐喻有以下特征：其一，这神话强调的是自身自足的形式，它摆脱了时间与空间的局限，只是一个抽象的、历时的、永恒的狭义神话通道。在这通道中，人类不断地缔造着集体主义的生活形态。当然，只有既存的形态破损了，崩溃了，另一个新的（个性）神话才会出现。然而，一个不可改变的事实是，只要人类一直延续，这神话的更替就不会停止，如朝代的更迭一般。

其二，文明之维的神话是一个观念世界，它就像一个神话的储备库，诸狭义的、强调内容的神话就或隐或现于这储备库之中。奥克肖特那里，古希腊诗意政治的"神话"、"巴别塔"的神话、霍布斯的"利维坦"神话以及可作为"利维坦"抽象形式的"会话"的神话等等，就都可以说是处在了文明之维的神话通道中。而且，或许是基于对"历史就是神话"的认识，奥克肖特又是将具有神话色彩的历史元素填充到这储备库中的。像"圣保罗或乌尔法的基督教、3—4世纪时的民族大迁移……'法国大革命''杰斐逊式的民主''逻辑实证主义'"等，它们是"实践的过去"，是"一个关联在一起的文明生活不可或缺

---

① M. Oakeshott, "The Voice of Poetry in the Conversation of Mankind", in *Rationalism in Politics and Other Essays*, London: Methuen&Co. Ltd., 1962, pp. 236-237.

的组成部分"。① 尽管它们常常是孤立的,也没有什么奇幻色彩,但它们确实又在某种相互关联中达到了神话的效果,而且总能唤起我们对生活的想象。

其三,奥克肖特的诸狭义神话有着其更迭与生成的人性根源。在奥克肖特看来,关于"上帝"的神话就成功地揭示了这种人性根源。"这神话就这样流传着,源自于上帝创造行为的人类及其栖居的世界,与其创造者一样的完美。但是,根据原罪说,人类与他们的幸福安宁之源被分隔了开来。这原罪就是堕落的被造物洋洋自得的'骄傲',人由此把自己变成了上帝。自那以后,人类的天性中便有一种隐藏着的原则:成为自身幸福的对立面。"②在这里,奥克肖特实际上向我们指出了两点:第一点,人类是拥有自由意志的,他们能够"创造"神话;第二点,人类是拥有理性的,"理性"的狂傲往往打破封闭的神话,开启新的神话篇章。当然,奥克肖特这里的"骄傲"就暗示了他对理性主义起源的深刻理解。

其四,文明之维的神话为狭义神话的更迭流转设定了两个自毁的极点。这极点仍是以"骄傲"为标准的。"以我们的梦为转移,人类生活在骄傲和耽于声色的两极之间摇摆不定,不是太多便是太少。古老神话的精妙之处在于,储备这些极值性洞察力的好处以及用来填补这两极值间空间的想象力。如果这神话错了,那可能是过多地偏爱于某一极端。"③而正应合于物极必反的道理,当我们生活的样态达致这两极中的任何一点,一极的溶解与另一极的重塑便同时发生了。奥克肖特盛赞的弥尔顿的《失乐园》与《复乐园》可以说就是阐明此点的典范。④

其五,总结前述几点,可以认为,奥克肖特文明之维象征的"神话"的最大特征是:它是一种"在梦"的活动。这种"在梦"的活动不仅在奥克肖特那里是明确指明了的,而且它还将前述几点神话的特征涵括其内:在梦中,神话的自足形式有了超越时间与空间限制的基础;在梦中,神话既是一个观念世界,同时它还是一个集体成就神话的活动;在梦中,一个巨大的观念储备库显现出

---

① 《论历史的三篇论文》,载奥克肖特:《论历史及其他论文》,张汝伦译,上海:上海译文出版社,2009 年,第 66、55 页。
② M. Oakeshott, *Hobbes On Civil Association*, Indianapolis, Liberty Fund, 1975, p.161.
③ Ibid., p.163.
④ Ibid., p.161.

来,各种神话元素、各种神话游荡其中,忽隐忽现;在梦中,人性的欲求与渴望指引着诸种个性神话的成型与更迭起落;在梦中,任何神话也终将溶解,因为我们的意志就已经从时间上为神话,更为集体铸就的神话——而不是梦境,设定了破灭的限度:庄周晓梦迷蝴蝶,谁又能真正确定我们的梦境会破灭呢?

## 三 由上帝而生活:政治文明的诗意性想象逻辑

奥克肖特以"在梦"为特征的神话的逻辑是符合一种诗意想象逻辑的。这是一种文明维度的诗意想象逻辑。首先,奥克肖特的"神话"就处在了"自我"与"非自我"投身其中并进行思考的经验世界中。这个经验世界又被奥克肖特称作"生活世界"。"据说,人被赋予了一种自由、'超越'、有目的的活动的能力,他唯一关心的就是去'生活';即在行使这种能力时寻找和享受他的身份。他属于一个世界——他的所谓生活世界。"①这里,我们将对一种"经验世界"的理解转化成了对一种"生活世界"的理解。从奥克肖特的"生活世界"着手,我们能够更容易理解他"神话"所身处的"自我"与"非自我"二分的情境。一方面,"生活世界",也就是奥克肖特"生活"概念深化之后的一个概念,它的本质是"一场无法驱散的梦"。这也就宣告了"生活世界"的属我(自我)性和观念论特征。"梦"是一种行动,它与梦的内容——"非自我"相伴生。另一方面,当奥克肖特言及他的"生活世界",他就将其视作了"一种关于'人的生存'的学说",而这种学说在他看来又是与海德格尔和其他一些人关于存在的思想紧密关联着的。② 也是因为这种关联,我们关于奥克肖特"神话"所倚赖的"生活世界"特征的理解就可以从海德格尔那里把握到。海德格尔是从现象学、认识论的视角质询人之存在的。他首先就为我们生活的世界进行了定性:"'世界'在存在论上绝非那种在本质上并不是此在的存在者的规定,而是此在本身的一种性质。"③然而"此在",在海德格尔那里又不是无条件显现的,它需要借助于"认识":"认识是此在的植根于在世的一种样式。"④这样一

---

① 欧克肖特:《论历史的三篇论文》,参见《论历史及其他论文》,第 26 页。
② 同上。
③ 海德格尔:《存在与时间》,第 76 页。
④ 同上书,第 73 页。

来,海德格尔的"生活世界"就只能为自己寻一个有着存在论色彩的认识论基础。以精神哲学传统为背景的哲学观念论实际上就符合了这一点。它是确定的有着"自我"与"非自我"二分特征的,也是因此海德格尔才说道:"如今人们习以为常仍把认识当作是'主体和客体之间的一种关系',而这种看法所包含的'真理'却还是空洞的。主体和客体同此在和世界不是一而二二而一的。"①海德格尔的观点和奥克肖特的理解可以说是如出一辙,"自我"(主体或经验的主体方面)和"非自我"(客体或经验的客体方面)同此在(经验着的在者)和世界(经验世界或生活世界)是相伴生的。

其次,奥克肖特文明之维的"神话"有着自己的行动主体,也就是想象主体,即"自我",我们把它称作"上帝"。对此点的认知,可以给出以下几点理由:第一,明显地,如果奥克肖特的神话是一种个性的神话,像利维坦,它是一个文明的集体之梦,那么它有自己的想象主体——某种从个体那里衍伸着的精神形式。在奥克肖特集体之维那里,利维坦不就是作为了会话的想象主体吗?然而,我们这里要申明的是一种文明维度的神话。那么它是否可有一种想象主体呢?答案是肯定的,因为尽管是一种文明维度的神话,但它对应的是我们的"生活"。这"生活"的本质仍然是一种梦,是我们生活的梦。而既然它是梦,是一种精神性的活动,那么它就可以有自己的想象主体,或至少是这种条件。第二,奥克肖特所欣赏的"上帝"的神话就为我们提供了这样的条件:(1)在奥克肖特许多的作品中,我们明显地可以看到他对"上帝"神话的敬畏与认同。② 而且,这是一种高度理性的敬畏与认同。一方面,奥克肖特就从实体,从精神哲学的视角理解"上帝",认为"上帝是理性的生命";③另一方面,奥克肖特更是强调从神话的形式自足方面去借用"上帝","上帝"是我们生活世界的原型。当然,更确切地说,它是一个世界,也是引领我们更清晰地识别生活世界之真相的一个幻影。早在《宗教与道德生活》中,奥克肖特就表

---

① 海德格尔:《存在与时间》,第70页。
② 除了《利维坦:一个神话》,还有在《试论》《论社会交往的本质与意义》《宗教与道德生活》《基督教中历史要素的重要性》《巴别塔》《工作和游戏》等作品中,奥克肖特对"上帝"神话的称许就都有明显表露。
③ 奥克肖特:《论社会交往的本质与意义》,见《宗教、政治与道德生活》,张铭等译,上海:上海译文出版社(待出版),英文原著第60页。

达了他对上帝的这一理解。上帝昭示的是生活的自足。"我们与上帝的关系和上帝与我们的关系,就不是一方面是宗教的,另一方面是道德的;而是两者统一的",也是因此,"基督教形成了一种有关生活的完整观点,一种确定的文明"。① 还有在《利维坦:一个神话》中,奥克肖特就借由"上帝"神话的形式言说生活之梦的两个极点;而《巴别塔》则是这种极点解读的经典案例。(2)尽管奥克肖特"上帝"的神话处在了文明的维度,但它首先也是一种个性的神话,它本身也符合一种想象逻辑。在对霍布斯《利维坦》的解读中,奥克肖特曾指出,《利维坦》的计划就是要以另一种完全不同的神话来取代上帝的神话这一对人类生活奥秘的想象性洞察。② (3)在奥克肖特那里,"上帝"是一种精神性的存在,它最能与人这精神性的实体相匹配。在探求上帝的存在上,奥克肖特不是说过"精神只能被精神所领悟"吗?③ 而且,"上帝"作为文明之维的想象主体也是最能与个体之维那里的"诗人"相呼应的。他们身上同是涌动着神性的气息。这从某种程度上说就是,"上帝"与"自我"(此在)具有同一性。"上帝"就是"自我"。浪漫主义思想家施勒格尔对这一点就深信不疑。在他看来,"人可以成为上帝,上帝可以成为人,只要人类确实曾经存在着,并且在变化,也就确实是并且成为了一个个体,一个个人。在这伟大的人类的个人中,上帝成了人"。④ 施勒格尔这里的"人"指的正是诗人。

再次,奥克肖特文明之维的"神话"还有自己的"意象",也就是与"自我"相伴生的"非自我"。它们表现为不同的个性的神话。这诸多的个性神话在前面我们已经做过罗列,像"利维坦"就是其一。奥氏思想研究者格伦·沃辛顿(Glenn Worthington)就认为,"诗意地看待利维坦,它是一个集体主义梦想的意象,一个存在于集体主义梦想之中的意象"。⑤ 这是一个深刻的论断,它就指出了利维坦意象的双重意蕴:既因为"此在"而存在,成为了一个集体主义梦想,又因为文明之维的想象逻辑而存在,悬于"上帝"想象的梦境中。当

---

① 奥克肖特:《宗教与道德生活》,英文原著第41,45页。
② See M. Oakeshott, *Hobbes On Civil Association*, Indianapolis, Liberty Fund, 1975, p. 161.
③ 奥克肖特:《试论哲学、诗歌和实体的关系》,载《历史是什么》,王加丰、周旭东译,上海:上海财经大学出版社,2009年,第77页。
④ 刘小枫著:《诗化哲学》,第110页。
⑤ Glenn Worthington, Poetic Experience and the Good Life in the Writings of Michael Oakeshott, *European Journal of Political Theory*, 2005, p. 62.

然,我们这里所追究的"意象"意蕴是这后者。文明之维的"意象",每一个都是一种文明的表征,每一个也都是一种生活的形态。它们是被这想象的主体——"上帝"创造出来的。上帝说,"要有光",光就有了;上帝说,要赋予人伊甸园的生活,这伊甸园的神话也就出现了。① 当然,"上帝"这样的创造性想象又并非出于什么严肃的目的或既定的计划,因为它本身也仅是一场在形式上自足的梦的化身。然而,尽管如此,诸意象却仍是有着自己存在的特征或"目的"。主流的"利维坦"神话几乎就成了"君主专制"的代名,而奥克肖特的"利维坦"神话就有了会话游戏的特征倾向,还有巴别塔的神话、法国大革命的神话在某方面又都诉说着"集权主义"的热情。而且,这些意象也从来都不是孤立的,总有一类非自我的意象群适合它们,它们处在了不同的类生活形态中。不管怎样,文明维度里的意象就这样存在着,它们时刻等待在梦之集体的召唤。

最后,奥克肖特文明之维"神话"的"在梦"特征实际上是他神话逻辑的想象方式或意象组织形式,它同"遐想"与"游戏"一样,是一种审美经验自足性的诗意表达。对此点的理解我们可以一分为二:其一,"在梦"作为一种想象方式,也是一种活动方式,它就表现为文明之维的神话被设定了的存在的规则,也即作为个性神话的"意象"的活动规则。当然,这种设定是通过想象的主体"上帝"来实现的。在《利维坦:一个神话》中,奥克肖特说到,"败坏的人在追求自己不明言的欲望,成为他自身和他同类的敌人时,圣恩设置了人类自毁的限度,许诺破碎秩序的恢复和最后的拯救。简言之,这是一个给予梦想以连贯性的神话"。② 在这里,奥克肖特不仅指明了"上帝"在神话中的想象主体地位,更是隐晦地表明了"上帝"设定规则的两层目的:一是确保个性神话的"连贯性",也即确立我们人类即时当下的神话的连贯性;二是确保文明维度的神话的"连贯性",这样,即时的神话同时也就要为历时的神话存在让路,保证梦境的连贯性。"连贯性"这一概念我们在奥克肖特的《经验及其模

---

① 上帝的创世活动是借着祂的道或言说来实现的。霍布斯在《利维坦》中就说道,"《创世记》(第 1 章)中'要有光''要有天''我们要……造人'等等的命令在这种意义下都是上帝的话。《约翰福音》第 i 章 3 节)中说:'万物是藉着它(神的道或话)造的。凡被造的、没有一样不是藉着它造的'意思也是这样"。参见霍布斯:《利维坦》,北京:商务印书馆,1985 年,第 331 页。

② M. Oakeshott, *Hobbes On Civil Association*, Indianapolis, Liberty Fund, 1975, p.161.

式》中就接触到了,它实际上强调的就是某种经验的自足性。"上帝"的在梦的经验就是如此。也是为了这一"连贯性"的目的,我们看到,奥克肖特以梦境为底色,以骄傲的"太多或太少"为极点,确定了文明之维的神话否定之否定式的存在规则。"上帝"依于这种规则在诗意地想象。

其二,奥克肖特这种"在梦"的想象方式实际上是一种审美经验自足性的诗意表达。这里,我们说它是一种审美经验主要是从审美经验的主体来看的。一者,从"上帝"的视角来看,世界甚至于宇宙万物不正是上帝创作的艺术品吗,这样,作为一种上帝想象方式的"在梦"也就处在了审美想象的范畴中;二者,从"此在"的视角来看,艺术家与艺术作品的表现就又架接起了"梦"与"想象",而"在梦"作为一种想象方式,它是一种经验活动,就既有了"梦"的实质又饱含了(审美)"想象"的形态。对于这种联系奥克肖特说到,"最伟大文学的——诗的——礼物是想象这一礼物。它的作用是扩大我们做梦的能力。在它的灵感下,我们熟悉的共同之梦的轮廓消失了,新的理解、迄今没有被感知过的情感在我们内心激荡起来,至今已经固化的事实再一次溶化进了无限的可能性中,而我们无需去发现变化的确切特性便清醒了,这神话(梦的实质)已经获得了一种新的品格"。① 当然,奥克肖特的这一论说除了能够表明"在梦"是一种审美经验外,它还进一步指出了这审美经验诗意的自足性特征——超越了"无限"的时间与空间的"连贯性"。在此"自足性"面前,我们能够容忍共同之梦的消逝,能够容忍真理的重塑,没有什么是绝对的,除了我们这执着于"梦的奴隶"所面对的无限的时空与可能性。

## 四 文明意象的审美自我立法:神话隐喻的进一步理解

毫无疑问,如果我们的奥克肖特"神话"阐释真能成立,奥克肖特的政治哲学将获得一个新的高度,也即文明的维度。这个维度将仍然是诗意的,但它没有再停留于诗意的国家层面。借助于"上帝"的想象,在我们文明的生活中,在神话中,我们看到,即便是集体维度那里诗意的"会话"国家也变得"严肃"起来,它更符合我们的政治现实。我们从这文明维度的神话出发,看破了

---

① M. Oakeshott, *Hobbes On Civil Association*, Indianapolis, Liberty Fund, 1975, p.160.

政治神话的飘渺,不再执着于即时的意识形态的存在——一种永恒的"会话"政治的神话显然也是妄想,而只是容忍它的存在,抑或欣喜它的存在,只因为它终究只是历时的永恒的意识形态存在与变迁的一个组成部分,一个无限可能性中的可能性。奥克肖特正是认识到了个性神话的局限性,尽管期待着会话式政治的诗意,却仍然警示我们:"诗是一种解脱,是生活之梦中的梦想,是种植在我们麦田里的野花。"① 除此之外,我们也才看到,奥克肖特既是在承认着人类自柏拉图的洞穴"上升"的可能性(但并不主张是一种高层次行动),又在抵制着那种坚信从施特劳斯式的"下降"就能恢复人类有关重组洞穴的智慧的"己见"。② 在奥克肖特看来,无论是柏拉图的神话,奥古斯丁的神话,还是霍布斯的神话,它们都是有着局限性的个性神话。当然,它们也都具有历史存在的合理性,而且更是在时间之矢的牵引下融入了"此在"想象的"经验之流"中。③ "上帝"的想象也可以说就是处在了这样的"经验之流"中。在这"经验之流"中,又可唤作一种梦的意识之流中,"实践的过去"沉淀下来的生活的神话就这样存在着,它们形态各异,会融化、会再生。然而,这一切又并不取决于上帝积极的筹划,上帝在创世造人的六日过后就已经歇了,他只是欣赏着自己的艺术品,在必要的时候摧毁人类的"骄傲"。事实上,这一切只是取决于我们人类自身,因为文明的集体之梦终归是我们自己的缔造,是生活中经验着的"自我"、更具人本色彩的"此在"的缔造。"上帝"的"在梦"就是"此在"的梦。当然,更本质上说它也是我们拥有自由意志、拥有理性的结果。

另外,奥克肖特诗意政治哲学的文明之维,相对于它的个体之维与集体

---

① M. Oakeshott, "The Voice of Poetry in the Conversation of Mankind", in *Rationalism in Politics and Other Essays*, London: Methuen & Co. Ltd., 1962, p. 247. 奥克肖特在这里既是以"诗"指代诗意表达的"声音",又是以此指代诗章的会话的。"会话"是奥克肖特的主题。
② 参阅欧克肖特:《信念论政治与怀疑论政治》,张铭、姚仁权译,上海:上海译文出版社,2009 年,"编者导言",第 14 页。
③ 参见奥克肖特:《经验及其模式》,吴玉军译,北京:文津出版社,2005 年,第 118 页。通常地看,"时空中的每一时刻都具有绝对独特性,这是历史经验最为基本的假设",但是奥克肖特却认为这是存在缺陷的,哲学上的"时间"观念要从"我的世界"的经验特征,比如整体性与连贯性去理解。故而,"时间"中的事件、事态或人物这些历史要素或编织出的神话并不一定是绝对真实的,也并不一定要从"真实性"去认知,它们处在了人类的"经验之流"中。事实上,奥克肖特对"时间"的哲学理解明显就受到了柏格森、布拉德雷和海德格尔等人的影响。

之维,还有一个更为独特的地方,那就是奥克肖特是从历史哲学的进路去诠释文明生活的诗意性,诠释一种诗意政治哲学的。我们看到,不像在个体之维与集体之维那里"遐想"和"游戏"活动的诗意性发动仅是要求"意象"的共时共存即可,对于一个"生活世界"的群体来说,文明之维的"在梦"活动诗意性的显现就只能以"意象"的历时轮转为前提。而这历时轮转是以时间的无限性为寄托的,它在无限的上帝那里才成为了可能。有限的"此在"最多也只是轮转中某种历史精神的传承者。当然,我们并不否认多样性的文明生活形态是可以共存的,比如古希腊的城邦文明、中国的"大一统"文明、古罗马的共和文明、早期欧洲的分封文明等等就可以有着地域上的相容性。但是任何当下生活着的群体都只能身处某一种文明,若非如此,生活将是破碎的,梦也不再是一个集体主义之梦。不可否认,奥克肖特的"文明"是历史性的,也只有在对历史的探究中文明的诗意性才能被揭示出来。对于奥克肖特文明之维的这种特征,或许我们可以从阿伦特那里吸取灵感,将其归因于一种历史哲学的性格,它善于伪装政治哲学。① 当然,我们也可以干脆点说,奥克肖特文明维度的诗意政治哲学就是经过历史哲学伪装了的。

言至于此,或许我们可以总结出奥克肖特有着"在梦"特征的文明之维神话的隐喻,那就是:"神话"实质上作为了有着"此在"喻意的"上帝"进行审美自我立法的诗意形式。奥克肖特在文明之维上确立起的诗意生活形态实际上也就是有着诗意象征的"上帝"的"在梦"的想象活动。在这里,"上帝"既喻意着"生活",同时它还喻意着那有着绝对自由的意志个体。"上帝"就是"自我"。而这意志个体为了达致自由之境,便生发了自由的"在梦"的想象。在这"想象"的活动中,"在梦"是规则,"神话"是形式,诸个性的神话则是这诗意"想象"活动的"意象",它们在进行着"无目的而合目的性"的自由活动。

---

① 阿伦特是在对柏拉图的思想阐释中作出的这一论断:"我们可以把历史哲学看作伪装的政治哲学"。而且,使人感兴趣的是,阿伦特也从类似上帝在梦的隐喻指出了政治哲学的诗意性:"柏拉图认为不应当太过认真地对待人类事务(taton anthropon pragmata)和行动的结果(praxis);人们的行动就像被舞台后面看不见的受操纵着的木偶的动作,以至于人仿佛只是神的一个玩物。值得注意的是,柏拉图虽然丝毫没有现代的历史概念,却很可能第一个发明了这个比喻:舞台背后有一个行动者[按可视作'上帝'],他站在行动的人们[该论文作者注:可视作'一个共同生活的集体']的背后牵着绳子,操纵着整个故事[按可视作'一个神话']。"参见阿伦特:《人的境况》,王寅丽译,上海:上海人民出版社,2009年,第146页。

总之,可以说,上帝就处在了这神话式的诗意的想象中,而它的现实的存在意义就是使得"生活",一种政治生活,变得更为开放而适应于我们这梦的奴隶的想往。

# The Myth and the Dream: Oakeshott's Alternative Metaphor to Understand the Political Civilization

## Li Zhendong

**Abstract:** Oakeshott is a famous conservative political philosopher in contemporary Britain. His understanding of "political civilization" is poetic and profound. In his view, "political civilization" is "a dream of collectivism", which is a myth, which can be distinguished from another discourse field of political individuals and political society. Of course, Oakeshott's ideas are not straightforward, he is realized by the rich metaphor of the thought fragments of his works. With the concept of "life", "civilization", "myth" and "dream" as an important metaphorical concept, he constructs the logical structure of poetic understanding of political civilization through the mutual interpretation and implication of concepts. In fact, with Oakeshott understanding of political individual and society, his understanding of the political civilization also through to his poetic logic of poetic imagery. The "myth" metaphor, which has the characteristic of "in a dream", the essentially as a "god" of "this" metaphor for aesthetic poetic form of self-legislation.

**Key words:** Michael Oakeshott; Political civilization; Conservatism; Myth; Leviathan; God

书讯

## 《儒家角色伦理学:一套特色伦理学词汇》
〔美〕安乐哲著,〔美〕孟巍隆译
济南:山东人民出版社,2017年3月

安乐哲(Roger T. Ames)1947年生于加拿大多伦多,现任美国夏威夷大学教授、北京大学人文讲席教授、尼山圣源书院顾问、世界儒学文化研究联合会会长、国际儒联副主席。安乐哲教授学术研究范围为中西比较哲学,主编《东西方哲学》《国际中国书评》,著有《孔子哲学思微》《汉哲学思维的文化探源》《期待中国:探求中国和西方的文化叙述》等。2013年,荣获第六届世界儒学大会"孔子文化奖"。2016年,荣获第二届"会林文化奖"。

安乐哲教授认为,"儒家角色伦理"中的"关系"概念十分重要,各种特殊角色成为约定俗成的各种关系样态,呈现为家庭与社会的生活。在儒家思想之中,这些特殊角色不仅仅是我们关系的表述,它们也具有指示性,示意着家庭与社会角色本身含有的规范意义,向我们指明恰当作为的方向。《儒家角色伦理学》一书包括"西方视野中的'儒学'""儒学的诠释域境""儒家人生观""儒家'角色伦理'""儒家思想'人为中心'的宗教感"等五个章节,阐明了如何做出恰当的跨文化比较,探讨了儒家特殊的人生观、价值观、宇宙观。最后作者对儒学角色伦理观做出批判评价,指出儒学伦理观具有的优点和局限。(马卓文)

# 诺斯替主义、科学与现代性
## ——对布鲁门伯格论题的反思*

高 洋**

**提 要**：布鲁门伯格在其著作《现代的正当性》(*The Legitimacy of the Modern Age*)中认为现代是对以唯名论为标志的诺斯替主义的第二次克服，而对现代科学发展有重要意义的"理论好奇心"正是伴随着这种克服而产生。这一论题为研究诺斯替主义思潮在科学革命及现代性的塑造过程中发挥的作用提供了重要线索，事实上，唯名论本身只是诺斯替主义复兴于近代早期欧洲的导火索，而继唯名论神学而起的各种诺斯替主义思潮对"理论好奇心"的培养以及现代科学精神的形成有显著的影响。现代并未克服诺斯替主义，这种思潮仍然潜藏于现代性的深处。

**关键词**：诺斯替主义 科学 现代性 布鲁门伯格

在1966年首次出版的著作《现代的正当性》第二部分开头处，德国哲学家汉斯·布鲁门伯格(Hans Blumenberg)明确提出了一个论题，将"诺斯替主义"(gnosticism)与现代联系在一起：

---

\* 本文系"世界科学技术通史研究"项目(项目批准号14ZDB017)阶段性成果，受国家社科基金重大项目资助。

\*\* 高洋，1989年生，西北大学科学史高等研究院讲师。

① Hans Blumenberg, *The Legitimacy of the Modern Age*, tr. by Robert M. Wallace, Cambridge: The MIT Press, 1983. 德文原著于1973—1976年出版修订第二版，本文所引用的英译本译自第二版。

我此处意在论证一个论题，它始于对这一点的赞同，即现代（modern age）与诺斯替主义之间存在关联，但是我将以倒转的方式阐释它：现代是对诺斯替主义的第二次克服。此论题的预设之一是，中世纪初期对诺斯替主义的第一次克服并未成功。一个更深远的意涵在于，中世纪作为一个跨越数世纪的有意义的结构，其开端在于与古代晚期及早期基督教诺斯替主义的冲突，而其体系性目标的统一性可被理解为源出于压制其诺斯替主义对手这一任务。①

布鲁门伯格充分肯定了"诺斯替主义"的地位，将其视为理解现代的关键概念，然而他对现代与诺斯替主义关系的观点与大部分探讨同一问题的学者背道而驰。② 布鲁门伯格的"倒转"实际上直接针对的是政治哲学家与思想史家沃格林（Eric Voegelin），后者将诺斯替主义视为现代性的本质。③ 在沃格林看来，近代早期以来种种乌托邦思想、进步主义、实证主义和马克思主义等思潮都是古代诺斯替主义的变形，这些思想通过将超越的至善内化于此世之中，以及给予约阿西姆（Joachim of Fiore）灵知式历史哲学以世俗化的改造与实践，而塑造了现代本身。④

布鲁门伯格采用了与沃格林不同的论证方式，他的论证的意涵更多地属于科学思想史的范围。⑤ 因此，对布鲁门伯格这一论题的考察有助于理解现代科学的兴起与"诺斯替主义"这一暧昧不清的概念之间的关联。下文试图论证，从科学史的眼光来看，布鲁门伯格的论题深具启发性，但是它应当被扩展为更加具体的历史叙事；诺斯替主义构成了从中世纪晚期到近代早期这一时段的重要思想背景，它并未被一劳永逸地克服，而是作为一种重要的观念

---

① Blumenberg, *The Legitimacy of the Modern Age*, p. 126.
② 参见库里亚诺：《西方二元灵知论——历史与神话》，张湛、王伟译，上海：上海人民出版社，2009年，第281页以下。
③ Eric Voegelin, *Modernity without Restraint*, Columbia and London: University of Missouri Press, 2000, 第175页以下各处。
④ Voegelin, op. cit., 第295页以下。沃格林总结了诺斯替主义的六个根本特征：1. 诺斯替主义者对其所处现实心怀不满；2. 现实处境的不佳被归因于这个世界内在的拙劣构造；3. 存在从现实之恶中得到拯救的可能；4. 存在的秩序将在历史过程中被改造；5. 这种改造与拯救通过人类自身的努力而成为可能；6. 诺斯替主义者的根本关怀在于寻求达到拯救的知识，也即"灵知"。在沃格林看来，上述几种现代思潮都以略有变化的形式具有这几项特征。
⑤ 特别是Blumenberg, op. cit. 第2—3部分。

背景渗入科学的起源及现代关于科技的理解之中。

## 一 布鲁门伯格：诺斯替主义、唯名论与"自我决断"

对于布鲁门伯格来说，古代世界最有代表性的诺斯替主义者是活跃于公元2世纪的基督教异端马克安（Marcion）。① 马克安式诺斯替主义的核心信念是：如果一种神学认为神即是全能的创世主，并且人可以因其创世而展现出的全能而信赖他，那么对于这位神来说，毁灭此世与实现对人的拯救就不可能是他的主要目标。早期基督教教义不可避免地面对着这种两难处境，因为它一方面必须承认神创造天地，佑护历史，另一方面又宣扬末日审判及对世间罪恶的救赎。马克安解决这一问题的策略将其导向激进的二元灵知论：他明确区分创世之神（《旧约》中的上帝）与拯救之神（《新约》中的基督），认为前者创造了恶的世界和律法，并使人降生其中遭受苦难；而后者作为"陌生之神"（foreign god），有权摧毁并非他所创造的世界和律法，并以无偿的恩典拯救人类。拯救的关键在于得到"灵知"（gnosis），这种灵知必然开始于人对其所处世界本性的认识。由此，得到拯救者将会是受启蒙的少数人。②

布鲁门伯格清楚地看到，一方面，如哈纳克所言，"大公教会即是为了反对马克安而建立"，并且从奥古斯丁到中世纪盛期的种种理论努力都与排除诺斯替主义思想这一目标不无关系；另一方面，大公教会教义在历史上的胜出并不是由于其理论上的优越性，而是由于尽管诺斯替主义在终末论（eschatology）思潮的盛行时期占据上风，世界并未遭到期望中的毁灭这一事实却使人们不得不选择继续对此世进行谋划。③ 就整个中世纪思想而言，对解决诺斯替主义问题最有影响力的思路无疑来自奥古斯丁，他通过将世间之恶归于人类原罪所引发的堕落，拯救了神的正义性。然而这一观点又使他在拯救学说上走向预定论，只有少数被选者才能最后得救。这样，诺斯替主义二元论被改头换面地隐藏在得救者与被弃者的永恒预定之后：原罪及被弃者引发的

---

① Blumenberg, op. cit., p. 129.
② 对马克安神学的详细考察参见哈纳克：《论马克安：陌生上帝的福音》，朱雁冰译，北京：生活·读书·新知三联书店，2007年。
③ Blumenberg, *The Legitimacy of the Modern Age*, pp. 130-131.

世界堕落仍然要由神来负责,而这位"隐匿之神"的意志与计划都在人类的理解之外。① 因此,奥古斯丁的方案并未真正克服诺斯替主义,而这为后者在中世纪晚期唯名论中的复返创造了条件。

布鲁门伯格将唯名论思想刻画为一种"神学专制主义"(theological absolutism),因为对于唯名论的神来说,创造世界既无需理由(ratio creandi),也无需作为模板的共相,根据其绝对能力(potentia absoluta),他能够直接创造每一个独特的个体。这同时意味着,当神在自然中仅限于运用其常规能力(potentia ordinata)时,也并不能保证他创造的世界有利于人的理性认识。② 对布鲁门伯格来说,"中世纪衰败时代的神学专制主义可以被刻画为一种从我们自身之中的极端索取,一种对特权地位的所有预赋保障的自我剥夺,它在创世之时被建立于实在的'秩序'之中。"③在这种情况下,神的常规能力只与拯救相关,而与认识无关,因为神的意志只能真确地显现于启示之中,对拯救的信念无法转换为对世界的信念。布鲁门伯格认为,这种思想实际上是诺斯替主义的翻版,对人来说,它彻底割裂了信仰与理性:人既需要在拯救学说上相信神的可靠,又无法在知识方面确定神的可靠,因为拯救的预定论建基于神的无限意志与能力之上。古代诺斯替主义的形而上学二元论此时转化为一种实用主义的二元论(pragmatic dualism),原则上说,一方面世界不再能被理解为按照人类中心主义的目的论方式被创造,另一方面并非所有人都被赋予同等的通过占据"知识"而从宇宙中得到解放的可能性,从而向超越领域的逃遁不再是人合理的选择。同时,人也不可能选择伊壁鸠鲁或斯多亚式的"心神安宁"(ataraxia),因为古典物理学中有限的、可完整描述的宇宙观无法适用于绝对意志所创造的世界。④ 这使身处唯名论世界中的人左右为难:"唯名论是一种意在使人对世界感到极度忧虑的体系——它的意图当然在于使人在世界之外寻求拯救,让他对此世的可能性感到绝望,从而向信仰无条件投降,然而他也同样无法凭借自身的力量来达到这种信仰。"⑤

---

① Blumenberg, op. cit., pp. 133-135.
② Ibid., pp. 153-154.
③ Ibid., op. cit., pp. 178.
④ Ibid., pp. 154-155.
⑤ Ibid., pp. 151.

按照布鲁门伯格的观点,在唯名论神学所营造的这种"诺斯替主义"气氛下,人只能采取一种"自我决断"(self-assertion)的态度。[1] 所谓"自我决断"指的是一种"生存性计划"(existential program),根据这种计划,人将其实存置于某一历史情境中,并向自身指出他将如何处理他周围的实在环境,以及他会利用那些呈现给他的可能性来做什么。[2] 实际上,对于布鲁门伯格来说,"自我决断"就是现代的本质:当世界的有序结构无法再被信任,当人将自然与自身都理解为纯粹的"事实"(factum,也即一项被造的、偶然的事态)时,人们就向自我决断中包含的"自我增强"与"自我超越"迈出了第一步。[3] 这种"自我决断"最好的代表是培根与笛卡尔以来的自然科学传统,尤其是笛卡尔,他通过方法论上的怀疑与建基于自我之上的绝对起点而使自己立于现代的开端。布鲁门伯格充分肯定了二者间的联系:"正是由于这种'诺斯替主义'的假设得到了更新,即全能之神与拯救之神、隐匿之神与彰显之神不再被理性视为同一,因而它们也不能为了人在世界中的利益而相互关联,哲学才赢得了其自治权。"[4]笛卡尔怀疑之路上的"邪恶精灵"被置于唯名论神学背景下加以理解:尽管唯名论的上帝不能被直接等同于"邪恶精灵",人们却无法肯定他确实**不是**这样的角色。在启示所规定的拯救条件之外,这位隐匿的、易变的神并未向人展现出友好与可依赖性,因此在哲学上思考他时,只能将他设想为阻碍人对世界确定认识的"邪恶精灵"。通过将神学专制主义中的全能上帝转化为一个哲学假设,笛卡尔突破了中世纪的历史情境,为现代赋予了独立的、绝对的开端。[5] 布鲁门伯格将笛卡尔所展示的这种内在的绝对(immanent absolute)与路德的论题联系起来:"就其本性来说,人并不愿意让神作为神;正相反,他意愿的本质只能是让自己成为神,而不让神作为神。"他认为,在唯名论的神学专制主义面前,人自然选择了理性的"自我决断",路德将其本质表达为一种反对神圣的自我神化。因此,无神论与人神论(anthropotheism)已经不可避免地存在于神学专制主义之中,对中世纪的拒斥只能使人在两种根本

---

[1] Blumenberg, op. cit., 第 148、152、153 页各处。
[2] Ibid., p. 138.
[3] Ibid., p. 139. 这里是布鲁门伯格对尼采的化用。
[4] Ibid., p. 172.
[5] Ibid., p. 184.

立场中作出选择,即假设式无神论(hypothetical atheism)与理性自然神论(rational deism)。在布鲁门伯格看来,启蒙运动中这两种表面矛盾思潮的出现,不过是"自我决断"对中世纪之拒斥的不同表现而已。①

在确立作为"诺斯替主义"的唯名论与"自我决断"之间的关系后,布鲁门伯格将其分析扩展到了一个科学史的问题中,即近代早期理论好奇心(theoretical curiosity)的起源问题。他不能满足于两种初等的回答,即对知识的好奇心或者出于人内在的、未被强制的天性;或者出于人延长其存在的必然要求,因为一旦引入历史的眼光它们就会问题重重。② 对于近代早期这一特殊历史时段来说,要解决的问题是它如何被带入人关心(cura,好奇心[curiositas]的词源)的核心地带,布鲁门伯格认为,这只能预设对拯救的关注和对知识的需要二者间的竞争在某种新的构想中得到了解决。两个前提条件最终使其成为可能:首先,对拯救的关注很大程度上从人能够支配的领域中移出,一种将称义与恩典完全归于不可知的神圣拣选的神学最终导致拯救的确定性被排除于人的自我意识和自我实现之外;其次,作为被造物的世界不再能被人视为神圣佑护的表现,也不再能被理解为首要的和自然的启示;而唯名论的唯意志论神学正是二者的共同起源。作为对唯名论的回应,现代的"自我决断"以积极的认知态度取代了静观,这培养了不知足的理论好奇心:"人能从现实世界期望什么"取代了对拯救的关注,成为唯一一个人能够集中兴趣和获取态度的问题。③ 布鲁门伯格写道:

> 好奇心(curiositas)中关心(cura)的成分现在成为了其意义的真正根源,它将认知的欲望合法化,这种欲望是由世界所激发的关注。现代实际上不是作为"上帝之死"的世代,而是作为隐匿之神(deus absconditus)的世代而开始的——实用上来说(pragmatically),一位隐匿之神也就和死了差不多。唯名论神学引入了这样一种人与世界的关系,它的隐含内容可被陈述为一个假定,即人必须像上帝已死一样行动。这导致了对世界

---

① Blumenberg, op. cit., pp. 178-179.
② Ibid., p. 233.
③ Ibid., pp. 345-346.

无休止的清查,它可被认为是科学时代的动力。①

## 二 反思布鲁门伯格论题:诺斯替主义与科学史

布鲁门伯格对"诺斯替主义"的理解带有浓重的存在论哲学气息,这可归因于汉斯·约纳斯(Hans Jonas)的影响,后者在其经典研究《灵知与古代晚期精神》中即采取了以海德格尔的存在哲学解读古代"诺斯替主义"现象的进路。② 一方面,必须承认布鲁门伯格的历史视角高屋建瓴,为科学思想史的叙事打开了全新的空间;但另一方面,这一论题的细节仍多有值得推敲之处。首先,布鲁门伯格主要立足于"诺斯替主义"概念的存在论意涵而进行发挥,这使他对此概念的运用显得不必要地狭窄,他似乎对历史现实中种种更具有"诺斯替主义"特色的思潮选择了有意的沉默。③ 其次,布鲁门伯格的历史叙述似乎更多地是一种"历史的现象学"④,其中观念自身仿佛根据某种"必然性"来推进和演化,它并不考虑现实历史的历程或观念世界之外事物的影响。于是,当布鲁门伯格多次提到"自我决断"是唯名论之后**仅有**的选择时,人们不禁要怀疑,他如何可能跳过奥康与笛卡尔之间纷繁复杂的思想进程,而直接将二者决定性地联系在一起。⑤ 最后,布鲁门伯格为之辩护的"现代"似乎更多地是一种理想建构,而非实在世界的现状。当布鲁门伯格将现代的精髓"自我决断"与培根和笛卡尔开创的新科学精神联系在一起时,他又指责启蒙运动把科学与进步的观念相结合而变成一种意识形态,从而演变出科学主义与"自我强化"(self-empowerment)的思想,滥用了与"自我决断"紧密相关的

---

① Blumenberg, op. cit., p. 346.
② 关于约纳斯对灵知主义的理解与海德格尔哲学的关系,参见韩潮:《海德格尔与灵知主义》,载《哲学门》2011 年第 1 册。
③ 这也包括对新教所扮演角色的沉默,如 Laurence Dickey, "Blumenberg and Secularization: 'Self-Assertion' and the Problem of Self-Realizing Teleology in History." *New German Critique*, No. 41, Special Issue on the Critiques of the Enlightenment (Spring-Summer, 1987): 151-165, 第 165 页指出的那样。
④ 此处指黑格尔意义上的现象学,即对观念的自发运动的阐述。
⑤ Robert B. Pippin, "Blumenberg and the Modernity Problem." *The Review of Metaphysics*, Vol. 40, No. 3 (Mar., 1987): 535-557, pp.543-544.

那种理论好奇心。① 然而,很难否认科技进步与"自我强化"的观念处于现代性的核心:即使承认布鲁门伯格成功为一种"现代"的观念作了合法性的辩护,我们也仍需面对历史现实所抛给我们的问题,也即现代并非向人呈现为一种理想,而这些非理想的部分与所谓"诺斯替主义"又有何关系。下文将试图通过追溯诺斯替主义与科学史交织的节点来获得对这一问题的初步理解。

### (一) 唯名论与诺斯替主义的回归

值得注意的是,布鲁门伯格对唯名论的"诺斯替主义"阐释主要聚焦于"隐匿之神"的观念,却并未提及其人类学方面的意涵,然而这个观念就关于"诺斯替主义"的讨论来说更加切题。历史地看,14世纪唯名论神学的直接后果并非使人转向世间的知识,而是更加强化了人们对得救的向往。实际上,唯名论在拯救学说方面的后果一直被刻画为一种佩拉纠主义(Pelagianism)。14世纪的神学家布拉德沃丁(Thomas Bradwardine)在其著作《论神之原因》(De causa Dei)中系统驳斥了奥康唯名论的思想内涵,他用"佩拉纠主义"来刻画唯名论的思想后果:神无法为理性所证明和讨论,因而逻辑与理性解释的中心转向自然秩序;人的关注从神转向人,自由意志被置于神的恩典之上。② 到15世纪,这种佩拉纠主义发展为一种"尽其所能"(facere quod in se est)的拯救论,德国神学家毕尔(Gabriel Biel)是这种观点的代表人物。按照这种理论,神以其常规能力创造了某种契约关系,以使善行能够值得永恒奖赏这一回报。当人已尽其所能地去做了一切赢取神的恩典的行为,神就有义务对其施行拯救。③ 尽管佩拉纠主义并不属于诺斯替主义,但二者有相似之处,即认为人能够主要凭借自身的努力来获得拯救,这与传统奥古斯丁神学中对人的堕落与神的恩典的强调完全不同。从某种意义上说,14—15世纪的两种神学思潮为真正的诺斯替式主题在西欧基督教世界的回归铺平了道路,即唯名论佩拉纠主义与埃克哈特—库萨的尼古拉的神秘主义;这些思想使人通过自身

---

① Dickey, op. cit., p. 153. 布鲁门伯格在第二版的增补中区分了"自我决断"与"自我强化",见 Blumenberg, *The Legitimacy of the Modern Age*, p. 97。
② Gordon Leff, *Bradwardine and the Pelagians*. Cambridge: Cambridge University Press, 1957, 第13、127、188页及各处。
③ Kevin Madigan, *Medieval Christianity: A New History*, New Haven: Yale University Press, 2015, pp. 433-435.

的力量达到拯救和接近神的观念流传开来。① 事实上,就中世纪晚期的历史情境来说,唯名论所造就的困境更容易使人走上诺斯替式的自我拯救之路:即使拯救的确定性与相关的神意被隐藏起来,处于千年传统下的基督教也不可能轻易走向信仰的反面,在其神学逻辑内部的种种可能性之中,诺斯替主义自然呈现为一种合理的选择。

由此,我们似乎能够理解一个有趣的历史事实,即 15 世纪西欧炼金术文本数量出现了爆发性的增长。② 这是因为沉潜于主流自然哲学之下的各种秘传学说是与诺斯替主义具有亲缘关系的知识形态,而对于诺斯替主义来说,知识与拯救不可分割,并且真正的知识是获得拯救的唯一通途。《赫尔墨斯文集》(Corpus Hermeticum)中所叙述的通过"知识与虔敬"达到回归的方式,正是这种诺斯替主义态度的经典反映;而在古代晚期,赫尔墨斯主义的神学观念与魔法、炼金术、占星术等实践已经密不可分地结合在一起,后者通常被认为研习前者的必经之路。③ 炼金术士佐西莫斯(Zosimos of Panopolis)是这种联系的代表人物,他将普通的炼金术操作过程与赫尔墨斯主义的教义结合起来,并赋予其精神性的意义。④ 佐西莫斯之后,炼金术对于提纯和完美的追求不可避免地与某种诺斯替主义的宗教基调联系在一起,而在 12 世纪阿拉伯炼金术被重新引入拉丁基督教世界后,人们已经逐渐赋予炼金术的叙述一种"拯救史"的意义。⑤ 出现于中世纪晚期及文艺复兴时期的许多炼金术文本被归于拉蒙·鲁尔(Ramon Llull, c. 1232—c. 1315)、维拉诺瓦的阿诺德(Arnald de Villanova, c. 1240—1311)及鲁佩西撒的约翰(Johannes de Rupescissa,

---

① 关于唯名论神学中对人类能力的肯定,参见 Chang Sheng-Chia, *William Ockham's View on Human Capability*. Frankfurt am Main: Peter Lang, 2010。

② Chiara Crisciani, "Opus and sermo: The Relationship between Alchemy and Prophecy (12th-14th Centuries)." *Early Science and Medicine*, Vol. 13, No. 1 (2008): 4—24, p. 4.

③ Garth Fowden, *The Egyptian Hermes*. Cambridge: Cambridge University Press, 1986, p. 78; Claudio Moreschini, *Hermes Christianus: The Intermingling of Hermetic Piety and Christian Thought*, Turnhout: Brepols 2011, pp. 8-9.

④ 例如,佐西莫斯在《论德行》(*Of Virtue*)中化用《赫尔墨斯文集》第四篇论说的巨碗意象,将炼金术与人的净化和提升过程融合为一种高度象征性的叙述:他谈论一位作为"黄铜之人"的司祭已转化为"白银之人",并且经过一段时间后可以成为"黄金之人";以及一位"黑铅之人"被火焰包裹,经历难以承受的苦难。参见 Stanton J. Linden ed., *The Alchemy Reader*, Cambridge: Cambridge University Press, 2003, pp. 50-53。

⑤ Crisciani, op. cit., p. 18.

1366年去世)等人名下,而这些神学家或者曾是医生(如鲁尔与约翰),或者曾作为预言末世的先知(如阿诺德)。对基督教传统中的炼金术士而言,耶稣作为医生、预言者及拯救者的特殊身份使其成为哲人石的完美象征①,而由于被赋予同样的拯救意义,炼金术与医术及预言间存在紧密关联,它可被视为一种实在的、操作性的预言,通过实验事实彰显真理,达到拯救。② 炼金术的追求与对基督再临的向往之间的密切联系,使炼金术在14—15世纪以来的天启主义(apocalyptism)和末世论运动中兴盛一时,而这些宗教思潮无不具有诺斯替主义的特征。这些自我拯救的尝试是对唯名论神学直接而自然的反应,而对知识的追求恰恰在对拯救的向往中发展起来。

(二) 16—17世纪的自然知识与诺斯替式思潮

15世纪末,斐奇诺翻译的新柏拉图主义著作及《赫尔墨斯文集》与皮柯引介的基督教卡巴拉从意大利传向整个欧洲,这些最富有诺斯替主义气息的思潮深刻影响了整个16世纪的精神面貌。③ 与奥古斯丁主义传统不同,斐奇诺的神学赋予了人前所未有的地位与能力,而这种态度也同样包裹在魔法与炼金术的语言之中:

> 人类心灵有权为自身的神圣性辩护,不仅是(如我们说过的那样)通过借助技艺来构成和塑造事物,而且也通过依靠命令来转化事物的种类(species);而这项事迹被称为真正的奇迹,并非由于它超越了我们灵魂的本性(当灵魂被当作神的工具之时),而是因为作为某种罕见的伟大功绩,它能够引发赞美。在此,我们惊异于那些献身于神的人之灵魂能够统治元素,呼风唤雨,驱散迷雾,治愈人体中的疾病,等等。无疑,在某些时代不同民族都曾做出这些事迹,因为诗人曾将其歌唱,史家曾将其记述,那些哲学家中最优秀者(特别是柏拉图主义者)也不曾否定它们,古代神学家(尤其是赫尔墨斯与俄耳甫斯)为之作证,后世神学家也以其言

---

① Linden, op. cit., p. 22.
② Crisciani, op. cit., p. 23.
③ 德尔图良将柏拉图称为"诺斯替派的始祖",把诺斯替主义称为"基督教化的柏拉图主义",参见 Walter Pagel, *Paracelsus. An Introduction to Philosophical Medicine in the Era of the Renaissance*. Basel: Karger, 1982, p. 204. 关于卡巴拉思想与诺斯替主义的关联,参见 Philip Beitchman, *Alchemy of the Word. Cabala of the Renaissance*. New York: State University of New York Press, 1998.

行证明了这一点。①

斐奇诺高度评价了人的潜在能力，不仅由于人能够施行魔法或转化物质，而且也因为人能够在机械技艺方面取得高度成就，他对代达罗斯（Daedalus）和伊卡洛斯（Icarus）的赞扬也可说明这一点。② 通过拉扎雷利（Ludovico Lazzarelli，1447—1500）、罗伊西林（Johann Reuchlin，1455—1522）、特里塞米乌斯（Johannes Trithemius，1462—1516）及乔尔吉（Francesco Giorgi，1466—1540）的传播与推动③，浸染着诺斯替主义气息的"柏拉图主义神学"与赫尔墨斯主义及卡巴拉思想被积极接纳到基督教世界中，不仅影响了塞尔维特（Michael Servetus）、施文克菲尔德（Caspar Schwenckfeld）、弗兰克（Sebastian Franck）及魏格尔（Valentin Weigel）等富有影响力的神学异端④，而且庇护了阿格里帕与帕拉塞尔苏斯的自然哲学。16 世纪帕拉塞尔苏斯自然哲学最大的批判者埃拉斯图斯（Thomas Erastus）指斥其学说是古代诺斯替主义异端的复归，并把帕拉塞尔苏斯与包括术士西蒙（Simon Magus）、马克安及瓦伦提努斯（Valentinus）在内的诺斯替主义者相提并论；⑤塞内特（Daniel Sennert）则直言不讳地将帕拉塞尔苏斯关于无数疫病种子（seeds of disease）散落世界各处的观念称为"摩尼教的"（Manichean）。通过将人的精神本质看作与神圣本原及世界灵魂同源的"小宇宙"，帕拉塞尔苏斯肯定人能够依靠净化与完善获取长生。在这一方面，对疾病的治疗也拥有拒斥物质世界罪恶的含义。⑥ 同时作为医生、炼金术士与神学家的帕拉塞尔苏斯是诺斯替主义理想——知识与拯救相结合——的典型代表。

---

① 斐奇诺：《柏拉图主义神学》（*Theologia Platonica*），2:229. 转引自 A. P. Coudert, "Newton and the Rosicrucian Enlightenment". in *Newton and Religion: Context, Nature, and Influence*. Edited by J. E. Force and R. H. Popkin, Springer Netherlands, 1999, pp. 17-44, 22—23 页。
② Coudert, op. cit., p. 23.
③ 对这些人物的简要介绍参见 Frances Yates, *The Occult Philosophy in the Elizabethan Age*. London: Routledge, 2001; 及 Wouter J. Hanegraaff, ed. in collaboration with Antoine Faivre, Roelof van den Broek & Jean-Pierre Brach, *Dictionary of Gnosis and Western Esotericism*, Leiden: Brill, 2005.
④ 参见 Emmet McLaughlin, "Spiritualism: Schwenckfeld and Franck and their Early Modern Resonances." in *A Companion to Anabaptism and Spiritualism*, 1521-1700. ed. by John D. Roth and James M. Stayer. Leiden: Brill, 2007, pp. 119-162. 值得注意的是，与同时盛行的"古代神学"（prisca theologia）相似，这些人物或多或少都在基督教中引入了柏拉图主义及诺斯替主义的元素。
⑤ Pagel, *Paracelsus*, p. 315.
⑥ Pagel, op. cit., pp. 204-210.

这种诺斯替主义的拯救观对物质世界的鄙弃以及对灵魂重生与"新生"的追求也体现于一项炼金术士与卡巴拉信徒的共同兴趣中,也即人雏(homunculus)或人偶(golem)的制造。① 13 世纪初一部被归于犹大·本·巴提拉(Juda ben Bathyra)名下的卡巴拉著作讲述了一个传说:先知耶利米与其子西拉通过卡巴拉技艺创造出一个人偶,这个人偶诞生时额头上刻有文字:YHWH elohim emeth,意为"上帝是真理"。然而人偶自己用刀剔除了 Emeth 的首字母,于是这行文字变为 YHWH elohim meth,即"上帝已死"。在巴提拉的版本中,耶利米最后施法毁灭了这个人偶,意在表明神的创造力不可逾越,②然而当这个传说被罗伊西林译介至拉丁世界时,耶利米最后并非出于对神的敬畏而将人偶毁灭,相反,他询问人偶如何能够领悟造物主的奥秘,当人偶完成对他的教导后,随即自行消失。③ 这个差异反映了 16 世纪对知识与拯救关系的诺斯替主义理解的深刻影响,然而它也遥远地预示着尼采的著名宣言,以及技术时代的降临。④

当新柏拉图主义、赫尔墨斯主义及卡巴拉流行于欧洲时,16 世纪的宗教与知识氛围也同样被路德所发起的宗教改革所笼罩。路德是唯名论神学及毕尔的佩拉纠主义拯救论的有力反对者,然而他的神学却在某些方面接近诺斯替主义的立场,以至于被后世研究者看作马克安神学的回光返照。⑤ 人们通常认为,路德宗对恩典与信仰的依赖以及对理性知识的拒斥会对自然科学研究产生阻碍,然而实际上 16 世纪的路德宗信徒对自然具有非同寻常的兴趣。路德本人也说:"我们正处于新生命的开端,因为我们将要开始重获创世的知识,它由于亚当的堕落而丧失……在上帝的造物中,我们能够辨认他道的力量。"⑥他对炼金术持一种赞赏的态度:

---

① 参见 William R. Newman, *Promethean Ambitions: Alchemy and the Quest to Perfect Nature*. Chicago and London: The University of Chicago Press, 2004, 第 4 章。
② Voegelin, *Modernity without Restraint*, 第 280—282 页提供了两个不同版本。
③ Moshe Idel, *Golem: Jewish Magical and Mystical Traditions on the Artificial Anthropoid*, SUNY Press, 1990, pp. 177-178。另一个版本参见 Newman, op. cit., p. 183。
④ Voegelin, op. cit., 第 283 页以下。
⑤ 参见 Robin Bruce Barnes, *Prophecy and Gnosis. Apocalyptism in the Wake of the Lutheran Reformation*. Stanford: Stanford University Press, 1988, 第 1 章及哈纳克:《论马克安》,第 232 页以下。
⑥ Barnes, op. cit., p. 202。

我非常喜爱炼金术这门科学，它确实是古人的哲学。我喜爱它，不仅因为它在熔融金属、熬煎、准备、提取及精炼药草和树根等方面带来的好处，也由于它的象征和神秘含义及其精细，能够触及末日死者的复活。因为正如熔炉中的火焰从某种实体中提取和分离出其他部分，并将精神、生命、活力及力量带向上方，而不洁的物质及糟粕则留在底部，像死气沉沉的无用尸体一样；上帝也是如此，他在审判日将用火焰区分一切事物，将正直者与邪恶者区分开来。基督徒与正直者将升至天堂，并在那里永远居住，而邪恶者与不敬神者将如污秽废料一般留在地狱，并在那里遭受诅咒。①

路德宗信徒对自然的兴趣与路德神学中的天启主义与末世论元素不无关系。正如马克安在其时代经历的那样，路德教义将当代种种混乱与冲突看作末日将至的征兆，然而这种对末世的信仰已然包括了对世界秩序的承认。由于路德将被造物看作上帝之道的彰显，他的教义并不否认魔法与占星术等学问能够通过探究自然现象而揭示隐秘的意义。在路德宗信徒中，末世的压力往往与隐秘科学的追求结合起来，而对多数路德与帕拉塞尔苏斯的共同传人来说，追逐关于自然世界的隐秘知识就等同于获得拯救。这种诺斯替主义的氛围培养了一种对自然界的关注态度，一种真正的布鲁门伯格式的"理论好奇心"。因此，当布鲁诺于1588年离开威腾堡（Wittenberg）时，这位欧洲的异端真诚地赞颂了那里的智识环境，他在那里找到了精神上的共鸣，并且事实上度过了生平最为高产的一段时光。②

17世纪见证了种种隐秘科学与现代科学分道扬镳的过程，旧的知识模式在人们的怀疑与批判中分崩离析。造成隐秘科学退出历史的原因是多种多样的：韦伯斯特大学改革方案的失败、梅森与开普勒对弗拉德（Robert Fludd）的批判、三十年战争在德国的爆发、猎巫运动的高涨以及以卡索邦为代表的古典学家对《赫尔墨斯文集》的语文学考察，都对隐秘科学的流传造成了打

---

① Linden, *The Alchemy Reader*, p. 22.
② 参见 Barnes, *Prophecy and Gnosis* 第5章。

击。无论从宗教、政治还是科学的语境来说,隐秘科学都无法保留其合法性身份。① 然而隐秘科学的衰落并不等于诺斯替主义态度的消失,相反,它以另一种形式被保留和继承下来:相较于 16 世纪神秘主义气息浓厚的种种神智学思辨,追求知识的基本态度并未改变,而是被转译进了培根与笛卡尔对新科学方法的思考之中。同样地,炼金术与帕拉塞尔苏斯主义在 17 世纪具有千禧年主义思想的清教徒中极为盛行,而对亚当堕落之前完美知识的追求这一路德式的主题也获得了持久和深入的关注。② 魔法与炼金术在培根哲学中扮演的角色已是一个久经研究的主题,而笛卡尔思想的开端处同样有玫瑰十字会运动影响的回声。③ 当布鲁门伯格把培根与笛卡尔置于奥康与唯名论的对面,将其开创的现代自然科学传统看作"自我决断"的现代性的代表时,似乎应当指出,笛卡尔与培根所直接面对的并非奥康这样的唯名论者,而是在他们身边方兴未艾的种种诺斯替主义思潮。承认这两位哲学家在开创新时代过程中具有独特意义的同时,也应看到他们身上已经以各自独特的方式背负着诺斯替主义的历史遗产。

## 三　诺斯替主义、科学与现代性

金兹伯格(Carlos Ginzberg)在一篇文章中曾分析 16—17 世纪对《罗马书》11:20 "μὴ ὑψηλα φρόνει ἀλλὰ φοβοῦ"(你不可自高,反要惧怕)一句的解读史。④ 自从圣耶柔米(St. Jerome)将其译为"Noli altum sapere, sed

---

① 在 17 世纪自然科学确立自身合法性的过程中,原本同样属于自然哲学的各种隐秘科学经历了一个"重新划界"的过程。隐秘科学中的某些成分为自然科学共同体所承认和接纳,而现代被斥之为非理性反科学的各种"隐秘科学"实际上是这场划界运动的副产品。因此将现代对隐秘科学的理解读入 17 世纪之前的这些学科之中无益于增进对科学史的认识。对这一观点的详细阐发参见 John Henry, "The Fragmentation of Renaissance Occultism and the Decline of Magic." *History of Science*, xlvi (2008), pp. 1-48.
② 参见 Charles Webster, *The Great Instauration: Science, Medicine, and Reform*, 1626-1660. London: Duckworth, 1975; 及 Peter Harrison, *The Fall of Man and the Foundations of Science*. Cambridge: Cambridge University Press, 2007.
③ 吉莱斯皮:《现代性的神学起源》,张卜天译,长沙:湖南科学技术出版社,2012 年,第 228 页以下。另参见 Henri Gouhier, *Les Premières Pensées de Descartes*. Paris: Vrin, 1979。
④ Carlo Ginzburg, *Clues, Myths, and the Historical Method*. trans. John and Anne Tedeschi. Baltimore: The Johns Hopkins University Press, 1992, pp. 60-77.

time"以来，基督教诠释者常常倾向于将其解读为一句反对知识的教导："不可贪知高处之物"；而非取其道德含义"不要自傲"。16 世纪的寓意画作者仍然引用这一意象以反对普罗米修斯式的追求，然而 17 世纪对伊卡洛斯和普罗米修斯形象的刻画已经表达了完全不同的价值取向："Nil mortalibus arduum"（世上无难事）；"Nil linquere inausum"（敢于尝试一切）；以及"Sapere aude"（敢于认识）。在 18 世纪初，列文虎克出版了他与皇家学会的通信，以"Dum audes, ardua vinces"（唯勇克艰）作为扉页题词，这也标志着时代风气的最终转型。这两个世纪是人以非同寻常的意愿探索自然奥秘的时代，也是一个诺斯替主义气息浓厚的时代。诺斯替主义对近代早期看待自然知识的态度产生了本质性的影响，它将发掘自然的奥秘与获得拯救这一基督教世界中的最高理想联系起来。如果没有这种深切的目的作为动力，基督教世界对自然的关注最终只能是浮泛的。

在布鲁门伯格讨论近代早期理论好奇心产生的条件时，他将这种对世界的关心看作人的注意力从得救的确定性这一问题移开的后果，从而作为"诺斯替主义"的唯名论实际上使人不再将对知识的追求与得救联系起来，并且对前者的关注完全取代了后者。实际上，布鲁门伯格分析的出发点是完全正确的："隐匿之神"的出现确实导致人不能再去依赖这位神，从而将自然知识与宗教努力区分开来；但是这并未使人如布鲁门伯格所断定的那样"自然"地转向对世界的关注。拯救仍然是唯名论之后基督教世界中的最高目标，就此而言，诺斯替主义思潮的兴起是唯名论困境合理的后续。这些思潮对理论好奇心的兴起至少有同等重要的贡献，然而它正处于唯名论态度的反面，因为它是一种重建知识与拯救、自然与神之间关系的尝试。唯名论教导人"如上帝已死一样行动"，而诺斯替主义则要求人"努力成为神"，这两种观念在现代世界中扮演着同等重要的角色。

准确地说，布鲁门伯格的"诺斯替主义"应当被看作真正诺斯替主义的引子，我们已经看到，各种诺斯替式思想的流传与回归可以说恰恰来自于对唯名论的回应。就其界定而言，布鲁门伯格的"自我决断"概念失于宽泛，并且他并未论证唯名论之后兴起的种种诺斯替思潮对塑造"自我决断"的关键意义。这是由于布鲁门伯格的观念史叙事中忽略了一个关键的环节：在唯名论与启蒙运动之间，人们诉诸种种带有诺斯替主义色彩的秘传学说和泛神论来弥合知识与拯救的鸿沟，而现代的诞生恰恰就经历了这一过程。尽管布鲁门伯格尝试区分"自我决断"与"自我强化"，但现代社会所面对的真实处境中难以找到将二者截然区分开来的依据。布鲁门伯格的著作所论证的主题实际上是"真正的（也即理想的）现代是对诺斯替主义的第二次克服"，而不是他所愿望的"现代是对诺斯替主义的第二次（也即最终的）克服"。① 因此，对唯名论的克服绝不能等同于对诺斯替主义的克服，并且任何一种对"现代性的神学起源"的书写，都将无法回避诺斯替主义这一话题。当施特劳斯在与约纳斯的通信中将诺斯替主义称为"对古希腊自然（physis）观念最彻底的反叛"时，②我们似乎能够超出布鲁门伯格的分析框架，去进一步思考现代性与这种古代晚期激进宗教思潮的内在关联。

# Gnosticism, Science, and Modernity: Reflections on Blumenberg's Thesis

## Gao Yang

**Abstract:** Blumenberg maintains that modern age is the second overcoming of Gnosticism, which is marked by the appearance of nominalism, and he contends that the "theoretical curiosity" which is highly significant for the development of modern science is born in accompany with this overcoming. This thesis supplies an important clue for the study of influence of gnostic thinking on the scientific revolution as well as the birth of modernity. In fact, nominalism is only the fuse to the revival of gnostic thinking in early modern Europe, while a variety of gnostic thought trends in the wake of nominalism

---

① 因此布鲁门伯格无法同意约纳斯的观点，即现代仍然需要第三次克服诺斯替主义。参见 Benjamin Lazier, "Overcoming Gnosticism: Hans Jonas, Hans Blumenberg, and the Legitimacy of the Natural World." *Journal of the History of Ideas*, Vol. 64, No. 4 (Oct., 2003): 619-637, 第 625 页以下。

② Lazier, op. cit., pp. 631-632.

have played important roles in fostering "theoretical curiosity" and the spirit of modern science. Gnosticism is not overcome by modern age, it still lies deep in the essence of modernity.

**Key words:** Gnosticism; Science; Modernity; Blumenberg

书讯

# 《大卫·休谟传》

〔美〕欧内斯特·C. 莫斯纳（Ernest Campbell Mossner）著，周保巍译

杭州：浙江大学出版社，2017 年 10 月

欧内斯特·C. 莫斯纳毕业于哥伦比亚大学，是德克萨斯大学英语系教授。他的主要研究领域为英语文学与 18 世纪启蒙哲学，休谟是其主要的研究人物。他除了在顶级历史、文学和哲学期刊发表了数十篇与休谟相关的高质量研究论文外，还撰写并编辑了《被遗忘的大卫·休谟：好人大卫》《休谟新书信》（与 R. Klibansky 合编）等著作，对 20 世纪下半叶休谟解释的发展有重大的贡献。

本书是作者为了理解休谟的思想倾向与习惯性格所做的休谟传记。自 1954 年首次出版以后，这本书便产生了巨大影响并多次再版。本书便是根据作者在 1980 年重新修订的第二版翻译而来。全书很好地把握了休谟的思想活动与生平事迹之间的平衡，并参考了之前 T. E. 里奇、约翰·希尔·伯顿与 J. Y. T. 格雷格为休谟所做的三部传记，休谟的友人詹姆斯·鲍斯维尔的记述，以及现代学者所整理的大量休谟书信。全书共分"人性的研究者，1711—1744""人性的观察者，1744—1749""杰出的文人，1749—1763""世界公民，1763—1769""苏格兰的圣大卫，1769—1776"五个部分来介绍休谟生平的不同阶段，同时附上了休谟为自己所作的自传，全景式地展现了休谟作为哲学家、政治理论家、经济学家、历史学家和文人的一生，从而能帮助学者们更好地理解大卫·休谟的思想倾向及其理论语境。本书是理解休谟思想，乃至理解整个 18 世纪英国政治思想的重要学术文献。本书的引进，对我国 18 世纪哲学史及思想史的相关研究具有重要价值。（赵洪彬）

# 伪装虔敬与共和德性的教养

## ——试论马基雅维利思想中宗教与共和德性的关系问题*

顾超一**

**提　要**：在剑桥学派有关马基雅维利共和德性观念的诸多研究著作中，对于宗教与共和德性关系的看法大概呈现两种态度：波考克认为马基雅维利发现的新德性以摆脱神意影响为其前提，斯金纳与维罗里则侧重于从道德性的一面理解马基雅维利共和德性观念，进而肯定宗教通过修辞形式教养公民德性的作用。本文认为应当从"伪装虔敬"的角度加深理解，一方面揭示大人物运用宗教的过程中突破宗教之善的必要性，另一方面说明，马基雅维利主要呈现了利用宗教向人民施加必然性而激发德性的方式，而非通过宗教教养人民道德良善。另外，对于尤其重视道德教养而脱离世俗政治的基督教，马基雅维利暗示它的长期教养提供了一个特殊的时机使人民得以恢复完全的自由，因而通过戏剧《曼陀罗》向读者提供了反叛并改造和运用基督教的示范。

**关键词**：伪装虔敬　人民　德性　良善　基督教

---

\* 本文中引用马基雅维利著作将采用著作缩写加章节号的形式，以括号在行文中进行标注。参考翻译版本如下：Niccolò Machiavelli, *The Prince*, translated and with an introduction by Harvey C. Mansfield, Chicago: The University of Chicago Press, 1998; Niccolò Machiavelli, *Discourses on Livy*, translated by Harvey C. Mansfield and Nathan Tarcov, Chicago: The University Of Chicago Press, 1998; Machiavelli, *Art of War*, edited and translated by Christopher Lynch, Chicago: The University of Chicago Press, 2005; Machiavelli, *The Comedies of Machiavelli*, edited and translated by David Sices and James B. Atkinson, Indianapolis: Hackett Publishing Company, Inc.。

\*\* 顾超一，1988年生，中央民族大学哲学与宗教学学院博士后。

在很长的时间里,马基雅维利一向被认为批评基督教德性,"传授邪恶"①。剑桥学派几位学者另辟蹊径,致力于揭示马基雅维利关于共和德性的观念。在相关研究中,几位学者同时需要对马基雅维利的邪恶言论做出解释。例如,斯金纳指出,马基雅维利笔下的德性(virtu)指的是"为了拯救国家和维护其自由所必需的那些品质",从这一方面来看,他只是文艺复兴时期所萌发的德性观点的继承者。但与此同时,斯金纳认为马基雅维利确实鲜见地采取了一种彻底的怀疑主义的眼光,基于对人类之邪恶的判定,发表了诸多违背传统德性观以及基督教德性观的惊人言论。斯金纳似乎并不试图对于马基雅维利的这一独特面向做出过多的评价。关于如何在这两个面向之间求得某种统一的解释,他只是表明,马基雅维利的德性观点仍应被视作一种政治的道德观点(morality)——马基雅维利就"应当做什么(以保卫国家)"发表了与同时代人对立的观点。②

斯金纳对马基雅维利的这种温和解读同样体现在对其宗教观点的解释中。在斯金纳看来,马基雅维利批评基督教教养对公民德性的败坏,但同时主张对基督教进行某种改革,使其能够对于公民德性的教养起到积极的影响。斯金纳引用了《论李维》中的一个重要表述:"他们根据闲逸而不是德性解释我们的宗教。如果他们考虑我们的宗教如何允许我们壮大并捍卫自己的祖国,他们就会认识到,我们的信仰希望我们热爱自己的祖国,为它增添荣耀,为保护它而做好准备(DL 2.2.2, p.132)。"③

与斯金纳相比,波考克对于马基雅维利笔下共和德性与基督教教养的矛盾做出了更为深入的探讨。他指出,马基雅维利对于现代共和德性的发现所做出的贡献恰恰在于他真正将共和国置于一个命运世界之中。公民做出政治行动保卫祖国,不是基于自然秩序的规定或永恒神意的主导,而是根据历史的境况、偶然性的条件自行应对。公民以其不同的德性构成共和国的德

---

① 参见施特劳斯的著名论断。Leo Strauss, *Thoughts on Machiavelli*, Chicago: The Free Press, 1958, p. 15.
② Quentin Skinner, *The Foundations of Modern Political Thought*, Vol. 1, The Renaissance, Cambridge: Cambridge University Press, 1978, pp. 135, 184-186.
③ Quentin Skinner, *The Foundations of Modern Political Thought*, Vol. 1, p. 167.

性,使共和国得以战胜命运、延续自由。① 波考克可能会赞同斯金纳对于共和德性之道德性的评价,因为他同样提出,当公民将公共之善置于私己的欲望之先捍卫自己的祖国时,他们所表现的就不仅是德性(virtù),而同时是一种美德(virtue)。但波考克强调共和德性首先建立在对于永恒秩序与神意的拒斥之上。在对《论李维》的解读中,波考克指出,对于罗马公民的教养而言,宗教只是在非常低的意义上发挥作用,公民在宗教的激励下献身祖国,但真正展现德性却是在面对敌军的战斗之中;甚至宗教教养的结果也只是公民在需要时能够"置兆卜与不顾,把握自己的未来"②。更不用说罗马宗教由于与共和国有着共同的掌控命运的目标而具有相当的优异性,并不像基督教一样可能赋予社会之善以任何超验的因素。波考克没有为读者指明马基雅维利看待基督教教养乃至宗教教养的最终想法——他亦并不甚关心这一点,而我们则可以由此推测他所可能抱有的消极态度。

波考克通过他的分析尝试更深入地揭示马基雅维利的共和德性的独特观念及其思想意义。就这一共和德性的理解而言,马基雅维利著作中涉及宗教教养的部分显然构成了某种障碍:马基雅维利对待基督教的态度似乎本该更为激进,而面对《君主》末章激励意大利人的宗教修辞以及《论李维》密集介绍和赞美罗马宗教的篇章,我们亦需要一些更为曲折周密的解释。剑桥学派的另一位马基雅维利研究者维罗里(Viroli),在他的研究的前言部分直接表明了自己与波考克的分歧③。维罗里认为,宗教教养对于马基雅维利构想共和德性以及共和政体都具有重要的意义。

维罗里的马基雅维利研究是受到斯金纳的启发而作。他以一部书的篇幅更为全面和充分地说明了马基雅维利对于革新基督教这一想法的青睐。为了佐证这一点,维罗里将马基雅维利的观念重新接续到文艺复兴的语境之中,指出在广泛的文艺复兴时期论者中,普遍存在着一种革新基督教的观念,

---

① Pocock, *The Machiavellian Moment: Florentine Political Thought and the Atlantic Republican Tradition*, Princeton: Princeton University Press, 1975, pp. 184-185, 213-214.
② Pocock, *The Machiavellian Moment*, p. 201.
③ Maurizio Viroli, *Machiavelli's God*, translated by Antony Shugaar, Princeton: Princeton University Press, 2010, p. 24.

要求通过使其完成一种朝向政治德性的转向而得到**重生**①。在其后续研究中，维罗里将这种宗教观念统称为一种"公民基督教（civic Christian）"，并且认为它不仅出现在学者的论著中，同时也基于相当程度的宗教实践②。维罗里的这些工作为斯金纳的判断做出补充，对于以下问题给出了一些模糊的答案——基督教究竟如何能够转变为教养公民德性的宗教。例如，维罗里为我们揭示，文艺复兴时期的学者将公共之爱与私人之爱的对立与基督教的贪欲（cupidity）与仁慈之爱（charity）两个对立观念相联结，提出对公共之善的爱或祖国之爱（caritas patriae）是达至完美的仁慈之爱的某种准备或完备的形式，以此教导人们，一个基督徒必须通过政治德行的实践来获得完美的信仰与基督教德性③。在马基雅维利的著作中没有出现贪欲与仁慈之爱等基督教字眼，不过也可以找到不少关于公共之爱与私人之爱的讨论。通过阅读维罗里的语境分析，我们似乎很有理由推测，马基雅维利一定了解这种"公民基督教"的教养方式，并且或许并不反感。

  维罗里的这番解答虽未能如波考克要求的那样使公民摆脱神意的影响，但亦完成了德性与基督教教养的转向。只不过，我们难免怀疑，将马基雅维利还原至一个"公民基督教"的观念之中是否使他的德性观念显得过于"平常"。事实上，斯金纳在对《君主》的解读中已经指出，马基雅维利的那个"邪恶"面向对于宗教的挑战要更为尖锐一些。他不仅教导君主要不惮于违反宗教德性，而且宣称伪装虔敬的好处："一位君主，尤其是一位新君主……常常不得不背信弃义，不讲仁慈，悖乎人道，违反神道"，"如果显得具备这一切品质，那却是有益的，你要显得慈悲为怀，笃守信义，合乎人道，清廉正直，虔敬信神"（P 18.5）。而斯金纳未曾提到的是，在《论李维》的共和国中，马基雅维利向我们介绍的罗马宗教也体现了几乎相同的逻辑。我们容易感觉到，伪装虔敬似乎更为典型地代表了我们对于邪恶的马基雅维利的一般印象。然而，伪装虔敬与教养德性是可能共存的吗？以下我们将对马基雅维利笔下"伪装虔敬"这一主题展开更为详细的探讨，以期获得对于马基雅维利有关宗教教

---

① Maurizio Viroli, *Machiavelli's God*, pp. 86-88.
② Maurizio Viroli, *As If God Existed: Religion and Liberty in the History of Italy*, translated by Alberto Nones, Princeton: Princeton University Press, 2012, pp. 1-2, 5.
③ Maurizio Viroli, *Machiavelli's God*, pp. 449-455, 68.

养的想法更进一步的理解。

## 一 按照必然性解释宗教

马基雅维利在《论李维》中描述了很多罗马执政官、元老院以及军队将领不信宗教而又运用宗教教导人民①的例子。这些内容似乎较之《君主》中的相关表述少了很多惊世骇俗的效果。大体由于两个方面的原因。首先,罗马宗教的主要形式基于"回应神谕、预言家和占卜师的团体",罗马人在重大事件以前通过占卜获知神明有关吉凶的预言,或者在神庙祈求接受神明的谕示,以此避免灾祸、把握命运(DL 1.12.1)。伪装相信宗教既不违背某种诚挚信仰的要求,也不涉及道德上的恶行,官员和将领不信兆卜并不意味着就要背信弃义、悭吝寡仁。另一方面,马基雅维利没有运用"显得虔信"这样的表达,而是将其转换为例如"维护宗教礼仪的纯正""维护宗教基础""共和国的虔敬"等等,并且这样做的目的也是对于神谕、卜象等做出"解释",使之与自己的计划相符(DL 1.12.1;1.14.2-3)。

通过引用李维罗马历史的记载,马基雅维利向读者表明,不仅语意含混的神谕可以得到解释,即使是不利的卜象同样可以进行"解释"。执政官帕皮利乌斯在对萨谟奈人的战斗前认为胜券在握、准备开战。然而鸡占显示凶兆,鸡未进食。这时,帕皮利乌斯没有怯战或是暂缓开战,而是声称报告卜兆结果的鸡占师说了谎。在战斗中,帕皮利乌斯下令将鸡占师置于战阵之前列。当鸡占师被射杀时,他就告诉自己的士兵,军队的过失已经由此得到洗刷,众神的怒气已经消散,使军士们相信众神仍然站在他们一边(DL 1.14.2-3)。

在维罗里的研究以前,纳耶米(Najemy)就曾提出从"宗教解释"的角度理解马基雅维利的宗教观。他认为,我们可以采取一种更加中立的观点:马基雅维利视宗教为一种必须敬畏的"文化和社会力量(force)",他在讨论这些问

---

① 在讨论贵族和元老院与平民之间的敌对和制衡关系时,马基雅维利将后者称之为"平民(pleb)",这其中也包括贵族和元老院利用宗教引导和抑制平民的段落。然而更多时候,马基雅维利称后者为"人民(people)"。在集中讨论罗马宗教的章节中,马基雅维利一开始称后者为"公民(citizen)",但是很快这个称呼就被"人民"代替。

题时可以不去涉及宗教真理的问题,而是去比较宗教经过不同的解释后能够达成特定目标的效果(effect)以及造成社会影响的力量(power);而研究者亦可以免于回答马基雅维利的个人信仰倾向这个困难的问题①。维罗里的研究很大程度上也是基于这一视角而展开②。

然而二人对于这条中间道路的信任可能有些过于乐观。我们看到,马基雅维利在帕皮利乌斯事例出现的篇章标题中写道,"罗马人按照必然性(according to necessity)解释卜象(DL 1.14)"。这里的必然性一词较之其他各处的用法更少开罪(excuse)的意味(DL 1.9)。例如以下几种用法"除掉反对者的必然性"(DL 3.30)、"一人掌权的必然性"(DL 1.9)、"行骗的必然性"(DL 2.13),马基雅维利都着力介绍了不得不行事"邪恶"的原因,总体上正是马基雅维利在《君主》中已经表达过的观点,"厕身于许多不善良的人当中(P 15.2)"③。而宗教制度是由罗马的第二任国王努马精心引入罗马城中(DL 1.11.4),马基雅维利在此也表明了维护宗教制度的好处。遵守宗教礼仪进行占卜,不像是一个艰难处境下不得已的行为,而是帕皮利乌斯等罗马人主动的选择,而"按照必然性解释"则说明解释宗教需要依据的原则。在正文中,马基雅维利将这一原则称为"理性的指示"——"当理性向他们表明他们应做某事时,则不管卜象吉凶,他们都会千方百计去做"。换言之,帕皮利乌斯要去做那些根据他对作战条件与敌我形势的判断为罗马城的安全和荣耀所必然要求的事,而不信兆卜似乎正是他这样做的前提。或许我们可以按照纳耶米与维罗里的意思——帕皮利乌斯可能并非不信兆卜,但他无论如何必须能够突破卜象的限制,将自己的判断置于神明的谕示之先,才能使他的宗教解释最为有效地引导行动。

---

① John M. Najemy, "Papirius and the Chickens, or Machiavelli on the Necessity of Interpreting Religion", *Journal of the History of Ideas*, Vol. 60, No. 4, 1999, pp. 665, 667-668.

② 维罗里在介绍马基雅维利修辞理论时,称马基雅维利抱有如下信念,即宗教依靠言辞的力量为生(live on the power of words),随后,亦使用"言辞的力量"这一概念解释马基雅维利的修辞观点。另外,维罗里在《马基雅维利的上帝》再版前言中回应批评时明确表示,他并不认为上帝在马基雅维利的灵魂中占据核心位置,真正给予他生命的是一种渴望世俗不朽的祖国之爱,他认为能够拯救人类于悲惨境地与死亡之恐惧的是一种人类之爱,其与上帝慈爱具有相似性,但并不相同。Maurizio Viroli, *Machiavelli's God*, pp. 99-102, xiii-xiv.

③ 参见班纳与曼斯菲尔德对于马基雅维利对于"必然性"的用法的解释。Erica Benner, *Machiavelli's Ethics*, Princeton: Princeton University Press, 2009; Mansfield, *Machiavelli's Virtue*, p. 16。

我们将语境置换到基督教或许可以使"伪装虔敬"的意涵更为凸显。马基雅维利在他对基督教的直率批评中,曾经提到宗教解释的问题。我们前文已经有所引用,马基雅维利认为,今日之基督教的教养使人德性败坏,原因是教士品性懦弱,"根据闲逸而不是德性解释宗教"(DL 2.2.2, p.132)。马基雅维利在这里将宗教解释的原则称为德性,对应热爱祖国、捍卫祖国和增添荣耀的行动,与教士的解释原则相对立。纳耶米也引用了这个段落,他认为,这里提到基督教与前述罗马宗教构成了某种平行关系,二者都是有待被解释的。解释赋予宗教现象以明确的指向和独立的意义,因此不会产生虔信抑或亵渎的问题①。那么,马基雅维利是这样认为的吗?

在《论李维》第三卷第一章,马基雅维利谈到王国、共和国与教派的存续问题,称它们在开端处都包含某种善,由此获得最初的声誉和生命力。随后也是因为这种善的腐败而导致复合体的衰落和消亡;另外,马基雅维利认为通过及时地回到开端之善可以使复合体得到更新和延续(DL 3.1.2)。值得注意的是,在这一段讨论中,罗马宗教和基督教并没有获得同等的地位。在开篇的立论中"教派(sect)"一词有着明显的基督教背景,后文举例也可以看到,马基雅维利讲述了基督教如何通过方济各与多明我的典范作用使"教派"复归开端之善(DL 3.1.4)。而关于罗马宗教的讨论则散见在有关罗马共和国之兴衰的讨论之中。其中包括罗马如何由于法兰克人的占领这样的外部打击,而使懈怠的宗教仪式以及其他遭到腐蚀的制度和秩序恢复如初(DL 3.1.2)。在马基雅维利看来,延续至今的基督教教派是有着独立之善的复合机体,而罗马的宗教制度却是作为罗马制度的一个部分共同体现了属于罗马共和国的善。

罗马作为共和国之善与基督教教派之善亦有所不同。从马基雅维利具体的举例来看,罗马共和国之善主要指罗马的制度,以及由此培养的公民的虔敬、公正、崇尚德性等良善的表现。这可与第一卷中的若干表述相互印证,马基雅维利在那里提到,一个共和国赖以建立和延续的基础是某种特定的政治制度(DL 1.2.1)。换言之,所谓罗马共和国之善即《论李维》前两卷向读者介绍的,罗马的政治制度体现德性、鼓励德性,使罗马能够在频繁的对外战争

---

① Najemy, "Papirius and the Chickens", p.680.

中不断获得胜利。而基督教教派之善则是基督清贫的人生典范,避免以恶制恶,将罪人留待上帝惩罚。教派的延续同样依赖于某些宗教制度(DL 1.12.1),然而这一制度与德性无关,甚至抑制德性的产生。马基雅维利强调,基督教之善存在于人的心灵,教士通过忏悔和布道赢取人们信任以挽回和更新教派之善,似乎表示,对于基督教教派而言,声誉才是它的全部生命力所在。

那么,要实现马基雅维利所说的按照德性解释基督教,就需要突破清贫之善与基督教道德之善的限制,将其由一种具有独立之善的机体转化为体现共和国之善的一个部分,将共和国的目标、德性的原则置于基督教的信仰之先。这是纳耶米与维罗里的讨论未曾明言的前提。两位学者运用有待解释的宗教这样一个概念——来自一种接受了马基雅维利原则以后对于宗教的现代理解,用来解释马基雅维利的貌似有些贴合之处,然而无法揭示马基雅维利改造基督教所包含的深刻意涵。但是,是否像波考克所说的那样,不仅共和国大人物的德性以突破宗教之善作为前提,人民亦将最终摆脱宗教的影响做出真正的德性行动?抑或宗教对于人民的教养发挥某种重要的作用?

## 二 罗马宗教:培养良善(goodness)与激发德性(virtù)

通过前文分析我们可以看到,在《论李维》中,罗马宗教是作为一种有德性地运用宗教的范例而被提出,与基督教直接相对。然而,对于一切尝试从马基雅维利主张宗教运用一面进行理解的学者而言,《论李维》中描绘的罗马宗教的模式很容易带来一种理解上的不安:通过某种宗教解释,大人物就能成功引导人民做出符合计划的行动,应当如何理解这种宗教教养的性质?萨索(Sasso)即深入阐发了马基雅维利笔下宗教作为"统治的工具"与"人民深刻的宗教生活"两个视角之间的矛盾[①]。波考克与维罗里代表了剑桥学派解决这个问题的两种思路,我们看到,波考克努力贬低宗教对于共和德性以及共和体制的意义。而另一面,维罗里则提出"修辞"的概念尝试进行某种弥合。

维罗里指出,马基雅维利同时代的人文主义学者普遍相信修辞对于增进

---

① Najemy, "Papirius and the Chickens", p. 663; Viroli, *Machiavelli's God*, p. 5.

宗教、培养德性起到重要作用,通过光辉的言辞能够彰显人的德性和伟大功绩,使人们感到祖国的神圣性①。在马基雅维利的著述中,尝试直接在宗教与爱国热情、公益之心之间建立关系可能会遭遇一些困难。维罗里也只能在马基雅维利的书信中找到一些非常曲折的例证②。我们暂且不去讨论这个段落,只是指出,马基雅维利多次表达过,爱国热情是一种不同于宗教的自然情感。在共和国中,每个公民都能从城邦的功业中受益,增加公共之善也就是增进自己的利益(DL 2.2.1),从这个表述来看,爱国热情更多来自私己欲望的延伸,而不是受到宗教教养的道德之善。

事实上,我们会在《论李维》中看到,马基雅维利多处赞美人民的宗教虔敬与遵纪守法、爱好公正等良善的品质相伴。一旦士兵丧失虔敬,严明军纪变得不可得,军队的德性也就无从谈起(DL 3.31, 3.33)。而对于共和制度同样重要的是,罗马宗教尊崇英雄的统帅与伟大的(共和国)君主,宗教仪式盛大而残忍(DL 2.2)。受此教养的罗马人看重世俗的荣耀,崇尚英雄,选拔具有德性的官员和将领,而不是追捧金钱与权势建立依附关系。根据马基雅维利所说,罗马宗教的教养使人民保持良善,从而有益于公民自由以及共和政治。但与此同时,马基雅维利也提到了人民的宗教虔敬与良善品性的脆弱性。如果不能每隔十年通过一些有德性的公民做出杀人的恐怖举动或是遭遇外敌入侵等等,使罗马回到"开端",重新面对必然性的强迫,人民就会非常容易陷入腐败,忽视宗教仪式,轻贱法律和制度(DL 3.1.2-3)。施特劳斯曾经在《关于马基雅维利的思考》中指出,《论李维》中罗马人民保持虔敬和良善更多是依靠天真和某种朴素的诚实,宗教教养并不能延缓腐败的发生,甚至连宗教虔敬本身也很容易丧失③。

于是,我们会发现,马基雅维利在《论李维》中大量引用的是一些对宗教的另外的应用,观察这些描述,我们会感觉宗教本身就是一种恐怖手段。这类宗教运用常常以结合誓言的方式出现。萨姆尼人屡屡战败于罗马人,在决定最后一搏后,他们举行了一场严格遵守古礼的宗教仪式,以使士兵抱定顽

---

① Viroli, *Machiavelli's God*, pp.90, 102.
② Ibid., pp.69-74.
③ Leo Strauss, *Thoughts on Machiavelli*, Chicago: The Free Press, 1958, pp. 230-231, 263-264.

强的精神。马基雅维利详细描述了这个仪式:士兵头着羽饰的头盔,身着半幅白衣,四万人于阵亡的烈士与燃火的祭坛前列阵。在血腥的牺祭过后,"士兵们被命令用一种令人毛骨悚然的咒语和韵文来一个接一个地向神发誓"。誓言的内容是:"司令官让他们开赴何地,他们就要马上前往;绝不临阵逃脱,并杀死他们看到的一切逃兵。有不从者,其家长和子女也将受到报应。"(DL 1.15.1)作为强大罗马的对手,萨姆尼人的最终结果仍然是失败。① 不过我们也看到大量罗马人运用宗教获得成功的例子:罗马人面临汉尼拔的凶猛进攻想要逃往西西里,西庇阿"手提利剑威逼他们(罗马人)发誓不放弃家园"(DL 1.11.1)。

马基雅维利在《论战争的技艺》中指出,誓言的作用在于使士兵保持畏惧,"他们为自己可能犯下的每个过错受到威胁,不仅畏惧来自人的惩罚的威胁,更畏惧来自神的威胁"。这样的方式较之道德教养有着更为广泛的应用,马基雅维利甚至声称,誓言是宗教的(军事)运用中最为核心的方式(AW 4.141-144)。当生命面临直接的威胁时,个人与城邦共同利益的模式面临失效,平日养成的奉公守法的良善品质难以支撑人民做出英勇的政治行动。而对于"那些对法律和祖国不再保持敬重的人",通过神的威胁反而能迫使他们做出符合公益、展现德性的行为(DL 1.11.1)。

马基雅维利对于宗教作用的这种描述突出体现了他的独特的人性观点。马基雅维利在《论李维》开篇就曾借古人之言指出,"人们若非由于必然性(through necessity)就不会做任何良善之事,只要还有选择,人总是会利用放肆的机会,使每件事都陷入混乱与无序"(DL 1.3.2)②。人民无法超出自己生命保存的欲望而行事,在城邦遭遇危急时刻展现德性。并且人民的这种品性不仅在建城开端以及军事攻伐的特殊状态中展现出来,在一般的城邦生活中同样有所表现,一旦必然性没有那么迫近,平民就会产生野心和贪欲,谋求更多

---

① 在总结时,马基雅维利说,"他们由宗教和誓言形成的顽强精神不能抵挡罗马的德性与既往的失败引起的恐惧"(DL 1.15.1)。
② 此处具体语境似乎更多指贵族,没有王权的限制就要侵犯平民。不过在"为军队施加必然性"一节中,马基雅维利再次引用相似的格言,"假如不受必然性的驱使,人的双手和语言便不会完美地工作(work),他的劳作也达不到人们所见到的那种高度"(DL 3.12.1)。可见这一评价适用于一切需要自然或人为施加必然性而做出有益于共和国行为的人。

的政治权力和经济利益,对于共和制度提出变更,与贵族之间产生纷争。在这种背景下,宗教是一种能够迫使人民超出自身的手段。

在《论战争的技艺》中,马基雅维利将誓言、神谕等宗教运用与将领的一般喊话以及对士兵施加必然性二者相并列,作为激励士兵顽强作战的几种方式。其中,一般的喊话包括"驱除恐惧,点燃斗志,增进顽强,揭露欺骗,许诺筹赏,显示危险,表明避险途径,注入希望、赞誉、羞耻"(AW 4.139)。我们记得,马基雅维利通过帕皮利乌斯的例子告诉我们,在战斗以前进行占卜并在必要时给予巧妙的解释,能产生一些同样的效果,例如增进顽强,为士兵注入信心和希望。但马基雅维利在讨论喊话以后特别介绍了宗教的作用,显然认为"声称自己与神说话"有着一般的人类言辞无法比拟的效果(AW 4.141-146)。后面的讨论也支持我们的这一猜测,马基雅维利最后提到了对士兵施加必然性,并且说明,使士兵陷入绝境,拿走一切自救的希望,是"使士兵变得顽强的准备中最为优越的一种"(AW 4.148;DL 3.12.1)。上述三种方式仿佛构成了一个序列,而在宗教的各种运用中,很可能也存在这样的次序,例如谕示吉利的卜象和神谕①、对神发誓、包含诅咒的神谕:越靠近最后——使士兵陷入绝境,就越能使士兵在死生莫测的作战中,甚至在显著的不利境地中保持顽强的精神,坚毅不屈地战斗。

罗马人将神明视为可以掌握命运的力量,而非属于心灵之事,通过宗教威胁神罚或诅咒便是向人民施加必然性的一种便利方式。当然这种宗教运用依赖于人们对神明的虔信因而不及现实的绝境。不过马基雅维利也举例说明,很多时候由于神罚带来的威吓巨大,即使出现揭穿宗教运用的言论,人民也会在即将违犯神意时有所收敛(DL 1.13.2)。罗马的大人物们通过巧妙地运用宗教,迫使人民为罗马的前途做出正确的决定,甚至使人们迸发非同寻常的精神力量,成就英勇光辉的事迹。马基雅维利在《论李维》的文本中充分揭示了大人物与人民的不同,于顺境与逆境中坚韧如一(firm)(DL 3.31.1),具有一种英勇好战而又不屈不挠的精神,始终选择主动进攻,永远"不择手段

---

① 罗马人攻打韦伊人的城邦时,士兵围城日久而心生倦怠,想要返回罗马放弃攻城。恰逢阿尔巴诺湖水面未经降雨而奇怪地上升,而罗马人得到了阿波罗神的神谕——阿尔巴诺湖水溢出之时罗马人就会破城,军士们看到了胜利的希望,因此得以忍受痛苦,坚守到最后破城(DL 1.13.1)。

地获取胜利"(DL 1.14.3；3.33.1)，运用德性挑战命运，是只属于英雄人物的品质。但如果使人民处于"要么取胜,要么去死"的境地中,他们为了求得生存也能与那些伟大的人物形成某种短暂的一致。

值得注意的是,马基雅维利在《论战争的技艺》中关于如何激励士兵的说明正是在一个讨论修辞的语境下展开,我们可以由此对维罗里的修辞解释进行一个更为直接的检讨。在讨论一开始,马基雅维利认为他要说明的是如何说服大众的问题,怎样移除其中与公共善或与自己的相左的意见。因为他认为,说服一个人非常容易,依靠自己的权威就可以做到,如果权威不奏效,还可以直接施加武力(force)，然而说服大众就存在很大的困难,这时必须完全依靠于言辞,不能依靠权威(AW 4.137)。不过很快我们会发现,将领的喊话并不作用于意见,而是"做一切熄灭或激起人类激情的事"。或者说,对于马基雅维利而言,激荡并操控人们的情绪正是使他们接受意见的方式。其后关于誓言以及使士兵陷入绝境两种方式的讨论则表现得更为突出,马基雅维利的叙述特别地营造了这样一种感觉,士兵并不是真心接受了关于共和之善的意见,而是迫于自保的需求,人民仿佛受到了某种欺骗。

根据雷默(Remer)的研究,在经典的修辞理论中,亚里士多德直接将没有理由、不是由某种意见或思考引起的纯然情感的变化排除在研究和讨论的范围之外；西塞罗虽承认一种完全由演讲者的表现产生的情感的感染,但亦强调,只有演讲者呈现出完全诚挚的情感,他所表现和引起的情感变化与他的说理相符,而毫无隐藏的机密,才能实现这种共情[1]。我们在维罗里引述的文艺复兴人文主义者的修辞理论中可以看到这些主题的复现[2]，而维罗里尝试在这一语境中理解马基雅维利,强调修辞突显祖国的神圣性,引起祖国之爱等等,也是希望提供这样一种道理或道德的中介,使得马基雅维利笔下的宗教运用摆脱控制人民或欺骗人民的指控,使人民在被说服时与宗教的解释者达成某种共情,实现道德的共鸣。

然而前文已经表明,我们在马基雅维利的著作中真正看到的却是道德品

---

[1] Gary Remer, "Rhetoric, Emotional Manipulation, and Political Morality: The Modern Relevance of Cicero vis-à-vis Aristotle", *Rhetorica: A Journal of the History of Rhetoric*, Vol. 31, No. 4, 2013, pp. 407-409, 416-420.

[2] Maurizio Viroli, *Machiavelli's God*, pp. 89-91, 103.

质(goodness)的脆弱性以及修辞对情感的鼓动。将领的喊话即为"伪装",其内容并非告知有关战机的真实判断,其表现亦不必出于真挚的情感,只以唤起精神、鼓动出战作为目标。而最为可靠的宗教运用,以及最为有效的修辞,则不仅仅操纵情感,必须最大可能地调动求生的欲望,使人民暂时地持有某种强烈而坚毅的精神。在马基雅维利的思想世界中,野心勃勃挑战命运的大人物与无法超出自保欲望行事的人民不可同化。只有通过宗教或其他伪装之下的强迫,人民才可能自发地按照大人物的计划完成伟大的事业,为共和国赢得荣耀。这时,马基雅维利便称人民与共和国是有德性的[①]。

斯金纳与维罗里倾向于将马基雅维利笔下的共和德性理解为某种对于传统德性的转向,一个隐含的意义在于,强调这一德性观念仍然包含某种道德性,不仅可以得到宗教的论证和支持,也可以借助宗教完成对人民的教养。波考克的论题同时在两个方面构成了对这一观点的批评。马基雅维利自己明确区分了德性与良善,并且宗教对人民良善的教养对于人民的德性而言并不重要。只不过,与其说在对人民的教养中军事手段较之宗教手段具有优先性,不如说在宗教的运用中激发德性较之培养良善具有优先性。我们从马基雅维利对努马的评价中也可以看到这一点。努马为罗马引入宗教制度,使得其后的大人物们想引入非凡的法律或完成一项事业变得更加容易,马基雅维利称努马对罗马的贡献高居罗慕洛之上(DL 1.11.3)。然而另一方面努马不能被称为是一位有德性的国王,如果不是因为在两位有德性的国王罗慕洛与图鲁斯之间执政,甚至可能使罗马面临灭国的危险。马基雅维利在这里做出的训导毋宁是,要成就一个伟大的共和国,不能像努马一样依赖于宗教建立的道德秩序延续统治,而是要使宗教成为激发公民德性的手段,始终用于国家的扩张和壮大(DL 1.11.2, 1.19)。波考克在他对马基雅维利的讨论中从始至终选择忽略宗教伪装的德性意义,这可能是他限于"说明马基雅维利对现代共和德性观念的贡献"这一主题而有意做出的省略,但这也使他对人民德性的理解出现了严重的偏差。

---

① 如果我们观察德性(virtue)与精神(spirit)两个概念在《君主》与《论李维》中的用法,会发现,马基雅维利几乎不将德性用于平民,仅有的几次用于军队和共和国的整体,指经由将领训练的军队,以及受到执政官、元老院领导的共和国。精神一词当它特指那种强健的、顽强的精神时,常与德性接连使用,其用法也呈现了相同的特征。参见 DL 1.43;2.16;3.33。

## 三　对基督教的反叛与运用

前文我们表明,在《论李维》中,罗马大人物们并非通过宗教教养道德的方式使人民展现德性。然而,曼斯菲尔德在对《君主》的分析中阐发了一种道德良善对于君主德性的必要性[①]。君主要时常做出令人印象深刻的极端行为,使人民感受到暴露于必然性的恐惧,而人民的良善恰恰构成了这种极端行为的道德背景。人民无力独自应对必然性的要求做出违背善的行为,当他目睹君主突破道德界限的行径只会更加臣服于君主,满足于维持政治生活表面上的善好,并且同时享受君主带来的安稳生活。我们看到,罗马人民并不具有这样的道德性,然而这一出现在《君主》中的君民结构可能是基于马基雅维利对时人特征的一个深刻的理解:由于一千年来受到基督教的全面统治,"今人"不似"古人"拥有强健的精神,而是囿于一种否定世俗功业的信仰和道德。那么,曼斯菲尔德的这一发现就为我们的讨论带来一个进一步的问题,是否根据马基雅维利的判断,使基督教对"今人"发挥一种古代宗教的作用是根本上不可能的?"今人"甚至不适宜一种共和体制?

在《君主》以外,我们还可以在马基雅维利的喜剧作品中看到一个非常支持曼斯菲尔德解释的形象:卡利马科。在《曼陀罗》最为精彩的段落里,马基雅维利使主人公卡利马科向一个虔诚的基督徒卢克蕾佳表白自己的邪恶行为,而卢克蕾佳则因此接受了他的求爱。《曼陀罗》一向被很多学者认为包含着丰富的政治隐喻[②],如果将卡利马科看做比喻君主,而将卢克蕾佳看做比喻基督教教养之下的人民,这个故事便完美契合了"道德背景"的解释。不过,有趣的是,在卢克蕾佳接受卡利马科以后,马基雅维利所呈现的并不是一个专制君主与臣服的人民的形象,而是二人共同合谋完成了对卢克蕾佳的丈夫尼洽老爷的背叛。并且在故事的发展中,基督教事实上扮演了重要的角色。分析喜剧中基督教的作用大概可以帮助我们理解马基雅维利的想法。

---

[①] Mansfield, "Machiavelli's Virtue", in *Machiavelli's Virtue*, Chicago: The University of Chicago Press, 1996, pp. 25-26.
[②] 参见吴增定:《马基雅维里论人民》,《哲学动态》,2016 年第 6 期。

在戏剧中，主人公卡利马科受到必然性欲求的驱使想要与尼洽老爷的妻子卢克蕾佳偷欢。这件事本来绝无可能，除非卡利马科展现他非凡的"德性"才能完成，因为这是对卢克蕾佳的"战役"——卡利马科要战胜她最为正派的天性，也是对尼洽老爷的"战役"——卢克蕾佳从不与好友交游，卡利马科必须使尼洽老爷亲自同意并推动这件荒唐之事。尼洽老爷与卢克蕾佳是人民接受基督教之善的两个典型。尼洽老爷看重贞洁之善只是因为其他人同样看重，因此他虽然言行上受到基督教信仰的束缚，但亦并不妨碍他自己（或者在别人的帮助下）利用伪装和巧计追求现世之善。卢克蕾佳则是一个非常虔诚的天主教教徒，她衷心地信奉宗教之善，是真正接受了基督教教养的"良善"之人。可以看出这样两个典型与《论李维》中的罗马人民不同。健康的罗马人民相信神明的力量，但并不总是奉行宗教教导的道德，而是以追求个人的保存和福祉为先。另一方面，在大多数时候宗教能够对罗马人民产生威吓，当共和国走向腐败时出现不敬神之人，则人民更加不受法律和道德的约束，而不像尼洽老爷那样在意道德的外衣。基督教以其独立的制度、出世的教养大大强化了宗教之善对人的作用。

卡利马科欺骗尼洽老爷的方式，与他最初欺骗卢克蕾佳的方式，以及尼洽老爷欺骗卢克蕾佳的方式是一样的，借助宗教伪装，骗取想要的目标。根据马基雅维利在《君主》中的介绍，这也是教会和教皇占有和扩大世俗权力的方式①。在隐藏于宗教背后的互相争夺之中，受骗的可能是无辜的虔信之人，也可能是同样心怀不轨之人，而谁能获得更大的胜利则取决于谁拥有更多修辞的手段、更为深沉的计划，以及更加高明的骗术。卡利马科以一种虚假的医学知识欺骗尼洽老爷，尼洽老爷（通过教士）则以某种可利用的神学解释欺骗卢克蕾佳。不过这时，卡利马科在他对于二人的战役中尚未获得全胜。卢克蕾佳虽然接受此事但并不认可，在事发前她声言自己不会活到第二天天明。卡利马科的目标不仅仅是得到卢克蕾佳，还要赢得她的服从，使她心甘情愿地背叛自己的丈夫。

正是在这里，卡利马科像曼斯菲尔德所说的一样在良善之人面前展示了

---

① 《曼陀罗》的戏剧中也设置了这样一个教士的角色，为尼洽老爷的骗局提供神学的论证。下文中为了行文的简省和流畅，我们将省略对这个角色的说明。

邪恶的力量，他向卢克蕾佳表白自己的身份和行为，倾诉自己的爱意以及赢得对方的意图。卢克蕾佳深受震动，随即表达了对卡利马科的臣服和效忠："我把你当做我的主人、保护人和向导；你就像我的父亲、我的护卫，我的幸福全靠你了。"这里出现了第一个与道德背景的解释的不同：卢克蕾佳在得知这个恶行的前后发生了惊人的变化。她的性情由冷淡持重变得追求现世之欢，完全转化为一个按照必然性生活的新人。前面我们已经提到，随后她主动加入到卡利马科的事业之中，兴致勃勃地与他合谋完成了对丈夫的欺骗和背叛，共同获得了对后者的最终胜利。

而这背后又隐藏着另外一种基督教的作用。在卢克蕾佳的表白中包含一个重要的部分，卢克蕾佳认为她做出这件事并不是由于自己，而是因为"卡利马科的狡猾、丈夫的愚蠢、牧师的欺诈"等外在原因，这些使她做了自己本不会做的事，因此她"只能判断这是神意（divine providence）意愿如此"，她亦不能拒绝这个来自天国的要求。卢克蕾佳非常容易地发展了来自教士的神学辩解，既然她虔诚地服从丈夫、敬拜上帝，而仍然做出了这样有违贞洁的事情，那么只能是上帝在示意她接受。并且事实上是卡利马科首先提到了上帝，"承诺当天主决定收走她丈夫的时候就娶她为妻"，卢克蕾佳显然也以神的旨意接受了这个誓言。

卢克蕾佳以宗教的理由接受了卡利马科，但她却不再忠于教士，亦不在乎他人的眼光，而是公然在教士等知情人的面前对她的丈夫演戏，让尼洽老爷和卡利马科在教堂里结成如兄弟，做孩子的教父，以便自己可以在天主"收走"尼洽老爷之前便能与卡利马科继续偷欢。卡利马科的邪恶行为不仅使卢克蕾佳改换了主人，同时使她抛弃了基督教的道德之善。曼斯菲尔德认为，极端的邪恶手段使人在舒适与安全的政治生活中感受到接近暴露于必然性的严酷压迫，并且因此更加易于服从。然而，邪恶手段与宗教的结合在卢克蕾佳身上产生了另外的效果：卢克蕾佳不只是暴露于必然性之中，而是由于神意的指导，直接将自己道德上的失败转化为一种抛弃道德的胜利；卢克蕾佳由此恢复了对于必然性欲望的敏感性，并为一种强烈释放的热烈渴求所驱使，一手谋划并实施了对尼洽老爷的最终"战役"；而在这一过程中，掌管命运和生死的上帝对于未来幸福的保证同时激励了卢克蕾佳的行动。

卢克蕾佳在神意的允诺之下完成了对于基督教道德和教会权威的反叛，

这个（马基雅维利会认为）具有德性光彩的举动本身更加接近自由的罗马人而不是习惯于君主统治的人民。在曼斯菲尔德的分析中，宗教有着某种与君主相同的特征，既使人民无限地逼近必然性，但同时提供保护和安慰。宗教的运用与君主的统治由此产生彼此加强的效果①。与此相对照，基督教出现了一个与罗马宗教的相同之处，它们并不与某个特定之人的统治建立紧密的关系。共和国的大人物们通过宗教伪装迫使人民做出有益于共和国的决定和行动，人民得以保持强烈的欲望和生命力。而那种贬斥世俗功业的基督教道德一旦被打破，卢克蕾佳竟可能非常容易地恢复一种完全的自由。对她而言，暴露于必然性的结果并不是建立依附关系，而是使她更加关心自己的欲望，要求专制之中的解放。我们会看到，卢克蕾佳主动背叛了那个通过神意增进自己利益的"统治者"，而选择接受了一个能够实现二人共同目标的新的"统治"。我们知道，马基雅维利赞美罗马共和国通过保持贵族与人民之间的敌对和纷争获得使共和国得以扩张的力量（DL 1.6.3-4），卢克蕾佳则从对基督教道德和教会权威的反叛中获取这种力量。这大概便是马基雅维利心中意大利经由杰出君主的统治获得统一（《君主》的建议）而又能成为一个强大的共和国（《论李维》的理想图景）的希望之所在。

同时，我们看到，宗教对卢克蕾佳的作用也有些不同之处。在卢克蕾佳的改变之中，卡利马科的行动而不是他的宗教解释发挥了更为重要的作用。虽然卢克蕾佳不能像卡利马科一样不顾神意地与对方相爱，但她几乎是自行对神意做出解释以支持自己行为的转变。如果说基督教的教养带来这样一个时机，可以使人民回到一种自由的状态，那么这是否也是这样一个时机，新时代的公民可以由此摆脱大人物的宗教伪装自行做出德性行动呢？

这可能并不是马基雅维利的本意。在马基雅维利的论述中，我们可以看到，腐败的人民恢复自由并不是一个崭新的历史事件。以色列人、罗马人、波斯人、雅典人都是在他们处于被奴役、松散无序、渴望自由的时候，为摩西、罗慕洛、居鲁士以及特修斯展现德性提供了机会。由于道德秩序的沦丧，这些人民就像准备好的质料一样，等待伟大的君主为他们添加上他们所满意的政治形式（P 6.2-3）。通过刻画卢克蕾佳的形象，马基雅维利毋宁是告诉他寄希

---

① Mansfield, "Machiavelli's Virtue", p. 26.

望于去打破基督教限制的人,突破基督教之善并不像为国献身一样违背人的意愿,恢复必然性欲望更加符合人的天性。然而这也并不意味着建立一个伟大的君主国或共和国不需要伟大人物的德性。如果我们记得马基雅维利在谈到没有武装的先知时批评了萨伏那洛拉,那么我们也应该看到,在介绍罗马宗教的作用后,马基雅维利感叹萨伏那洛拉能使丧失虔敬并且非常开化的佛罗伦萨人相信他与上帝说话,并借此宣扬自己的政治目标。随后,马基雅维利留下了一句话作为结尾,"人们出生、生活、死亡都遵循着同样的秩序(order)"(DL 1.11.5)。

# Appearing Religious and the Education of Republican Virtue: On the Relationship of Religion and Republican Virtue in Machiavelli's Thought

## Gu Chaoyi

**Abstract:** In the many studies of the Cambridge School on Machiavelli's idea of republican virtue, there are two main views on the relationship between religion and republican virtue: Pocock believes that the new virtue discovered by Machiavelli presupposes getting rid of the influence of God. Skinner and Viroli understand Machiavelli's idea of republican virtue as some kind of morality, and thus affirming the role of religion in educating citizens through rhetorical forms. This paper believes that we should deepen our understanding from the perspective of "appearing religious" (Machiavelli). On the one hand, we should reveal the necessity of breaking through the goodness of religion in the process of using the religion. On the other hand, we should illustrate that Machiavelli mainly presents the method of imposing necessity on people to inspire their virtue through religion, rather than raising their morality. In addition, for Christianity, which places particular emphasis on moral education and divorced from secular politics, Machiavelli suggests that its long-term education provides a certain opportunity for the people to restore complete freedom, thus providing his readers with demonstration of rebellion and use of Christianity through the drama of Mandala.

**Key words:** Appearing religious; People; Virtue; Goodness; Christianity

书讯

# 《激情与行动——十七世纪哲学中的情感》

〔英〕苏珊·詹姆斯（Susan James）著，管可秾译

北京：商务印书馆，2017年8月

苏珊·詹姆斯，其学士、硕士、博士均毕业于剑桥大学，是伦敦大学伯克贝克学院哲学系教授。她曾先后在康涅狄格大学、剑桥大学戈登学院等地任教，并先后在以色列、德国、澳大利亚和美国等多国展开研究工作，同时于2013—2014年在普林斯顿大学人类价值研究中心任劳伦斯·S. 洛克菲勒访问院士。苏珊·詹姆斯的主要研究领域为17—18世纪哲学史、政治哲学、社会哲学和女性主义哲学。其著作主要有 The Content of Social Explanation（剑桥大学出版社1984）、Visible Women: Essays in Legal Theory and Political Philosophy（哈特出版社 2002）、Spinoza on Philosophy, Religion and Politics: The Theologico-Political Treatise（牛津大学出版社，2012）等。

《激情与行动》是研究早期现代哲学情感理论的破冰之作，它主要讨论了在17世纪哲学家看来，情感在人类心灵与身体的认知中具有何种地位，以及在人类的认识和行动中发挥着何种作用。"激情"（passion）是霍布斯、笛卡尔、马勒布朗士、斯宾诺莎、帕斯卡和洛克等早期近代哲学家的核心议题之一，然而这一主题却少有当代学者的关注。苏珊·詹姆斯通过对情感与意志、知识、理解、欲望和能力之间的关系的考察，阐明了古典和中世纪时关于激情的学术遗产被吸收到17世纪的各种哲学理论之中的过程，并同时突出了这一时期当中激情概念所具有的价值。全书共分为四个部分十二个章节，分别探讨了17世纪之前关于激情概念的哲学遗产、激情与身心问题的关联、激情与认识论的关联和激情与欲望和行动的关系。本书将关于人类情感生活的讨论纳入到了对17世纪哲学家的哲学理论的探讨之中，为我们理解人类的心灵提供了全新的理解方向，并为学者进一步研究17世纪的情感理论提供了必不可少的参考，具有一定的学术价值。（赵洪彬）

# "政治人"与历史
## ——论波考克的公民共和主义

贺晴川 *

**提　要**：本文拟从波考克《马基雅维利时刻》一书的主题"政治人"理念及其历史书写入手,对波考克的公民共和主义进行一番批判性考察。为此,本文的写作结构如下:首先,从"公民共和主义"的历史主义语境入手,揭示出波考克史学背后的现代历史意识具有一种理论化的形态,阐释其内在逻辑;其次,着重探讨波考克与阿伦特对于时间性和行动概念的理解的一致性,最终追溯到海德格尔的生存论哲学基底,揭示出一种生存论化的激进历史主义如何影响了波考克的政治史学;最后,以"航船之喻"为载体,比较柏拉图与波考克对于政治本身的理解,以此剖析公民共和主义的政治人理念究竟存在怎样的根本困难。

**关键词**：公民共和主义　历史意识　生存论　行动　政治

1992年,福山发表《历史的终结与末人》一书,宣告美国式的自由民主制是人类历史的终点。时人通常依据冷战以降"民主转型论"的背景来讨论此书要义,却多少忽视了书名本身透露的一个难题:历史终结之后的人是什么样子?自由民主制与人性的关系是什么?福山一边以黑格尔主义的胜利笔调讴歌自由民主制的胜利,一边借尼采之口描绘了一幅灰暗的人性图景:"自

---

* 贺晴川,1992年生,中国人民大学文学院古典学博士研究生。

由民主制的典型公民是一种'末人',他们由于受到现代自由主义奠基者们的驯化,为了舒适的自我保存,不再自豪地相信自己拥有优越的价值。"政治科学家福山宁愿像科耶夫那样"在一个官僚机构毕生致力于为末人监造他们最后的家园",哪怕牺牲"哲学",也不愿回到"战争、不公和革命的历史",因而他认为美国式的自由民主制就是最好的民主政治。①

但是,末人终究是尼采为20世纪民主政治投下的一道阴影,也刺激了一批捍卫民主的政治哲学家追求超越"美国生活方式"的最佳民主政治。早在1958年,阿伦特的《人的境况》已经以"劳动人"的名义描绘并且批判了这种汲汲于安逸、私利和自我保存的末人形象。在她看来,当下的自由民主制过于强调公共领域与私人领域之分,将权利、自由放任和经济利益的私人领域摆在首位,败坏了公民积极参与政治的精神。因此,阿伦特拾起了福山抛弃的哲学,发现了一种更高的人性自然——"政治人"(homo politicus)。② "末人"安于一种基于相互"承认"的欲望满足的享乐生活,"政治人"则追求一种基于独立"自主"的积极政治参与的公民精神。相比之下,阿伦特的说法似乎更贴近民主政治的本义和理想,因为民主政治作为多数人的统治,理应从最大多数人的政治参与中集聚起最大力量,同时克制私人化的享乐生活招致的腐败危险。

正是在这样的语境下,波考克为阿伦特的政治人理念塑造了一段漫长的历史传统,这就是所谓的"公民共和主义"传统。③ 波考克将这段传统一直上溯到古希腊亚里士多德的"政治动物"话语,经过早期现代意大利共和政治的复兴,再通过17世纪到18世纪英国革命和美国革命一直延续至今。融历史学和哲学于一体的波考克,宣称自己回归和更新民主政治的精神源流,从而积极担任了美国自由民主制的革命先锋。公民自治与平等的政治参与,就是这种"政治人"理念及其历史的核心诉求。在历史的终结遥遥无期,美国民主

---

① 福山:《历史的终结与最后的人》,陈高华译,桂林:广西师范大学出版社,2014年,第20、320—321页,略有改动。
② 阿伦特:《人的境况》,王寅丽译,上海:上海人民出版社,2009年,第15页。
③ 波考克:《马基雅维利时刻》,冯克利、傅乾译,南京:译林出版社,2013年。以下引文有改动,均参考 J. G. A Pocock, *The Machiavellian Moment: Florentine Political Thought and the Atlantic Republican Tradition*, Princeton: Princeton University Press, 1975。

政治似乎也耗尽想象力的今天,波考克俨然成了一股"激进民主"力量的担纲者,颇似阿伦特在 60 年代激进运动中扮演的精神领袖角色。

本文的主旨是以波考克笔下的"政治人"及其历史为契机,对"公民共和主义"思想进行一番全面深入的反思。不过,波考克的思想不是哲学式的定义和论证,而是将理念融入复杂精细的史学叙事中。那么,我们首先要问:波考克的史学究竟具有什么样的历史意识?这种历史意识的哲学基础是什么,又是如何影响了公民共和主义及其政治人的理念?为了评价公民共和主义思想的内在好坏,我们最终还要追问:波考克对政治本身的理解是否在逻辑上和事实上成立?

## 一 理论化历史意识:波考克的"历史拟制"

1975 年,波考克发表的《马基雅维利时刻》(以下简称《时刻》)一书,成为剑桥学派最厚重的一部共和主义思想史作品。据说,这本书讲述了"政治人"理念在西方早期现代复兴的故事,并且从古希腊罗马一直下溯到 18 世纪的漫长历史中,将"政治人"从"信仰人""生意人"和"劳动人"等等历史上复杂的人性类型中拯救了出来,使其成为公民共和主义传统的担纲者。[1]

在波考克笔下,公民共和主义既是一种政治思想,但同时也标志着现代历史意识的诞生。波考克将公民共和主义径直等同于"历史主义的早期形式",因为正是这种政治思想使得一种历史意识挣脱了永恒图式的束缚,将看似相互隔离的"过往的特殊事件"塑造成了一段拥有连贯意义的前后相继的历史过程。[2] 在这种"正在形成的历史主义语境"的影响下,不仅早期现代的问题、思想逻辑和表述方式对我们而言并不陌生,甚至古往今来不同地域的所有人物和著述都是如此,仿佛所有时代的心灵都是相通的,"与古人直接交谈的想法,就是所有形式的人文主义的核心概念"。[3] 波考克从一种特殊历史时期(早期现代)的人文主义精神中看到了人性面对特殊处境的共通感受,并

---

[1] 波考克:《马基雅维利时刻》,第 577—578 页。
[2] 同上书,第 1—2 页。
[3] 同上书,第 67 页。

且让这种共通感串联起了历史上偶然、特殊的事件,最终为特殊性赋予一种历史化的普遍意义。但这种普遍性与永恒无关,而是唯独以各种"特殊时刻"及其特殊经验作为载体。马基雅维利与古人交谈,既不是与色诺芬或李维等人共同沉思和争论普遍的永恒问题,也不能借助自然或神意这一类永恒的视角来理解彼此的特殊处境,而只是像同胞公民那样交流和理解各自的特殊经验,并且在曾经的特殊经验与当下的特殊经验(尤其是创造经验的特殊"行动")之间建立联系。

理解历史是理解公民共和主义及其"政治人"理念的前提,而《时刻》的开端同时也是历史的诞生。现代的历史王国以特殊和偶然的名义挣脱了古典自然和基督教神意的永恒秩序的束缚,但它本身的意义来源又要从何处获得呢?现代人如何形成一种关于历史的意识呢?现代历史意识认为,历史的意义只能求诸历史本身,因为真理的来源不再是自然和神意,而是人的创制:verum et factum convertuntur(真理与制造物相等互换)。[①] 既然只有人类实践是专属于人类创制的产物,因而是唯一可以获得正确认识的对象,那么,历史作为人类实践的集合就成了关于人事之真理的唯一来源。由此,这种现代历史意识深刻影响了早期现代以降几乎所有经典的史学类型,并且与不同领域和深度的理论相结合:早先有 1725 年维柯的《新科学》在语言和诸民族的自然史中寄寓的"一部理想而永恒的历史之设计"(disegno di una storia ideal eterna),然后是赫尔德、康德到黑格尔的德国观念论影响下的"哲学的世界历史"(Weltgeschichte der Philosophie),最后还有在实证主义影响下当代英美社会科学通行的"科学式史学"(scientific history)。[②]

究其逻辑,波考克的历史主义首先是一种具有当下性和人为性的理论化历史意识。根据阿伦特的说法,16 世纪以来的现代历史学逐渐完成了自然与历史的合流,合流背后则是一种"技术"精神的发展:历史是通达当下之起源和形成的"过程"(Vorgang),因为历史已经是一个时间上有其开端和结尾的

---

[①] 关于这条拉丁格言的中世纪起源和近代转变,参见 Funkenstein, *Theology and the Scientific Imagination: from the middle ages to the seventeenth century*, Princeton: Princeton University Press, 1989。
[②] 维柯:《新科学》,朱光潜译,北京:商务印书馆,1989 年,第 9 页;黑格尔:《世界史哲学讲演录》,刘立群等译,北京:商务印书馆,2015 年;施特劳斯:《评柯林武德的历史哲学》,载于《苏格拉底问题与现代性》,刘振、彭磊译,北京:华夏出版社,2016 年,第 245—246 页。

纯粹人造物。① 这就意味着,历史是一个从起源到当下的人为的封闭世界,无需诉诸这一人为王国之外的自然或神意。历史的意义并非来源于作为目的因的自然或作为超越者的上帝,唯有人的思想和行动才是塑造历史的动力因:理解原因就是理解结果,理解结果就是理解原因,因而唯有人与历史才构成了相互解释的循环。因此,现代历史意识的典型做法是将历史视为"理论—静观"(theoria)的对象,无论是以机械的方式、有机生命的方式还是实证的方式看待历史,最终都是为历史的意义提出一套融贯的理论解释。民主政治是现代人的实践产物,因而不仅它的理论与现实基础来自历史,同时其当下的历史特殊性也高于一切永恒智慧的普遍性或信仰的超越性,后者是不见于现实的乌托邦。《时刻》就是一部深受现代历史意识影响的著作,当下的民主政治不仅是其主题,也成为它对历史的理论解释。

为了恰当理解波考克的理论化历史意识,比较传统对于"历史编修"(historiography)的理解不无裨益:希罗多德著史是为了"保存那源自人的事功,使其不被时间所湮没";修昔底德则相信自己是在记录一场"伟大的战争",认识"根据人性自然……过去发生过的事件和将来也会发生的类似事件";现代的思想史家沃格林则看到,一个文明或民族的历史写作意在从开端建立一套政治共同体的"史源"(historiogenesis)叙事,在神话与理性、事功与兴衰的交织背后,透露出史家对"秩序与失序"这一共同体根本问题的思考。② 上述无不表明,传统的史家始终试图根据永恒来理解历史,或者至少是建立历史与永恒之间的关系。修昔底德说出了古典史学的一条重要告诫:史家不可沉溺于"当代人的兴趣"(I.1.22)。

相反,波考克的历史意识明确站在当代人的某种理论兴趣一边,即以历史的名义解构一切坚固的事物,将永恒真理还原成历史流变的语言、权力和行动。③ 尽管剑桥学派的史学技艺一贯是将话语及其行动摆在优先地位的语

---

① 阿伦特:《过去与未来之间》,王寅丽、张立立译,南京:译林出版社,2011年,第57页。
② 希罗多德:《历史》,I.1;修昔底德:《伯罗奔尼撒战争史》,I.1.22;沃格林:《史源论》,朱成明译,未刊稿。
③ 80年代初,斯金纳总结三十年人文科学现状,始于"语言意义取决于使用"的晚期维特根斯坦哲学,终于将真理建构成"知识与权力使用之间的联系"的福柯。斯金纳将这场怀疑论的浪潮视为"宏大理论复归"的前兆,而波考克以其政治思想史写作,积极担当了一种宏大的历史主义理论及其政治意识形态的先锋。参斯金纳编:《人文科学中大理论的复归》,王绍光等译,香港:社会理论出版社,1991年,第4—9页。

境主义方法,但波考克研究史学的理论方式甚至比斯金纳式的经典剑桥史学更加激进,因为他批判后者最终还是在回到"文本",回到"作者"的真正"意图"。① 在波考克那里,话语优先于作者,哪怕是作者写下的话语,一旦进入历史之后也会引起作者本人无法预料和控制的行动。因此,一系列以"公民人文主义"为核心的主导话语比文本、作者或意图占据了更加核心的地位,它们自身就构成一种"体现其持存和流变的历史"。作者死了,因为"语言和思想的范式比在特定文本中表达它们的那些作者持存时间更久,也在后来的文本和情境中反复重现",所以波考克强调自己不是"让文本返回最初的写作语境",而是探索文本"从一种语境到另一种语境的旅程中所传递的话语"。②

但是,波考克对于话语分析的过分强调,导致他的历史解释相当程度上忽视了话语作者的本意、原初语境和内在逻辑。例如,波考克有意将亚里士多德作为公民共和主义历史的第一位话语作者(也许是传递者?),但他在分析《政治学》中这一话语"范式"时不恰当地运用了大量当代社会科学的术语,同时也不恰当地用公民平等和"专制与共和之分"来涵盖了亚里士多德对于政治人性论和几种政制利弊关系的复杂讨论,最终破坏了亚里士多德意图建立的城邦自然性和混合政体论的整体思想架构。究其原因,波考克其实是依据当代人的兴趣和视角来透视历史话语,而这种当代兴趣和视角的根柢就是"一种基于人格独立的自由观"及其平等主义的价值多元论前提。③ 因此,波考克对历史上作者的话语的讨论带有高度选择性,套用冯克利先生富有深意的译法,波考克已经将传统的历史编修彻底变成了一种现代的"历史拟制"(historiography)。④

---

① 波考克:《基础与时刻》,载于布雷特、塔利等编:《重思〈近代政治思想的基础〉》,胡传胜等译,上海:华东师范大学出版社,2010 年,第 42 页;波考克:《技艺的状态》,载于《德行、商业和历史:18 世纪政治思想与历史论辑》,冯克利译,北京:生活·读书·新知三联书店,2012 年,第 28 页。
② J. G. A. Pocock, "The Machiavellian Moment Revisited: A Study in History and Ideology", *The Journal of Modern History*, Vol.53, No.1, 1981, p.52;波考克:《马基雅维利时刻》,第 582 页。
③ 波考克:《马基维维利时刻》,第 72—75、590 页;至于其解释中的"多元价值的平等主义立场",具体例证可参黄梦晓:《亚里士多德是公民共和主义的奠基者吗?——基于波考克的亚里士多德解释范式》,载于《政治思想史》,2017 年第 1 期,第 50—77 页。
④ 冯克利先生对此译法的解释,见《德行、商业和历史》,第 10—12 页。

更有论者指出,波考克的政治史学深受阿伦特的政治哲学的影响。① 这符合波考克的自我理解吗？在《时刻》出版三十年后的新版"跋"里,波考克回应了许多历史学家大体基于具体史料解释的内在批评,但也回应了在他眼中来自外部的、"主张历史从属于哲学"的哈维·曼斯菲尔德。波考克自称只关心"英语世界的历史中发生过的事情",将历史摆在一切理论之上的超越地位,因而并非像曼斯菲尔德所言只是用史学来充当阿伦特哲学的传声筒。② 理论化历史意识凭借当下通行的客观、实证的研究方法,容易穿戴上一副纯粹史学"价值中立"的外衣,但是,波考克的历史意识真的只是停留在一种搜集和整理过去历史经验的实证理性层次吗？波考克究竟只是以"理论静观"（theoria）的对象化方式来对待历史,还是说暴露了某些恰恰是超出历史、对历史自身造成"解构"作用的因素？我们将指出,波考克的历史意识还有一种生存化的因素,而这将为公民共和主义思想造成一种激进的影响。

## 二 生存化历史意识:积极生活与激进历史主义

有论者指出,波考克与阿伦特"除了在共和理念上的接近之外,还对现代政治结构的时间性有着更深切的共同关注"。③ 但要注意,无论是阿伦特通过对行动的现象学生存论分析而发现了一种打破均匀往复的时间循环论的时机化概念,还是波考克凭借意大利人文主义者"德性对抗命运"的政治行动而拟制了一部世俗时间打破基督教永恒图式的普遍历史,他们都是将现代政治的时间性追溯到一种"行动"概念上。在他们那里,如何理解政治与历史取决于如何理解时间性,而如何理解时间性归根结底又取决于如何理解行动。因此,在《时刻》开篇三章建立的总体框架中,如果说前两章是从习俗转向历史、

---

① 这一结论被不同学者用来评判波考克对不同思想史案例的解释,例如关于古希腊政治生活的解释, see Bernard Yack, *Problems of a Political Animal: Community, Justice, and Conflict in Aristotelian Political Thought*, London: University of California Press, 1993, pp. 9-12;关于美利坚建国的解释,参见 Thomas Pangle, *The Spirit of Modern Republicanism: The Moral Vision of the American Founders and the Philosophy of Locke*, Chicago and London: The University of Chicago Press, 1988, pp. 48-53。
② 波考克:《马基雅维利时刻》,第603页。
③ 王寅丽:《现代共和思想的时间意识:以波考克和阿伦特为例》,载于《学术月刊》2017年第1期,第36—41页。

从永恒的神圣历史转向世俗时间的历史意识,由此奠立了理论化历史意识用以承载和记录公民共和主义话语的时间性框架,那么,第三章的主题"积极生活"(vita activa)就意味着波考克开始将一种行动概念界定为这种时间性的哲学基础,而在行动的概念上,波考克与阿伦特的理解具有根本的一致性。

阿伦特认为,政治领域中的行动凸显了"复多性"(plurality)和"新生性"(natality):人没有恒定的自然或者类本质,而是复多的"处境化的存在者"(conditioned beings),所有人在特殊处境和时刻都会自发作出特殊的行动,由此建构起自身的周围世界及其生存意义,因此这意味着所有人及其行动源始地具有多元的特殊价值。更深刻的是,无论作出怎样的行动,人的生存处境根本上始终具有一种"新生性"与"有死性"之间的永久张力。人的劳动、工作和行动都是以生生不息的方式延续着人短暂而有死的生存处境,但其中唯有行动(尤其政治行动)最能体现人对自身处境的改变,而不是像劳动、工作甚至于沉思那样导致人的处境变得固定化、重复化,以至于遮蔽了行动作为"新生"的源始意义。因此,历史的意义不在于从过去到当下的"过程"本身,而是在于创造历史的"开端"——所有人共同拥有的历史就是政治世界的历史,因此人最重要的行动是政治行动,而开端意味着打破历史时间的连续性、开辟前所未有的将来,因此本质上是一种"革命"行动。政治行动的革命性召唤人们打破历史和缔造新的开端,但政治世界的延续性也要求革命行动应该回归并且更新自身历史的开端性行动。正是在这种浪漫主义式的生存论张力之间,政治行动本身成了人作为有限者不断追求的目标,而这也意味着古典世界中以永恒自居的沉思生活并不具有高于行动生活的价值。[1]

在公民共和主义的古典公民理想中,波考克强调的核心也是政治领域的行动。政治行动展现了所有公民平等的多元性,因为一切公民个体都是通过各自的行动来追求特殊的价值目标。"社会性"不是提供一种所有人追求的共同目标,而是让人们彼此联合形成"城邦或共和国",首要是将其作为实现各自价值目标(善)的手段,同时也将其视为目标本身来进行追求。[2] 同样,政

---

[1] 阿伦特:《过去与未来之间》,第74—77页;阿伦特:《人的境况》,第1—4、8—9页;阿伦特:《论革命》,陈周旺译,南京:译林出版社,2011年,第191页。
[2] 波考克:《马基雅维利时刻》,第72—73页。

治行动也意味着"逃离"家庭、贸易和劳作之类的低级生活,这被他意味深长地称为"解放",因为"政治本身就是一种善,公共善的先决条件却不是一种善……重要的是参与公共决策的自由,而非决策的内容"。与阿伦特一样,波考克认为政治行动"不是为了达到目的的手段,它本身就是目的",而城邦不过是一种容许所有公民不断从事政治行动的"理想的上层建筑"。① 波考克干脆挑明了,以行动为核心的政治生活高于其他生活及其目标(善)。

由此可见,波考克与阿伦特一样坚持行动自身的绝对价值,以及政治行动的至高性和个体性,因此不难理解他们为什么都使用了"积极生活"这个术语。但更重要的是,波考克与阿伦特的行动哲学根本上来源于他们类似的历史主义态度。在阿伦特看来,由于现代人对于生存有限性的虚无感,理论式的历史意识不再能为当下生活提供慰藉和指南。理论历史学只是一种"历史建构"(historical construction),将过往历史表象成一套僵硬理论,却对实际生活毫无意义。出于静观认识的理论化、对象化的历史与当下生活不相干,因为历史的意义无法在行动之前和行动之外得到理解,只能"不可避免地从人类的行动中产生"。② 波考克也从政治的角度表达了类似看法:政治人的历史性无法单纯靠一套理论或静观的方式来作整体性把握,而是具有"世俗的创造力",随着不断生成的"公民德性与世俗时间之争"而不断产生"新的价值和规范"。因此,革命才是本义上驱使人进入历史的不竭动力;即便"拒斥积极行动精神"的"保守主义"也无法单纯在理论上固守与当下生活截然无关的历史信条,而是必然会迎来"在时间中一个深刻的反革命时刻",唯有以积极行动的方式才能完成自身的历史性。③ 总之,理论化历史意识仍然没有如其自身地理解历史和时间性本身,唯有将历史主义推进到一种更加彻底、更加激进的当下生存的维度才行。

其实,波考克与阿伦特都在回应同一个问题:当下与历史究竟有着什么样的关系?尼采最早在讨论历史学之于当下生活利弊时就已经提出了这个问题。站在现代性历史末端的尼采看到,依照当下来把握历史学是可能的,

---

① 波考克:《古典时期以降的公民理想》,吴冠军译,载于许纪霖编:《共和、社群与公民》,南京:江苏人民出版社,2003 年,第 33—34 页。
② 阿伦特:《过去与未来之间》,前揭,第 74—77 页。
③ 波考克:《马基雅维利时刻》,前揭,第 578—579 页。

依照历史学来把握当下却是可疑的。历史意识的过剩已经蜕化成了现代人"消化不了的知识石块",阻塞了当下生活继续创造的意志和"造型力量"。①因此,尼采最早以生活(Leben)的名义,质疑了包括历史知识在内一切理论知识的有效性。海德格尔以现象学的方式推进尼采的问题,最终凭借生存论哲学及其激进历史主义影响了以阿伦特为首下一代学人集体的"行动转向"。②

1921—1922年冬季学期,海德格尔讲授"对亚里士多德的现象学解释:现象学研究导论"课程,对阿伦特以及许多未来的思想家产生了巨大影响。海德格尔的讲授思路与传统的亚里士多德哲学课程完全不同:第一部分从历史入手考察亚里士多德及其哲学的接受史,海氏称为"哲学史"研究,表面上还算符合传统。然后,传统的哲学课程似乎应该转入亚里士多德的文本,概括和分析一些关于亚氏哲学的普遍性原理和结论,但这门课第二部分突然开始重新检讨"什么是哲学",接着第三部分突转到关于人类实际生活的现象学分析。因此,课程的主题根本不是亚里士多德,而是宣讲海德格尔本人的现象学革命。

什么是现象学?根据胡塞尔的说法,现象学作为"一切近代哲学的隐秘憧憬",是一门能从现象或"实事"的地基开始建设的真正哲学技艺,而不像先前的观念论哲学那样从顶端开始虚构自己的体系大厦。③ 但是,海德格尔比胡塞尔更深刻地切入了这个譬喻在其创始者笛卡尔那里的本义:现象学首先是一门"解构"(Destruktion)的技艺,首先要清除一切陈旧的"遮蔽"物,才能让真实的地基暴露出来(参见笛卡尔的第一个沉思)。比起胡塞尔对先验自我的建构性分析,海德格尔更加热衷于"现象学还原"的拆解活动。因此,为了重新赢获"哲学"的真实地基,海德格尔首先解构"哲学史"这一堆僵化的知识石块,将历史上赋予哲学也遮蔽了哲学的种种理论、范畴或定义统统还原成了在具体的当下处境之中的"哲学活动",从而让"当下的实际生活"成为最

---

① 尼采:《历史学的用途与滥用》,载于《不合时宜的沉思》,李秋零译,上海:华东师范大学出版社,2007年,第165、167、235页。
② 海德格尔的生存哲学对阿伦特的影响,see Lewis P. Hinchman and Sandra K. Hinchman, "In Heidegger's Shadow: Hannah Arendt's Phenomenological Humanism", *The Review of Politics*, Vol. 46, No. 2 (Apr., 1984), pp. 183-211.
③ 胡塞尔:《纯粹现象学通论:纯粹现象学和现象学哲学的观念(第一卷)》,舒曼编,李幼蒸译,北京:商务印书馆,2012年,第185页。

根本的哲学活动赖以涌现的真实地基。①

经过现象学改造的哲学,就是使其他认识活动及其科学得以成立的根基。就历史学及其认识对象而言,现象学不是根据历史来把握当下实际生活的意义,而是根据当下实际生活来把握历史的意义。在现象学看来,理论历史学其实是一种历史意识的"堕落",因为它的根本困难在于,它一味追求理论的"科学性""客观性""普遍性",却不知道这些形式化的规定其实都遮蔽了自身在当下实际生活中的来源,因而只剩下"敉平化的理解和经验活动"。相反,现象学首先发现和清理了一种在理论化认识之前早已存在的地基——"领会的处境",而这种处境的生存论特征使得海德格尔的现象学首先成了一门关于当下实际生活的"生存论"和"解释学"。② 在现象学的压力下,理论历史学自身的正当性已经变得可疑。

那么,当下的实际生活又是什么呢？1927年《存在与时间》让人看到了这一根本的现象地基,并且将先前的理论历史学推进到了一个"激进历史主义"的新阶段:在海德格尔看来,流俗的理论历史学遮蔽了本真的历史性,因为前者包藏了一种流俗的真理观,误以为真理的意义就是不依赖于人而存在的永恒真理,却不知衡量真理或谬误本身的意义也取决于人自身的存在方式。人不是永恒的存在,而是具有时间性的此在,此在的时间性又与"生存"相关联。除非首先回到源始的生存现象,否则任何关于"人是什么"的现成理论都没有根基,而有限性就是人类生存的源始现象和基本事实。因此,一系列基于人生在世的有限性而领会的基本生存经验,构成了此在通达真理和存在,进而通达其本真历史性的源始视域:从生存论上讲,此在的能是优先于所是,操心的筹划优先于现成的对象化认识;从时间性上讲,此在的将来优先于过去,先行存在的可能性优先于被抛在世的实际性。③

就历史意识而言,海德格尔的生存主义造成了两个重大后果:第一,个体的当下决断成了首要之事。唯有个体才能拥有"本真的生存",因为本真的个

---

① 海德格尔:《对亚里士多德的现象学解释:现象学研究导论》,赵卫国译,北京:华夏出版社,2012年,第2—3页。
② 同上书,第4、35、41—42、46—47、54—57页。
③ 海德格尔:《存在与时间》,陈嘉映、王庆节译,北京:生活·读书·新知三联书店,2006年,第447—448、260—265、49—53、78—85、426、435、437页。

体能先行到死，将当下生存推到自身有限性的极端，这种"向终结存在"的极端处境就是"机运"（Schicksal）的悬临未决状态。本真的生存就是"以机运的方式生存"，而这仅仅意味着"选择了去作选择"，也就是当下的"决断"（Entschlossenheit）。决断式生存的个体，是把将来和过去作为当下的可能性来把握，以"当下化"的方式把将来和过去的意义统统凝聚到当下生存的决断瞬间，因此，个体生存在当下时刻的"绽出"（Ecstases）就实现了个体的"本真的历史性"。相反，"非本真的历史性"只能以流俗历史学的"技术"（Technik）方式，将过去的时间对象化，制造出一种关于集体经验之"命定"（Geschick）的文化，而这被判作非本真的常人共在状态。①

第二，行动生活赢得了优先性。基本而言，此在生存"源始地"是对周围世界的行动，而非静观式的沉思。但更重要的是，海德格尔的"良知"（Gewissen）使得此在的行动不再朝向目的（telos），不是向外进入一个道德或政治世界之中，成全自身的意义，而是向内返回开端（arche），回到本真无伪的此在之个体式存在。② 海德格尔的"决断"与"良知"，不仅将个体及其机运抬高到了超越一切共同体及其文化的地位，还使得行动生活见诸当下的本真性超越了传统的沉思生活与习传伦理（ethos）的真理诉求。

因此，以个体为核心的生存主义从根本上动摇了一切历史学和伦理学的有效性，并且在"实践转向"的代表——政治领域当中点燃了激进政治的导火索。我们还能看到，早期现代以降的历史概念也发生了深刻的改变：古典世界以永恒、神意或习俗的框架，将历史制作成了一个循环论的图式，等于是赋予历史以永恒的意义。到了近代，历史意识的萌芽使得历史渐渐成了一个意义自足的封闭世界，对历史世界的沉思就是当下生活的意义来源，无需永恒世界的奠基。但是，在生存论化的激进历史意识影响下，当下的决断行动甚至打破了封闭的历史世界，历史不再提供当下的意义和价值标准，而是放任当下来积极决断自己的意义和价值标准。现代历史意识捅开了永恒世界的缺口，继而将自己的缺口彻底捅开，导致历史自身的死亡，最终就是波普尔的

---

① 海德格尔：《存在与时间》，第434—436页。
② 唯有理解海德格尔对《尼各马可伦理学》的深刻改造，尤其"真/无蔽"（a-letheia）在其思考中的根本地位，方能理解海德格尔如何抬高和改造行动生活及其"明智"的根基。相关精彩论述，参见韩潮：《海德格尔与伦理学问题》，上海：同济大学出版社，2007年，第89—128页。

著名口号:"历史没有意义,但我们能够赋予它意义。"①

就这样,一种"革命"意识在当代政治思想的最深处应运而生。在现代历史意识尤其是激进历史主义的影响下,政治一次又一次地摆脱观念、价值与实践的"封闭社会",最终形成了一种无可名状的朝向未来的开放性。但是,政治的概念也牺牲了一切实践所必需的确定性和清晰性,波考克对政治的理解就是典型例子:"政治关系到行动和决断,它们自身就是善。在追求这种善的过程中,行动者展现了自己的人格和天性。"②除了从极端的生存论立场来看,我们根本无法依据常识或传统学问来领会这句话的含义,因为它拒绝了评判政治好坏的一切"客观"标准。因此,波考克的共和主义不仅是一种理论性的历史拟制,更是蕴含着一种生存论的激进历史主义精神,两者构成了波考克史学的"表"与"里"。

## 三 "航船之喻":柏拉图与波考克对政治的理解

为了评判公民共和主义本身作为政治思想的好坏对错,我们不妨从历史回到政治,最重要的是首先回到波考克对政治本身的理解。但是,波考克对政治的理解并不那么清晰,尤其在生存化历史意识的影响下,政治的概念更是在一股热烈的行动精神或曰革命激情中变得越发模糊。幸好波考克花了不少篇幅讨论古典的"航船之喻",以此穿插和织就了他对于政治本身的诸多理解,而这又是一个西方传统以来理解"何谓政治"的经典意象。因此,为了更好地理解波考克,我们要围绕航船之喻来概述和对比波考克与柏拉图对政治的理解,以此来透视公民共和主义的政治底色。

波考克对航船之喻的阐释有两个要点:一方面,政治航行的首要问题不在于掌舵者,而是航船所在的"偶然性领域"。政治作为"处理偶然之事的技艺",关键是如其自身地理解偶然性。古典思想要么根据礼法,要么根据启示来理解偶然性,但它们都是以非时间性的永恒图式来消解了偶然性和特殊性

---

① 卡尔·波普尔:《开放社会及其敌人》第二卷,陆衡等译,北京:中国社会科学出版社,1999年,第417页。
② 波考克:《马基雅维利时刻》,第586页。

的独特价值。近代的佛罗伦萨人文主义意识到传统礼法和神意秩序的崩溃，同时产生一种对于当下特殊性的历史意识，即只有佛罗伦萨自身的共和政体更加体现"个性和特殊性"，因为它的最高价值——"爱自己的国家"——就是肯定自身的特殊性。因此，共和国的危机催生了马基雅维利的政治时刻：马基雅维利式的公民必须毅然航向未知的机运领域，通过不断行动着的积极生活，对"失去正当性的政治"进行不断"革新"。德性的意义就是革新，唯有革新才能在一个只剩下偶然和特殊的政治世界里不断征服机运，不断赢取自身立足的根基。① 在革命政治的主导下，德性不再以自然或神意的目的论作为整体性的意义背景，也不会在不同的生活方式之中产生高低次第的差异，而是只剩下纯粹平等的政治参与式的"积极自由"含义。

另一方面，航船内部的统治关系也发生了根本变化。一人掌舵的统治秩序无法应付不断涌现的偶然性和特殊性，因为他的理性只有难以应对特殊经验的普遍原理，他一人的经验也比不上当前和过去所有臣民的经验总和；哪怕是利用臣民"同意"和"礼法"进行统治，这些过去积累起的历史资源也无力应对毫无先例的将来事件。唯有颠覆"传统"和"普遍的等级秩序"之后，多数人和少数人才能一道成为"公民"，平等参与政治。这就是佛罗伦萨公民人文主义的历史，一旦在时间中出现并且力图维持自身，它就会不断反抗传统的永恒图式及其"帝国的正当性"。更何况，公民积极行动的"自由"比古老的礼法更加强大，因为据说它成全了人作为"政治动物"的自然本性。德性在彻底政治化之后，又被赋予一种平等的意涵，其结果无异于抹除现实政治的统治关系，以革命的方式追求和维持一种所有人"统治的平等"的理念。② 在共和主义的主导下，政体也不再是对各种不平等的统治因素进行协调的古典均衡政体，而是彻底让位于确保所有人平等参与政治的自由民主制。

波考克的航船之喻，推出了两个关于政治的基本结论：首先，由于不可预料的特殊性和偶然性存在，政治知识实际上不可能存在，更不可能教授；其次，政治统治的主体是自由、平等的所有人，而非某一特殊类型的人。但是，柏拉图对航船之喻的生动描述，恰恰暴露了波考克的结论蕴含着巨大困难。

---

① 波考克：《马基雅维利时刻》，第 9、57—58、176—177 页。
② 同上书，第 20—21、24—27、53—54、57—58、195、590 页。

让我们先来重述柏拉图的航船之喻：政治航船上的人绝不是波考克简单概括的多数人与少数人之分，而是有不同类型的人存在。船长高大强壮，但已经昏聩得丧失了统治能力，这意味着政治到了一个需要重新确定"谁来统治"的紧急时刻。这时，大多数脱离束缚的船员开始沉溺于纵欲享乐，不再恪守自己在政治航行中被指派的本分。一小撮善于"说服和强制"的强人赢得了他们的拥护，成功取代了船长，并且迎合大多数不懂政治知识的船员们的意见，主张不可能有任何"航海技艺"（也就是政治技艺）存在。因此，所有人开始嘲笑甚至于迫害真正拥有这门知识的水手，他从一开始就没有积极参与统治和权力的斗争，甚至没有积极掌舵的意愿，因为他沉迷于研究"一年的日期、季节、天空、星座、气流以及一切与这门技艺密切相关的东西……这方面的技术和研究能使他拥有掌舵和航海的技艺"。（488a-489b）①

在柏拉图的描述里，政治领域显然有两种技艺存在：一种涉及专门的政治知识，另一种则仅仅涉及如何赢得多数人的支持，也就是统治多数人的技艺。即便波考克拒绝认为有一门像科学那样牢靠的政治知识存在，但他很难否认多数人参与统治必然也会产生自己的领袖，而成为多数人领袖本身也需要一种涉及"说服或强制"的特殊知识或技艺。

柏拉图对专门的政治知识没有进行直截了当的清晰描述，但他随后就细致入微地描述并且讽刺了后一种技艺及其拥有者：

> 这些人中没有一个不是在给人灌输每当大多数人聚集在一起时所适合发表的信条，并且号称其为智慧，就好比某人在设法弄清他所豢养的一头庞大而凶猛的野兽的脾气和习性……他称其为智慧，并且把这整理成体系，如同专业技艺，随后投入教学。他其实压根不清楚众人的信念和愿望中什么美、什么丑、什么高尚、什么拙劣、什么合理、什么不合理，而只是根据这一庞然大物的种种意见命名了一切，称使它快乐的为高尚，称使它生气的为低劣。（493a10-493c5）

波考克不一定同意柏拉图的"讽刺"所依据的一种多少有些柏拉图主义

---

① 柏拉图：《理想国》，王扬译注，北京：华夏出版社，2012年。笔者据Allan Bloom英译对译文进行改动，以下皆文内注Stephanus标准码。

的前提,即有超越于人的生存感觉之上的善恶美丑标准及其知识"客观"存在。但波考克不得不同意柏拉图的一项致命"描述",即这种驾驭多数人的特殊知识或技艺本身就区分了少数人和多数人,逻辑上也就造成了所有人不可能共同参与自主、平等的统治。无论《时刻》中的马基雅维利、哈灵顿和英格兰乡村派多么积极鼓吹公民共和主义的激进民主理念,他们也无法消除人与人之间统治关系始终存在的事实,因为他们自身也是率领船员的一类特殊领袖。

统治关系的实际存在,意味着统治关系的"好坏"才是最严肃的问题,而人与人的统治关系彻底消失反而是一种乌托邦。由此,这就回到了柏拉图原本的问题:好的政治统治需要什么样的知识或技艺?它们应当掌握在什么人手里?关于第一个问题,罗森(Rosen)指出:"苏格拉底完全没有能说明这种政治知识应当是什么。就像在许多其他实践问题上,我们最好听从亚里士多德的建议。"[①]但柏拉图的政治教育旨在回答第二个问题,因为航船之喻的提出本来是为了回答阿德曼托斯的指控,后者怀疑从事哲学的人对城邦政治不仅"无用",而且往往"低劣"(487d1-6),因而既不能也不应该掌握真正的政治技艺。柏拉图一方面强调真正的哲人其实受到了民众的迫害,从而保护不愿统治的哲人免受阿德曼托斯的指控,另一方面也将阿德曼托斯的指控对准了真正败坏政治的民意领袖,坚持统治关系决不能依赖于多数人受欲望摆布的意见。因此,正在接受哲学教育的"潜在哲人"必须在政治与哲学之间作出非此即彼的选择。一旦选择回到城邦研究政治人事,这位政治哲人除了追求真理的心志和能力外,还必须是一位具备"正义感、勇气和节制"等诸多德性的贤良之士(485a-487a)。

经过漫长的论述,我们发现:波考克"公民共和主义"的根本问题不在于史料是否可靠,而在于史学解释背后各种成问题的因素,包括现代历史意识的理论桎梏和生存论困境,以及波考克本人对政治的理解。政治哲学的自由精神不必在一种看似言之凿凿的史学面前缴枪投降,更何况通过比较《理想国》对政治的理解,我们已经意识到其实有可能回到某种更早的、"前现代"的非历史视野来解放我们自己。

---

① 罗森:《哲学进入城邦:柏拉图〈理想国〉研究》,朱学平译,上海:华东师大出版社,2016年,第283页。

# Homo Politicus and History: On Pocock's Civil Republicanism

## He Qingchuan

**Abstract:** The thesis of this study begins with the topic of J. G. A. Pocock's The Machiavellian Moment, which is the idea of homo politicus and its historiography, thus criticizing Pocock's doctrine of Civil Republicanism. For this purpose, here is the structure: First, I'll enter the context of Civil Republicanism, which is historicism, and expose the theorectical implications of modern historical conscious behind Pocock's historiography. Secondly, I'll stress on the conceptual kinship about the understanding of temporality and praxis between Pocock and Arendt, both of whom can be traced back to Hedeiggerian existentialism, so that we'll see how an existentialized radical historicism influenced Pocock's political history. Finally, I'll take the image of "Sailling Ship" shared by Plato and Pocock, and compare their different interpretations of politics as such, in order to expose the fundamental difficulties in the homo politicus idea of Civil Republicanism.

**Key words:** Civil republicanism; Historical conscious; Existentialism; Praxis; Politics

书讯

## 《青年马克思——德国哲学、当代政治与人类繁荣》

〔英〕大卫·利奥波德(David Leopold)著,刘同舫、万小磊译

广州:中山大学出版社,2017年

英国学者大卫·利奥波德主要是从事分析的马克思主义、政治哲学和乌托邦社会主义的相关研究。作为英国剑桥大学出版的"语境中的思想"系列丛书中的一本,利奥波德的《青年马克思——德国哲学、当代政治与人类繁荣》一书站在分析的马克思主义立场上通过对马克思早期文本的精细解读和相关思想背景的深入探究,梳理了马克思与自由主义的关系,从而对政治哲学和乌托邦社会主义进行了启发式研究。利奥波德在书中指出马克思是在对自由主义社会和现代世界的深入洞察与不断加深的理解中,通过特殊的理论路径实现对启蒙思想成果的继承、吸收与超越的,这为理解人类的未来提供了一幅值得坚持和进一步探索的共产主义蓝图。

马克思的早期文本展示了其在探讨一系列重大、复杂且具强烈时代感的问题上所表现出来的独特视角和有益摸索。但因材料所具有的单薄、晦涩和不完整等客观外在表征,与之相应的思想也就带有了启发性和模糊性的双重特质。这使得马克思这一时期的宝贵且有趣的思想在一种难以被精确解读的境遇中沾染上了魅惑性与灾难性。本书在正视这些事实的基础上,以"人类繁荣"为研究核心,追溯了青年马克思批判对象与兴趣的重大转变。从对当时德国落伍政体的批驳到对当代国家的批判,利奥波德系统地呈现了从《莱茵报》的关停到《德意志意识形态》开始创作之前这段时间内马克思对现代国家的出现、性质和未来更替的描述。由于存在着阐释困境和马克思论述中所体现的思想批判性远大于建构性等局限性,导致利奥波德在研究中难以进入一些诸如"异化"等基本概念的思想版图,且致使本书在转化再创造这一方面展开不够。但总体而言,利奥波德通过对青年马克思思想复杂性来源的阐释,批判性展现了马克思对当代国家的成就与不足的论述与其基于人类发

展对社会政体和政治命运的论述。这一分析性研究无疑在努力克服局限性的同时,既通过展现马克思对人类福祉的追求和期望勾勒出了一副鲜活的青年马克思思想的肖像,也为当下研究马克思的作品提供了思路上的可能借鉴和方法上的经验教训。(郭清飞)

## 《国家的财政危机》

〔美〕詹姆斯·奥康纳(James O'Connor) 著,沈国华译
上海:上海财经大学出版社,2017 年

詹姆斯·奥康纳是美国著名的新马克思主义学者。其于20世纪60年代末70年代初结合个人的切身经历、知识积淀和政治体验以一种独特的方式完成了《国家的财政危机》一书。该书基于马克思主义和批判性经济研究,深入探讨了发生在美国和世界其他国家的新资本主义制度危机。奥康纳在本书中系统阐发的"国家财政危机理论"对70年代以后的新马克思主义理论的发展起到了极大的推动作用,因而本书被看作是美国马克思主义经济学研究领域中继保罗·巴兰和保罗·斯威齐《垄断资本》之后的又一力作,并与哈贝马斯的《合法性危机》一同被视为是新马克思主义国家学说中最重要的两本著作。

《资本论》之后,世界范围内的资本主义国家出现了新的变化。伴随着生产力的巨大发展,生产关系也相应地发生了重大改变。奥康纳看到了这一点,因而通过对战后美国资本主义这一具体研究对象的剖析,进而延伸到了对整个当代资本主义的矛盾与发展趋势的探究,并且指出了在资本主义矛盾日益加剧的大背景下,国家的经济职能日益突出,但与此同时国家对经济的调节又造成了财政危机这一新问题。在奥康纳看来,财政危机正在成为当今资本主义国家经济危机的集中表现,它不仅破坏着经济自身的生产能力,还直接威胁到资本主义国家的政治合法性。奥康纳的这一国家理论将国家的

职能与社会再生产相连接,从而把资本主义经济危机与资本主义国家职能直接联系了起来。这也就是说,在奥康纳那里,国家被赋予了生产的功能,在一定意义上超越了传统的上层建筑范畴。因此学界在对奥康纳这一独到的对资本主义国家财政危机的新阐释是对经典马克思主义国家理论的偏离还是发展的评价上,存在一定的争议。但从根本上来说,奥康纳对国家理论的发展与经典马克思主义还是一脉相承的,更为重要的是,《国家的财政危机》一书作为对资本主义危机的一种新的理论阐释,不仅对当下深刻认识以美国为首的资本主义国家的经济有着相当高的参考价值,也对批判性认识当代资本主义矛盾及其本质、理解新马克思主义的国家理论、确立马克思主义的科学信仰具有一定的启示作用和现实意义。(郭清飞)

# 农奴生产方式和俄国资本主义起源
## ——村社共同体的解体和原始积累

周巍卫[*]

**提　要**：马克思在《政治经济学批判（1857—1858年手稿）》中分析了资本主义起源的两条道路：一是劳动者和生产资料分离（适用于自耕农生产方式）；二是劳动者和共同体分离（适用于东方公社为基础的农奴生产方式）。而《资本论》揭示的西欧资本主义起源只是第一条道路。本文从俄国农奴生产方式的特点出发，分析了农奴和份地的结合情况，然后梳理俄国资本主义的起源过程，得出资本主义在俄国起源的特殊性：农奴与份地的分离必须以农奴和公社的分离为前提。论证了第二条道路的现实性，展现了马克思在《1857—1858年手稿》和《资本论》中关于资本主义起源的差异。同时回答了为什么以"东方公社"为基础的国家不能自发产生资本主义，或者资本主义发展缓慢的问题。

**关键词**：农奴生产方式　公社　共同体　劳动者和生产资料分离　劳动者和共同体分离

　　从19世纪早期至20世纪初，资本主义在俄国经历了大致一百年的时间，跨度长于整个苏联时期。然而，国内外学术界对俄国资本主义起源的讨论远远少于对俄国社会主义革命的讨论。当19世纪资本主义生产方式在全球高

---

[*] 周巍卫，1989年生，北京大学哲学系博士研究生。

歌猛进的时候,俄国出现了一种声音,要抵制资本主义,跨越资本主义发展阶段。经历了苏联解体,当下俄罗斯又重新回到了资本主义的发展道路上。如何理解俄国资本主义道路的曲折性?笔者认为应该回溯到资本主义在俄国的起源、农奴制的瓦解中进行探讨。本文试图论证:俄国农奴生产方式和土地重分型村社的特点及其瓦解过程奠定了俄国资本主义起源的特殊性,从而形成了俄国资本主义发展的坎坷道路。

## 一 资本主义的历史起源:劳动者和生产资料的分离

资本主义的历史起源就是资本原始积累的过程。马克思指出:资本关系以劳动者和劳动实现条件的所有权之间的分离为前提。"创造资本关系的过程,只能是劳动者和他的劳动条件的所有权分离的过程,这个过程一方面使社会的生活资料和生产资料转化为资本,另一方面使直接生产者转化为雇佣工人。因此,所谓原始积累只不过是生产者和生产资料分离的历史过程。"①因此,我们可以把资本主义起源的条件概括为劳动者和生产资料的分离。资本主义的历史起源既是资本主义生产方式产生的过程,同时也是封建生产方式瓦解的过程,两者是同一过程的两个方面。从"劳动者和生产资料的分离"这一条件着眼,这是从封建生产方式的瓦解方面来探讨资本主义生产方式起源问题。封建生产方式的瓦解体现为小农和土地的分离,而小农与土地生产资料分离、转化为自由工人就是资本主义生产方式产生的过程。

马克思在《资本论》中关于西欧资本主义起源的历史概述描述了西欧资本主义经济制度从封建主义经济制度内部产生的途径,即"叙述了使生产者同他们的生产资料分离,从而把他们变成雇佣工人而把生产资料占有者变成资本家的历史运动"②。如马克思所言:"在英国,农奴制实际上在14世纪末期已经不存在了。当时,尤其是15世纪,绝大多数人口是自由的自耕农,尽管他们的所有权还隐藏在封建的招牌后面。"③因而,英国资本主义起源是自耕

---

① 《资本论》第一卷,北京:人民出版社,2004年,第822页。
② 《马克思恩格斯选集》第三卷,北京:人民出版社,2012年,第729页。
③ 《资本论》第一卷,北京:人民出版社,2004年,第823—824页。

农和其土地分离的过程,也即自由的自耕农转化为雇佣工人。马克思多次强调从自由的小土地私有制到资本主义私有制是英国资本主义起源的道路。"资本的原始积累,即资本的历史起源,究竟是什么呢?既然它不是奴隶和农奴直接转化为雇佣工人,因而不是单纯的形式变换,那么它就只是意味着直接生产者的被剥夺,即以自己劳动为基础的私有制的解体。"[①]"可见,首要的是,劳动者同他的天然的实验场即土地相脱离,从而自由的小土地所有制解体,以及以东方公社为基础的公共土地所有制解体。"[②]这里"以自己劳动为基础的私有制的解体""自由的小土地所有制解体"都是指英国自耕农生产方式瓦解,自耕农和土地分离,产生资本雇佣关系,而非农奴生产方式转化为资本主义生产方式。

然而,当资本主义生产关系开始在俄国出现时,俄国是一个典型的农奴制国家。资本主义在俄国遭遇了农奴生产方式,而在英国遭遇的则是自耕农生产方式。马克思也承认选择英国作为《资本论》研究的例证在于其典型性:"对农业生产者即农民的土地的剥夺,形成全部过程(资本主义起源)的基础。这种剥夺的历史在不同的国家带有不同的色彩,按不同的顺序、在不同的历史时代通过不同的阶段。只有在英国,它才具有典型的形式,因此我们拿英国作例子。"[③]如果英国具有资本主义起源的典型形式,那么俄国就是这样一个非典型的国家,具有资本主义起源的特殊形式。尽管如此,俄国资本关系的产生也要以劳动者和其劳动条件的分离为前提,即以对农民土地的剥夺为前提。只是这种剥夺的历史在俄国呈现不同的色彩、按不同的顺序进行。这种特殊性就在于俄国是从农奴生产方式的瓦解中产生资本主义。俄国资本主义的起源就是农奴与份地分离、农奴转化为自由工人的过程。因而,探讨俄国资本主义的起源问题,必须从农奴生产方式开始谈起。

## 二 俄国资本主义起源的历史过程:农奴和份地的分离

16世纪,当英国的资本主义生产方式正在酝酿的时候,俄国刚刚开始了

---

[①] 《资本论》第一卷,北京:人民出版社,2004年,第872页。
[②] 《马克思恩格斯选集》第二卷,北京:人民出版社,2012年,第724页。
[③] 《资本论》第一卷,北京:人民出版社,2004年,第823页。

封建化、农奴化的过程。沙皇按照军功分封了贵族,将公社、土地、农奴分给了领主。农奴与自己的生产资料结合在村社中进行家庭生产。19世纪,俄国资本主义关系开始萌发,农奴生产方式逐渐瓦解,1861年改革促使农奴和份地的第一次分离,农奴从领主的人变成了村社农民,依然没有离开土地;1905年斯托雷平改革促使了农奴和份地的第二次分离,村社农民成为私有农民,进而沦为无产者——自由工人。这就是俄国农奴和份地分离的过程,也即资本主义起源的历史过程。

### (一) 农奴和份地的结合:土地重分型公社中的农奴生产方式

俄国公社有着长远的历史。基辅罗斯时期有维尔夫,已经不是血缘公社,而是邻里公社,共同体比较松散,属于农民个体经济,存在个人或者家庭的私有财产;13—16世纪是米尔村社组织,或者称为黑乡[1],黑乡还没有被封建进程侵占,没有依附于领主,而是自由的个体生产,土地自由买卖,向国家纳税,不存在土地重分。大约从15世纪开始,俄国启动了封建化和农奴化进程,公社和农民的性质发生了改变。中央集权国家将黑乡分封给军功贵族,并分封国有土地建立军功领地,自由的米尔逐渐消亡。这一封建化过程可以大致描述为:"自由农民向农奴转化,农户地产向公社份地转化,准私有的世袭领地向国家授予的封地转化,古典色彩的地主向公社主转化,松散型的自由米尔向紧密型的农村公社转化,而松散型的诸侯联盟与霸主政治向中央集权的专制国家转化。"[2]"到16世纪末,占俄国农民多数的领地农民实质上已变为农奴。"[3]俄国的封建化和西欧相比大致类似,特殊性在于贵族领地上的农民除了向领主纳租服役外,还要向国家纳税。这与典型的农奴制不同,集权国家不允许农奴完全被领主私有化,也不允许公社成为领主的私人管理机构。因而,俄国的农奴不仅依附于领主,还依附于国家,公社不仅受领主管理,还间接受制于国家。

---

[1] "与早期的维尔夫类似,13—16世纪的米尔基本上还是自由的米尔。俄国历史上习惯把享有免税特权及其附庸称为白色的,而把向国家纳税的自由人称为黑色的,因而这时米尔农民被称为黑农,他们耕种的土地被称为黑地,而他们组成的米尔又称为黑乡。"金雁、卞悟:《农村公社、改革与革命——村社传统与俄国现代化之路》,北京:中央编译出版社,1996年,第46页。
[2] 金雁、卞悟:《农村公社、改革与革命——村社传统与俄国现代化之路》,北京:中央编译出版社,1996年,第54—55页。
[3] 同上书,第54页。

俄国农奴聚居的农村公社最大特点是土地定期重分。正如马克思对东方公社的描述："在大多数亚细亚的基本形式中，凌驾于所有这一切小的共同体之上的总合的统一体表现为更高的所有者或唯一的所有者，因而实际的公社只不过表现为世袭的占有者。"[1]俄国公社作为世袭占有者具有实际意义：由于土地公社公有，公社可以定期重新分配份地给农奴。如果西欧农奴制是领主—农奴的直接管理模式，那么俄国农奴制则是领主(或国家)—村社—农奴的统治方式。国家和领主试图借助公社严格控制农奴，公社获得了对于农奴的统治权力：一方面将农奴严格束缚在公社，保证赋税徭役和领主自营经济；一方面也为农奴提供了保护。例如推行连环保，"村社集体为社员个人承担责任，同时个人即处于村社共同体的束缚之下……连环保制度下的租税征集采取'征税对社不对户，贫户所欠富户补'的模式，公社作为一个整体承担纳税(或服役)义务，国家(或领地)征税机关不直接与农户打交道。"[2]土地重分和连环保意味着农奴对于领主的负担重新分摊。此外，公社还组织劳动组合、共耕地，强制聚居、强制耕作。公社代替领主和国家，成为农奴的直接统治者。农奴不仅依附于国家、领主，还依附于公社，是公社的农奴。

农奴的生产组织方式是家庭经营，属于个体小农生产方式的范围。首先，农奴是俄国封建生产方式的主体，以家庭为单位独立自主地组织生产(共耕地和劳动组合是少数)，农奴既是生产的主体，自主生产，又是生产的客体，以自己的劳动从事生产；农奴份地规模小，属于糊口经济，无法进行规模生产、雇佣生产，生产成本高、收益小，需要辅助以家庭手工业；农奴和份地、生产工具紧密结合在一起，实现自给自足。农奴生产与自耕农生产的区别在于，农奴以劳役方式支付地租，在领主的自营地无偿劳动，份地只是占有，不能买卖，村社定期重分，身份是非自由的、依附于领主和公社。对于公社、领主和国家的人身依附产生了农奴生产方式和自耕农生产方式的根本不同。其次，农奴生产的内在矛盾是农奴对土地需求的日益增长和土地集中垄断化的趋势。公社是公有私耕的模式，份地由各个家庭自主经营、自负盈亏。随

---

[1] 《马克思恩格斯选集》第二卷，北京：人民出版社，2012年，第726页。
[2] 金雁、卞悟：《农村公社、改革与革命——村社传统与俄国现代化之路》，北京：中央编译出版社，1996年，第75—76页。

着生产发展、人口增加、灾害发生,有些农奴入不敷出乃至破产成为无地少地者,有些农奴则迫切需要扩大规模、增加份地,份地逐渐集中在少数农奴手中,造成了大部分农奴少地或者无法扩大生产,贫富差距扩大、社会矛盾突出。俄国公社通过定期分配土地的方式,重新恢复了农奴对于原有份地的占有,份地不足得到补充、份地垄断被扼制,生产力恢复、矛盾缓和。相比中古时代中国依靠改革或者农民革命的激进方式使失地少地农民重新获得土地,俄国公社定期重分土地的方式要缓和得多,并且是在公社内部克服了农奴生产方式的内在矛盾,周而复始地循环。形成了以份地的分离和结合为中心的农奴生产方式矛盾激化及其克服的路径,本质上反映了农奴对于土地的依附。最后,在农奴生产方式中,也存在农奴和份地的分离,却不是导向雇佣劳动,而是以公社重新分配土地的方式使得农奴和份地再次结合。在封建生产体系中,农奴生产方式是中心生产原则,零星的商品交换和生产是边缘原则,一般情况下,农奴生产方式的内在矛盾并不借助于转变生产方式类型,即过渡到资本生产的方式来克服。只有资本主义生产方式引发并克服了农奴生产方式的内在矛盾,劳动者和生产资料的分离才能成为资本主义的历史起源。农奴和份地紧密地结合在一起,农奴依附于土地,农奴是土地的人、是土地的农奴。

从农奴生产方式的特点而言,要实现劳动者和生产资料的分离,即农奴和份地的分离,从农奴生产方式转变为资本主义生产方式,必须改变农奴生产方式克服自身矛盾的内在循环机制——土地重分,而土地重分又是领主和国家借助公社控制农奴的方式。因而,在俄国,要实现劳动者和生产资料的分离,不仅仅是农奴和份地分离这么简单,必须要瓦解控制农奴的整个农奴体系、公社体系和封建体系。农奴要从领主的人、国家的人、公社的人、土地的人成为自由工人,要走一条漫长的道路。1861 年改革迈开了分离的第一步。

**(二) 农奴和份地的第一次分离:1861 年农奴制改革**

1861 年农奴制改革是由沙皇推行的自上而下的改革,却也是迎合了资产阶级要求废除封建领主所有、农奴生产,促使劳动者和生产资料分离的要求。2 月 19 日法令"解放"了农奴的人身和财产:农民有人身自由和一般公民权,地主不能买卖和交换农民,农民有权拥有财产、担任公职、进行诉讼和从事工商业。在全部土地归地主所有的前提下,农民可以使用一定数量的份地,但必须向地主缴纳赎金。地主有权向农民"割地",即剥夺农民原份地的1/5—2/5。农奴制解放可以称得上俄国的"圈地运动":地主圈占了农奴的份地,而且是最好的一部分份地,留下不足以糊口的份地给农民,农民丧失土地,沦为无产者指日可待;剩下的份地,农奴要缴纳远高于市场价格的土地赎金给地主,交纳赎金比直接割地更加残酷,农奴不是无力交纳就是无力经营,而获得赎金的地主自然将其转化为资本原始积累。农奴制改革本质上是资产阶级的原始积累过程,为了实现劳动者和生产资料的分离,既创造了大量潜在的无产者,又积累了大量资金。而农民只获得了一个法律上的自由身份,不再依附于领主,从农奴变成了农民,得到了自由沦为无产阶级的权利。虽然改革导致了对于农奴的残酷盘剥,赋税、大地产和工业的发展压得他们喘不过气来,但是,俄国农民却没有像英国自耕农一样沦为无产阶级,依然和份地结合在一起。为什么同样是"圈地运动",会在英国和俄国产生如何不同的结果呢?

俄国公社成功阻滞了"圈地运动"之后农奴和份地的分离。"2月19日法令不仅把农民的土地缩减了一半,而且还要农民为剩下的一半支付赎金。但不是由农户出面,而是由农村公社出面向地主支付,这样赎回的土地就不是农户的私有地产,而仍是公社份地。"①农村公社没有变化,依然是由公社分配份地给农民,定期重分,只是分配的土地更少、更贫瘠而已,农民不是沦为无产者,而是在公社中依附在狭小的份地上。改革之后,公社对农民的束缚不是减弱了,而是加强了。沙皇信奉"畜群式管理",认为以公社为单位管理一群人,比管理一个个的农民更加便利,因而强化了公社原有的管理职能,更加严格地将农民束缚在公社中、份地上。马克思对印度公社的描述同样适用于俄国,"这些田园风味的农村公社不管看起来怎样祥和无害,却始终是东方专制制度的牢固基础"②。"农村公社并没有解散,只是国家代替贵族承担了公社的统治者—监护人角色,因而用时人的话说,农民只是从领主的农奴变成

---

① 金雁、卞悟:《农村公社、改革与革命——村社传统与俄国现代化之路》,北京:中央编译出版社,1996年,第149页。
② 《马克思恩格斯选集》第一卷,北京:人民出版社,2012年,第853页。

了'公社的农奴'而已。换言之,改革后的农民仍然没有取得独立的人格,没有作为个人而得到完全的公民权利,他仍然受到公社的束缚。"①公社和农奴在改革中只是更换了主人,而公社与农民的关系、农民与份地的关系基本保持不变。这就是为什么同样是"圈地运动",英国贵族在圈地之后顺利分离了自耕农和土地,而尽管俄国贵族圈占了农奴大部分土地还剥夺了赎金,依然没有将农奴从份地上分离开。农奴被束缚在公社中,不能解放,并且被赋予份地,通过定期分配的方式平均占有份地。共同体束缚着个体的发展、公社禁止了农民私有制的产生。英国形成了城市和农村的分工、全国统一的商品交换市场,而俄国城市和农村一直处于分离状态,资本主义关系只是在地主土地上发展,农民资产阶级没有形成,农奴生产方式深深扎根于村社中并抵制资本主义的侵蚀。

从资本主义起源而言,农奴制改革不能算是一次成功的"圈地运动"。农奴的土地是被大量圈占了,却没有实现劳动者和生产资料的分离。看来在俄国,只是圈地不足以分离农民和土地,必须瓦解土地重分型公社,将个体从共同体中解放出来,用农民的私有制代替公社的公有制。斯托雷平改革的目的就是取消公社,进而开启了农奴和份地的第二次分离。

### (三) 农民和份地的第二次分离:斯托雷平改革

斯托雷平土地改革的导向就是瓦解公社,实现农民和份地的彻底分离。《关于农民土地所有制和土地使用的现行法令若干规定的补充》规定:准许农民退出村社;占有份地的户主可随时要求将这块土地中应该归于他的那部分确定为自己的私有财产;鼓励退社农民建立单独田场和独立农庄。改革推动了大量农民退出农村公社,将村社的土地公有制变成了农民个体的私有制。这两项都是1861年改革没有完成的任务,可以算是第二次农奴解放。至此,农奴真正获得了解放,不再依附于任何人和共同体,成为自由的人。然而,无论是沙皇政府还是资产阶级都不是为了在俄国发展小农生产,而是促使小农与土地的分离,发展地主的大土地所有制和资本主义雇佣农场。这可以从农民银行中看出来:"沙皇政府培植单独田场和独立农庄的另一个极重要的工

---

① 金雁、卞悟:《农村公社、改革与革命——村社传统与俄国现代化之路》,北京:中央编译出版社,1996年,第147页。

具是农民银行。农民银行在斯托雷平土地改革时的主要任务是向富农提供贷款,并将贵族、国家、皇室的土地及收购破产农民的份地卖给农民,主要是富农。"①这就是列宁在《社会民主党在1905—1907年俄国第一次革命中的土地纲领》中所说的资产阶级农业演进的"普鲁士的道路":"农奴制地主经济缓慢地转化为资产阶级的容克式的经济,同时分化出少数'大农',使农民在几十年内受着最痛苦的剥夺和盘剥"②,即通过地主大量兼并小农土地,实现小农和生产资料的分离,发展资本主义的大农业。

斯托雷平改革通过两个步骤实现了农民和份地的彻底分离:先瓦解公社,将农民从共同体中解放出来,实现农民和共同体的分离,建立农民的私有制;再通过扶植富农的方式,收购、兼并农民的私有土地,实现农民和土地分离。首先,通过1861年改革,俄国资产阶级至少明白了西欧资本主义起源道路和俄国道路的不同,为了达到资本原始积累,实现劳动者和生产资料的分离,在俄国必须消灭公社。公社对农民有束缚作用,也有保护作用。公社所有、土地重分、连环保、大锅税、强制聚居等公社职能都强化了农民和份地的结合程度,有效阻止了农民和份地的分离。不管如何圈占份地,不先消灭公社,农民始终无法和份地分离。只有将农民从公社共同体中分离出去,俄国才能赶上"西欧资本主义起源的道路"。其次,剥夺农民的私有土地。当村社农民(或者村社农奴)从村社解放出来,就变成了自耕农,这以后的道路就和英国一致了。缺乏资金、工具的小自耕农只是过渡形式,并非斯托雷平改革的目的,"就改革的目的而言,实际上是要造成既为私有又并成了大块的独立农场农民"③。国家通过农民银行开启了第二次剥夺农奴土地的"圈地运动",大量农民破产,沦为无产者。改革引发了普遍的小农反抗,农民反对村社分离者,反对土地整理将份地转化为私有财产,并夺取地主土地、打击独立田庄。在资本主义生产方式下,小农私有制的实现即意味着小农无产化的开始。在劳动者和生产资料分离的道路上再没有阻碍因素,俄国资本原始积累

---

① 金雁、卞悟:《农村公社、改革与革命——村社传统与俄国现代化之路》,北京:中央编译出版社,1996年,第184页。
② 《列宁全集》第十三卷,北京:人民出版社,1959年,第219页。
③ 金雁、卞悟:《农村公社、改革与革命——村社传统与俄国现代化之路》,北京:中央编译出版社,1996年,第188页。

开始进入快车道，资本主义生产方式即将在俄国取得统治地位。

## 三 资本主义起源的俄国道路：劳动者和共同体分离

公社（共同体）构成了俄国资本主义起源中的最大障碍。俄国资本主义要实现劳动者和生产资料的分离，必须将农奴从公社中解放出来，然后才能走向英国的"圈地"过程——剥夺农民的生产资料。然而，俄国资本主义起源刚好走了一条相反的道路，1861年改革剥夺了农奴的大量土地，却将其留在公社中，致使农民和份地依然紧密结合；直到斯托雷平改革才着力瓦解了公社，农民和份地开始分离。如果从1861年改革就能开始正确的顺序，俄国资本主义可能获得更快的发展。俄国资本主义起源并没有违背马克思提出的资本主义起源一般道路，即劳动者和生产资料的分离。只是在俄国，劳动者和生产资料的结合方式不同于英国，那么劳动者和生产资料的分离方式也不同于英国。俄国农奴和份地以公社为中介结合在一起，要实现农奴和份地的分离，必须先实现农奴和公社的分离。英国不存在公社，公社已经成为残余。正如朱寰教授所考证的："从亚欧四国中古时期的历史发展来看，都在不同程度上存在农村公社制度。俄国国有土地（即'黑色土地'）上农村公社保存得比较完整；英国和日本的农村公社，受到封建关系的侵蚀，已发生很大变化，但是作为公社的一些基本特征在社会的各个方面还清晰可见，大致可以勾画出农村公社的基本轮廓。"① 没有公社共同体的存在，劳动者和生产资料的分离就比较容易。

为什么英国和俄国都是封建社会，以农奴生产方式为基础，俄国保存了完整的农村公社，而英国的公社只是作为残余而存在呢？这最终归结在两国封建生产方式类型的不同：俄国的农奴生产方式以公社为组织进行生产，英国的农奴生产方式以庄园为组织生产。在封建化之前，两个国家都存在农村公社，盎格鲁-撒克逊时期存在类似于自由马尔克制度的公社，"马尔克社员除了拥有平等的土地份额和平等的使用权以外，当初他们在马尔克内部在参加立法、管理和裁判方面，都拥有同等的机会"②；俄国则是自由米尔，"它的土

---

① 朱寰主编：《亚欧封建经济形态比较研究》，长春：东北师范大学出版社，2002年，第206页。
② 《马克思恩格斯全集》第十九卷，北京：人民出版社，1963年，第359页。

地是由农户私有的自由土地,而不是后来那种公社所有,定期重分的份地……农民的土地可以买卖也可以继承。"①也就是说,封建化之前,英国公社共同体属性强,能够重分土地,而俄国公社相对松散。封建化的过程使得公社在两个国家发生了质变。英国的封建化侵蚀了公社共同体,而俄国的封建化则伴随着公社化。如恩格斯所说:"马尔克制度的崩溃,在民族大迁徙以后不久就开始了。"②"在日耳曼人侵占的罗马领土上,我们看到,耕地和草地的各个份地,已成为自主地,成为占有者的自由财产,即只对马尔克负担一定赋役的财产了。"③大迁徙的过程中马尔克共同体的属性已经在丧失,出现了自由拥有自主地的私有农民;而领主、教会等大地主很快就奴役了自由农民,剥夺了土地,将其安置在劳役型庄园之中,以庄园来组织生产、司法审判、行政管理,马尔克已经成为残余。当中世纪晚期领主追求货币地租之时,农奴毫无障碍地转化为自由佃农和自耕农,为雇佣关系产生创造了条件。而俄国的封建化反而加强了原来松散的公社,不是个体奴役化的过程,而是以公社为单位集体被奴役化,公社被作为奴役化的工具。公社共同体反而是增强了重分土地的功能,从而将农奴牢牢束缚在公社和份地上。进而在资本雇佣关系产生之时,以公社为基础的共同体阻碍了生产资料和劳动者的分离。

大体说来,在封建生产方式中,劳动者和生产资料处于结合状态。而资本主义起源则是劳动者和生产资料的分离。那么在封建生产方式中,即在小农生产方式中,小农和生产资料的结合方式直接决定了其分离的方式,有多少种结合方式就有多少种分离方式。英俄就是两种典型的方式。小农生产方式④(复数)不仅决定了封建社会的类型学,也决定了资本主义社会起源的不同类型和发展道路。

假如可以总结出资本主义起源的俄国道路,那就是:劳动者和生产资料分离要以劳动者和共同体分离为前提。资本主义起源要经历两步分离:劳动

---

① 金雁、卞悟:《农村公社、改革与革命——村社传统与俄国现代化之路》,北京:中央编译出版社,1996年,第47页。
② 《马克思恩格斯全集》第十九卷,北京:人民出版社,1963年,第362页。
③ 同上书,第541页。
④ 小农生产方式包括自耕农生产方式、佃农生产方式、农奴生产方式、村社农生产方式、种姓农生产方式等不同类型。

者和共同体分离、劳动者和生产资料分离。那么,资本主义起源的俄国道路是否是马克思的思想呢?有文本依据吗?笔者认为这要追溯到《政治经济学批判(1857—1858年手稿)》中马克思对于资本主义历史起源的初次探索。

## 四 《1857—1858年手稿》中资本主义起源的两条道路

马克思在《资本论》的创作手稿《政治经济学批判(1857—1858年手稿)》中曾经提出过劳动者和生产资料分离的两种类型,即资本主义在不同地区的两种起源路径。

> 雇佣劳动的前提和资本的历史条件之一,是自由劳动以及这种自由劳动同货币相交换……另一方前提就是自由劳动同实现自由劳动的客观条件分离……可见,首要的是,劳动者同他的天然的试验场即土地相脱离,从而自由的小土地所有制解体,以及以东方公社为基础的公共土地所有制解体。①

马克思明确指出,在当时的历史条件下,实现劳动者和土地的分离,产生雇佣劳动,必须实现两种所有制的解体。一是"自由的小土地所有制解体",这是自耕农和土地的分离,属于以英国为典型的西欧资本主义起源的道路;二是"以东方公社为基础的公共土地所有制解体",斯拉夫公社即俄国公社是东方公社的变形,这是农奴和份地的分离,只有将农奴从共同体——公社中分离出来,才能实现公共土地所有制转变为农民土地私有制,进而实现农民和份地的分离。马克思尝试提出了两种资本主义起源的路径:一是自耕农生产方式转变为资本主义生产方式,即劳动者和生产资料的分离;一是农奴生产方式转变为资本主义生产方式,即劳动者和共同体分离、劳动者和生产资料分离。

为什么会出现两条资本主义道路呢?大概是由于当资本雇佣劳动产生的时候,各个国家地区为资本主义起源所做的准备不同。资本主义起源的形式,也是由封建生产方式(小农生产方式)所采取的类型决定的。在有的地方,如俄国和印度,当资本主义产生的时候,公社作为共同体还存在,采取农

---

① 《马克思恩格斯选集》第二卷,北京:人民出版社,2012年,第724页。

奴生产方式，还没有产生土地私有制，在这样的地方，资本主义只能从瓦解公社的公共土地所有制出发；相反在西欧，资本主义出现的时候，不仅马尔克公社残缺不全，而且劳役型的庄园也没落了，到处是自耕农这种生产方式，实现劳动者和生产资料的分离，只需瓦解自由的小土地所有制。资本主义产生时在各地遭遇的小农生产方式类型决定了不同的资本主义起源道路。

然而，在《资本论》中，马克思作为资本主义起源和发展典型规律来分析的只有西欧资本主义起源的道路，即资本主义在英国的起源。这在原始积累一章写得很清楚。马克思分析的是自由的小土地私有制（自耕农）和土地分离的过程，即劳动者和生产资料分离：

> 资本的原始积累，即资本的历史起源，究竟是什么呢？既然它不是奴隶和农奴直接转化为雇佣工人，因而不是单纯的形式变换，那么它就只是意味着直接生产者的被剥夺，即以自己劳动为基础的私有制的解体。①

> 资本主义的私有制，是对个人的、以自己劳动为基础的私有制的第一个否定。但资本主义生产由于自然过程的必然性，造成了对自身的否定。这是否定的否定。②

> 以个人自己劳动为基础的分散的私有制转化为资本主义私有制，同事实上已经以社会的生产经营为基础的资本主义所有制转化为社会所有制比较起来，自然是一个长久得多、艰苦得多、困难得多的过程。③

> 关于原始积累的那一章只不过想描述西欧的资本主义经济制度从封建主义经济制度内部产生出来的途径。④

"以自己劳动为基础的私有制"就是指英国的自耕农所有制，即从自耕农瓦解探索资本主义私有制的产生。马克思只是从劳动者和生产资料分离谈资本主义起源，而没有涉及从劳动者和共同体分离角度谈论资本主义起源的可能的另外一条道路。

---

① 《资本论》第一卷，北京：人民出版社，2004 年，第 872 页。
② 同上书，第 874 页。
③ 同上。
④ 《马克思恩格斯选集》第三卷，北京：人民出版社，2012 年，第 729 页。

在给俄国革命家查苏利奇的复信中,马克思也曾提到了《资本论》必须限制在西欧,并指出资本主义在俄国起源的本质是公有制变为私有制。

> 可见,这一运动(资本主义起源)的"历史必然性"明确地限制在西欧各国的范围内。造成这种限制的原因在第三十二章的下面这一段里已经指出:
>
> "以自己的劳动为基础的私有制⋯⋯被以剥削他人劳动即以雇佣劳动为基础的资本主义私有制所排挤。"
>
> 因此,在这种西方的运动中,问题是把一种私有制形式变为另一种私有制形式。相反,在俄国农民中,则是把他们的公有制变为私有制。①

马克思将《资本论》中资本主义起源的道路明确限制在西欧各国,其本质是资本主义私有制取代以自己劳动为基础的私有制(自耕农生产方式)。而俄国资本主义起源则是资本主义私有制取代公有制。资本主义在俄国的具体发展路径是:公共土地所有制瓦解(公社解体),转变为以个人劳动为基础的私有制,然后资本私有制取代个人私有制。公有制是俄国的最大特色,因而公社共同体的瓦解,即农奴和公社的分离,是资本主义产生的前提条件。

为什么马克思在成熟时期的著作《资本论》中选择了英国作为资本主义起源的典型?而没有提到俄国道路呢?英国的典型性在哪里呢?事实上,马克思是在比较两条资本主义起源道路之后做出了这样的选择。马克思有这样一段表述:

> 凡是公社成员作为私有者已经同作为城市公社以及作为城市领土所有者的自身分开的地方,那里也就出现了单个的人可能丧失自己的财产的条件,也就是丧失了使他既成为平等公民即共同体成员,又成为所有者的那种双重关系。⋯⋯在东方的形式中,如果不是由于纯粹外界的影响,这样的丧失几乎是不可能的,因为公社的单个成员对公社从来不处于可能会使他丧失他同公社的联系(客观的、经济的联系)的那种自由的关系之中。⋯⋯他是同公社牢牢地长在一起的。⋯⋯其原因也在于

---

① 《马克思恩格斯选集》第三卷,北京:人民出版社,2012 年,第 839—840 页。

工业和农业的结合,城市(乡村)和土地的结合。①

西欧的公社传统比较薄弱。日耳曼公社是三种原始公社形式中共同体力量最薄弱的一种,公社被农奴制瓦解后,形成的是领主庄园经济形式,而非公社公共所有制。随着农奴制的瓦解,自耕农成为了主要形式。英国的自耕农较少受到公社的束缚,只需要从土地分离即可。然而,东方的公社传统长久。马克思预计以东方公社为基础的公共土地所有制在没有外在干涉的情况下不会瓦解,公社不瓦解,农奴就不能从共同体分离,那就更谈不上与土地的分离了,所以不容易产生资本主义。事实的确如此,几乎全部东方公社不能自发产生资本主义,或者资本主义起源面临比英国更大的困难,原因就在于东方公社对农民的束缚。农民要实现与生产资料的分离,必须首先从共同体解放出来。而迫使共同体解放,不是有外在的压力,就是自身商品生产的发展,后者是很难实现的。虽然俄国是自发瓦解公社,发展了资本主义。但是俄国资本主义起源的曲折道路恰恰验证了马克思对于东方公社难以瓦解进而实现劳动者和土地分离的猜想。资本主义在俄国的起源和发展要比英国艰难很多,这也适用于所有存在"东方公社"的国家。

在政治经济学批判的准备和探索阶段,即《1857—1858年手稿》中,马克思积累了丰富的历史资料、展现了宽广的理论视野。《资本论》最终选择了资本主义生产方式已经确立、并且是自发产生的英国。20世纪以来,以"东方公社"为基础的地区其资本主义生产也纷纷发展起来,这无疑凸显了《1857—1858年手稿》中资本主义起源第二条道路的理论重要性。以俄国为例的"东方公社"国家资本主义起源向我们揭示出:共同体的瓦解方式可以作为资本主义起源差异性的重要变量,而小农生产方式的类型决定了资本主义起源的不同道路。

---

① 《马克思恩格斯选集》第二卷,北京:人民出版社,2012年,第747页。

# The Production of Serfs and the Origin of Russian Capitalism:
## The Disintegration of Village Community and Capital Primitive Accumulation

### Zhou Weiwei

**Abstract:** In the *Manuscripts* 1857-1858, Marx analyzed two paths to the origins of capitalism: First, the separation of workers and means of production (applicable to little proprietor production mode); Second, the separation of workers and the community (adapted to the oriental commune-based production of serfs). The origin of western European capitalism revealed by capitalism is only the first way. This paper analyzes the process of the Russian capitalism from the characteristics of the serf production mode and starts from the combination between the serf and the land to the separation between them. The originality of capitalism in Russia originated: the separation of serfs and land must be based on the separation of serfs and communes. Demonstrated the reality of the second road and demonstrated the differences Marx made in the *1857-1858 manuscripts* and *Das Kapital* about the origins of capitalism. At the same time, it answered the question of why the countries based on the "Oriental Commune" cannot spontaneously produce capitalism or the development of capitalism is slow.

**Key words:** Serf production mode; Commune; Community; Separation of laborers and means of production; Separation of laborers and communities

# 庄子逍遥义辨正*

## 韩林合**

**提 要**:关于庄子逍遥义,历来众说纷纭,莫衷一是。其中最为著名者当属郭象义和支遁义。本文首先尝试给出作者自己的解读;接着梳理了郭象义和支遁义;最后尝试澄清作者所理解的庄子义与郭象义和支遁义之间的复杂关系。

**关键词**:逍遥 无为 自得 有待 无待

## 一

《逍遥游》以鲲鹏之喻开篇:

> 北冥有鱼,其名为鲲。鲲之大,不知其几千里也。化而为鸟,其名为鹏。鹏之背,不知其几千里也;怒而飞,其翼若垂天之云。是鸟也,海运则将徙于南冥。南冥者,天池也。
> 齐谐者,志怪者也。谐之言曰:"鹏之徙于南冥也,水击三千里,抟扶

---

\* 本文的写作受到如下项目支持:国家社科基金重点项目"'人是遵守规则的动物'之论题研究",项目号15AZX017;教育部人文社科重点研究基地重大项目"规范性研究",项目号16JJD720003。

\*\* 韩林合,1965年生,北京大学哲学系暨外国哲学研究所教授。

摇而上者九万里,去以六月息者也。"野马也,尘埃也,生物之以息相吹也。天之苍苍,其正色邪?其远而无所至极邪?其视下也,亦若是则已矣。

且夫水之积也不厚,则其负大舟也无力。覆杯水于坳堂之上,则芥为之舟;置杯焉则胶,水浅而舟大也。风之积也不厚,则其负大翼也无力。故九万里,则风斯在下矣,而后乃今培风;背负青天而莫之夭阏者,而后乃今将图南。

蜩与学鸠笑之曰:"我决起而飞,(枪)[抢]榆枋,时则不至而控于地而已矣,奚以之九万里而南为?"适莽苍者,三飡而反,腹犹果然;适百里者,宿舂粮;适千里者,三月聚粮。之二虫又何知!

小知不及大知,小年不及大年。奚以知其然也?朝菌不知晦朔,蟪蛄不知春秋,此小年也。楚之南有冥灵者,以五百岁为春,五百岁为秋;上古有大椿者,以八千岁为春,八千岁为秋。而彭祖乃今以久特闻,众人匹之,不亦悲乎!

汤之问棘也是已。穷发之北有冥海者,天池也。有鱼焉,其广数千里,未有知其修者,其名为鲲。有鸟焉,其名为鹏,背若太山,翼若垂天之云,抟扶摇羊角而上者九万里,绝云气,负青天,然后图南,且适南冥也。斥𫛸笑之曰:"彼且奚适也?我腾跃而上,不过数仞而下,翱翔蓬蒿之间,此亦飞之至也。而彼且奚适也?"此小大之辩也。

故夫知效一官,行比一乡,德合一君,而徵一国者,其自视也亦若此矣。而宋荣子犹然笑之。且举世而誉之而不加劝,举世而非之而不加沮,定乎内外之分,辩乎荣辱之境,斯已矣。彼其于世未数数然也。虽然,犹有未树也。夫列子御风而行,泠然善也,旬有五日而后反。彼于致福者,未数数然也。此虽免乎行,犹有所待者也。若夫乘天地之正,而御六气之辩,以游无穷者,彼且恶乎待哉!故曰:至人无己,神人无功,圣人无名。(《逍遥游》,第2—18页)①

我们看到,在铺陈鲲鹏之喻过程中,庄子依次区分开了几种不同的人生

---

① 本文所用《庄子》《庄子郭象注》《庄子成玄英疏》版本如下:郭庆藩撰,王孝鱼点校:《庄子集释》,北京:中华书局,2013年版(中华国学文库本)。

境界:蜩与学鸠或斥鴳所代表的境界;鲲与鹏所代表的境界;宋荣子所代表的境界;列子所代表的境界;无待者的境界。"夫知效一官,行比一乡,德合一君,而徵一国者"仅仅达到了蜩与学鸠(或斥鴳)所代表的境界:它们腾跃而上,不过数仞而下,翱翔于蓬蒿之间,便认为已经达到了最高的飞翔境界。鲲与鹏的境界要高明一些:前者"之大,不知其几千里也","其广数千里,未有知其修者";后者"之背,不知其几千里也;怒而飞,其翼若垂天之云","抟扶摇羊角而上者九万里,绝云气,负青天,然后图南,且适南冥也"。达到这种境界的人目光已远远超出了一官、一乡、一君、一国的范围,而具有了更为广大的世界胸怀。不过,这种境界虽然远远高于蜩与学鸠(或斥鴳)所代表的境界,但是他们仍然只注重外在的东西,而没有认识到内在的东西的重要性。相反,宋荣子则认识到,即使整个世界对于一个人来说仍然是外在的,对于人来说最为重要的是其内在的自我。一个人应该做到如下之点:"举世而誉之而不加劝,举世而非之而不加沮,定乎内外之分,辩乎荣辱之境",简言之,"于世未数数然也"(意为不汲汲于世事)。不过,宋荣子的境界仍然不够高明,"犹有未树也",因为他虽然抛弃了通常意义上的内外之分、荣辱之别,但是仍然坚持着某种形式的内外之分、荣辱之别。接下来是列子所代表的境界:处于这种境界中的人不仅不在乎世俗的内外之分、荣辱之别,而且也不在乎宋荣子所坚持的那种内外之分、荣辱之别,他们"于致福者,未数数然也"。在此,庄子用"御风而行,泠然善也"来描述这种人。实际上,对于他们的最好的描述是:"就薮泽,处闲旷,钓鱼闲处,无为而已矣",因此,他们就是所谓"江海之士,避世之人"(《刻意》,第476页)。这样的人的确做到了"免乎行"(即无须行走,无须生活于世人之间),但是他们还是"有所待",而未能做到绝对无待。他们所待(依赖)的是厚风,是高远的青天,是薮泽……最后,只有"夫乘天地之正,而御六气之辩,以游无穷者"才真正做到了了无所待。这样的人便是至人。至人的本质特征是"无己",即没有自我观念,进而也不会有外物的观念,因此他根本不会区别物我内外,进而也不会区别彼此,更不会区别美丑、善恶、是非、大小、贫富、穷达等等。这样,他当然能够做到"无功""无名"。但是,无功或无名的人却不一定能够无己。在此,庄子将能做到无功的人称为"神人",将能做到无名的人称为"圣人"。因而,至人可以说同时也是神人、圣人,但是反过来则不一定成立。宋荣子至多只能算作圣人,因为他全然不在乎世俗的名声;而列子则可算作神人,因为他不想在世界内有所作为。这样看来,至人、神人、圣人是不同的。不过,在其他许多地方庄子又在相同的意义上使用这些名称。

一些解释者认为没有必要将这里所说的至人、神人、圣人区分开来。这种意见的最著名的代表是成玄英。他写道:"至言其体,神言其用,圣言其名。故就体语至,就用语神,就名语圣,其实一也。诣于灵极,故谓之至;阴阳不测,故谓之神;正名百物,故谓之圣也。一人之上,其有此三,欲显功用名殊,故有三人之别。此三人者,则是前文乘天地之正、御六气之辩人也。"(《成玄英疏》,第23页)

在上述段落中,庄子说"小知不及大知,小年不及大年""此小大之辩也",并明确地认为人所能达到的境界有高低之分。但是,在其他篇章特别是在《齐物论》《秋水》中,庄子又明确地否认事物之间存在着任何区别。这些看似互相冲突的文本引起了庄子解释者之间的旷日持久的争论:**庄子**是否承认小大之别乃至其他区别?为了令人满意地回答这个问题,有必要首先做出如下区分:常人的观点或者现象界;至人或体道者的观点或者本体界;庄子本人(作为常人之一)对至人或体道者的境界的刻画;庄子对常人所处的各种境界与至人的境界所做的截然区分;至人或体道者会如何看待他所处的境界与常人所处的境界之区别。庄子当然认为常人会区别小大进而做出其他区别,或者说在现象界(即人们通常所说的世界)存在着这些区别;但是,他认为在至人那里或者说在本体界(即人们通常所说的世界的本来的样子)不存在任何区别。更为重要的是,庄子会认为,从至人本人的观点来看,小大乃至任何区别也是根本不存在的。而且,庄子认为,至人所处的不包含任何区别的至一境界即无待逍遥之境要远远高于列子的境界,更高于宋荣子的境界和大鹏所喻指的境界,而蜩与学鸠(或斥鹦)所喻指的境界更是与其不可同日而语。不过,就至人本人来说,甚至于他所处的境界与常人所处的各种境界的区别也是不存在的,因为他根本不做任何区分。

以上分析表明,在《逍遥游》的小大之辩之论与《齐物论》(和《秋水》)小大齐一之论之间根本不存在任何矛盾:在前者中,庄子——作为常人之一(尽管毫无疑问,他是常人之中的出类拔萃者)——主要是在讨论不同的常人的境界高低之别以及常人的境界与至人的境界之间的截然区别;在后者中,庄子——仍然是作为常人之一——则主要是在讨论至人的境界以及达至这样的境界的必要步骤（齐物进而安命等等）。如前文所言，在庄子看来，不同的常人的境界是不一样的，而且更与至人的境界迥然有异；但是，在至人的境界之中（进而在至人的眼里），根本不存在任何区别（包括小大区别），甚至于其所处的境界与常人的境界之间的区别也是不存在的。

在做出如上区分并进而试图回答**庄子**是否承认小大之别时，我做出了一个十分重要的假定：历史上的庄子本人未必是甚至于根本就不可能是至人或体道者。至人或体道者是庄子所构想出来的理想人格，他本人并没有成为至人，并没有与道为一，而且也不会有任何人能够成为至人，能够与道为一。我认为，《庄子》这部书应当这样来理解：作为一个（或一些）具有极高理智能力的人，庄子（或《庄子》的众作者）通过纯粹的理智思考，得出结论说人生问题的答案在于通过心斋的方式进入一种"虚己"进而与世界整体本身或道同而为一的状态；然后，运用其卓绝的理智能力（当然还有感受能力、想象能力、写作能力）对这种状态进行了诸多神乎其神的、令人神往的生动描绘。最后，经由纯粹的想象，他又将人类之初和人生之初的状态解释成这样的状态。

在我看来，庄子研究中的许多争论均是因为未能明确地区分开庄子本人（或者《庄子》的众作者）与其所构想的理想人格而导致的，因而可以说均是无谓的。①

## 二

接下来，庄子对圣人之无名、神人之无功无名、至人之无己无功无名进行了进一步的刻画。

> 尧让天下于许由，曰："日月出矣而爝火不息，其于光也，不亦难乎！时雨降矣而犹浸灌，其于泽也，不亦劳乎！夫子立而天下治，而我犹尸

---

① 事实上，在解释任何有关人生问题的哲学经典时，我们都要注意严格区分开所解释的相关经典的作者所构想的理想的生存状态（或理想人格）与该作者本人的实际的生存状态，因为一个作者自己未必完全地实践了其理论。实际上，真正伟大的哲学理论也许根本就是不可能完全地加以实践的。比如，维特根斯坦之于其著作《逻辑哲学论》也是这样的。在《逻辑哲学论》中维特根斯坦构建了一个关于如何解决人生问题的哲学理论，但是在笔记中他明确地承认，他自己总是难于严格按照这个理论所列的处方行事。（参见韩林合：《〈逻辑哲学论〉研究》，北京：商务印书馆，2007 年，第九章）

之,吾自视缺然。请致天下。"

许由曰:"子治天下,天下既已治也。而我犹代子,吾将为名乎?名者,实之宾也。吾将为宾乎?鹪鹩巢于深林,不过一枝;偃鼠饮河,不过满腹。归休乎君,予无所用天下为!庖人虽不治庖,尸祝不越樽俎而代之矣。"

肩吾问于连叔曰:"吾闻言于接舆,大而无当,往而不返。吾惊怖其言,犹河汉而无极也;大有迳庭,不近人情焉。"

连叔曰:"其言谓何哉?"

"曰:'藐姑射之山,有神人居焉,肌肤若冰雪,(绰)[淖]约若处子。不食五谷,吸风饮露。乘云气,御飞龙,而游乎四海之外。其神凝,使物不疵疠而年谷熟。'吾以是狂而不信也。"

连叔曰:"然。瞽者无以与乎文章之观,聋者无以与乎钟鼓之声。岂唯形骸有聋盲哉?夫知亦有之。是其言也,犹时女也。之人也,之德也,将旁礴万物以为一,世蕲乎乱,孰弊弊焉以天下为事!之人也,物莫之伤,大浸稽天而不溺,大旱金石流土山焦而不热。是其尘垢秕糠,将犹陶铸尧舜者也,孰肯以物为事!宋人资章甫而适诸越,越人断发文身,无所用之。尧治天下之民,平海内之政,往见四子藐姑射之山,汾水之阳,窅然丧其天下焉。"(《逍遥游》,第23—32页)

前面我们说宋荣子至多可以算作圣人。尧则常常被看作圣人。许由是庄子意义上的神人或至人。如果神人或至人乐于治理天下,那么天下必然会达于大治。但是问题是,神人或至人不会乐于治天下。在上面所引的段落中,尧自知境界不如许由,因而想将天下让与他。尧将许由比喻为日月、时雨,将自己比喻为火炬、浸灌之人。尧认为自己的处境就如同这样的人:日月已出,却还在用炬火照明;所盼望的大雨已如期而至,却还在抱瓮而灌。这样的人也太没有自知之明了。因此,尧要将天下让与许由。但是,许由不会接受这样的"好意"。

尧治天下,天下大治,但是当他见到以无己、无名、无功为特征的至人之后,认识到"治天下之民,平海内之政"并不是人生的最高境界,因而便有怅然自失之感。最后,在至人影响下,他也忘记了其治天下之功。

"宋人资章甫而适诸越,越人断发文身,无所用之"这段话是用来说明"孰弊弊焉以天下为事""孰肯以物为事"的;正如被宋人视为宝贝的章甫之冠对于"断发文身"的越人来说毫无用处一样,被世俗之人视为至宝的天下(以及名和利等等)对于无己的至人来说也毫无用处。如下故事说明了相同的道理:

> 惠子相梁,庄子往见之。或谓惠子曰:"庄子来,欲代子相。"于是惠子恐,搜于国中三日三夜。
> 庄子往见之,曰:"南方有鸟,其名鹓鶵,子知之乎? 夫鹓鶵,发于南海而飞于北海,非梧桐不止,非练实不食,非醴泉不饮。于是鸱得腐鼠,鹓鶵过之,仰而视之曰:'吓!'今子欲以子之梁国而吓我邪?"(《秋水》,第 537—538 页)

在我们所分析的《逍遥游》段落中,庄子对其所说的神人进行了生动的刻画。在其他篇章中,出现于该刻画中的一些说法又被用来描述他所说的至人(或真人)。请看如下段落:

> 齧缺曰:"子不知利害,则至人固不知利害乎?"
> 王倪曰:"至人神矣! 大泽焚而不能热,河汉冱而不能寒,疾雷破山[飘]风振海而不能惊。若然者,乘云气,骑日月,而游乎四海之外。死生无变于己,而况利害之端乎!"(《齐物论》,第 91 页)

> 且有真人而后有真知。何谓真人? 古之真人,不逆寡,不雄成,不谟士。若然者,过而弗悔,当而不自得也。若然者,登高不栗,入水不濡,入火不热。是知之能登假于道者也若此。(《大宗师》,第 207 页)

> 子桑户、孟子反、子琴张三人相与友,曰:"孰能相与于无相与,相为于无相为? 孰能登天游雾,挠挑无极;相忘以生,无所终穷?"三人相视而笑,莫逆于心,遂相与为友。(《大宗师》,第 235 页)

> 至人潜行不窒,蹈火不热,行乎万物之上而不栗。(《达生》,第 562 页)

上面的描述中提到了至人境界中的两个核心特征。第一个特征是绝对安全,即任何事情均不会对他造成伤害——所谓"物莫之伤,大浸稽天而不溺,大旱金石流土山焦而不热"。事情之所以如此,是因为至人无己,根本没有物我之分,进而不做任何区别(所谓"将旁礴万物以为一"),因此对于他来说也就无所谓安全与否,因为安全与否最终说来不过是一个物件与另一个物件所处的一种关系。

至人境界的另一个特征是"游乎四海之外"。按照庄子的理解,至人所处的境界不在世界(在此指常人所生活于其中的世俗世界)之内,而在世界之外。那么,我们应该如何理解这种说法?在通常情况下,"在(位于)……之外"表示的是一种空间关系。但是,庄子显然不是在这种意义上使用这种说法的。在其通常的意义上,处于一个空间之内和之外的东西最终说来还是属于一个世界之内的;而作为至人的前身的那个主体和其他世俗之人所生活于其中的那个世俗世界则无法与至人所生活于其中的那个境界或世界构成同一个世界,二者是全然异质的。另外,"(在)……之外"或"(在)……之内"之类的说法只有相对于有穷或有限的东西才有意义,而相对于无穷或无限的东西,它们显然是无意义的。由于在《则阳》中庄子明确地断言经验世界(所谓"四方上下")是无穷或无限的(第784页),所以这些说法在他那里的意义必定与其通常的意义有所不同。我认为,当庄子说至人的境界完全位于世俗世界之外时,他的意思是:当一个人通过无己的方式升格为至人之后,他便进入了一个全新的境界,一个与常人所处的世界完全不同的世界,这个境界或世界可以说立即结束了他以前作为一个对象而属于其内、现在其他人仍然属于其内的世俗世界。

在此,"四海"泛指世俗世界。至人生活在位于这样的世界之外的境界之中。庄子又将这样的境界称为"藐姑射之山"。这样的境界实际上就是在至人的视野之下的世俗世界。因此,此处所说的"神人"也绝非指通常意义上的神仙,而是指庄子意义上的神人或至人。

在如上段落中,颇难解释的是如下刻画:"藐姑射之山,有神人居焉,肌肤若冰雪,(绰)[淖]约若处子。不食五谷,吸风饮露。乘云气,御飞龙,而游乎四海之外。其神凝,使物不疵疠而年谷熟。"关于这段话,解释者之间有不同的理解:其一,认为它们是历史上的庄子写下的,因而庄子的至人就是有如神仙之类的人,而且也不认为它们与《庄子》书中的其他描述相冲突;其二,认为这段话不是庄子本人的说法,而是他人之语,当删除;其三,认为无论是否是历史上的庄子写下的,它们显然与《庄子》书中的其他描述前后不一致,而且这种不一致无法消解;其四,不从字面意义上来理解它们,而是将它们看成比喻之语,这样,它们与《庄子》书中的其他描述的冲突可以得到一定程度的消解。我认为,最后一种处理方式更为合理。显然,对于无己的至人而言,无所谓疵疠与否的问题。同时,对于他而言也无所谓年谷熟否的问题。无己的至人没有通常的物质欲望,至少将其降到了最低程度,因而他甚至于可以"不食五谷,吸风饮露"。最后,有关神人或至人"肌肤若冰雪"这种说法,请参见如下说法:"虚室生白。"(《人间世》,第139页)"纯素之道,唯神是守""能体纯素,谓之真人。"(《刻意》,第485页)

## 三

庄子清楚地意识到,世俗之人听到其关于至人或神人的如上描述后肯定会感到大惑不解,他们会用这样的说法来形容它们:"大而无当,往而不返","犹河汉而无极也","大有迳庭,不近人情焉","狂而不信"[1]。庄子认为,这样的人根本没有能力理解他的描述,正如"瞽者无以与乎文章之观,聋者无以与乎钟鼓之声"一样。因为要真正理解他的描述,一个人必须拥有与他相同的心智能力,或者有过与他相同的人生体验。而如果谁理解了他的描述,谁就会认识到,他的描述实际上亲切无比,最大限度地刻画了至人的人生境界。

世俗之人(惠子是其代表)既然认为庄子有关神人或至人的言论"大而无当""不尽人情""狂而不信",那么他们自然会进一步这样看待它们:"大而无用,众所同去也。"对此,庄子则反唇相讥道:你们世俗之人根本没有办法理解我的言论,因为你们本来就不具备理解它们所必需的那种独特的条件——至人之心(你们拥有的是"有蓬之心",即充满了各种区分之心[2]),或者最低限度说来,获得这样的心的潜质或决心。正因如此,你们也不可能了解我的言论之"大用"——你们不能不"拙于用大"。相反,对于拥有至虚至静之心或常心的人来说,我的言论则是"弘大而辟,深闳而肆"(《天下》,第963页),揭示了人的性命之情(人之本质)。

---

[1] 比较如下段落:"妸荷甘与神农同学于老龙吉。神农隐几阖户昼瞑,妸荷甘日中奓户而入曰:'老龙死矣!'神农隐几拥杖而起,嚗然放杖而笑,曰:'天知予僻陋慢訑,故弃予而死。已矣夫子!无所发予之狂言而死矣夫!'弇堈吊闻之,曰:'夫体道者,天下之君子所系焉。今于道,秋豪之端万分未得处一焉,而犹知藏其狂言而死,又况夫体道者乎!视之无形,听之无声,于人之论者,谓之冥冥,所以论道,而非道也。'"(《知北游》,第665页)

[2] 比较《孟子·尽心下》:"山径之蹊,间介然用之而成路;为间不用,则茅塞之矣。今茅塞子之心矣。"(杨伯峻:《孟子译注》,北京:中华书局,1988年,第331页)

惠子谓庄子曰:"魏王贻我大瓠之种,我树之成而实五石,以盛水浆,其坚不能自举也。剖之以为瓢,则瓠落无所容。非不呺然大也,吾为其无用而掊之。"

庄子曰:"夫子固拙于用大矣。宋人有善为不龟手之药者,世世以洴澼 为事。客闻之,请买其方百金。聚族而谋曰:'我世世为洴澼 ,不过数金;今一朝而鬻技百金,请与之。'客得之,以说吴王。越有难,吴王使之将。冬与越人水战,大败越人,裂地而封之。能不龟手,一也;或以封,或不免于洴澼 ,则所用之异也。今子有五石之瓠,何不虑以为大樽而浮乎江湖,而忧其瓠落无所容?则夫子犹有蓬之心也夫!"

惠子谓庄子曰:"吾有大树,人谓之樗。其大本拥肿而不中绳墨,其小枝卷曲而不中规矩,立之涂,匠者不顾。今子之言,大而无用,众所同去也。"

庄子曰:"子独不见狸狌乎?卑身而伏,以候敖者;东西跳梁,不辟高下;中于机辟,死于罔罟。今夫斄牛,其大若垂天之云。此能为大矣,而不能执鼠。今子有大树,患其无用,何不树之于无何有之乡,广莫之野,彷徨乎无为其侧,逍遥乎寝卧其下。不夭斤斧,物无害者,无所可用,安所困苦哉!"(《逍遥游》,第37—42页)

"今子有五石之瓠,何不虑以为大樽而浮乎江湖,而忧其瓠落无所容"和"今子有大树,患其无用,何不树之于无何有之乡,广莫之野,彷徨乎无为其侧,逍遥乎寝卧其下。不夭斤斧,物无害者,无所可用,安所困苦哉"大意均为:巧于用大之人,即能够理解庄子言论之意之人,可以按照其指示,成为神人或至人,最终进入绝对自由、绝对安全、永恒的生存状态。

"五石之瓠"和"大树"均为比喻之语,均喻指庄子关于神人或至人的言论。"江湖"义同于"无何有之乡""广莫之野",进而指"道德之乡"(《山木》,第593页),即体道境界。请参见:"鱼相忘乎江湖,人相忘乎道术。"(《大宗师》,第248页)"巧者劳而知者忧,无能者无所求,饱食而敖游,泛若不系之舟,虚而敖游者也。"(《列御寇》,第913页)

## 四

在《逍遥游》篇最后一段文字中终于出现了"逍遥"一词,但是在此庄子并没有对其意义进行任何解释。值得注意的是,这个词在整部《庄子》中仅仅出现了六次。在另外几次出现时,"逍遥"的意义得到了些许澄清:

> 孔子曰:"彼,游方之外者也;而丘,游方之内者也。外内不相及,而丘使女往吊之,丘则陋矣。彼方且与造物者为人,而游乎天地之一气。彼以生为附赘县疣,以死为决㾡溃痈,夫若然者,又恶知死生先后之所在!假于异物,托于同体;忘其肝胆,遗其耳目;反复终始,不知端倪;芒然彷徨乎尘垢之外,逍遥乎无为之业。彼又恶能愦愦然为世俗之礼,以观众人之耳目哉!"(《大宗师》,第244页)

> 古之至人……游逍遥之虚,食于苟简之田,立于不贷之圃。逍遥,无为也;苟简,易养也;不贷,无出也。古者谓是采真之游。(《天运》,第463页)

> 有孙休者,踵门而诧子扁庆子曰:"休居乡不见谓不修,临难不见谓不勇;然而田原不遇岁,事君不遇世,宾于乡里,逐于州部,则胡罪乎天哉?休恶遇此命也?"

> 扁子曰:"子独不闻夫至人之自行邪?忘其肝胆,遗其耳目,芒然彷徨乎尘垢之外,逍遥乎无事之业,是谓为而不恃,长而不宰。今汝饰知以惊愚,修身以明污,昭昭乎若揭日月而行也。汝得全而形躯,具而九窍,无中道夭于聋盲跛蹇而比于人数,亦幸矣,又何暇乎天之怨哉!子往矣!"(《达生》,第589页)

> 舜以天下让善卷,善卷曰:"余立于宇宙之中,冬日衣皮毛,夏日衣葛;春耕种,形足以劳动;秋收敛,身足以休食;日出而作,日入而息,逍遥于天地之间而心意自得。吾何以天下为哉!悲夫,子之不知余也!"遂不受。于是去而入深山,莫知其处。(《让王》,第846页)

从上面的段落不难看出,能够逍遥的前提是"[忘其肝胆,]遗其耳目",或者说"芒然",也即《庄子》其他篇章中所说的"无心"或"心斋"。无心便能无己,无己便能齐物,齐物便能安命,安命即意味着体道,体道便能逍遥。逍遥所指的是这样一种生存状态:无心无己无为进而绝对自由、绝对安全、至乐(或至适)、至善、至美、至真、永恒。

因此,"逍遥游"同于《在宥》所谓"浮游"和"猖狂":"浮游,不知所求;猖狂,不知所往。"(第353页)另外,从其所在的《逍遥游》篇的语境看,"逍遥"

与"彷徨"也当同义。

在此,有必要指出一个特别值得注意的现象:在《逍遥游》中,庄子哲学的最重要的概念"道"并没有出现。不过,出现于此篇中的一个重要说法"天地之正"可以解释为"天地之正理"①,而后者指涉的最终说来应当就是其所谓道。这样,所谓"乘天地之正,而御六气之辩"就意味着与道或世界整体本身同而为一。这样的人当然可以做到无所不因或无所不顺(即绝对的安命),因而能够了无所待,进入无穷无尽的逍遥之境——所谓"若夫乘天地之正,而御六气之辩,以游无穷者,彼且恶乎待哉!"当然,能够做到"乘天地之正,而御六气之辩"的前提是无心进而无己。

## 五

如果前面的疏解可以成立,那么庄子所谓逍遥游的主体只能是他所谓的至人。不过,他认为,通过无己的方式,人人皆可成为至人,进入逍遥境界。当然,庄子也承认,对于常人来说,真正做到无己是非常困难的事情。

郭象对庄子的逍遥观进而至人观进行了大规模的改造。首先,圣人性无极,无心,无我无物,玄同彼我,因而能够绝对地安命,与物无不冥,与化无不一,因而能够进入无待的逍遥之境。其次,常人如果能够无分外之心,无条件地安于其本性,守其分内,那么他们也能够进入某种逍遥之境。不过,这种逍遥全然不同于圣人的逍遥,是有待逍遥,因为其真正的实现最终还需要具备一个至关重要的条件,而最终说来只有圣人——更准确来说,圣王——才能够提供这样的条件。最后,郭象认为,圣人生下来就是圣人,与常人自出生之日起便有天壤之别。因此,初生之人不可能都是圣人。而且,常人也不可能通过任何方式成为圣人,享有无待逍遥,他们最多能够享有有待逍遥。与此形成鲜明对照的是:在庄子看来,人生下来时均是与道同体的,均是至人。但是,此后,随着成心的形成,人逐渐背离了这种状态。不过,经由心斋,每个人均可再度回归道,再度成为至人。

显然,仅仅从字面上看,郭象所谈论的圣人的逍遥和常人的逍遥均为适

---

① 参见林希逸:《庄子鬳斋口义校注》,周启成校注,北京:中华书局,1997年,第6页。

性逍遥或足性逍遥。不过,由于圣人与常人的本性截然有别,因此圣人所处的逍遥之境实质上截然有别于常人所能够达到的逍遥之境,而且不同的常人所能够达到的逍遥之境当也是有区别的。①

整体说来,郭象显然曲解了庄子的逍遥观。支遁看到了这点,并对其观点进行了激烈的批评:

> 支氏《逍遥论》曰:"夫逍遥者,明至人之心也。庄生建言大道,而寄指鹏、鷃。鹏以营生之路旷,故失适于体外;鷃以在近而笑远,有矜伐于心内。至人乘天正而高兴,游无穷于放浪,物物而不物于物,则遥然不我得,玄感不为,不疾而速,则逍然靡不适。此所以为逍遥也。若夫有欲当其所足,足于所足,快然有似天真。犹饥者一饱,渴者一盈,岂忘烝尝于糗粮,绝觞爵于醪醴哉? 苟非至足,岂所以逍遥乎!"②

> 遁尝在白马寺与刘系之等谈《庄子·逍遥篇》,云:"各适性以为逍遥。"遁曰:"不然,夫桀跖以残害为性,若适性为得者,彼亦逍遥矣。"于是退而注《逍遥篇》。③

从这两条记载来看,支遁批评郭象的主要理由是这样的:如果真的像郭象所说的那样,逍遥就在于各足其性,那么任何追求感官享受之人甚或生性残忍之人均可以说享有逍遥了。但是,这样的结论显然是庄子乃至任何人所不能接受的。事实上,不仅追求感官享受之人或生性残忍之人不可能享有逍遥,而且像大鹏那样的物于物(受外物之累)之人和小鸟那样内心矜伐之人也不可能享有逍遥。只有无心玄感进而物物(不受外物之累)之至人才能享有真正的逍遥:"遥然不我得……逍然靡不适。"

关于至人之逍遥,请进一步参见支遁的如下刻画:

> 夫至人也,览通群妙,凝神玄冥,灵虚响应,感通无方。建同德以接化,设玄教以悟神,述往迹以搜滞,演成规以启源。或因变以求通,事济而化息;适任以全分,分足则教废。故理非乎变,变非乎理;教非乎体,体

---

① 关于庄子和郭象逍遥观的上述解读,请参见拙作:《虚己以游世——〈庄子〉哲学研究》,北京:商务印书馆,2014年,第二至四章;《游外以冥内——郭象哲学研究》,北京:商务印书馆,2016年,第三至四章。
② 载于《世说新语·文学》,见余嘉锡:《世说新语笺疏》,北京:中华书局,2007年,第260页。
③ 载于《高僧传·支遁传》,见汤用彤(校注):《高僧传》,北京:中华书局,1992年,第160页。

非乎教。故千变万化,莫非理外。神何动哉,以之不动,故应变无穷;无穷之变,非圣在物。物变非圣,圣未始于变。①

夫体道尽神者,不可诘之以言教;游无蹈虚者,不可求之于形器。是以至人于物,遂通而已。②

夫以万声钟响,响一以持之;万物感圣,圣亦寂以应之。③

不难看出,在批评郭象逍遥观的过程中,支遁部分曲解了郭象的观点:

其一,郭象不仅没有像支遁所暗示的那样否认圣人(或至人)享有最高程度的逍遥,即无待逍遥,而且他特别强调了圣人之无待逍遥在其解释体系中的地位。此外,他还充分地强调了圣人之心在圣人之无待逍遥中所起的关键作用。请参见如下注文:

> 夫神人即今所谓圣人也。夫圣人虽在庙堂之上,然其心无异于山林之中,世岂识之哉!徒见其戴黄屋,佩玉玺,便谓足以缨绂其心矣;见其历山川,同民事,便谓足以憔悴其神矣;岂知至至者之不亏哉!(《逍遥游》注,第29页)

> 夫体神居灵而穷理极妙者,虽静默闲堂之里,而玄同四海之表,故乘两仪而御六气,同人群而驱万物。苟无物而不顺,则浮云斯乘矣;无形而不载,则飞龙斯御矣。遗身而自得,虽淡然而不待,坐忘行忘,忘而为之,故行若曳枯木,止若聚死灰,是以云其神凝也。其神凝,则不凝者自得矣。(《逍遥游》注,第31页)

> 夫圣人之心,极两仪之至会,穷万物之妙数。故能体化合变,无往不可,旁礴万物,无物不然。(《逍遥游》注,第33页)

> 夫尧之无用天下为,亦犹越人之无所用章甫耳。然遗天下者,固天下之所宗。天下虽宗尧,而尧未尝有天下也,故窅然丧之,而尝游心于绝冥之境,虽寄坐万物之上而未始不逍遥也。(《逍遥游》注,第35页)

> 彼是相对,而圣人两顺之。故无心者与物冥,而未尝有对于天下

---

① 支遁:《大小品对比要抄序》,载于《出三藏记集》,苏晋仁和萧炼子点校,北京:中华书局,1995年,第299—300页。
② 同上书,第301页。
③ 同上。

也。……此居其枢要而会其玄极,以应夫无方也。(《齐物论》注,第66页)

夫理有至极,外内相冥,未有极游外之致而不冥于内者也,未有能冥于内而不游于外者也。故圣人常游外以〔冥〕内,无心以顺有,故虽终日〔见〕形而神气无变,俯仰万机而淡然自若。夫见形而不及神者,天下之常累也。是故睹其与群物并行,则莫能谓之遗物而离人矣;睹其体化而应务,则莫能谓之坐忘而自得矣。(《大宗师》注,第244页)

夫体天地之极应万物之数以为精神者,故若是矣。若是而有落天地之功者,任天行耳,非轻用也。(《刻意》注,第484页)

显然,从郭象对圣人之无待逍遥所做的众多描述看,他关于圣人之无待逍遥的理解与支遁的理解——"至人乘天正而高兴,游无穷于放浪。物物而不物于物,则遥然不我得;玄感不为,不疾而速,则道然靡不适"——并没有什么不同,甚至可以说是完全一样的。① 因此,刘义庆有关支遁逍遥义的如下评论难以成立:"支卓然标新理于二家之表,立异义于众贤之外,皆是诸名贤寻味之所不得。"②刘义庆所谓支遁之"新理"实为郭象旧义之局部。

其二,在坚持适性逍遥观之时,郭象并没有(而且也决不会)认为过分追求感官享受之人享有逍遥,更不会认为生性残忍之人享有逍遥,因为他决不会将过分的感官享受或残忍看作任何人的本性之内在的构成要素;相反,他明确地断言仁义是所有人的本性中的共同的要素。

---

① "至人……遥然不我得"意味着至人忘掉了通常意义上的自我,即庄子所谓"至人无己"。"玄感"即"玄应"。所谓"玄感不为"即郭象所谓"物感而应,应感无方"。这种做法显然不是有为,而是无为。请比较郭象如下注文:"夫自任者对物,而顺物者与物无对,故尧无对于天下,而许由与稷契为匹矣。何以言其然邪?夫与物冥者,故群物之所不能离也。是以无心玄应,唯感之从,泛乎若不系之舟,东西之非己也,故无行而不与百姓共者,亦无往不为天下之君矣。以此为君,若天下自高,实君之德也。若独亢然立乎高山之顶,非夫人有情于自守,守一家之偏尚,何得专此!此故俗中之一物,而为尧之外臣耳。若以外臣代乎内主,斯有为君之名而无任君之实也。"(《逍遥游》注,第26页)"声由寂彰。因以喻体道者物感而后应也。应感无方。任素而往耳,非仅通于事也。本立而知不逆。任素通神,而后弥广。物采之而后出耳,非先物而唱也。忽、勃,皆无心而应之貌。动出无心,故万物从之,斯荡荡矣。故能存形охраrys生,立德明道而成王德也。若夫视听而不寄之于寂,则有暗昧而不和也。穷其原而后能物物。极至顺而后能尽妙。我确斯而都任彼,则彼求自供。皆恣而任之,会其所极而已。"(《天地》注,第371—373页)汤用彤明确指出了郭象与支遁逍遥观的一致之处,参见其著作:《魏晋玄学论稿》,上海:上海古籍出版社,2001年,第51页。不过,汤用彤的如下诠释不无问题:郭象只用至足来刻画圣人之逍遥,而用自足来刻画常人之逍遥。实际上,郭象认为常人的自足就是至足。当然,圣人更是至足的,也是自足的。进而,自足和至足均为性足。(参见拙作:《游外以冥内》,第111—119页)
② 载于《世说新语·文学》,见余嘉锡:《世说新语笺疏》,第260页。

> 人生而静,天之性也;感物而动,性之欲也。物之感人无穷,人之逐欲无节,则天理灭矣。真人知用心则背道,助天则伤生,故不为也。(《大宗师》注,第 210 页)

> 夫仁义者,人之性也。(《天运》注,第 463 页)

其三,在相关注文之中,郭象并没有说像诸如蜩、学鸠和鲲鹏那样的人事实上均享有着有待逍遥——好像有待逍遥轻易就能够达至一样。在相关的地方,在其行文足够小心时,他使用的大多是假设甚或虚拟语气:"苟足于其性……""苟足于天然而安其性命……""苟知其极……""苟得其宜……""苟失其极……"请看以下注文:

> **苟足于其性**,则虽大鹏无以自贵于小鸟,小鸟无羡于天池,而荣愿有余矣。故小大虽殊,逍遥一也。(《逍遥游》注,第 10 页)

> 夫年知不相及若此之悬也,比于众人之所悲,亦可悲矣。而众人未尝悲此者,以其性各有极也。**苟知其极**,则毫分不可相跂,天下又何所悲乎哉!(《逍遥游》,第 14 页)

> 此章言物各有宜,**苟得其宜**,安往而不逍遥也。(《逍遥游》注,第 40 页)

> 夫大小之物,**苟失其极**,则利害之理均;用得其所,则物皆逍遥也。(《逍遥游》注,第 43 页)

> 夫以形相对,则大山大于秋豪也。**若各据其性分**,物冥其极,则形大未为有余,形小不为不足。〔**苟各足**〕**于其性**,则秋豪不独小其小而大山不独大其大矣。若以性足为大,则天下之足未有过于秋豪也;〔若〕性足者〔非〕大,则虽大山亦可称小矣。故曰天下莫大于秋豪之末而大山为小。大山为小,则天下无大矣;秋豪为大,则天下无小也。无小无大,无寿无夭,是以蟪蛄不羡大椿而欣然自得,斥鴳不贵天池而荣愿以足。**苟足于天然而安其性命**,故虽天地未足为寿而与我并生,万物未足为异而与我同得。则天地之生又何不并,万物之得又何不一哉!万物万形,同于自得,其得一也。已自一矣,理无所言。(《齐物论》注,第 78—79 页)

实际上,在郭象看来,有待逍遥是非常困难的事情,甚至于根本就是遥不可及的。这是因为有待逍遥的最关键的条件——即无待逍遥的圣人成为帝王进而实施法众人之自然的无为之治——事实上根本就难以达到。与此形成鲜明对照的是,对于圣人来说,无待逍遥倒是容易不过的事情(尽管难得一见),因为圣人生来就是无待逍遥的。

另外,从以上引文以及其他众多相关注文中不难看出,郭象并没有像许多解释者所声称的那样,否认在常人那里存在着物我、彼此、是非、美丑、大小等等区分,而只是反复劝说他们要将自己所拥有的东西或所遇到的任何事情看作属于自己性分或命运之内的事情,因而完完全全地接受它们,这样,相关的一切区分对于他们来说便等于不存在了,即万事万物于他们而言均齐于性足。如果常人能够做到这点,那么他们便都能够享有有待逍遥。但是,不同的常人所享有的逍遥之境决非是一样的,而是根据其性分的不同而有所不同。最后,正如前文所指出的那样,郭象还明确地指出,常人的逍遥与圣人的逍遥并非同等意义上的逍遥,决不可将二者等量齐观。并且,与庄子一样,郭象也断言,对于圣人来说,根本不存在任何区别,特别是不存在物我之别。①

---

① 如果如上解读可以成立,那么刘笑敢有关郭象和庄子相关思想之关系的如下评论不无问题:"郭象在《逍遥游》题注中……说:'夫小大虽殊,而放于自得之场,则物任其性,事称其能,各当其分,逍遥一也,岂容胜负于其间哉!'……此说作为全书开篇题注先声夺人,将《庄子·逍遥游》原文的'小大之辩'的主题转换为郭象自己的'各当其分,逍遥一也'的观点,即大小为一的观点。""熟悉《庄子》一书的读者都会想到,郭象实际上是在挪用《齐物论》中大小为一的观点来扭转、抹杀《逍遥游》中的大小之辩。《齐物论》有云:'天下莫大于秋豪之末,而大山为小;莫寿于殇子,而彭祖为夭。天地与我并生,而万物与我为一。'……按照这种万物为一的观点,鲲鹏和斥鷃、蜩与学鸠似乎就应该没有大小分别,不仅鲲鹏可以逍遥,万物皆可逍遥。这应该是郭象哲学的逻辑。很多人赞赏郭象对庄子的诠释,或者看不出郭象注与庄子思想的根本不同之处,也是自觉或不自觉地将《齐物论》的观点转移到对《逍遥游》的理解之上。"(《从超越逍遥到足性逍遥之转化——兼论郭象〈庄子注〉之诠释方法》,《中国哲学史》,2006 年,第 3 期,第 12 页)在此刘笑敢断言,郭象哲学的构建"逻辑"是这样的:借助于庄子在《齐物论》中所竭力论证的万物为一的观点,将其在《逍遥游》中所坚持的大小有别之论逆向解释为大小齐一进而大小均可同样逍遥之论。显然,这不可能是郭象的理论建构"逻辑",而只能是刘笑敢自己的诠释"逻辑";而且,这样的"逻辑"根本就是违反逻辑的。按照我的解读,当郭象做出诸如"小大之物如果都能安于其性命之分,那么它们便均可享有逍遥"这样的断言时,他并没有因之而抹杀相关的小大之物在逍遥境界上的区别,按照我的解读,当郭象做出诸如"小大之物如果都能安于其性命之分,那么它们便均可享有逍遥"这样的断言时,他并没有因之而抹杀相关的小大之物在逍遥境界上的区别,更没有否认常人之有待逍遥与圣人之无待逍遥之间的区别,最后当然也没有否认小大之物本身的区别(尽管他与庄子一样,声称在圣人的境界中不存在着这样的区别)。关于郭象与庄子相关观点之间的复杂关系,刘笑敢进一步写道:"郭象的理论……抹杀了庄子哲学原有的对现实的批判和不满,也取消了庄子向上、向外、与道为一、与天地万物为一的精神境界的追求。""以'各足于性'为逍遥的标准,则万物都可以逍遥,即皆可获得精神自由,无须庄子式的'心斋''坐忘''外物'等修炼过程。""在通常情况下,用一部书的这一篇对照解释另一篇似乎是天经地义的,但是问题在于《庄子》一书的特殊性,在于《逍遥游》和《齐物论》两篇之间的复杂关系。从形式上看,《逍遥游》中的大小之辩的主张与《齐物论》中大小为一的主张似乎是有冲突的,郭象试图和调这种冲突、统一全书的观点,似乎是完全必要或正当的。但实际上,郭象的作法完全漠视了《庄子》内篇中立体的思想结构。《逍遥游》(转下页)

## 六

众多传统解释者都断言:《庄子》所谓"逍遥遊"指的是心灵或精神之游,

(接上页)中所讲的大小之辩是对逍遥遊境界的推崇,是庄子哲学追求的最高目标,而《齐物论》中所讲的大小为一是对现实世界观察的角度和方法,正是为了实现无大小、无是非、无生死的无差别境界。二者在庄子思想体系中分属于两个不同的层面,一个是最高的境界,一个是通向最高境界的方法论。二者不但没有矛盾,反而是一个不可分割的有机体。'齐物'是为了上升至'逍遥'的境界,岂可为了'齐物'而抹杀'逍遥'之无限恢宏的追求?庄子哲学(以内篇为代表)从道生天地,到安命无为,经过齐物,真知上升到无心无情的境界,再进一步上升到与道为一、与造物者为友的逍遥之境,是一个连续的立体的结构。郭象的理论体系事实上是把《逍遥遊》和《齐物论》摆在同一个层面,将一立体结构的思想体系压缩成了一个万物独化的平面化的理论结构。"(同上,第9、11、12页)如上评论值得商榷之处颇多:第一,说《逍遥遊》中讲的大小之辩是对逍遥遊境界的推崇当无问题,但是进一步说它讲的仅仅是最高境界则显然有误。同样,说《齐物论》讲的大小为一进而整个齐物之论仅仅是通向最高境界的方法论也不无问题,因为大小为一进而泛而言之的齐物既是通向至人的逍遥境界的必要步骤,也是此种境界的核心要素之一。因此,《逍遥遊》中讲的大小之辩整体看来本来就包含着大小为一的内容(即在其讨论到了至人的境界这样的范围之内;至人无己进而无物就意味着在至人的境界内不存在任何区别)。第二,说郭象为了齐同大小进而齐同天地万物而抹杀了逍遥之无限恢弘的追求——即取消了庄子向上、向外、与道为一、与天地万物为一的精神境界的追求——是不妥当的。首先,郭象当然承认小大之别,他一再申说的是:"**小大虽殊**,逍遥一也"。其次,郭象并没有否认圣人的逍遥境界之超越性或无限性,而且一再强调了这点,甚至于断言常人无论如何努力也不可能成为圣人进而进入圣人的无待逍遥之境。(当然,如果将相关的"超越性"仅仅理解为与作为造物主的道同而为一,那么郭象的确否认这样的超越性,因为他根本就不承认存在着这种意义上的道。但是,郭象显然没有否认存在着与天地万物为一的超绝的圣人境界,而且与庄子一样,他也极力推崇这样的境界)第三,在此刘笑敢断定:郭象完全取消了庄子为进入逍遥之境所设计的一系列步骤,因而将庄子的立体式的理论体系压缩成了一个万物独化的平面化的理论结构。这样的结论显然是因为没有看到郭象哲学的无比复杂性而做出的。实际上,郭象将庄子哲学的单层("立体")结构改造成了双层甚至于多层("立体")结构:按照庄子的观点,所有人均拥有相同的本质,即与道进而与至一为一的境界,此即至人的境界。因此,所有人都应当回归于此,途径是无心、齐物、安命等等。郭象的观点则与此形成了鲜明的对照:所有人的本质均不一样,特别是圣人的本质与常人的本质迥然有异,只有圣人才能处于无心无己无物进而齐一万物、绝对安命的境界,此境界即无待的逍遥之境;而常人则最多只能通过无分外之心、安命守分(各足于其性)进而齐物的途径达至有待的逍遥之境,而且不同的常人的逍遥之境也决非是一样的。在此,值得特别注意的一点是:在郭象看来,圣人生下来就是圣人,他无须经过任何修炼的步骤就自然而然地处于无待逍遥之境;而常人则并非生下来就处于有待的逍遥之境,为了进入这样的境界,常人需要历经一系列非常困难的步骤,更需要这样的不可或缺的外部条件:圣王之出现,即圣人成为帝王。显然,正如文中指出的那样,这样的条件的获得是可遇而不可求的事情。

并进而认为,《庄子》书所涉及的自由仅仅是思想上的或精神上的自由,进而是幻想的自由。① 我认为,这种看法是不正确的,在很大程度上是望文生义的结果。显然,对于至人而言,他所享有的自由并非是通常意义上的思想或精神上的。因为作为心斋主体,至人根本不具有通常意义上的心灵,或通常意义上的思想或精神。至人拥有的是不含任何内容进而不能进行任何通常的认识活动的常心。同时,至人也是有身体的,不过,其真正的身体是世界整体。的确,庄子在一些地方使用了含有"游心"的话语(比如"且夫乘物以游心,托不得已以养中,至矣""夫若然者,且不知耳目之所宜,而游心乎德之和""汝游心于淡,合气于漠,顺物自然而无容私焉,而天下治矣""吾游心于物之初""胞有重阆,心有天游。室无空虚,则妇姑勃豀;心无天游,则六凿相攘")来描述至人的境界。不过,我认为,相关的描述旨在强调至人之常心对于其之所以能够享有逍遥之境的至关重要的作用:至人之常心不包含任何区别甚至于不包含任何内容,因此至人能够齐物,进而能够安命,最后能够与道为一,即进入这样的身心一如的神秘境界——在其中存在着绝对自由、绝对安全、至福、至善、至美、至真、永恒等等最为美好的事项。的确,我们常人很难升格为至人,但是由此我们却不能得出至人所享有的自由仅仅是思想上的——甚至是幻想的——这样的结论。如果庄子事实上做到了心斋(尽管我不相信庄子真的做到了这点),因而升格为至人了,那么对于他来说他所说的逍遥游的状态绝非是幻想中的,也绝非是思想或精神上的,而是他所处的实实在在的生存状态。

那么,郭象所理解的逍遥游是否可以解释成单纯的心灵或精神之游呢?几乎所有解释者对此均给予了肯定的回答。② 我认为,郭象所谓逍遥之境也并非仅仅意味着一种超越的或内在的心灵或精神境界,更不可能仅仅意味着

---

① 参见冯友兰:《中国哲学史新编》,上册,北京:人民出版社,1998 年,第 411—418、436 页;徐复观:《中国人性论史》,上海:华东师范大学出版社,2005 年,第 237、241 页;徐复观:《中国艺术精神》,北京:商务印书馆,2010 年,第 67—68 页;陈鼓应:《老庄新论》,上海:上海古籍出版社,1992 年,第 203 页;刘笑敢:《庄子哲学及其演变》,北京:中国社会科学出版社,1988 年,第 155 页。
② 参见牟宗三:《才性与玄理》,桂林:广西师范大学出版社,2006 年,第 157—158 页;冯友兰:《中国哲学史新编》,中册,北京:人民出版社,1998 年,第 569 页;汤一介:《郭象与魏晋玄学》,北京:北京大学出版社,2000 年,第 240 页;刘笑敢:《从超越逍遥到足性逍遥之转化——兼论郭象〈庄子注〉之诠释方法》,《中国哲学史》,2006 年,第 3 期,第 9 页。

所谓精神自由。常人之逍遥显然并非如此,而圣人之逍遥当也并非如此(之所以如此,最根本的原因在于:圣人之逍遥当然包括其体与物冥的一面)。两种逍遥均意味着一种自得的生存状态,在其中当然有自由,也有心灵的游放,但是其内容显然远非止于此而已。在这点上,郭象的观点与庄子的观点并没有实质的不同。

不过,就圣人之逍遥来说,郭象的观点与庄子的观点确有一点重大的不同:按照庄子的描述,圣人之冥于内(即外化或无所不因,无所不顺)即其游于外,冥于内和游于外的主体是同一的,均为身心合一的至人;而按照郭象的描述,冥于内不等于游于外,二者的主体是不一样的,冥于内者为圣人的身体,而游于外者为圣人的心灵(前文引述过的相关注文明确地表明了这点:"夫圣人虽在庙堂之上,然其心无异于山林之中""夫体神居灵而穷理极妙者,虽静默闲堂之里,而玄同四海之表""天下虽宗尧,而尧未尝有天下也,故窅然丧之,而尝游心于绝冥之境,虽寄坐万物之上而未始不逍遥也")。郭象之所以如此改造庄子的观点,主要是为了解决存在于庄子相关说法之中的一种严重的矛盾:庄子一方面说至人"独与天地精神往来""游乎四海之外""芒然彷徨乎尘垢之外""游方之外""游于六合之外""以出六极之外,而游无何有之乡,以处圹埌之野""方且与世违而心不屑与之俱";另一方面又说其"不敖倪于万物,不谴是非,以与世俗处""游世俗之间""游于世而不僻,顺人而不失己""自埋于民,自藏于畔"。经过郭象的改造,庄子这两种说法之间的矛盾便得到了看似十分巧妙的解决:前一种说法描述的是至人或圣人的精神或心灵,而后一种说法描述的则是其身体。郭象的这种诠释策略后来被几乎所有庄子解释者所接受,成为他们所秉持的核心教条之一。我认为这种诠释策略非常糟糕,严重庸俗化了庄子的相关思想。实际上,在正确理解之下,庄子的相关说法并不互相矛盾:通过心斋的方式,一个经验主体(作为一个身心统一体)将自己升格为与道或世界整体本身同而为一者,成为至人。由此,他便进入了一个与世俗之人所生活于其中的世界完全不同的世界:一个绝对自由、绝对安全、至福、至善、至美、至真、永恒的境界,可以说他:"游乎四海之外""芒然彷徨乎尘垢之外""游方之外""游于六合之外";换言之,"游无何有之乡,……处圹埌之野"(由于道或体道的至人是绝对绝待的,而且在其所处的境界中没有任何区分)。但是,这种意义上的"游乎四海之外""游方之外"等等并非意味着"就薮泽,处闲旷,钓鱼闲处",相反,某种意义上说它就是"游于世俗之间";从至人的角度看,"游乎四海之外""游方之外"等等说法只是意味着他对世俗世界所采取一种全新的"态度",使得它对于他来说变成了一个完全不同的世界;从世俗之人的角度看(或者说从现象上看),至人就生活在他们之间,做着他为了维持其表面上的形体的暂时的存在所不得不做的一切事情。①

最后,支遁所理解的逍遥游是否意味着单纯的心灵或精神之游呢?许多解释者持有这样的看法。② 这种解释当然并不令人奇怪,因为现存支遁《逍遥论》开篇便说:"夫逍遥者,明至人之心也。"但是,他接下来对逍遥之境所做的进一步的刻画——"至人乘天正而高兴,游无穷于放浪。物物而不物于物,则遥然不我得;玄感不为,不疾而速,则逍然靡不适"——清楚地表明,这种解释同样是望文生义之结果。"玄感不为,不疾而速"显然不可能是单纯心灵或精神的活动;"高兴""放浪""靡不适"同样亦非如是。支遁之所以说逍遥表明了或显示了"至人之心",是因为他认识到,对于庄子所谓逍遥之境来说,具备至人之常心(即不包含任何区别之心,进而完全缺乏任何通常意义的心灵活动之心)是至为关键的前提条件。支遁的其他相关描述也没有表明至人之逍遥仅仅是一种心灵或精神境界。比如就"夫体道尽神者,不可诘之以言教;游无蹈虚者,不可求之于形器"这段描述来说,其中的"不可求之于形器"可以做这样的解释:决不能将至人之逍遥的根据归之于其身体。但是,由此我们不能令人信服地推导出如下结论:至人之逍遥仅仅是其心灵或精神境界之事,而与其身体全然无关。

---

① 参见拙著:《虚己以游世——〈庄子〉哲学研究》,第 468—470 页。
② 参见方立天:《魏晋南北朝佛教论丛》,北京:中华书局,1982 年,第 40、42—43 页;汤一介:《郭象与魏晋玄学》,第 84 页;章启群:《论魏晋自然观——中国艺术自觉的哲学考察》,北京:北京大学出版社,2000 年,第 137—138 页;彭自强:《支遁"逍遥论"的内容与特点》,《世界宗教研究》,2004 年第 3 期,第 7 页;暴庆刚:《论支遁逍遥新义之"新"》,《江淮论坛》,2007 年第 2 期,第 107—108 页。

# Clarifications of Zhuangzi's Wandering at Ease

## Han Linhe

**Abstract:** There have been endless different interpretations of the first chapter of the *Zhuangzi*. Among these the most famous ones are those offered by Guoxiang and Zhidun. In the present paper the author tries to offer his own interpretation, and to analyze Guoxiang and Zhidun's. Finally, the author attempts to clarify the complicated relations among Zhuangzi's own meaning and those given by Guoxiang and Zhidun.

**Key words:** *Xiaoyao* (Wandering at ease); *Wuwei* (Inaction); *Zide* (Return to oneself); Independence

# 求知的界限与生命的涵养
## ——透过《庄子》看"去知"和"养知"的关系

邹　蕴[*]

**提　要**：《庄子》批判对知识的无尽追逐以及对知性的滥用与夸大。基于"好知"的困境和知性本身的局限，《庄子》告诫我们要"知止"。"知止"有三层含义：第一层是摆脱由"物之知"所陷入的无涯和无定的困境；第二层是认识到"道"的不可知；第三层是坦然面对"命"的无可奈何。除了要认识到"知止"，在修养工夫层面必须处理好"去知"和"养知"的关系：首先，只有通过"知之所知"，才能达到道之"不知"，庄子认为所知的方式是"去知"，即通过"去知"，来养得"不知"。所以养"不知"需要"养知"，"养知"需要"去知"；其次，"去知"不是否弃掉所有的知识，而是舍弃掉感官、知性、思辨等人为造作对生命所造成的束缚，要舍弃掉这些束缚，我们需要长期的修养工夫，所以"去知"也需要"养知"；最后，"养知"的工夫是对整全生命的涵养，只有能够涵养生命的知识才是真知识。

**关键词**：《庄子》　知止　知识　修养　生命

《庄子》全书对"知"[①]的态度是复杂而暧昧的，一方面，诚如《养生主》开

---

[*] 邹蕴，1989年生，同济大学人文学院博士后。
[①] "知"在《庄子》中有多重含义，可以指代知识、技艺、知性，也可以指代智慧、至高境界等等。为了后文论述的方便，笔者将"知"的最高层级称之为"至知"；将语言、思辨层面的"知"，也就是以分别为取向的"知"称之为"知性"。

篇所述:"吾生也有涯,而知也无涯,以有涯随无涯,殆已",追寻知识似乎成为了生命的负累,所以《庄子》不断强调"去知"的必要性;另一方面,《庄子》中又提出"以其知之所知,以养其知之所不知""知与恬交相养",可见他并不摈弃所有的知识,而是追求一种更高深的求知境界,这种境界的形成离不开"养知"。换句话说,知识在遭到《庄子》批判的同时,却并不尽然被它弃绝。这便引出了本文想着力探讨的问题:《齐物论》中所提到的"知止"究竟有着怎样的含义,求知的界限如何判定?"去知"和"养知"该如何调和?《庄子》在论述"养知"的时候只是为了追求知识么,还是有着更深刻的意涵?要回答这一系列的问题,我们需要回到《庄子》文本中去看其对待"知"的态度。

## 一 "去知"的必要性:庄子对"知"的批判

"知"在《庄子》中有一层含义,指的是一种以分别为取向的思维和行动模式,它以彼和我、是和非、然和不然、可和不可等相互对待的关系来看待世界。《齐物论》对此有大量的论述,如名、言、辩等都是知性的形式体现。《马蹄》篇讲:"蹩躠为仁;踶跂为义;踶跂好知",《在宥》篇讲:"天下好知,而百姓求竭矣。于是乎斤锯制焉,绳墨杀焉,椎凿决焉。天下脊脊大乱,罪在撄人心"[①],天下好智主义成风,百姓也会陷入一片混乱。"知"使自己和外物呈现敌对的状态,人们于是便借助斤锯、绳墨、椎凿等来捍卫自己,从而造成人心惶惶的局面。这个道理正合于《马蹄》篇想表达的:按照自然的生存状态,马只知道食草饮水和喜怒哀乐,但给它增加人为的设限之后,它的"知"也增多了,于是乎就变得诡谲多端,使尽浑身解数来和人对抗。这两个例子讲的都是对"知"的过度运用,妄图通过"知"来保护自己,但最终却造成自己和世界敌对的情形。庄子一再批判对"知"的沉溺与滥用:

> 与物相刃相靡,其行尽如驰,而莫之能止,不亦悲乎!终身役役而不见其成功,苶然疲役而不知其所归,可不哀邪!(《齐物论》)
> 夫且不止,是之谓坐驰。(《人间世》)

---

① 王叔岷:《庄子校诠》,北京:中华书局,2007 年,第 378 页。本文所引用《庄子》原文皆出自该书。

> 故目之于明也殆,耳之于聪也殆,心之于殉也殆,凡能其于府也殆,殆之成也不给改。(《徐无鬼》)

知性能力在《庄子》中时常和"耳目"等感性官能并列出现,一起指代人的认识能力。不论是"相刃相靡""行尽如驰",还是"坐驰",描述的都是一种以有限的生命去无休无止地追逐外物的状态。这种知物的状态令心神难以安宁,从而耗损人的生命而不知所归。具体来说,耗损生命的危险正如以上第三段引文所示:眼睛追求无穷的视力、耳朵追求无止境的听力、心追求无尽的知识、才能的过度运用对于身体和心府都是有危害的。概括说来,不管何种官能(感性的或知性的),只要过度发挥都会陷入危险的境地。我们也许有过这样一种经验:当我们面对活色生香的感性世界的时候(例如美食、美景、美妙的音乐等等),特别想调动所有的官能去把握那些对象,于是一切变得眼花缭乱、意乱情迷。由于我们感受到单项官能的限度,这时就会出现两种不良的状况:其一,正所谓"目之于明也殆",当我们试图去穷尽视力欣赏美景的时候却感到无比疲惫,美景之美也仿佛渐行渐远,这是对单一官能的无限放大;其二,俗话讲"眼睛不够用",描述的就是当我们面对无穷的感性对象,从而意识到单一官能的受限,控制对象的意念和欲望试图想把其他官能都调动起来,于是造成更为混乱不宁的局面。

《庄子》中不仅批判了对认识官能的沉溺和滥用,还从"知"的不确定和无穷性来阐明"知"的局限性。《秋水》篇对这一问题有集中的论述。秋水如期而至,百川灌河,河伯欣然自喜,以最美者自居,直到看见汪洋大海,才自知浅陋。面对河伯,北海若也并没有自视甚高,而是感叹:

> 此其过江河之流,不可为量数。
> 夫物,量无穷,时无止,分无常,终始无故。
> 以其至小求穷其至大之域,是故迷乱而不能自得也。由此观之,又何以知毫末之足以定至细之倪!又何以知天地之足以穷至大之域!(《秋水》)

"量"是一种计算世界的方式。小石小花之外有山河,山河之外还有四海,四海之外又有天地,世间万物的无穷不可用"量"来计数。不仅空间无"量",时间也无"量",没有一个时刻是恒定不变的,万物都处在交替的变化之中,所以不可以"量"计。既然"量"无法成为一个恒定的标准,那么由"量"而生的"知"也是不定的、无涯的。

基于"好知"所造成的困境和"知"的局限性,《齐物论》等篇章提出了"知止"的说法。要解决这样的困境,需要适当地控制求知的界限,那么我们如何意识到需要停止"知"的造作?本文第二部分将试图厘清"知止"的内涵。

## 二 "知止"的含义

上文所阐述的主要还是由"物之知"所陷入的无涯和无定的困境,然而"知止"既是"对'物之知'的警醒,也是对'道之知'的敬畏"①,所以本部分将着重从"道"不可知的层面来阐释"知止"的涵义。

在《庄子》看来,"经验世界之内的事物——至少其中有形有象有声的东西——都是可以言说的"②,所以知性和语言具有同步的关系,而知性和语言也只能把握被我们接触的事物:

> 彼之谓不道之道,此之谓不言之辩。故德总乎道之所一,而言休乎知之所不知,至矣。道之所一者,德不能同也;知之所不能知者,辩不能举也。名若儒、墨而凶矣。(《徐无鬼》)
>
> 言之所尽,知之所至,极物而已。睹道之人,不随其所废,不原其所起,此议之所止。(《则阳》)
>
> 夫知遇而不知所不遇,知能能而不能所不能。(《知北游》)

上述引文传达出两个层面的信息:首先,语言止步的地方就是知性所不及的地方,语言和知性是同步的,如果知性不能把握某个对象,即使语言妄图通过辩解来澄清对象,也无济于事;其次,我们只能知道知性所能把握的对象,无法知道知性把握不了的对象。语言和知性的极限不过是对"物"的穷尽而已,所以语言和知性只能把握具体的物。简言之,语言和知性的休止之处就是具体的物,物之外的世界并不是知性所能把握的。正因为这个原因,庄

---

① 王玉彬:《庄子哲学的真知论》,《商丘师范学院学报》,2016年第4期。
② 韩林合:《虚己以游世:〈庄子〉哲学研究》,北京:北京大学出版社,2006年,第256页。

子才会提出"未始有物"这个概念。

在《齐物论》中,"道"从最初的没有封界、没有真伪,到万物的界限和名称纷然而起,再到言论的层出不穷,然后到是非争辩的真假难定……这个过程也就是"未始有物——有物——有封——有是非"的过程:

> 古之人,其知有所至矣。恶乎至?有以为未始有物者,至矣,尽矣,不可以加矣。其次以为有物矣,而未始有封也。其次以为有封焉,而未始有是非也。是非之彰也,道之所以亏也。道之所以亏,爱之所之成。(《齐物论》)

"未始有物"象征着"道"的无分界,"古之人"认识到"未始有物"则标志着"知"的最高境地,这种认识是无法再往上复加的,是"知"的最高层级,也就是《庄子》所肯定的"至知"。从"有物"开始,就是"知"逐渐堕落的过程:从知物到知封再到知是非,这个"巧历"无尽的过程也是"道"不断亏损的过程。"未始有物"的称呼正合于"道"的特征,"道"在庄子那里是非有非无的,它既不指代实有的物,也不是绝对的空无,而是一种"道不可有,有不可无。道之为名,所假而行"(《则阳》)的状态。"道"是无法言说和知晓的,越是言说和解释,越是偏离于"道"。"道"本来不可用名言来称呼,所以"道"之名都是假借而来的,无须将它奉为实有。如傅伟勋所述:"老子仍云'道之为物',令人费神瞎猜;庄子则云'道,物之极',非有非无,亦非言(有名)默(无名)可载,超越形上学上一切二元的对立相待,既不肯定亦不否定,而'道'本身亦是假名,有如中国大乘佛学(尤其三论宗)所云'空亦复空',离四句绝百非,言亡虑绝而一切不可思议。"①,所以说,如果老子的"道"是对"无"的执着,那么庄子的"道"已经突破了对"有"和"无"的执着。庄子的"道"是无法用知性来把握的,它超越了那种以二元对立的关系(彼我、是非、然不然、可不可)来看待世界的视角。基于此,《庄子》提出了"知止"的概念:

> 夫大道不称,大辩不言,大仁不仁,大廉不嗛,大勇不忮。道昭而不道,言辩而不及,仁常而不成,廉清而不信,勇忮而不成。五者园而几向方矣。故知止其所不知,至矣。(《齐物论》)

---

① 傅伟勋:《从西方哲学到禅佛教》,北京:生活·读书·新知三联书店,1989年,第392页。

依据引文可知:用道来炫耀外物就违背了"道"的本真,言语的单薄是不胜争辩的,万物没有恒常之爱,若是流于形式化的恒常则必然不能周全,过于苛求原则就会不近人情,勇猛过度不讲策略则无法成事。只有忘记"道""言""仁""廉""勇",才有可能接近"道"本身。只有在自己所"不知"的对象面前知道休止,才有可能获得至知。那究竟什么是"不知"?依据前文的论述,我们不难看出:"道"是不可"知"的(这里所言的"知"就是知性)。正所谓"莫知其始,莫知其终","道"是无法用语言和知性去把握的。"至知"的境界就是"知止"的内涵:当我们认识到"未始有物"的时候,不必再以语言和知性去推演由"物"到"封"再到"是非"这样无尽的衍生过程,而是止于不可知的"道"。

"道"之不可知,而偏要用"知"去推究,这种不知止的行为就应和了《天地》篇的那个故事:

> 知其不可得也而强之,又一惑也。故莫若释之而不推。不推谁其比忧?厉之人夜半生其子,遽取火而视之,汲汲然唯恐其似己也。(《天地》)

长相丑陋的人半夜生完孩子后,生怕孩子长得像自己一样不堪,急忙取来火光照看,这便是"知其不可得也而强之"的行为。"生其子"是一个已经完成的动作,孩子长得如何已经是无法改变的事实,这是我们所不能把握的,是"不知"的范围。然而,生母还要取火确定孩子相貌是否丑陋就是不"知止"。这里的"知止"就是"释之而不推",是基于命运的无可奈何,从而放弃知性对于事物情势的执着和推究。《庄子》中多次提到了"命"的无可奈何:

> 知其不可奈何而安之若命,德之至也。(《人间世》)
> 达生之情者,不务生之所无以为;达命之情者,不务知之所无奈何。(《达生》)

在《庄子》那里,"命"既指渺小短暂、必将赴死的生命,又指命运,也就是"对个人生命存在的限定或规定"①。"命"和"道"都不可知,但二者仍有区别。韩林合认为"所谓'命'是指独立于经验主体的意志的作为整体的世界

---

① 徐克谦:《庄子哲学新探:道·言·自由与美》,北京:中华书局,2005年,第174页。

(发生于其内的所有或任何事情)或者说道"①,这一将"命"和"道"的含义等同起来的观点是有待商榷的:首先,《庄子》虽然承认命的不可控和不可知,但并不把"命"奉为最高的对象,而"道"却是《庄子》所崇尚的最高视角;其次,《庄子》的"命"具有偶然性的意味,但"道"却是对世界的一种必然性认知。因此,"命"和"道"还是有显著的差别。

综上可知:"知止"有三层具体的内涵:第一层是摆脱由"物之知"所陷入的无涯和无定的困境;第二层是认识到"道"的不可知;第三层是坦然面对"命"的无可奈何。

如果说上述解释还只是在认识的层面上解决"好知"的困境,也即从"知止"的角度来论述"去知"的必要性。那么本文还需要考察在实践和修养的层面是否可能解决"好知"的困境。因此第三部分将论述如何"去知",以及"去知"和"养知"的关系是什么。

## 三 知识与生命的交融:"去知"和"养知"的相互成全

《庄子》既反对粉饰、夸耀、矫揉造作的惺惺作态,也反对以有限的官能去追求无尽的感官世界和知识,它认为这些行为对生命的涵养毫无益处。所以"养"成为了《庄子》哲学的一个关键词:

> 知天之所为,知人之所为者,至矣。知天之所为者,天而生也;知人之所为者,以其知之所知,以养其知之所不知,终其天年而不中道夭者,是知之盛也。虽然,有患。夫知有所待而后当,其所待者特未定也。庸讵知吾所谓天之非人乎? 所谓人之非天乎? 且有真人,而后有真知。(《大宗师》)

> 蘧伯玉行年六十而六十化,未尝不始于是之而卒诎之以非也,未知今之所谓是之非五十九年非也。万物有乎生而莫见其根,有乎出而莫见其门。人皆尊其知之所知,而莫知恃其知之所不知而后知,可不谓大疑乎! 已乎已乎! 且无所逃。此所谓然与,然乎?(《则阳》)

---

① 韩林合:《虚己以游世:〈庄子〉哲学研究》,北京:北京大学出版社,2006 年,第 40 页。

诚如前文所论述的,人们若以有限的生命去追逐无穷的知识,就会陷入"知"与"不知"之间无限的焦虑,这是有害于生命的。这些人正如《则阳》篇所揭示的,他们只会执着于"知之所知",而不明白"知之所不知",如此一来就堕入了"终身役役而不见其成功"的困苦之中。所以《大宗师》讲"以其知之所知,以养其知之所不知",何谓"不知"?詹康认为"不知"应区分为两种情形:"俗人不知有道,不知应求道,这是一种,而得道者不知道为何物,不知如何求道,是另一种,两者不要混为一谈。"①显然,《大宗师》原文里的"不知"指的是得道者的境界,也就是前文所论述的"道"的不可知。要达到这种"不知"的境界,是要通过"知之所知"来实现的,也就是冯友兰所讲的"道家求最高知识与最高境界的方法是去知。去知的结果是无知。但这种无知,是经过知得来底,并不是未有知以前底原始底无知"②。换言之,"不知"不是如白纸一般的一无所知,而是通过"所知"得来的对"道"的认知。具体来说,这种"所知"的方式就是"去知",《庄子》以"去知"来养得"不知"。

《庄子》三十三篇中出现了大量关于"去知"的论调:

仲尼蹴然曰:"何谓坐忘?"颜回曰:"堕肢体,黜聪明,离形去知,同于大通,此谓坐忘。"(《大宗师》)

扁子曰:"子独不闻夫至人之自行邪?忘其肝胆,遗其耳目,芒然彷徨乎尘垢之外,逍遥乎无为之业,是谓为而不恃,长而不宰。"(《达生》)

吾愿君刳形去皮,洒心去欲,而游于无人之野。(《山木》)

形若槁骸,心若死灰。真实其知,不以故自持。(《知北游》)

"去知"是对感性官能和认知官能的全然废除吗?如果结合《知北游》《外物》等篇章的论述,我们不难发现,人在顺道而行的时候恰恰是一种"四肢强,思虑恂达,耳目聪明"的状态,而不是七窍关闭的阻塞状态。所以说,虽然《庄子》常常描述一些看似极端的状态,如形若槁骸、心若死灰、堕肢体、黜聪明等,但他并不是让人关闭所有的器官,弃绝所有的知识,放弃所有的反思。"去知"的含义是舍弃掉感官、知性、思辨等人为造作对生命所造成的束缚。

---

① 詹康:《争论中的庄子主体论》,台北:学生书局,2014年,第420页。
② 冯友兰:《新原道》,北京:商务印书馆,1945年,第47页。

这些束缚也就是本文第一部分所讲的滥用感官、知性等所导致的混乱的生命状态。

如何对治这种混乱的生命状态呢？《庄子》提供了一种解决的可能性："徇耳目内通而外于心知。"宣颖的解释是"耳目在外而徇之于内，心知在内而黜于智外，虚字也"①，意思是让眼睛、耳朵等素来向外捕捉感性材料的官能停止向外纷乱的运作，反向回归到官能自身的宁静。这个意思就近似于《徐无鬼》中所讲的"以目视目，以耳听耳，以心复心"：首先要看眼睛所看见的，听耳朵所听见的，不要在自身的官能之外刻意诉求其他材料；其次需要"外于心知"，"心知"同于"心智"，排除意识对于感性官能的控制和干扰；最后，"以心复心"的含义是让意识也回归到它自身应有的角色，不要试图向外控制任何官能的运作，只是回归到意识本有的活动。眼耳鼻舌身意，这些感性官能也好，知性官能也好，倘若过分向外夸大其职能，或者受到其他官能的干扰，都无法实现身心的宁静。换言之，"徇耳目内通而外于心知"是一个损之又损的做减法过程。这种"去知"的过程如杨儒宾先生所说："庄子书的工夫论之大宗在遮拨一途，如'堕肢体，黜聪明，离形去知，返于大通'所示者"②。

然而，"做减法"，也就是《庄子》所言的"去知"，并不是一蹴而就的。相反，要舍弃掉那些人为造作的包袱，我们需要漫长的身心修养的工夫。这也正是"以其知之所知，以养其知之所不知"中"养"的内涵。《庄子》尤其强调专注统一、宁静通畅的修养工夫：

> 若一志，无听之于耳，而听之以心；无听之以心，而听之于气，耳止于听，心止于符。气也者，虚而待物者也。唯道集虚，虚者，心斋也。（《人间世》）

> 若正汝形，一汝视，天和将至；摄汝知，一汝度，神将来舍。德将为汝美，道将为汝居，汝瞳焉如新出之犊而无求其故！（《知北游》）

> 至道之极，昏昏默默。无视无听，抱神以静，形将自正。必静必清，无劳女形，无摇女精，乃可以长生。目无所见，耳无所闻，心无所知，女神将守形，形乃长生。慎女内，闭女外，多知为败。（《在宥》）

---

① 宣颖：《南华经解》，收入《中华续道藏》初辑第十五册，台北：新文丰出版公司，1999年，第175页。
② 杨儒宾：《儒门内的庄子》，台北：联经出版公司，2016年，第397页。

第一处引文的大致含义是：将心神调节到一种空灵安静的状态，使意志和精力更为集中，不必听从于某个具体器官的命令，而是顺应贯通一体的"气"，从而达到一种"虚"的境界。第二处引文所讲的"正汝形""一汝视""摄汝知""一汝度"和第三处引文的"形将自正""守形"含义类似，讲的都是对知性的收摄。具体说来，《庄子》强调的不是关闭认识官能的作用，而是让认识官能不再向外无休止地追逐对象，反而向内贯注于某个对象。如此一来，就能让身体的所有官能都集中力量，整全统一。这种宁静的状态不是死寂不动，也不是绝对静止，而是心神的专一，是一种相对的静止。

综上可知，这些收摄"知"的工夫是需要长期修炼的，即"去知"需要"养知"。而"养知"的工夫就是修养身心，是对整全生命的涵养。《缮性》篇关于"养知"和"养恬"的讨论可以给我们这方面的启发。

《缮性》篇说："古之治道者，以恬养知；知生而无以知为也，谓之以知养恬。知与恬交相养，而和理出其性。"恬者，淡也，郭象把"淡"解释成"任性而无所饰焉"①，也就是让生命顺其自然的意思。"古之治道者，以恬养知"的含义是：古代修道之人，以顺其自然的方式来对待知识，这样就不会让生命被知识所累。如王夫之所说"适然而无所好之谓恬，无所好则知之而不为累，是以恬养知"②；"知生而无以知为也，谓之以知养恬"中的"知生而无以知为"较难解，笔者认为应当参考《养生主》中的"吾生也有涯，而知也无涯，以有涯随无涯，殆已；已而为知者，殆而已矣"。"知生"的意思就是知"生也有涯"，"无以知为"的意思就是不要"以有涯随无涯"的方式去运用知性。结合起来的含义就是：如果知道生命是有限的，就不会以一种无限追逐知识的态度去生活。以顺其自然的态度去生活，知识才能够涵养生命，而不是让生命消失殆尽于知识之中。"以恬养知"和"以知养恬"是一个问题的两个方面，前者以顺从天性为前提，后者则以正确的求知态度为前提。"知与恬交相养"是"一种将知识与人生混融为一的智慧。如果知识与人生是外在的，则二者不免如两军之对垒，有一种紧张关系；如果知识与人生是浑一的，则求知的过程便是人生愉

---

① 郭庆藩：《庄子集释》，北京：中华书局，2012年，第301页。
② 王夫之：《庄子解》，北京：中华书局，1964年，第136页。

悦的过程"①,这样一种愉悦的求知过程才能让中和之道与自然之理从天性中养出来。

## 四 余 论

《大宗师》讲"且有真人,而后有真知",可见生命要优先于知识。张文江先生认为《大宗师》里这句话的要义在于"重建知识论的基础。一切知识体现于生命本身,引出全篇主旨'真人'之说。'真人'者,即'大宗师'也"②。换言之,能够体现于生命本身的才是真知识,人生在世,最重要的是把知识涵养于自己的生命,而不是让知识成为生命的负累。

依据前文的梳理和分析,《庄子》对待"去知"和"养知"的态度已渐趋明朗:首先,庄子批判对知识的无尽追逐以及对知性的滥用与夸大;其次,基于"好知"的困境和知性本身的局限,《庄子》告诫我们要"知止"。"知止"有三层含义:第一层是摆脱由"物之知"所陷入的无涯和无定的困境;第二层是认识到"道"的不可知;第三层是坦然面对"命"的无可奈何;最后,要处理好知识与生命的关系,必须处理好"去知"和"养知"的关系:只有通过"知之所知",才能达到道之"不知"。庄子认为所知的方式是"去知",即通过"去知",来养得"不知"。所以养"不知"需要"养知","养知"需要"去知"。同时,"去知"不是否弃掉所有的知识,而是舍弃掉感官、知性、思辨等人为造作对生命所造成的束缚。要舍弃掉这些束缚,我们需要身心修养的工夫,所以"去知"也需要"养知"。这些收摄"知"的工夫是需要长期修炼的,这种身心的修炼就是对整全生命的涵养。

简而言之,"养知"和"去知"不是截然对立的,而是相互成全。"养知"需要"去知","去知"也需要"养知"。"养"是对知识的反思和对生命的回归,生命是优先于知识的,只有能够涵养生命的知识才是真知识。当知识与生命浑然一体的时候,求知的过程才是愉悦的过程。

---

① 王钟陵:《〈庄子·养生主〉篇发微》,《学术月刊》,1996年第12期。
② 张文江:《庄子内七篇析义》,上海:上海人民出版社,2012年,第169页。

# The Limit of Knowledge-seeking and the Cultivation of Life:
Viewing the Relation between "Knowledge-dispensing" and "Knowledge-cultivating" in Light of *Chuang-Tzu*

## Zou Yun

**Abstract:** *Chuang-Tzu* criticizes endless seeking after knowledge and the abuse and arrogance of human intellect. On the basis of the predicament of the desire for knowledge and the limit of intellection, his admonition is "knowing where to stop" (知止), which has three-fold meaning: first, getting out of the endlessness and indetermination of "knowing this and that"; second, knowing the unknowability of Tao; third, facing the uncontrollable fate with tranquility. Apart from "knowing where to stop", *Chuang-Tzu* submits, on the level of cultivation, to manage the relationship between "knowledge-dispensing" and "knowledge-cultivating": first, only through "knowing what is known" can one come to the non-knowing of Tao. *Chuang-Tzu* believes that the right way to knowledge is "knowledge-dispensing", through which one cultivates "non-knowing"; to cultivate non-knowing requires cultivating knowledge, which in turn requires dispensing knowledge. Second, knowledge-dispensing is not giving up all knowledge, but giving up the artificiality of perception, intellection and speculation that keeps life in chain; "knowledge-dispensing" requires "knowledge-cultivating" since to set life free from the chain requires long-term exercise. Last, the exercise of "knowledge-cultivating" is the cultivation of the entirety of life; the life-nourishing knowledge is true knowledge.

**Keywords:** *Chuang-Tzu*; Knowing where to stop; Knowledge; Cultivation; Life

# "自然"理念的困惑
## ——对晚期阮籍矛盾形象的一种解读

### 林 凯[*]

**提 要**：晚期阮籍行为上任性放达，思想旨趣上偏庄学之齐物逍遥，但其生存感受却充满苦闷。大多研究认为其外在放达行为与内在逍遥理念相一致、共属道家，那么为解释其不一致的内在苦闷，往往设想阮籍本心有更为深层的"儒家关怀"，从而构建一种对立的人格结构对阮籍的矛盾表现进行诠释。然而这种深层猜想并非必要；阮籍放达行为背后的理念其实与其逍遥理念并非完全一致，二者之间隐含某种观念自身的困境，由此足以解释其矛盾苦闷。搁置所谓儒道对立前提以及儒家本心说，我们将看到，阮籍的放达和逍遥理想实质都经过了思想整合的努力，契合整个魏晋时代的思想特色。而阮籍的整合并未成功，根本原因在于道家"自然"理念应用于实践时存在困境，这是一种理论本身的困境而不必从作者人格进行解读。它不但在阮籍这里，在当时整个魏晋也未能得到真正的解决。

**关键词**：阮籍 放达 自然 礼教

---

[*] 林凯，1985年生，北京大学哲学系博士研究生。

## 一 导 论

魏晋之际，政治局势动乱险峻，名士少有全者。经高平陵事变，司马氏势力逐渐占据主导，名士纷纷入仕，或求作为、或求保身。早年阮籍有"济世志"但逢世道衰败而无法施展，故而选择安贫乐道式的归隐；高平陵事变后名士处境陡然险峻，出于保生目的，晚期阮籍被迫出仕，"禄仕"以终生。其晚期生活呈现出一幅近似矛盾的存在样态：他"口不臧否人物"而为"至慎"，常醉酒以避祸；但又任性放达，不时违背礼教，并有非俗之论。如果说至慎和醉酒乃与其保生目的一致，其放达却不宜作佯狂避祸之解①——因为实际上他的放达违礼并未能让他远离纷争，反而让他多次陷入危险境地。而如果认为阮籍从内而外是彻底的放达，也不符合其真实情况，因为阮籍的诗赋又持续地流露一种苦闷的在世感受，包含忧生、伤世、激愤以及神仙幻想。此说明阮籍有情累，有系恋，不能真正超脱自在。其外放达、内苦闷的形象，显示阮籍存世之矛盾。如何把握其放达之真伪、系恋之所在②并解释这种矛盾的本质，成为阮籍研究中的重要话题。

阮籍身上并未体现出直接一致的对应性，其外在行为容易被解读为对真实内心的掩饰或者曲折表达。学界研究流行这样的一种思路：放达往往被理解为属道家理念的行为③，而儒道理念又常被预设为对立，那么阮籍的内在苦

---

① 阮籍之狂，当为真狂，理由有三：第一，按阮籍本传描写，阮籍年少即任性不羁，不待后期时势恶化才故意如此；第二，佯狂避祸者（如箕子）往往试图让自己成为社会边缘人，与世无争从而避祸，但阮籍狂放违礼反而为自己带来危险，却屡次不改，很难说为佯狂避祸；第三，《世说新语·任诞》第十三条注记载了东晋戴逵评价阮籍之达并非"作达"，即非做作。所以笔者认为阮籍追求"保生"这一点被后人放大了，阮籍虽有保生之愿，但不能将其所有行为都往这个目的上解读。
② 可以首先确定的是：第一，阮籍虽有忧生之叹，但不乏对整个社会的忧患，故而其对自身生命的系恋不必放大；第二，济世志无以施展也不是阮籍此时的重要焦虑，如果说他年少有踌躇满志不得实现的遗憾，这一点在他正始年间的辞官归隐中已得到调整，他已认清当世处境，从而转向以归隐方式坚持安贫乐道。可以猜想他此时更为忧虑的是：从安宁自得的田园环境转换到充满纷争的官场环境，他是否还能"乐道"。
③ 这种理解为韩传达、高晨阳等认同。但牟宗三先生认为，阮籍放达不过是一种文人的"激愤"，并非真正的老庄精神，道家精神最终指向自然与平和。牟宗三：《才性与玄理》，长春：吉林出版集团有限责任公司，2010年，第251—256页。

闷往往被推论为源于对儒家理念的坚持①——进一步他们将此儒家理念确立为阮籍真实的"本心"②。在这种"本心"论前提下,阮籍的放达,或者被理解为一种为保全性命而扭曲自我、掩饰本心的故作姿态;③或者被理解为在"以道家理念为显意识——以儒家理念为潜意识"结构中的显意识之表达。④

这种思路预设了儒道理念本身的对立以及阮籍内在人格的分裂,值得再斟酌。确实,阮籍的整体表现并不符合一般定义中道家或儒家单一人格的归类,但就此以儒道理想人格为无法融合的两极对阮籍进行描述,未免生硬和粗略。儒道两家是否无法整合,或者在何种程度、哪些层面可以有所整合,这并不是一个已经解决的问题;魏晋玄学在很大程度上就表现为一种超越派别的思想整合的努力——我们很难相信在这种氛围下具有深刻思考力⑤的阮籍在处世的挣扎中没有进行有效的思想整合,即使他没有取得真正的成功。以道儒两极去描述阮籍,并认为阮籍始终固守早期的儒家理念,这种过于简单的理解,难免忽略阮籍思想逐渐整合的努力,更不会关心阮籍整合中真正遇到的困难会在哪里——他们不过仅仅把阮籍的失败归结为性格懦弱和社会黑暗⑥,这种解释是笼统而表面的。

本文试图悬置儒道两极化的先有界定,而从一种思想整合的时代氛围重新理解作为思想家的阮籍;即使阮籍内心存在矛盾,整合不成功,他所做出的努力也值得做更细致的挖掘,并应当在时代理论语境中去理解他遇到的困难,而非简单归为性格或政治原因。这样的话,也许我们能发掘在纯理论逻辑意义上思想整合的根本困境。

---

① 如高晨阳认为:"阮籍的现实人格的分裂,乃是其儒家式的理想在现实中无法兑现及对现实强烈的失望与不满的产物。"(高晨阳:《阮籍评传》,南京大学出版社,1994 年,第 207 页)韩传达也认为,"阮籍的思想,究其实质是儒家思想为主导,后期由于政治形势的迫害,他混迹老庄,以玄虚恬淡来深自韬晦,但并没有改变其儒家思想的'本志'。"(韩传达:《阮籍评传》,北京大学出版社,1997 年,第 28 页)应该说,这些观点乃继承自鲁迅和黄节先生(两人论述分别见韩传达书第 28 页和 41 页所引)。
② "态度—本心"这一对概念本自鲁迅《魏晋风度及文章与药与酒之关系》(转引自韩传达:《阮籍评传》,第 28 页)。
③ 韩传达:《阮籍评传》,第 36 页。
④ 高晨阳采取"意识—无意识"对阮籍内心的道儒观念关系进行说明,并认为其放达乃体现道家精神。高晨阳:《阮籍评传》,第 203、212 页。
⑤ 余敦康认为,"阮籍的论文如《达庄论》《大人先生传》也脍炙人口,和嵇康一样,也是'师心以遣论'"(余敦康:《魏晋玄学史》,北京大学出版社,2004 年,第 310 页)阮籍既富才情,也不乏理性的思考。
⑥ 高晨阳:《阮籍评传》,第 243—244 页。

笔者的考察从重新理解阮籍的放达行为开始，它是阮籍实际处世的主要选择。它的表达具有非理性，但它本身的坚持却未必不经过理性自觉而成为了一种坚定信念，特别是当它遭遇多次非难之后依然不改。这种放达即使现实地不能彻底让他解脱，也应当被视为阮籍认真面对自身生命处境、历经内心整合后的一种真实信念；仅仅将它理解为一种佯狂避祸、一种掩饰的手段，将难以解释这种不断挫败中的坚持。又考虑到阮籍在《答伏义书》中对自身之放达给出了追求"逍遥"的依据，并且他在《达庄论》《大人先生传》对此"逍遥"构想又作了"理论化"的深度论述，它在很大程度上可为放达行为提供理论支持（尽管并非彻底）。这样我们更有理由相信其放达行为与其内在理性思考具有密切关联。不过，如果将放达行为和逍遥构想简单界定为一致的道家理念，那么为了解释阮籍内心的苦闷，又不得不将儒家理念作为"潜意识"引入以构成对立结构，正如高晨阳先生的做法。① 笔者不打算作这样的预先界定，不去猜度所谓"潜意识"，而试图就在"显意识"层面去揭示其理论本身隐藏的冲突，以解释阮籍内心的苦闷。

## 二 放 达

晚期阮籍处境艰险，有保生之愿，至慎不争，但并不因此随波逐流、屈从世俗；他反而表现出一幅任性放达、不守礼教的形象，比如其本传记录阮籍藐视"叔嫂不通问"的礼节、醉卧少妇身旁、居丧不哭饮酒吃肉等。其放达虽然没有与世俗构成实质的利益冲突，但价值理念上引发冲突，招至何曾等人的攻击，此又可谓不慎。怎么理解阮籍不守礼教的行动，进而把握其放达的动机以及内在品性？

对阮籍的放达历来有多种理解，以至可以构成一个"理解史"。就在阮籍当世，即有褒贬意见：一派如传统礼法之士何曾等人，固守"礼法—仁义"之名目，目其不守礼教即名其为不仁孝、纵私欲一类；② 另一派则如嵇康一类名士，

---

① 高晨阳：《阮籍评传》，第 207—214 页。
② 《世说新语·任诞》第二条记载了何曾等人的攻击。

论其为"至性"①,属性情之自然表达,而这也在裴楷、甚至非名士的司马昭等人那里得到理解。后一评价在东晋以后占据主导,时人以阮籍为真正的"达"②,言其"性至孝""外坦荡而内淳至"(《晋书·阮籍传》);也即,阮籍虽于礼有过但实不失孝情,即本质乃合仁义,与何曾等人非难正相反。

当代研究也努力澄清阮籍放达不可作消极腐朽之解③,但少从东晋之论率真去解读,而强调放达作为一种政治抗争的方式④,是内在激愤情绪的曲折表达。以此抗争动机作解读,将进一步导致对阮籍的儒道对立人格的建构:基于儒道理念对立的前提,放达既然体现道家理念,则必须设定儒家理念为更深层的动机,如此才能解释"抗争"。然而这种建构却造成了另一种结果:放达在实际效果上无疑会造成抗争和批判,但如果以抗争为其原始动机,那么虽然阮籍并非为放达而放达,他这种行为也将沦为"有意"对抗,难为性情之率真。⑤当其刻意为之,实际也不能称之为真正的放达。

当代这种建构值得再斟酌。它将外放达的动机解读为抗争,在文本上是依据阮籍诗文中那些常见的"超俗、非世"言论。但不可忽视的是,阮籍的文本尚有另一种论调,即表达对"归真、逍遥"的追求。那么为何不能将放达与归真思想挂钩,正如两晋时人所作?如果我们过于强调阮籍的抗争情绪,将其"归真、逍遥"之论也当成其"抗争"本意的曲折表达,那么任何认真的思考都沦为情绪的附庸,其本身的思想性不再被重视。另一方面,这种构建强调儒道对立,并以此为简易标准对人物行为进行归类,从魏晋时期致力思想综合的背景来看,它未必契合当时语境。笔者以下试图对阮籍的放达作重新解读,特别是回到阮籍当时语境去说明何谓真正的放达。

阮籍之放达典型体现在其"丧母"一事,其记载也是极为详尽:

性至孝,母终,正与人围棋,对者求止,籍留与决赌。既而饮酒二斗,

---

① 嵇康《与山巨源绝交书》一文评价阮籍"至性过人"。
② 《世说新语·任诞》第十三条及其注,谈到"作达"问题。其注引东晋戴逵说法,认为阮浑只学阮籍"达"之"迹"而未明其"本"。与"作达"相对正反衬了阮籍的真正之"达"。
③ 徐斌:《论嵇康与阮籍的放达》,《兰州学刊》,1984年第6期。应该说,这个方面的澄清实际乃是回应何曾对阮籍的批评。
④ 徐斌认为这种放达"实在是反抗精神与忧世精神的特殊表现"。参见徐斌:《论嵇康与阮籍的放达》。
⑤ 牟宗三由此认为阮籍居母丧而有激愤之怪态已非性情之纯真。牟宗三:《才性与玄理》,第251—252页。

> 举声一号,吐血数升。及将葬,食一蒸肫,饮二斗酒,然后临诀,直言穷矣,举声一号,因又吐血数升,毁瘠骨立,殆致灭性。裴楷往吊之,籍散发箕踞,醉而直视,楷吊唁毕便去。或问楷:"凡吊者,主哭,客乃为礼。籍既不哭,君何为哭?"楷曰:"阮籍既方外之士,故不崇礼典。我俗中之士,故以轨仪自居。"时人叹为两得。(《晋书·阮籍传》)

> 阮籍遭母丧,在晋文王(按:司马昭)坐进酒肉。司隶何曾亦在坐,曰:"明公方以孝治天一,而阮籍以重丧,显于公坐饮酒食肉。宜流之海外,以正风教。"文王曰:"嗣宗毁顿如此,君不能共忧之,何谓?且有疾而饮酒食肉,固丧礼也。"籍饮啖不辍,神色自若。(《世说新语·任诞》)

这两段材料将"闻死讯""下葬""吊唁""守丧"诸环节中阮籍的表现一一记录。整个过程,阮籍并无"常规"的持续哭丧,而是反差强烈的情绪起伏:他保持喝酒吃肉,似为无情超脱;但随即"吐血数升",其悲恸至极几乎"灭性"。从传统丧礼看,阮籍之行可谓既有"不及"又有"过",不能很好地导情,当然不符合一般儒者界定;但这种不守礼节也不能理解为道家齐同生死的无情解脱,它反而表明阮籍情感之深重,以至于不能通过理性疏导以自拔,故记录者评价为"性至孝"。如果对比阮籍另一则对待丧事的态度,则更能说明其丧母时的情深:按本传记载,"兵家女有才色,未嫁而死。籍不识其父兄,径往哭之,尽哀而还"。对并不真正亲近之人,阮籍有"哭",但不过"尽哀";对丧母,阮籍反而不哭,这当然并非无情不哀,而是过度的悲恸,以至常规的哭丧形式不能尽之!阮籍或可谓为"情累"。

对此,阮籍或会被评价为"伪放达",因为他并不能真正超脱人情;但作出这样评价的时候,我们必须警惕自身所持"放达"的定义。因为在阮籍时人的观念中,所谓放达与所谓超脱人情并不等同,放达主要指不拘常规、自然率真,并不必然要求其内在达到道家无情超脱的程度。这一点从时人对此类放达的宽容可以见出。嵇康一类名士间的相互欣赏且不论,即使司马昭也是一位能体谅阮籍内心真情的人[1],见其放达却知其"毁顿如此"而为之辩护,并不从无情超脱去理解其放达。这种理解在西晋初期也得到了延续,如比阮籍年

---

[1] 司马昭和阮籍的关系并没有以往说的那样紧张与对立,阮籍在政治上无所谓忠于曹氏,这一点陈伯君在《阮籍集校注》的序言部分做了辨析。陈伯君:《阮籍集校注》,北京:中华书局,2012年,第1—9页。

少、同为竹林七贤的王戎也是一位不拘礼节之人,当其丧母而不备礼节,"鸡骨支床",却得到时人担忧"死孝"的体谅。①而东晋时人既言阮籍"放达"而又言其"性至孝"②,放达与深情不悖。我们还可以从《世说新语·伤逝》篇看到东晋名士的怪诞而深情。③由此可见,阮籍之放达,一方面受到礼法之士的攻击,一方面在当时玄学语境也得到了很大的宽容;而且这种宽容乃由于行为背后的情感之深重真诚,并非对情绪之超脱。

放达而不拘礼法的行为,可能从传统儒家对立面理解为丧失仁义的恶,也可能被理解为道家的无情超脱,但是这两种理解都难以解释阮籍放达所得到的社会宽容。它应该如何理解?何曾和司马昭对阮籍的不同理解可为此提供启发。何曾欲以"综核名实"④的理由治罪阮籍,契合当时流行的刑名之学。此思潮认为"名尽其实",名实之间存在某种固定的对应模式,借此可从形名之迹把握其内在实质。比如传统礼法之士认为外礼与内仁是固定对应的,不守礼教即表明内无仁义,德性败坏,故而应治罪。但司马昭的谅解否认了这种对应模式,它可谓当时另一"名不尽实"的玄学思潮之体现。此思潮认为形名具有局限性,必须由有入无,超越形名才可能获得对事物更为整全的理解。当应用于人物品藻,固定的对应模式往往只适于评判常人,而对于圣人、方外之士则须超越形名的理解。⑤玄学思想为非常规世界的存在提供了一种辩护,这不但在理论上,更在实践上获得广泛支持:当时人最好的处理方式并不是对抗它,而是默许其与常规世界并行,正如裴楷的通达方外方内,

---

① 《世说新语·德行》第十七条记载。高晨阳怀疑王戎模仿阮籍(高晨阳:《阮籍评传》,第277页)。但不管模仿与否,笔者这里更关心的是社会舆论对此是否具有宽容心。
② 《世说新语·任诞》第二条注引用东晋孙盛《魏氏春秋》说法"籍性至孝,居丧虽不率常礼,而毁几灭性"。本传也言"性至孝",其说当据此。
③ 《世说新语·伤逝》记录十多条与丧事相关的名士故事,其中郗公丧子和王子猷丧亲二例所表现的先抑后扬之情感起伏甚类阮籍:"郗嘉宾丧,左右白郗公郎丧。既闻,不悲,因语左右:'殡时可道'。公往临殡,一恸几绝。""王子猷、子敬俱病笃,而子敬先亡。子猷问左右:'何以都不闻消息?''此已丧矣。'语时了不悲。便索舆来奔丧,都不哭。子敬素好琴,便径入坐灵床上,取子敬琴弹。弦既不调,掷地云:'子敬!子敬!人琴俱亡。'因恸绝良久,月余亦卒。"
④ 《世说新语·任诞》第二条注引用干宝《晋纪》记录:"何曾尝谓籍曰:'卿恣情任性,败俗之人也。今忠贤执政,综核名实,若卿之徒,何可长也?'复言之于太祖,籍饮啖不辍。"
⑤ 应该说,这种人物品藻方式在刘劭《人物志》已经确立,汤用彤先生《读〈人物志〉》认为"依刘劭之意,品藻之术盖以常士为准,而不可用于超奇之人也"。汤用彤:《魏晋玄学论稿及其他》,北京大学出版社,2010年,第7页。

"时人叹为两得"。这样的舆论背景包容超越礼法形式,为阮籍放达提供了契机。而另一方面,阮籍放达所得到的宽容并非由于无情而在情深,这又表明,时人虽然认可礼法形式可被超越,但终究不离情义本质。保留情义本质,实际并不脱离传统礼教核心,这一点在圣人孔子以仁为礼之基础的论述中得到了确立。故阮籍之行在形式上违背礼教,但在本质的意义上可被视为更真实地回归礼教的核心基础;其至孝,即是真实仁义的表现。在这个本质相通的意义上,阮籍的放达获得时人宽容,可谓殊途同归。

这个意义上,放达与至情一体,它当然不能轻易被界定为道家理念;它有玄学色彩,也不离儒教核心,应当视为一种整合的努力。另外,论之为一种故作姿态的抗争,则是过于强调其为礼法之士所攻击的一面,而忽略其又为社会所包容;而且这种解读未免曲折,若取为真性情之表达,当更符合当时的思想背景。

## 三 逍 遥

以真情为放达之动机乃是从外界视角分析的结果,而对阮籍自身而言,他有一套"自认为"的解释。在《答伏义书》回应外界对其放达行为的质疑时,阮籍通过构建一玄远的理想人格为自身作出辩护。它可能是阮籍的真诚反省,但也可能是一种对外宣称的理由而已——这种猜度可以先搁置,我们先从阮籍自身视角将其解释做一番澄清,然后才能回来做一个判断。

晚期阮籍留下的作品,主要是大量抒情性的诗赋以及两篇偏"理论化"的谈论理想人格之构建的《达庄论》《大人先生论》[①]。如果说其咏怀诗所表达的构想是不同时段的、片断的、散乱的甚至冲突的,如他在诗歌中时或论及功名但又质疑其永恒性、时或追求归隐但又质疑其纯粹性、时或追求神仙但又质疑其可行性;那么《大人先生传》可谓其深刻、系统的思考,将他曾经情绪化的各种构想作了一次理论化的整合,表达其对不同理想人格的统一取舍。仅仅将这种偏理论化的理想建构等同其咏怀诗中情绪化的精神幻想,视之为一次慰藉式表达而无关乎实际处世方式的反思,将错失阮籍思考的严肃性;无

---

① 这两篇文章并非严格推理性的,铺陈的地方不少,但其核心部分还是理论化的。

"自然"理念的困惑 | 255

论阮籍实践上能否全部贯彻在《大人先生传》的思考,他做出的理论反思都值得认真对待。

《大人先生传》递进式地讨论了四种人格:君子—隐士—采薪者—大人先生(等同于至人、真人、圣人)。每一种人格实际乃是对自我与他者关系的一种回答,涉及对自我的界定以及与他者的交往;大人先生人格与前三者的对比,表明了阮籍对多种处世原则与方式的反思。

先言"君子",这是阮籍批评的主要对象,即其所谓"世俗"。"君子"代表的是那种固守"常规"、在价值观和实际利益上都寻求依附的士大夫群体,他们是礼教的遵从者、施行者和监察者,在极大程度上决定了现实世界的政治伦理结构。阮籍年少也曾志尚功名①,想成为他们中的一员;但其晚期明悟功名的无常虚幻②,而转向对性命逍遥的追求。此文阮籍一开始乃从世界的无常性否定君子执守的规范和价值具有稳固的基础,并指出其所执守实际破坏了社会原始的和谐;也即,君子并不能找到恒常的自我归依以及为他者带来真正的和谐。对此,阮籍的解决方案是:

> 是以至人不处而居,不修而治,日月为正,阴阳为期。岂吝情乎世,系累于一时。乘东云,驾西风,与阴守雌,据阳为雄,志得欲从,物莫之穷,又何不能自达而畏夫世笑哉?……今吾乃飘飖于天地之外,与造化为友,朝飧汤谷,夕饮西海,将变化迁易,与道周始,此之于万物岂不厚哉!

此中乘云驾风、汤谷西海,即喻"方外之游",应当理解为一种庄子式的寓言③而不必实求神仙境界脱离人世,它真正指向的是心灵超越。此处阮籍想要表达的是:在无所依赖(即"不处""不修"、不"吝"、不"系")中达成逍遥("志得欲从""自达"),并在无为中成就万物("此之于万物岂不厚")。这个解决方案完全承袭庄子,对自我和他者关系做了回应:在自身方面实现"志得

---

① 《咏怀诗》第三十九首:"忠为百世荣,义使令名彰。垂声谢后世,气节故有常。"
② 《咏怀诗》第三十九首:"千秋万岁后,荣名安所之? 乃悟羡门子,噭噭令自嗤。"
③ 阮籍《达庄论》谈及其对庄子表达方式的把握:"庄周见其若此,故述道德之妙,叙无为之本,寓言以广之,假物以延之,聊以娱无为之心而逍遥于一世,岂将以希咸阳之门而与稷下争辩也哉?"即明庄子采取"寓言""假物"的方式寄言出意而已,不可拘泥求实。阮籍文章的表达也同样学习了庄子这种寄言方式,我们当不可执实。阮籍此处关于至人描写,即类《庄子·逍遥游》所谓"藐姑射之山,有神人居焉。肌肤若冰雪,淖约若处子;不食五谷,吸风饮露;乘云气,御飞龙,而游乎四海之外;其神凝,使物不疵疠而年谷熟"。

欲从",自在通达;在与他者交往中能"厚"万物,无为而无不为。这个方案的价值指向乃追求自身与他者的双重实现。"君子"所自以为的"美行不易之道"在阮籍看来乃是"不通于自然者,不足以言道";反言之,阮籍认为自己的方案才真正合乎"自然"。

次言"隐士",阮籍对他们的态度经历过一个转变。"隐士"主要指那种清高避世之人,因为"不忍见"世间污浊而隐遁山林,如伯夷叔齐一类。阮籍曾在诗歌中表达对伯夷叔齐之仰慕①,但态度逐渐转变,在《首阳山赋》中已经对他们依然身陷求名表示非议。②而此文则更为明确揭示此类隐士的内在心态:"恶彼而好我,自是而非人,忿激以争求,贵志而贱身",可以说他们对于自我与他者关系依然执着是非贵贱的区分,他们的清高之中透视着强烈的自我中心。虽然他们与追名逐利之徒有别,但在根本的彼我是非区分上却无异。对此阮籍的解决方案是:

> 夫然成吾体也,是以不避物而处,所睹则宁;不以物为累,所遇则成。彷徉足以舒其意,浮腾足以逞其情。故至人无宅,天地为客;至人无主,天地为所;至人无事,天地为故;无是非之别,无善恶之异,故天下被其泽而万物所以炽也。

这是一位能齐同物我、是非、善恶也即"齐物"的人格;在这种齐物中,他不但能得到自身的逍遥("舒其意""逞其情"),同时也能成就万物("天下被其泽而万物所以炽")。此与在对比"君子"中展示的至人完全一致,可谓从"齐物"理路对前者作了深化。这种深化让我们看到了,不但庙堂之上的君子违背了齐物原则,山林之中的隐士也以隐微的方式背离了齐物原则。从这一点看,阮籍在理性意义上并非真正主张"离世",诗赋中的离世幻想只是一时情绪激愤。如果说阮籍早期有归隐之愿,这个想法在后期转向庄学中已经转变;他留处俗世,一方面是现实不能离开,一方面也是理智上不认可离世。

再言"采薪者",他足以超越前二者是非贵贱之区分,安时而处顺,已经达

---

① 《咏怀诗》第三首:"繁华有憔悴,堂上生荆杞。驱马舍之去,去上西山趾",西山即喻伯夷叔齐,表达阮籍的向往。《咏怀诗》涉及伯夷叔齐的有第三、九、十三、二十六、六十四首,基本都视二位高士为正面的精神寄托。

② 《首阳山赋》:"肆寿夭而弗豫兮,竞毁誉以为度。察前载之是云兮,何美论之足慕。"

到很高的境界。但他毕竟不及最高的大人先生,其中原因,按冯友兰先生解读,采薪者只是超脱了人事的执着,但还有人类与自然界的区分,唯有大人先生方可齐通天地宇宙。① 大人先生乃是"齐物"的极致。然而采薪者在很多理念上已经齐等大人先生,除了表达更为宏大的遨游天地的视野外,大人先生并没有对他发表什么批评。"采薪者"之后,阮籍对大人先生的"方外之游"做了大量铺陈,而其核心意图不过为突显大人先生之逍遥自得。这种境界最后也被阮籍概括为一种"自然"境界,如其言:"先生从此去矣,天下莫知其所终极,盖陵天地而与浮明遨游无始终,自然之至真也。"这实际也是回应了其开始对比"君子"中所言的"自然"。

整篇《大人先生传》描绘了一种齐物而逍遥的理想人格,他在处理自我与他者关系中试图达成一种和谐。在这里,所谓"个体自我意识"是不应该被夸大的;阮籍并非为刻意追求自我逍遥而设计这种和谐方案,它实际是在顺乎万物之理而无心无我中达成了逍遥。阮籍的逍遥与所谓自我意识根本不同,而是继承庄子的"无我"之逍遥。阮籍"无我——齐物——逍遥——和谐"的思路与庄学基本一致,这个构想确实具有强烈的道家色彩。然而我们又应当看到,在自我与他者之间取得一致和谐,这同时也是传统儒学的一个理想,如孔子所言"从心所欲不逾矩"之境界;虽然在具体方式上儒道有所差别,但在这个终极理想上二者又是殊途同归。

可能令人产生疑惑的是:阮籍描写"逍遥"境界的同时常伴"超俗""非世"之论,是在超越世俗的意义上强调自我逍遥,这又似乎难以逃脱世俗与自我的对立二分,这岂不违背其所宣称的"齐物"原则?然而,"超俗"与"齐物"一同出现在《达庄论》《大人先生传》《答伏义书》,如果两种观念是明显对立的,阮籍怎么会毫不注意?所以笔者以为我们并不必预设两种观念的对立,而只需转换一种理解文本的方式,也即魏晋所流行的"得意忘言"方式,即可消除这种疑惑。阮籍的"超俗"之论乃本自庄子,既然阮籍也以"得意忘言"的方式去理解庄子的表达,那么以此方式去理解阮籍的表达完全是可能的。"超俗"概念所回应的问题是个人行动是否要服从世俗,在相对世俗标准的意

---

① 冯友兰:《中国哲学史新编(中卷)》,北京:人民出版社,2001年,第180页。

义上去强调自我的独立①,正如庄子所谓从"适人之适"进入"自适之适"。这个概念容易给人一种物我对立的印象,正如《大人先生传》所描写的隐士品格——但这是阮籍最终抛弃的。"超俗"概念的使用本来具有"对治"的意味,如果不是有对世俗标准的执着,就不需要强调自我的独立;故这种独立自我的实现,并不等同终极的"自得""逍遥"。阮籍所持"自得",最终乃从"无我"中实现,是庄子所谓从"自适之适"进入"忘适之适",不知其所以然而然。在最终层次,如果还存在一个所谓的"我",那么"我"也只是达成与他者和谐而必须的个体基础而已,并不是一个与他人对立的主体。作为基础的个体与作为主体的个体②,虽然都强调个体,但实质意义是很不同的。如果我们执实地理解"超俗",则只能回到"主体的个体";如果采取"得意忘言"方式,我们则能延伸至"基础的个体",而这才是与终极的"逍遥自得"所契合——儒家思想也有类似的理解,如孔孟主张普适性的礼教最终建立在个体的内在真诚上,但同时拒绝所谓个人主义。

## 四 苦闷:"自然"的困境

上一节表明,阮籍文本所表达的思想,表面上有对抗世俗和齐同万物两种倾向,但实质后者才是更为终极的思考,可以囊括前者。这种齐物逍遥的内在理念,是阮籍自身对其放达作出的一种解释。但实际情况是,阮籍的生活充满苦闷,也即他并不能贯彻其逍遥理念。这应当如何解释?以往解释倾向认为,阮籍内心深藏着与此道家逍遥理念对抗的更为根本的儒家关切,这种关切阻止他将道家理念贯彻下去。如此其理论的确证也不过是一种"理性的狡猾"③。而这种儒家倾向的解释,其文本依据来自《咏怀诗》中的"刺时"

---

① 《答伏义书》:"夫人之立节也,将舒网以笼世,岂樽樽以入罔;方开模以范俗,何暇毁质以通检。若良运未协,神机无准,则腾精抗志,邈世高超。"
② "基础的个体"意味着我是万物得以显示的基础,我不能决定万物之显示但万物需要通过我向我显示;"主体的个体"意味着我与万物是主客对立的存在关系,有意强调我之主体地位。
③ 高晨阳认为阮籍的逍遥自由"这只可以说是一种理论表面的东西,或说只是一种'理性的狡猾'。实际上,理论上的确证并不一定反映认知主体内在的理想、信念、追求,或者说,理论上的东西往往是内在情感世界的虚拟反映"。高晨阳:《阮籍评传》,第201页。

之作,以及从阮籍早年"济世志"的推论。① 但是笔者认为这些推论并不严谨:社会批判何必儒家才有,老庄同样通过社会批判表达其洞见和主张;而早年思想也不能说明后期的变化。更重要的是,其儒道对立的假设前提非常值得质疑,它忽略了前面显示的阮籍进行思想整合的努力:其齐物逍遥思想基本遵从庄子,但它本身与儒家在最终和谐的追求上是具有一致性的;而放达行为乃与至情关联一体,并非道家之无情超脱,其有玄学超越形名之义又不离儒教核心。笔者认为,如果我们可以在阮籍"放达"和"逍遥"思想关联本身为其"无法贯彻"找到一种解释,那么不必徒增所谓"深藏"之秘密的猜度。

应该说,阮籍的放达在很大程度上与其逍遥构想是一致的。在个体价值层面,放达行为在某种意义上遵从了齐物逍遥之思考的内在理念:放达本为实现"至性",齐物逍遥乃为达成"自然之至真","至性、至真、自然"在阮籍这里基本相通②,故二者的根本追求在形式上相一致。而在关于自我与他者关系上,放达行为也与逍遥构想有一致的想象:虽然放达行为背离有局限的现实礼教形式,但它本意乃为更好地回归礼教的内在基础,从而成就一种真正而非虚伪的秩序;而逍遥构想也期望个体在通达万物的和谐相处中实现自得。在这个意义上,阮籍的齐物逍遥之思考为其外在放达的坚持提供一种内在的理性支持。

然而,放达行动在形式上遵从逍遥构想中的"自然"理念,它却不能完全贯彻;重要一点在于二者关于"自然"的具体赋予有所不同,这是阮籍的"放达"与"逍遥"所不一致之处。放达行动中的自然真性指向一种深重的情感,它足以使人沉溺其中而为之所累,不至此极致或许不足以显示其性情之"真"。而逍遥构想中的自然真性,它实质指向一种虚静无心的超脱性情,使人不为情累,或可言之为庄子式的"无情"③。对"自然"内涵有如此分歧,不当理解为:阮籍在根本上坚持儒家的情感理念,而以道家无情为掩饰——因为若取为掩饰,那就不是彻不彻底的问题,而是根本违背了"自然",这与前面说放达为追求真诚价值不相符合。所以我们需要换一种思路,不从阮籍想法

---

① 高晨阳:《阮籍评传》,第190页。
② 阮籍之"自然"基本就意味着自然而然、非人为的意思,如《大人先生论》言"不通于自然者,不足以言道""自然之至真"。
③ 《庄子·德充符》所言"无情",实质是一种摆脱心识推动的自然情感,而非完全去除情感。

的真实或虚伪去说,而从"自然"概念本身的特点去思考这种分歧何以产生。

道家对"自然"概念的界定,与一般对"自然"赋以生理情欲或者道德情感的方式并不相同。后者是一种肯定式的赋予,我们常由此直接将"自然"具体化为食色欲望、仁义忠孝道德情感等①,又常反过来以"自然"的名义为自身特定的情欲寻求论证。但道家所言"自然"却是一种否定式赋予,是一种消解心识智虑的人为推动之后达到的神秘状态。我们难以给它一个具体的肯定的描述,因为任何这样的说明都会重新陷入智虑;可以说,这个概念在道家那里主要显示批判意义而并不指向具体的现实经验。那么,"自然"被论证为最高生活理念却又缺乏明确的实践指向,当然难以贯彻实践。这便构成了道家"自然"概念的困境之一。

所以我们很容易在坚持"自然"理念的魏晋思想家中看到这样的渴求:将"自然"进行某种肯定性转换,并在最高理念价值的名义下为特定现实经验作合法性辩护。这种转换,在王弼那里出现过,在嵇康那里也同样再现,他们借此论证了仁义可以作为一种"自然"情感而存在②——当然这种论证是否充分又是另一回事。阮籍在放达行动上将"自然"转换成了现实生活的醇厚情感,而未能贯彻道家的无情解脱,应当说也是这种实践渴求的体现。他的转换整合了道家的任自然原则以及儒家的内情真诚原则,所以他在当时的名士与非名士群体中均取得了某种程度的社会认可。

然而,这种转换是否适合?王弼、嵇康似乎很"理所当然"地就将仁义情感论为自然,但未进一步谈及其内在的理论冲突。阮籍实践经验上的苦闷,则将这一层次的理论冲突突显了出来。他虽以偏儒家的真情内容充实了道家的"自然"概念,其个体经验的情累却表明了这个整合所隐含的不相适。道家以"自然"保证"无累",而此"自然"要求彻底摒弃"心识智虑"而恢复所谓"自然机制"——但二者界限在实践中是难以明确的。道家所言"自然发用"实际建立在一种特定的"虚静心"而非我们日常的"现实心"基础,这便为日常

---

① 这种看法在告子、孟子那里已有体现。告子言"食色性也"(《孟子·告子》),而孟子则言仁义为"良能、良知"(《孟子·尽心》),"性"或"良"都为指出其本自然而已。
② 王弼《老子注》38章注言"仁义发于内""各任其贞事,用其诚,则仁德厚焉,行义正焉,礼敬清焉",可见仁义乃本自性。而嵇康则更直接说"宗长归仁,自然之情"(《太师箴》)、"群生安逸,自求多福;默然从道,怀忠抱义,而不觉其所以然也"(《声无哀乐论》)。

实践带来极大困惑。我们一般认为属于自然的情欲发用,在道家看来反而是不自觉地聚合了各种心识因素的"习惯机制",并非"自然机制";而一旦试图以理性去划分出这个界限,却已经陷入了非自然。彻底遵从道家自然原则的人,将无法行动;或者说,道家原则本来就不为指导当下行动,而为事后的反省和修正,是我们错误地要求它作为当下行动指导。

所以,道家的"自然"概念被当作实践指导原则时,就会遭遇这种困境:它在理论上是一个完美的表明自我与他者和谐的概念,但它却拒绝落实为实践中具体的肯定性内容;实践生活往往会将它进行"转换",也因此不得不重新陷入情累。阮籍在实践生活中坚持自然理念而又难免遭遇伤累,即使他具有坚强的个体性格和身处良好的社会环境,这个矛盾依然会存在,因为更为根本的乃是概念本身存在的困境。

## 五 结 语

晚期阮籍行为上是放达的,思想旨趣上偏向庄学之齐物逍遥,但其生存感受却是苦闷的。大多数研究认为其放达与逍遥理念完全一致,为了解释其不一致的苦闷,往往偏向"设想"在阮籍心中有更为深层的"儒家关怀",从而构建一种对立的人格架构,对阮籍的行为和思想进行诠释。但笔者的论述试图说明,其放达与逍遥理念并非完全一致,其观念本身就存在某种困境,从而可以解释其矛盾苦闷,如此其对立架构的"设想"便不必要。取消所谓儒道对立前提以及儒家本心说,我们将看到,放达以及逍遥构想实质都经过了思想整合的努力,而这正是整个魏晋时代的思想特色。阮籍的整合并未完善,根本原因在于道家"自然"概念本身应用实践时的困境,这是一种理论本身的困境,这不但在阮籍,且在当时整个魏晋也未能得到真正的解决。

考察阮籍内心的理念,现实行动和理想构建都指向了"自然"原则;这个原则与现实世俗的礼教形式构成直接冲突,但它本质是为更好地回归到礼教的内在基础也即仁义的道德情感,并试图由此出发对现实形式作出修正。所以在这个意义上,我们可以说,在个体存在而非国家政治层面,阮籍对于自然与名教关系的处理方式是:基于"自然"的根本价值试图修正而非完全否定名教。这一点与阮籍前期在《乐记》和《通易论》中所表达的肯定名教的精神相通，但又有所修正。

# Confusion on the Idea of Nature:
## An Interpretation on the Contradictory Image of Ruan Ji in His Later Years

## Lin Kai

**Abstract:** In his later years, Ruan Ji was unrestrained in behavior, and echoed with the peripateticism of Zhuangzi, but suffered from depression. Most researches hold that the external unrestraint consists with the internal peripateticism, both belonging to Daoism. Thus, they suppose a deeper "Confucianism concern" inhibits Ruan Ji's original mind and construct an opposite personality structure to illustrate his depression. But this supposition is proved unnecessary; thoughts supporting Ruan Ji's unrestrained behaviors do not correspond with Peripateticism perfectly. There is a conceptual dilemma in these thoughts, which is enough to explain his depression. Laying aside the preposed opposition between Confucianism and Daoism and inner belief of Confucianism, we see Ruan Ji's endeavor of integrating thoughts, which accorded with the thought pattern of the whole Wei and Jin dynasties. His integration failed, which is rooted in difficulty in applying idea of "nature" in practice. This difficulty lies in the theory itself rather than its practitioner's personality. It remained unsolved then in the whole Wei and Jin Dynasties, not only in Ruan Ji.

**Key Words:** Ruan Ji; Unrestraint; Nature; Propriety

# 王阳明在"四句教"公案中的思想立场研究
## ——以《〈大学〉问》为中心[*]

陈　焱[**]

**提　要**：在由钱德洪与王畿的争论所引出的阳明"四句教"公案中，阳明本人的思想态度一直是模糊的。而"四句教"的实质内容源自儒家经典《大学》中的工夫次第。因此，用王阳明《〈大学〉问》一文为对照，研究"四句教"公案中的阳明本人的真正思想立场是合适的。从《〈大学〉问》的角度来看，阳明的基本立场偏向王畿"四无说"，对于钱德洪的批判出于其心学自身的基本立场。而他对"四句教"公案表面上的模糊态度，显然有顾虑正统程朱理学的考虑。

**关键词**："四句教"公案　本体工夫合一　《〈大学〉问》　王阳明

## 一

阳明后学对王阳明"四句教"（无善无恶心之体，有善有恶意之动，知善知恶是良知，为善去恶是格物）的不同阐释历来是一桩公案。相关的史料存世的有三条，分别是：《传习录·下》315条、《王阳明年谱》嘉靖六年丁亥九月条

---

[*] 本文获得2016年度国家社科基金青年项目（16CZX032）资助。
[**] 陈焱，1984年生，华东师范大学哲学系博士后。

以及王畿的《天泉证道纪》。①

由于引起"四句教"公案的争论双方——钱德洪与王畿各是《传习录》与《天泉证道纪》的主编与著者,而《王阳明年谱》的编撰又是双方共同参与的②,因此对于"四句教"公案,从史料的角度来说,我们就同时有了王、钱以及相对中立的三方记录。这使得我们能够对于王阳明"四句教"公案的争论焦点有一个很好的把握。一般认为,王畿与钱德洪争论的核心是:应该如何理解或者进一步阐释阳明"四句教"中所蕴含的成道工夫。

从具体上说,我们可以从钱、王各自对"四句教"公案的不同记述中看到他们不同的思想立场及各自观点的曲笔,而从义理上说,对阳明的"四句教"他们两人各自的阐释其实都具有一定的合理性,这也是"四句教"思想内涵之多义性的展现。恰如杨国荣先生所言:"这实际上是王阳明对精神本体的二重性设定所导致的必然结果——阳明既没有放弃对于本体的先验设定,又不承认它是一个在经验上既成的存在。"③

这种二重性也是为什么同样是从"四句教"中阐发出来的观点,却会出现钱、王之争的矛盾情况。甚至王阳明本人也对此表示了担心,并指出钱、王两人不应在此问题上发生争论,因为双方的观点实可以相资以为用。阳明曰:

> 正要二君有此一问!我今将行,朋友中更无有论证及此者,二君之见正好相取,不可相病。(《王阳明年谱》嘉靖六年丁亥九月条)④

但学界一般认为,考诸"四句教"的三版本,王阳明对于钱、王之争的解决在表面上是各打五十大板,表示二者的理解皆有偏颇,但实则有暗自偏向王畿之嫌疑。⑤ 这也就是本文希望解决的核心问题——对"四句教"所引出的钱、王在工夫论上的矛盾,王阳明所持的这一表面中立而暗自偏袒的价值态度,在其心学思想中的义理根据是什么?

---

① 吴震:《〈传习录〉精读》,上海:复旦大学出版社,2011年,第184页。
② 同上书,第184—190页。
③ 杨国荣:《杨国荣讲王阳明》,北京:北京大学出版社,2005年,第94—95页。
④ 王守仁:《王文成公全书》第四册,王晓昕、赵平略点校,北京:中华书局,2015年,第1489页。
⑤ 吴震:《〈传习录〉精读》,第190页。

## 二

从"四句教"的相关史料来看,王阳明解决钱、王矛盾的方法,就是指出王畿与钱德洪各自所论之适用对象有别,进而指出两者乃是工夫本体缺一不可的关系,所谓:

> 吾教法原有此两种:四无之说为上根人立教,四有之说为中根以下人立教。(《天泉证道纪》)①

> 汝中须用德洪工夫,德洪须透汝中本体。二君相取为益,吾学更无遗念矣。(《王阳明年谱》嘉靖六年丁亥九月条)②

但阳明在此寥寥数语的暧昧态度并没有在义理上真正解决造成钱、王二人"四句教"公案的实际因果。具体来说,也就是应该如何确定"一无"(无善无恶心之体)与"三有"(有善有恶意之动,知善知恶是良知,为善去恶是格物)③之间的义理关系问题,这也是钱、王二人争论的中心所在。

而要解决这一争论,并且回答本文的核心问题,显然还是得回到王阳明本人的思想之中。既然除了"分人之性根立教"与"本体工夫相取为用"之外,我们在上述三段文本之中找不到更多阳明自身观点,那么考之以阳明的其他言论来探究他在"四句教"公案中所持思想态度之义理根据,便成为一个可以尝试的思想突破点。

最适合对证"四句教"公案的阳明相关著作,从义理上说当属《〈大学〉问》无疑。因为"四句教"的"一无三有"之说,究其根本来自儒家经典《大学》的"欲修其身者,先正其心;欲正其心者,先诚其意;欲诚其意者,先致其知。致知在格物。"

因此,从某种意义上来说,"四句教"也可以算作王阳明对于《大学》这段经文的一种个人注解。所以,参照阳明的《〈大学〉问》,研究他对于《大学》文本中"工夫次第"问题的思想立场,应该能有助于解决本文所提出的问题。此

---

① 王畿:《王畿集》,吴震编校整理,南京:凤凰出版社,2007年,第1页。
② 王守仁:《王文成公全书》第四册,第1489页。
③ 关于"一无"与"三有"的说法,见吴震:《〈传习录〉精读》,第191页。

外，王阳明《〈大学〉问》另一值得我们注意的地方在钱德洪对这篇文字所作的序言上面。从钱序的具体内容来看，《〈大学〉问》一文本身被他认作是批判阳明后学中某些派别的最好材料。钱氏云：

> 师既没，音容日远，吾党各以己见立说。学者稍见本体，即好为径超顿悟之说，无复有省身克己之功。谓"一见本体，超圣可以跂足"，视师门诚意格物、为善去恶之旨，皆相鄙以为第二义。简略事为，言行无顾，甚者荡灭礼教，犹自以为得圣门之最上乘。噫！亦已过矣。……使学者开卷读之（按：《〈大学〉问》），思吾师之教平易切实，而圣智神化之机固已跃然，不必更为别说，匪徒惑人，只以自误，无益也。（《〈大学〉问》序）①

上述"径超顿悟"与"一见本体，超圣可以跂足"之语，显然就是针对王畿由阳明"四句教"而阐发的"四无说"（若说心体是无善无恶，意亦是无善无恶的意，知亦是无善无恶的知，物亦是无善无恶的物）来讲的。在钱德洪看来，《〈大学〉问》中所体现的阳明之观点，能很好地支持他在"四句教"公案上面的思想立场。同样，这从一个侧面也说明《〈大学〉问》的内容与"四句教"的内涵存在着密切联系。

## 三

而当我们细究《〈大学〉问》原文的时候，却可以看到实际情况并非如钱德洪所想，而且甚至恰恰相反。譬如，在此文论及与"四句教"有关"心、意、知、物"的部分中，阳明曰：

> 盖身、心、意、知、物者，是其工夫所用之条理，虽亦各有其所，而其实只是一物。格、致、诚、正、修者，是其条理所用之工夫，虽亦皆有其名，而其实只是一事。……盖心之本体本无不正，自其意念发动，而后有不正。……然意之所发，有善有恶，不有以明其善恶之分，亦将真妄错杂，虽欲诚之，不可得而诚矣。故欲诚其意者，必在于致知焉。……"致知"

---

① 钱德洪：《〈大学问〉序跋》，载《徐爱、钱德洪、董沄集》，钱明编校整理，南京：凤凰出版社，2007年，第199页。

云者,非若后儒所谓充扩其知识之谓也,致吾心之良知焉耳。……然欲致其良知,亦岂影响恍惚而悬空无实之谓乎? 是必实有其事矣。故致知必在于格物。物者,事也,凡意之所发必有其事,意所在之事谓之物。格者,正也,正其不正以归于正之谓也。(《〈大学〉问》)①

从上述这段引文中,我们可以得出的两点结论:

第一,在阳明看来:"身、心、意、知、物"是同一物,"格、致、诚、正、修"是同一事。因此,"修身、正心、诚意、致知、格物"在本体上也是同一个工夫。

第二,阳明认为:相对于本体层面,之所以需要上述工夫,其前提乃是因为"其意念发动,而后有不正"的现实情况。但这一情况又是由"然意之所发,有善有恶,不有以明其善恶之分,亦将真妄错杂,虽欲诚之,不可得而诚矣"的实际问题所导致的。进而,"意之不可得而诚"又是由"自昧其知善知恶之良知"的"致知(致吾心之良知)"问题所导致的。所以为了解决这一良知本体可能悬空的问题,必在于工夫上的事事物物,故而以格物为先。因此,由此逻辑次序出发,就展现为《大学》中的:"格物、致知、诚意、正心"的工夫次第。

因此,就上述二条结论作进一步的具体分析,我们可以得出以下推论:

王畿的"四无"说实际上是合于上述第一条之结论的。因为从引文上看,在王阳明那里,"心、意、知、物"的本体乃是一物,此物在阳明则谓之"性"(心之本体则性),而这里"性"应该也就对应王阳明在"四句教"中所谓的"无善无恶心之体"。吴震先生指出,此说不是阳明的独创,"性"超善恶的定义,在程朱那里便早已使用。如:"性无定形,不可言","性是太极浑然之本体,本不可以名字言"等等。② 而王阳明对"性"概念的使用最早可追溯到著名的"龙场悟道":"始知圣人之道,吾性自足,向之求理于事物者误也"(《王阳明年谱》正德三年戊辰条)。毋庸置疑,"龙场悟道"中的"性"显然就是王阳明后来一直强调的"心即理"之"心"。那么,让我们回过头来再看阳明"四句教"的逻辑关系,就不能把它简单地和《大学》中"心、意、知、物"在认识论意义上的逻辑顺序等同起来,在上述引文中,阳明自己也强调致知非扩充其知识之谓也,乃是"致吾心之良知焉耳"。

---

① 王守仁:《阳明先生集要》,施邦曜辑评,北京:中华书局,2008 年,第 149—151 页。
② 吴震:《〈传习录〉精读》,第 192 页。

换言之,"无善无恶心之体"的"心"(性)与《大学》中"正心"的"心"实际上是在两个不同层面上讲的概念。前者是在先天本体意义上而言的(良知本心),而后者则是在后天意念发动意义上而言的(认知心)。具体地说,前者在王阳明那里是《大学》意义上的"心、意、知、物"以及天下万事万物的本体,但后者可能更接近于朱子对这一概念的定义(认知心)。显然,阳明所谓:"心外无物""心即理也"也是就前者而言的。如此,"四句教"中的"一无"与"三有"就是本体与现象之间的关系,"三有"皆是"一无"在某一具体情境下的特殊表现形式的思想结构也就清楚了。

从这个意义上讲,王畿的"四无说"并没有什么问题,如果能把握"一无",那在逻辑上也就涵摄了之后的所有现象意义上的工夫。王阳明对于王畿观点的认同,从义理上说其内在逻辑也在于此。而从史料上说,即便是偏向钱德洪的记述也足以证明这一点:

> 我这里接人,原有此二种。利根之人,直从本原上悟入,人心本体原是明莹无滞的,原是个未发之中:利根之人一悟本体即是工夫,人己内外一齐俱透了。(《传习录》下第315条)①

这意味着,对阳明来说,"四无说"是一个在本体论意义上对于"四句教"的理论说明——在了然心体无善无恶的前提之下,现象意义上的万事万物之善恶自然纤毫毕现。

但从概念上理解这个逻辑因果与实际顿悟心体之"无善无恶"显然是两个层面的问题,所以王阳明在此直接指出顿悟的另一个前提是极高的个人禀赋。所以,他在这里所说的"悟"以及"人心本体原是明莹无滞的"显然不能作通常认识论意义上的理解,这不是一个现实常态。而只是一种对于"心"在本体论意义上的应然状态描述。就此言,"四无说"只是可以给"上根之人"指出一个明确的成道方向,而别无其他实质的工夫论内涵;或者说这一本体论的状态描述便已涵盖了一切实际工夫,上根人可以凭借自己的禀赋直接加以把握。在阳明的语境里,只要将这个方向指出,"上根之人"便能自然达到顿悟"无善无恶心之体"境界,进而了然如何尽物我内外的工夫。恰如《年

---

① 陈荣捷:《王阳明〈传习录〉详注集评》,上海:华东师范大学出版社,2009年,第214—215页。

谱》的说法：

> 一悟本体，即见工夫，物我内外，一齐尽透。(《王阳明年谱》嘉靖六年丁亥九月条)①

其二：根据对"四无说"的上述论断与分析，就能够反推出，在"四无说"成立的前提下，可以得出"心"与"意""知""物"三者在"上根人"那里的认识发生次序的具体逻辑关系如下：无善无恶之心体→心之遇外物(事)而起意(念)(在顿悟无善无恶心体之条件下，此意自然而诚)→由意(念)而自然有知善知恶的"心之昭灵明觉之良知"→由"心之昭灵明觉之良知"的指引与主宰，则个人自然会有为善去恶之格(正)物的行为。对此，我们可以借用孟子"孺子将入于井"的例子来说明"四无说"成立前提下的认识发生次序：

一个体会到"心体无善无恶的上根人"乍见孺子将入于井的时候(遇事)，不会有"不正之念"(内交于其父母)，而只会有"怵惕恻隐"的"诚意(念)"之起，进而现"救孺子"之良知灵明，并在此良知灵明的主宰下做出去"救孺子"的行为(正物)。质言之，从"孺子将入于井"的这件事(物)起，到救孺子的这个行为(正物)止，在顿悟"无善无恶心之体"的上根之人那里，整个过程都是自然而然的(无"有善无恶之意、知、物")，并且不存在刻意的道德善恶价值抉择的工夫次第。就此而言，"四无说"在这里体现了阳明所谓"本体工夫互透"的说法。所以，从思想义理上说，正如结论一所说的那样，王畿的"四无说"完全体现了王阳明心学思想的真谛。

可是，在"四句教"公案中，关于"四无说"，阳明本人却没有直接说透上文所分析的这一点，反而在"上下根人"之工夫不同的问题上打转。所以，这种以"上下根人"之别来化解钱、王之间矛盾的解释在义理上就显得肤浅，进一步的疑问就是，在钱、王二弟子的争论中，阳明为什么不直接在义理层面支持"四无说"的合理性呢？

## 四

从"四句教"公案的相关史料来看，单就王阳明所给出对于"四无说"的肯

---

① 王守仁：《王文成公全书》第四册，第1489页。

定之依据(接上根人)而言,"四无说"其实是没有必要提出的。因为在儒学发展的历史上,我们似乎没有办法找出一个上根人直接从心体悟入的例子。即便是王阳明本人,从少年时"格竹"到"龙场悟道"也花费了十几年的光阴,下了大工夫在此问题之上,才一日彻悟。

从下文会给出的"四句教"公案相关材料来看,历史上,只有颜回与程颢大约勉强可以算得上阳明心中所认同的上根之人。既然上根之人如此稀有,并且在现实中,如颜回、程颢此等上根之人,没有"四无说"之接引,也不是不能悟道。那么,在这一前提下,"四无说"还有什么存在的价值和必要呢?并且在这一设问的前提下,阳明为什么还要冒着其自认的"养成一个虚寂"的危险,以"接引上根人为依据"来肯定王畿的四无说呢?

换言之,一方面,上根人有没有"四无说"都可成道,而另一方面,中下根人却可能因为"四无说"而有"养成一个虚寂"的危险。两厢对照,如何取舍岂不是十分清楚明白?因此,如果我们光从阳明表面上所提的上、下根人的角度来分析,那么阳明支持"四无说"的理由完全是站不住脚的。

所以,在思想上一定还有更深层次的理由,使得阳明必须冒着"养成一个虚寂"的危险,来部分支持"四无说"。而这个问题的答案依然可以在《〈大学〉问》中找到。阳明本人对此的直接回答则有些简略:"若各执一边,跟前便有失人,便于道体各有未尽。"(《传习录》下,第 315 条)那么何谓"道体未尽"呢?

阳明曰:

> 人惟不知至善之在吾心,而求之于其外,以为事事物物皆有定理也,而求至善于事事物物之中,是以支离决裂,错杂纷纭,而莫知有一定之向。今焉既知至善之在吾心,而不假于外求,则志有定向,而无支离决裂、错杂纷纭之患矣。(《〈大学〉问》)①

在阳明看来,本心良知作为道体本然是存在于吾心当中的一个本体。这不应该是一个外在认识论问题,因此,如果力图通过外在认识论的方式来把握良知本心,就自然会有所遮蔽。也就是其所谓的"支离决裂",使得对于道体本

---

① 王守仁:《阳明先生集要》,第 148 页。

心的把握不彻底。而阳明对于将认识工夫作为把握良心本体的前提条件的批判，很明显是在不点名地批评朱子所言之"格物致知穷理"。朱子曰：

> 所谓致知在格物者，言欲致吾之知，在即物而穷其理也。盖人心之灵莫不有知，而天下之物莫不有理，惟于理有未穷，故其知有不尽也。(《大学章句·传五》)①

从朱子的立场来看，《大学》"格、致、诚、正、修"的工夫顺序显然是绝对而不可更改的，并可以此上达天理之本然。这是他基本的理气二元宇宙论之思想立场所决定的。

但由前一段引文可知，阳明反对朱子这种将心与理、心与物割裂二分的《大学》之工夫论阐释。他明确指出这会导致"支离决裂，错杂纷纭，而莫知有一定之向"并且"未尽道体"。如此，我们再回过头来对照钱德洪对于"四句教"的阐释，并且将朱子在这个问题上的立场对照钱德洪的"四句教"观点，我们似乎能发现阳明在"四句教"公案上秉持相对模糊的思想立场的原因。从"四句教"的三个文本材料来看，在这个问题上，钱德洪分别是这样说的：

> 心体原来无善无恶，今习染既久，觉心体上见有善恶在，为善去恶，正是复那本体工夫。若见得本体如此，只说无工夫可用，恐只是见耳。(《王阳明年谱》嘉靖六年丁亥九月条)②

> 心体是"天命之性"，原是无善、无恶的；但人有习心，意念上见有善恶在，格、致、诚、正、修，此正是复那性体工夫，若原无善恶，工夫亦不消说矣。(《传习录》下，第315条)③

从上述两段引文来看(《天泉证道纪》中没有直接出现钱德洪的论述)，钱德洪认为，对于大多数心体习染外物已久的普通人来说，因为已经陷入了善恶意念的尘网中，所以"格、致、诚、正、修"的工夫是非常必要的。而如果单纯说心体无善无恶，则容易直接从理论上抹杀"格、致、诚、正、修"工夫的价值。

对照阳明所谓上根人"一悟本体，即见工夫，物我内外，一齐尽透"的说

---

① 朱熹：《朱子全书》(修订本)第6册，朱杰人、严佐之、刘永翔主编，上海：上海古籍出版社、合肥：安徽教育出版社，2010年，第20页。
② 王守仁：《王文成公全书》第四册，第1489页。
③ 陈荣捷：《王阳明〈传习录〉详注集评》，第214页。

法,钱氏在这里所言之"习染既久"的情况显然是从属于"本体工夫、物我内外"各自相分的二元状况,外加"格、致、诚、正、修"(钱德洪与朱子一样认同这一次序的固定性)的《大学》工夫次第的影响,所以,在阳明看来,若不对钱德洪强调"至善在吾心",其会有滑向朱子以"格物穷理"为主的"物我二分、心理二分"的思想错误,导致"未尽道体"的情况出现。

就此而言,在阳明"四句教"中,"无善无恶心之体"居于首位显然有为整个"格、致、诚、正、修"工夫定下"物我合一,心理合一"的一元论基调作用,这也正对应于朱子对于绝对至善之"天理"与有善有恶之"气禀"的二元论划分。

从这个意义上说,我们也就不难理解,为什么王阳明甘冒"养成一个虚寂"的危险,仍然要对王畿的"四无说"做一定的肯定。如上文所述,在义理上,阳明将"无善无恶心之体"放在"四句教"之首,便是存着对于"格、致、诚、正、修"定向的关键作用,打破朱子以来定死了的《大学》工夫先后次序,使人不专门执着于工夫次第本末之中,总以"格外物"以及"为善去恶"等为第一要务或第一序的工夫。如此,方能"无支离决裂、错杂纷纭之患"。在阳明看来,本末次序其实乃是一物,如不知本体枉做工夫是没有意义的,这也是其心学的核心要义之一。所谓:

> 盖其工夫条理虽有先后次序之可言,而其体之惟一,实无先后次序之可分。其条理工夫虽无先后次序之可分,而其用之惟精,固有纤毫不可得而缺焉者。(《〈大学〉问》)①

进而,阳明所谓"德洪之见,是我这里为其次立法的",这里的"其次"其实并不仅仅指钱德洪的观点比起"四无说"所针对的"上根之人",只适合于"中下根之人";更是表明"四句教"中"一无"与"三有"在本体论上的绝对区别。质言之,就阳明心学的义理言之,钱德洪的问题在轻"一无"而重"三有",有忽略本体仅见片面的危险,他的观点和朱子的"格物穷理"一样,有把本体工夫打为两截,造成支离的可能。这绝对有悖于阳明的思想立场,故而他在不同场合再三告诫钱德洪要注意"心体之无"在价值上的绝对性,或曰:

> 有只是你自有,良知本体原来无有,本体只是太虚。太虚之中,日月

---

① 王守仁:《阳明先生集要》,第151—152页。

星辰,风雨露雷,阴霾饐气,何物不有? 而又何一物得为太虚之障? 人心本体亦复如是。太虚无形,一过而化,亦何费纤毫气力? 德洪工夫须要如此,便是合得本体工夫。(《王阳明年谱》嘉靖六年丁亥九月条)①

显然,从以上引文来看,阳明认为钱德洪还没有领会本体与工夫合一的道理。而钱德洪当时关于本体与工夫问题"未达"的情况,另有"严滩问答"的一段史料可作旁证。或曰:

先生起征思田,德洪与汝中追送严滩。汝中举佛家实相、幻相之说,先生曰:"有心俱是实,无心俱是幻。无心俱是实,有心俱是幻。"汝中说:"'有心俱是实,无心俱是幻',是本体上说工夫。'无心俱是实,有心俱是幻'是工夫上说本体。"先生然其言。洪于是时尚未了达,数年用功,始信本体工夫合一。(《传习录》下第337条)②

此外,根据年谱的说法:

甲申,渡钱塘。先生游吴山、月岩、严滩俱有诗。(《王阳明年谱》嘉靖六年丁亥九月条)③

从时间先后上说,"严滩问答"发生在阳明于嘉靖六年受命兼都察院左都御史征广西思恩、田州之时,这一时间点应该就在阳明提出"四句教"的"天泉证道"事件发生后不久。

从"严滩问答"来看,钱德洪在嘉靖六年时应该还无法理解阳明知行合一的真谛,而王畿对此则已了然于心了。由此对照王阳明在"四句教"问题上对于钱德洪的诸多告诫,显然就能见出阳明劝告他注意本体与工夫合一的警戒之意。因此,吴震先生认为讲"四句教"问题上"德洪所见基本上是重复阳明之意"④,这一观点似乎是可以商榷的。

从上述分析来看,阳明在天泉桥上发现钱德洪没有领会其"四句教"中"一无"在本体意义上对于"三有"的定向作用,及其"一无"与"三有"本来合

---

① 王守仁:《王文成公全书》第四册,第1489页。
② 陈荣捷:《王阳明〈传习录〉详注集评》,第228页。
③ 王守仁:《王文成公全书》第四册,第1490页。
④ 吴震:《〈传习录〉精读》,第189页。

一的思想旨归,所以才有"工夫须要如此,便是合得本体工夫"的告诫。换言之,阳明讲"四句教"的本意与钱德洪对"四句教"的理解显然是有出入的。

质言之,根据上述对照《〈大学〉问》相关内容所作的分析来看,在"四无"的必要性根据中,阳明口称的"接上根人"之说法亦只能算是一个幌子,他真正想要强调的应是"一无"对于"三有"工夫的定向作用,但又并不想像"四无说"那样讲到彻底。也正因此,阳明在强调"四无说"能够给予"上根人"彻悟的同时,也再三承认"上根人"在现实中几乎不存在:

> 上根之人,世亦难遇。……此颜子、明道不敢承当,岂可轻易望人?(《王阳明年谱》嘉靖六年丁亥九月条)①

阳明在这里显然是留了一个思想破绽给我们,暗示所谓"上下根人"的讲法实际上只有理论上的可能而没有现实依据。但此间,阳明对于钱德洪的立场之所以不揭开来彻底讲明,显然亦有不想直接批评程朱理学的顾虑,而钱德洪在这个问题上的观点与朱子是接近的。对此,我们同样也可以在钱德洪写的《〈大学〉问》序中观见阳明的顾虑:

> 嘉靖丁亥八月,师起征思、田,将发,门人复请。师许之。录既成,以书贻洪曰:"《大学或问》数条,非不愿共学之士尽闻斯义,顾恐借寇兵而赍盗粮,是以未欲轻出。"盖当时尚有持异说以混正学者,师故云然。(《〈大学〉问》序)②

就上述引文来看,直到"天泉证道"前一个月的嘉靖六年丁亥八月,王阳明对《〈大学〉问》之内容节录成文依然存有疑虑。其直接理由就是"顾恐借寇兵而赍盗粮",即唯恐有人假借《〈大学〉问》的某些观点,得出错误的结论。这句话显然被钱德洪认作是阳明对后来王畿"四无说"的先见与警惕。但从上文对于《〈大学〉问》文本与"四句教"公案的分析来看,阳明此说可能更多地是针对类似钱德洪这样的观点而论的。换言之,后来真正"借寇兵而赍盗粮"的恰恰是钱德洪本人,从钱氏作的《序》来看,正是他拿着《〈大学〉问》的文本在批评承接于"四句教"的"四无说"。

---

① 王守仁:《王文成公全书》第四册,第 1489 页。
② 钱德洪:《〈大学问〉序跋》,第 199 页。

考虑到阳明说这段话的时候乃是在"严滩问答"之前月余(嘉靖丁亥八月),并且又是对钱德洪所言;如此,对照"严滩问答",我们是可以读出一些对于钱德洪的警戒之义的。从《〈大学〉问》序到"天泉证道",再到"严滩问答",阳明对于钱德洪本体工夫割裂的思想立场的警戒之意,可谓是越来越明确。

而钱氏,在本体工夫合一的问题上之后依然"未达"的情况,使得他当时可能错误地理解了阳明的意思,认作:"盖当时尚有持异说以混正学者,师故云然。"如上文所述,从心学义理上说,在钱、王二人的观点之间相权,阳明应该更在意钱德洪的说法所带来的问题。因为在他看来,即便是钱德洪这样的以"渐修"工夫为主的"中下根之人",忽略了"一无"的定向作用,将逃不脱程朱一脉"支离"的命运。

当然,我们并不否认阳明对于钱德洪的渐修之法的肯定方面,阳明也再三强调钱氏之法(也就是《大学》的"格、致、诚、正、修")必须同时使用,否则容易"养成一个虚寂"。因此,只有"顿悟""渐修"合力并进方能万全。对此,即便是王畿所录之《天泉证道纪》中也见得明白。阳明曰:

> 汝中此意,正好保任,不宜轻以示人。概而言之,反成漏泄。德洪却须进此一格,始为玄通。德洪资性沉毅,汝中资性明朗,故其所得亦各因其所近。若能互相取益,使吾教法上下皆通,始为善学耳。(《天泉证道纪》)①

质言之,不论是王畿的"漏泄"问题,还是钱德洪的"低了一格"不得"玄通"的问题,都因个人资质所偏,其最终的结果就是使得良知之学不得"上下皆通"。只是相对于王畿,钱德洪的偏颇要更严重一些,也就是过于偏重工夫反而使得工夫与本体处于割裂状态,使得本体被遮蔽了。阳明早年的"格竹"之误也就在于此,这也是其心学相对于程朱理学的本质差别所在。

所以,在王阳明看来,对"格、致、诚、正、修"工夫的理解要脱离朱子学的窠臼,就必须在工夫上见出"一无",这也是"四句教"的思想核心与阳明一再告诫钱德洪的原因所在。因此"四无说"在这个意义上是合于阳明之义的,但王畿的表述形式很容易引导人们在思想上得出"一切都是无"(养成一个虚

---

① 王畿:《王畿集》,第 1 页。

寂)的结论,也为阳明所不取。另一方面,我们并不能因为王阳明对于钱德洪的批评就认为他完全站在王畿这边。换言之,阳明对于钱德洪的告诫是去"人病"而非改"法病"——"四句教"本身并不存在法病。因此,我们并不能因此就认为阳明在义理上默许了"四无说"。实际上阳明的态度就是"四句教"本身——要随时就事地去致良知,就必须遵循"四句教",为此,他也对钱、王二人专门强调了这一点:"已后与朋友讲学,切不可失了我的宗旨。无善无恶是心之体,有善有恶是意之动,知善知恶是良知,为善去恶是格物。只依我这话头随人指点,自没病痛。"

换言之,于阳明,"四句教"本身不可易得半分,王畿的"四无说"即便从心学义理上讲是没有问题的,但我们显然也只能说这是王畿之法而非阳明的宗旨。而我们原本认为的阳明在这段公案上的模糊态度,从根本上说,是缺乏对阳明论述时所处具体情境与言说对象的研究与认知。不论如何,我们都应该注意阳明在"四句教"的"一无"与"三有"之间的本体与工夫合一的整体性立场,另一方面,相对于朱子学,阳明学的这种整体性立场却还是必须使用"一无"与"三有"这种具有二元论特质的思想材料来加以表述,这似乎的确更容易使人因其各自之"资性"而使人各得其所近,四句教公案显然就是其中的典型,而阳明后学的分裂与流弊也不能不说是滥觞于这种整体性与二元论之间的矛盾。

因此,阳明在"四句教"公案中所不断强调的"上下兼及""互相取益"这种模糊的与模棱两可的说法背后,似乎也就蕴含着他对于自家之学的"法病"所做的某种有意无意的补救。

# On Wang Yangming's Standpoints in the Case of "four precepts"

## Chen Yan

**Abstract:** Wang Yangming has not a clear standpoint in the case of "four precepts" which is resulted from an argument between Qian Dehong and Wang Ji. In fact, "four precepts" springs from a sequence of Gongfu in *The Great Learning*. Therefore, compare with Wang Yangming's *the question of The Great Learning*, it is helpful to understand Wang Yangming's real standpoints in the case of "four precepts". According to *the question of The Great Learning*, Wang Yangming's standpoint is Wang Ji's "four nothing theory" and his critiques to Qian Dehong base on his fundamental idealism. And his obscure standpoint in the case of "four precepts" is an self-protection to avoid to against the dogmas of Chen and Zhu's Neo-Confucianism.

**Keywords:** The case of "four precepts"; The unity between Benti and Gongfu; *The question of The Great Learning*; Wang Yangming

书讯

## 《李泽厚与儒学哲学》

〔美〕安乐哲（Roger T. Ames）、贾晋华编

上海：上海人民出版社，2017年8月

李泽厚被誉为当代中国最具原创性的思想家之一，他的思想和研究融会古今、贯通中西，立足历史，关注现实，在哲学、美学、康德哲学研究、马克思主义理论研究、思想史、中国文化和社会研究等诸多领域都有独到的建树。

本书是一部关于李泽厚的儒学哲学与相关的世界哲学思想的论文汇编，按照主题分为三个部分："李泽厚与儒学现代化""李泽厚对儒学哲学的重新阐发""李泽厚的美学理论与儒学"，每个部分分别收录了五篇相关领域学者的论文。十五位作者来自十个不同的国家和地区，他们从不同的学术背景和研究领域出发，对李泽厚如何创造性地研究、吸收和重新阐发儒学思想传统，提出了自己的见解，同时关注李泽厚的儒学思考对世界哲学的吸收与融合，探讨了李泽厚对世界哲学发展的贡献。在探索这些主题的同时，这些论文的作者也在试图回答高更三问："我们从哪里来？我们是谁？我们向何处去？"，或者如李泽厚所重述的相似的三重问题："人类如何可能？什么是人性？何谓命运的哲学？"

本文集题为"李泽厚与儒学哲学"而非"儒学哲学家李泽厚"，也反映了编著者对李泽厚的总体看法：尽管李泽厚的著作完全可以归为儒学哲学在当代发展中的一环，但其思考不应当被限制为某一派别，而应当从世界哲学的广阔视野来看待。（陈曦）

# 从"诚意"到"致良知"
## ——试论阳明"诚意"工夫与朱子之异同

陈双珠*

**提　要：**"诚意"作为《大学》中的八条目之一，朱子在《大学章句》中对之作了创造性诠释。"诚意"在朱子的工夫体系中重要而特殊，乃至成为最后成德的关卡。同样，阳明早年对"诚意"工夫也颇为重视，甚至提出过"大学工夫只是诚意"的论断。从文本上看，阳明对"诚意"的诠释是以朱子的诠释为基础，在表述上与朱子有颇多相类似之处，可以看出阳明对朱子思想的继承所在。然而，应引起注意的是阳明在相似表述的背后有着与朱子截然不同的根据，并且，阳明对"诚意"的理解如朱子一样也是经过了反复的考量，他五十三岁时对《大学古本序》作修改，以"致良知"取代"诚意"成为大学工夫的首脑，更多地呈现出自己"良知学"的特点。本文以朱子对"诚意"的诠释为背景，以"意"的概念分析为出发点，以阳明对心、意、知、物的关系论述为线索，分析阳明"诚意"工夫与"格物""致知""正心"等工夫的关系，试图探讨"诚意"在阳明工夫论中的位置，以此对朱子与阳明的工夫论的异同作些许探索。

**关键词：**心意　知物　诚意　致知　格物　正心

"诚意"作为《大学》中的八条目之一，朱子在《大学章句》中对之作了创

---

\* 陈双珠，1987年生，复旦大学哲学学院博士研究生。

造性诠释,他将"诚意"列为"自修之首"①"转关处"②。朱子对于"诚意"的重视更加体现在他六十岁序定《大学》后③,其在晚年书信中多次与友人论及"诚意"④,甚至在易箦前三天深夜还在修改《大学》"诚意"章⑤。阳明对"诚意"的诠释与朱子在表述上有颇多相类似之处,体现出阳明对朱子诠释的继承,⑥然而阳明对"诚意"的诠释更多地呈现出自己"良知学"的特点,与朱子的"诚意"工夫出现异趣。⑦ 阳明四十一岁时,便提出"大学工夫只是诚意"⑧的说法。正德十三年,阳明四十七岁作《大学古本序》,开篇便提出:"《大学》之要,诚意而已矣。"⑨可见阳明早年对"诚意"工夫的重视。但是,随着阳明良知学说的逐渐成熟,基于对良知的重视和信任,诚意工夫最终被致良知消融而失去了工夫的独立意义。由此可见,二人对"诚意"工夫的处理表现出早期与晚期的不同,甚至刚好相反。对于阳明与朱子"诚意"工夫之异同,前人已作些许探索,如陈立胜教授作《王阳明思想中的"独知"概念——兼论王阳明与朱子工夫论之异同》,指出阳明的"独知"成了"良知"之别名,其外延和内涵于朱子之原意有所滑转,从而对二者"诚意"的不同作出辨析,启发了笔者对阳明"致良知"与"诚意"的关系的探讨。另有张锦枝作《明儒"意"论分歧及其发展》,梳理了阳明及其后学对"意"的阐释的流变,其提出宋代时已有"意"的纯

---

① 在《大学章句》中,朱子说:"诚其意者,自修之首也。"参见朱熹:《四书章句集注》,北京:中华书局,1983年,第7页。
② 如(朱子曰):"诚意是善恶关。诚得来是善,诚不得只是恶。"又曰"诚意是转关处。"又曰:"诚意是人鬼关!诚得来是人,诚不得是鬼。"见黎靖德编:《朱子语类》,北京:中华书局,1986年,第298页。
③ 朱子早前有知到则意自诚的多处说法,有以致知消融诚意的倾向,但朱子晚年又对此作出了修正,提出知先后还需要做慎独的工夫,需要省察、检索才是对诚意工夫的完成,以此对诚意工夫有了重新安顿。已有学者对此作了文献上的论证,详见许家星:《"更是〈大学〉次序,诚意最要"——论朱子〈大学章句〉"诚意"章的诠释意义》,《南昌大学学报》,2011年第1期。
④ 如朱子1197年《答周舜弼》、1191年《答朱飞卿》等书信,见朱熹撰,朱杰人、严佐之主编:《朱子全书》,上海:上海古籍出版社、合肥:安徽教育出版社,2010年,第2336、2673页。
⑤ 见戴铣《朱子实纪年谱》,《朱子全书》第27册,第102页。
⑥ 对此,陈来先生曾提出:"阳明尽管与朱子思想方向不同,但在经典诠释方面与朱子有千丝万缕的联系。"详见陈来:《有无之境:王阳明哲学的精神》,北京:生活·读书·新知三联书店,2009年,第144—145页。
⑦ 对于阳明与朱子"诚意"工夫的异同,陈立胜教授以"独知"概念为中心进行分析,详见《王阳明思想中的"独知"概念——兼论王阳明与朱子工夫论之异同》,《中山大学学报》,2016年第5期。
⑧ 此句在《传习录》中出现两次,一处为"守衡问:"大学工夫只是诚意,诚意工夫只是格物。"(《王阳明全集》卷一,杭州:浙江古籍出版社,2010年,第37页)另一处为"大学工夫只是诚意,诚意之极便是至善。修、齐、治、平,只诚意尽矣。"(《王阳明全集》卷一,第42页)
⑨ 《大学古本序》,《王阳明全集》卷七,第256页。

善无恶和有善有恶的二重性,而阳明时二者的分歧更为突出,其时"意"不能主宰自身,为本文探讨"意"与"良知"的关系提供借鉴。本文则以朱子对"意"的诠释为背景,围绕朱王二人对"诚意"的不同诠释作为线索,再从二者对"意"与"心""知""物"关系的不同处理中所体现的心理结构的不同来论证二者对"诚意"工夫的不同定位,从而对"诚意"工夫在工夫论中的地位,以及与其他工夫的关系进行了细致的分别,进而窥探二者对诚意的不同处理背后的原因所在。笔者旨在揭示出二者工夫论不同的关键在于对"心""意""知""物"之诠释及相互关系的不同处理,从而阐明二人对心理结构的不同建构对其工夫论产生的影响。笔者在对二者的工夫次第作系统梳理的过程中也同时揭示出二者对格物、致知、正心等其他工夫在其工夫系统中的地位和意义亦有不同的定位,从而对二人在工夫论上的思想差异作较为整体的把握。

## 一 "意"的诠释

### (一) 心之所发便是意

在《传习录》上卷,阳明对"意"作了清晰的阐释,他说:"身之主宰便是心;心之所发便是意。"①在此,阳明对"意"的诠释与朱子无异,朱子将"意"解为"心之所发"散见于《四书章句集注》和《朱子语类》中多处,如在《大学章句》中他将"意"解释为:"意者,心之所发也。"②在《语类》中,他说:"心者,一身之主宰;意者,心之所发。"③可见,阳明的表述完全是承接了朱子的说法。但是,阳明在借鉴了朱子对身、心、意的表述的同时又提出"身心一体说",将"物"纳入身、心、意的视野。

> 九川疑曰:"物在外,如何与身、心、意、知是一件?"先生曰:"耳、目、口、鼻、四肢,身也,非心安能视、听、言、动?心欲视、听、言、动,无耳、目、口、鼻、四肢亦不能。故无心则无身,无身则无心。但指其充塞处言之谓之身,指其主宰处言之谓之心,指心之发动处谓之意,指意之灵明处谓

---

① 《传习录》上,《王阳明全集》卷一,第6页。
② 《大学章句》,《四书章句集注》卷一,第3—4页。
③ 《朱子语类》卷五,第96页。

知,指意之涉着处谓之物,只是一件。"①

由以上可知,阳明提出身、心、意、知本来就是一个整体,是一件事物,只是因为从不同角度、不同的功能来看而有了这样的分别,这与朱子的思想似无多大出入。而阳明在解释"物"时,提出"意之涉着处是物",便将物纳入了意的视野,这与朱子有了很大不同。如此可以发现阳明在处理身、心、知、意、物的关系中,是以"意"为中介,将身外之"物"与身、心、意、知贯穿成一体,使身、意、知、物成为一件事物。相比之下,朱子认为,身之主宰是心,心之所发是意,人心之灵明是知,从表述上看,朱子并没有直接点明心与物如何贯通,阳明或许以此批评朱子物(理)在心外,但实际上朱子是通过"天下之物莫不有理"并且"心具众理"而将物纳入心的视野,所以朱子是心—意—物,心—知—物的逻辑,为两段进路,知与意是平级单位,而阳明是心(知)—意—物的逻辑,一段进路,心与知是平级单位。可见,朱子的心、意、知、物为一体是以"心"为出发点,以"知"为中介,而阳明心、意、知、物为一体是以心(知)为出发点,以"意"为中介,从阳明的身、意、知、物只是一件的论说中,可以体会出阳明早年的工夫论以"诚意"为中心的思想依据,也可以体察出阳明早年"身、心、意、知、物只是一件"的理解为其后期的工夫论的一体化埋下了伏笔。

**(二) 有善有恶为意之动**

对于"意"所发出的状态,朱子认为有善恶两个面向的可能性,他说:"意有善恶之殊,意或不诚,则可以为恶。"②"私意"则是恶的面向,如果"意不诚,是私意上错了"③,"意"的两个面向相互对立,彼存我亡,从而使"意"成为一个重要的道德考量。至于阳明,"意"之善恶仍然是其与门人十分关注的问题,作为"四句教"的问题之一,甚至成为阳明后学争论的焦点之一。虽然阳明弟子中对"意"的善恶问题存在分歧,但阳明本人对"意"的善恶问题是有清晰表述的:

> 丁亥年九月,先生起复征思田,将命行时,德洪与汝中论学……既而曰:"已后与朋友讲学,切不可失了我的宗旨。无善,无恶是心之体,有

---

① 《传习录》下,《王阳明全集》卷一,第 99 页。
② 《朱子语类》卷十六,第 341 页。
③ 同上书,第 343 页。

善、有恶是意之动,知善、知恶是良知,为善、去恶是格物。只依我这话头随人指点,自没病痛,此原是彻上彻下功夫。利根之人,世亦难遇。本体功夫一悟尽透,此颜子、明道所不敢承当,岂可轻易望人。……"是日德洪、汝中俱有省。①

此段史称"天泉证道",时年阳明53岁,距其始揭"致良知"之教已有四年,显然,阳明虽以"利根之人可以一悟本体"之说没有对王畿的"意之无善无恶"之说作直接否定,但是本着现实原则,阳明还是明确持"有善有恶为意之动"的立场,他认为"意"之有善有恶之说自然没有问题,经得住切磋,容易授人,并且可以实际下手做工夫。其实,阳明不只一次说过"意"有善恶,在《稽山承语》中,有如下一段对话:

> 杨文澄问:意有善恶,诚之将何稽? 师曰:无善无恶者,心也;有善有恶者,意也;知善知恶者,良知也;为善去恶者,格物也。曰:意固有善恶乎? 曰:意者心之发,本自有善而无恶,惟动于私欲而后有恶也。惟良知自知之,故学问之要,曰致良知。②

阳明在此明确表明"意"有善有恶,并且"意"之恶不是本然之恶。其实,阳明含蓄地对"意"之本然和实然两个状态作了暗示。阳明认为"心"本然纯善无恶,此"心"在阳明这里即是"本心""良心",因为"意"为心之所发,所以"意"本来的状态与"本心""良心"一样都是有善无恶的,即是阳明说的"本自有善无恶"。所以,阳明说"有善有恶为意之动"即是说"意"在发动之后有了善恶之分③,而"意"之所以在发动之后有了恶的面向,阳明认为是受到了"私欲"的影响,在此,阳明从道德心理的角度对"恶"的来源作了说明。相比之下,朱子则更直接表明"意有善恶之殊",善恶是"意"直接的两个面向,"意"即是已发状态,不存在未发一说,故朱子也不会有"意"本然为善的论点。对于"意"为恶的原因,朱子的处理与其对"欲"的处理相似,都是从"气质"的角

---

① 《传习录》下,《王阳明全集》卷三,第128—129页。
② 《稽山承语》,《王阳明全集》卷四十,第1611页。
③ 陈立胜教授也指出阳明之"恶"当出现在"意"这个环节,并且,他将意之发动处定位于"应物起念处",即恶的出现是在"应物之际"。同时,他还指出,阳明又从"积习"的角度为"恶"之来源作了社会原因的分析。参见陈立胜:《阳明思想中"恶"之问题研究》,《中山大学学报》,2005年第1期。

度对"恶"的来源进行说明。① 并且,在朱子这里,私意和私欲甚至是可以互相替代的概念,朱子没有对二者作专门分梳,如朱子说:"大抵天人初无间隔,而人以私意自为障碍,故孔孟教人,使之克尽己私,即天理不期复而自复。"②此处,朱子就将私意与私欲等同,认为要用克己工夫除去私意,而"克己"工夫显然是针对"私欲"而下的。虽然阳明也经常将二者互相替代,但仔细推敲阳明此句:"意本自有善而无恶,惟动于私欲而后有恶也",便可知阳明认为"私欲"是比"私意"更为根源的"恶因"。更进一步,这要与阳明认为"意本自有善无恶"的观点结合起来看,"意"之本体与"良知""本心"相重合,但"欲"却没有本体、本然为善之说。由此便可见阳明与朱子在处理"意"与"欲"上的细微差异。

### (三) 私意隔断知行的本体

对于"意"恶的面向,朱子常用"恶底意"③或"不好底意"④来表达,这些"不好底意"统称为"私意","私意"直接被认为阻碍天理的呈现或者遮蔽本心,其对成德的危害是根本性的。朱子说:"大抵天人初无间隔,而人以私意自为障碍,故孔孟教人,使之克尽己私,即天理不期复而自复。"⑤其实,阳明与朱子都认为,圣人之心与常人之心其实本没有什么不同,常人之心也能够识得仁之本体,但常人容易被"私意"影响。阳明说:"凡人情好易而恶难,其间亦自有私意、气习缠蔽,在识破后,自然不见其难矣。"⑥阳明这里所说与朱子所说的"不以私意自蔽、不以私欲自累是存心之属"⑦的说法相类似,亦即在于认为"私意"危害了"本心",要将之去除。

对于"私意"是如何发生作用的,朱子从"心"与"意"具体的相互作用的

---

① 对此,陈来认为:"朱熹指出,从周敦颐到二程,理学气质之说所要解决的问题一是说明人的品质何以存在差别,一是着重说明气质的不善是人的恶的品质的根源。"详见陈来:《朱熹哲学研究》,北京:中国社会科学出版社,1988年,第136页。
② 《答江元适》,《朱子全书》,第1702页。
③ 朱子说:"如今人要做好事,都自无力。其所以无力是如何? 只为他有个为恶底意思在里面牵系。"见《语类》,第326页。
④ 朱子说:"有一分不好底意思潜发以间于其间,此意一发,便由斜径以长,这个却是实,前面善意却是虚矣。"见《语类》,第330页。
⑤ 《答江元适》,《朱子全书》,第1702页。
⑥ 《传习录拾遗》,《王阳明全集》卷三十九,第1557页。
⑦ 《中庸章句》,《四书章句集注》卷二,第36页。

发生机制来说明。朱子说:"意是心之所发,又说有心而后有意。则是发处依旧是心主之,到私意盛时,心也随去。"①对于"心是如何随私意去",朱子又说:"心要恁地做,却被意从后面牵将去。且如心爱做个好事,又被一个意道不须恁底做也得。且如心要孝,又有不孝底意思牵了。"②也就是说,朱子认为,心会被"私意"所牵制,而这种"牵制"的特点是"意从后面牵将去",说明"私意"发生作用不容易被人察觉,这与朱子所说的"自欺"的特点相呼应,朱子说:"所谓自欺者,非为此人本不欲为善去恶。但此意随发,常有一念在内阻隔住,不放教表里如一,便是自欺。"③这里,朱子提出"私意"阻隔了知到行的发动。可以看出,朱子对"私意"在心、知、行之间如何发生作用的过程作了详细的说明,从而揭示出"知而不行"的原因在于"诚意"工夫没有落实。相比之下,阳明就解释得更为简略:

> 爱因未会先生"知行合一"之训,与宗贤、惟贤往复辩论未能决,以问于先生。先生曰:"试举看。"爱曰:"如今人尽有知得父当孝、兄当弟者,却不能孝、不能弟,便是知与行分明是两件。"先生曰:"此已被私欲隔断,不是知行的本体了。未有知而不行者。知而不行,只是未知。圣贤教人知行,正是要复那本体,不是着你只恁的便罢。故大学指个真知行与人看,说'如好好色,如恶恶臭'。……此便是知行的本体,不曾有私意隔断的。"④

此段对话发生于阳明主贵阳书院,时年阳明38岁,始论"知行合一"。由引文可知,阳明从"知行合一"出发,认为"知行"本是一体,而造成"知而不行"的原因是"私欲"或"私意"隔断了"知行的本体",使知无法发动为行。圣人教人知行的工夫就是要使隔断的知与行复为一体,复为一体的知行才是《大学》里说的真知行,《大学》里的真知行就是"如好好色,如恶恶臭",其实

---

① 《朱子语类》卷五,第96—97页。
② 《朱子语类》卷十六,第334页。
③ 同上书,第328页。朱子对"自欺"的表述,晚年出现不同,陈林指出,朱熹在69岁后对《大学》"诚意"的理解发生了一次较大的变化。其中一个变化即改变了对"自欺"的理解。朱熹放弃了此前把自欺理解为"外为善,而中实未能免于不善之杂"的思想,而赞同李敬子"外为善,而中实容其不善之杂"之说。但他坚持认为知理不实仍是自欺之根。详见陈林:《朱熹〈大学章句〉"诚意"注解定本辨析》,孔子研究,2015年第2期。然而,对"私意"造成"自欺"的原因,朱子持一贯理解。
④ 《传习录》上,《王阳明全集》卷一,第4页。

就是"诚意"。由此,阳明将"诚意"在知行过程中所发生的作用揭示出来,"诚意"就是"复知行本体",就是"知行合一"。由此,阳明便将其"知行合一"与"诚意"工夫贯通为一。① 可见,二人均认为"知行合一"须从"诚意"工夫上解决。

值得注意的是,阳明的"知行合一"更强调其本然性,而"知行合一"在朱子那里更倾向于工夫后的效验。阳明倾向于"意"之本体纯善无恶,而朱子则倾向于"意"发为"私意"的状态,如他解释《论语》中"毋意"时直接将"意"释为"私意"。② 所以,对于"知而不行"朱子认为是工夫还没有从知到达真知的程度:"此亦未能真知而已。"③ 而阳明则认为如果说知,则知必能行,否则这就不是知:"未有知而不行,知而不行,只是未知",朱子对"知必能行"之"知"作了工夫后之"真知"的限定,阳明则默认其"知"即是"真知",否则只是"未知",不能叫作"知"。二人的"知行合一"出现细微的差异,基于二人对"知"以及"知"对"意"的作用有不同理解,但值得注意的是,阳明晚年将"知"界定为"良知"之后便不再强调"知行本来合一",更倾向于工夫上的合一,趋向朱子。④

## 二 "意"的工夫:必实行其温清奉养之意

基于朱子和阳明二人皆认为"私意"对知到行的发动产生阻碍,"意"就成为工夫的对象,就是大学中"诚意"的工夫。因为"意"有两个面向,所以从逻辑上说,"意"的工夫应包含两个方面,一方面是去除"私意",另一方面是将

---

① 对此,陈来先生曾提出:"'一念发在好善上便实实落落去好善'表明诚意说与知行合一说也有内在的关联。"这说明陈先生对这一问题也是有所发现,似乎已对阳明将其知行合一贯穿到工夫论中的做法有所察觉。详见《有无之境:王阳明哲学的精神》,第146页。
② 《四书章句集注》卷五,第109页。
③ 《朱子语类》卷十三,第226页。
④ 陈来提出:"知行本来合一"是阳明早年的说法,知识不见诸实践就不能算作"知",阳明想通过这种方式促使人们着实践履,但在晚年,阳明把良知与致良知纳入知行的范畴,他强调分良知与致知,所以不能像"知而未行只是未知"一样讲良知不致便不是良知。这样一来,阳明晚年虽然仍提倡知行合一,但反复强调良知人本有,只是不能致其良知,他的重点不再强调知行本体的合一,而是强调知行工夫的合一,即知之必行之。从而,阳明晚年对知行范畴的使用回到了宋儒的层次。详见《有无之境:王阳明哲学的精神》,第205—206页。

"好底意"落实,从过程上说二者都是"诚意"。所以一方面,朱子说:"诚意是去除得里面许多私意"①,另一方面,朱子解释"诚意":"诚,实也。意者,心之所发也,实其心之所发,欲其一于善而无自欺也。"②在此,"意"与"诚"连用,"意"就有了善的指向,正如陈淳所说:"'诚意'之意,是就好底意思说。"③无论从工夫或是效验来说,"诚意"之"意"都是"好底意","诚意"即是将"好底意"落实,"一于善"即为"意"与"知"合一为善,最后"行"与"意"合一为善之"一"。当然,将"好底意"落实本身就包含了将私意去除,或许基于这一层关系,阳明并没有侧重从去私意上说诚意工夫,而是倾向于强调"诚意"是将"好底意"落实。

> 盖鄙人之见,则谓意欲温凊、意欲奉养者。所谓"意"也,而未可谓之"诚意";必实行其温凊奉养之意,务求自慊而无自欺,然后谓之"诚意"……此区区"诚意、致知、格物"之说盖如此:吾子更熟思之,将亦无可疑者矣。④

以上这段背景在于阳明批评其门人将"诚意"理解为只是"致知",而将"格物"排除在外,他认为"意"是温凊、奉养之意,而"诚意"则是对温凊奉养之意的实际行动,"诚意"为"实行其意"解,阳明在此强调了"诚意"的行动效力。正如阳明说:"初时若不着实用意去好善恶恶,如何能为善去恶? 这着实用意便是诚意。"⑤阳明将"诚"解为"着实用意",正是强调了"诚意"践履的意义。⑥ 对此,朱子亦说:"言欲自修者知为善以去其恶,则当实用其力,而禁止

---

① 《朱子语类》卷十六,第342页。
② 《大学章句》,《四书章句集注》卷一,第3—4页。此处,对于诚意是"一于善而无自欺"还是"自慊而无自欺"自古存在版本上的争议,国内有两位学者都对其作过考述,许家星认为定本应是"一于善而无自欺",陈林认为朱子晚年定本应是"自慊而无自欺",详见许家星:《更是〈大学〉次序,诚意最要》——论朱子〈大学章句〉"诚意"章的诠释意义,南昌大学学报,2011年第1期;陈林:《朱熹〈大学章句〉"诚意"注解定本辨析》,《孔子研究》,2015年第2期。笔者采中华书局,1983年,即"一于善而无自欺"。
③ 陈淳:《北溪字义》,北京:中华书局,1983年,第17页。
④ 《传习录》中,《王阳明全集》卷二,第53—54页。
⑤ 《传习录》上,《王阳明全集》卷一,第37页。
⑥ 陈来认为在诚意问题上阳明有两种表述,一种是"着实用意",一种是"戒惧慎独",阳明晚年更重视将诚意解释为"实行其意",强调诚意践行的含义。详见陈来《有无之境:王阳明哲学的精神》,第145页。《传习录》中,《王阳明全集》卷二,第53—54页。

其自欺。① 在此，朱子将"诚"解为"实用其力"②，与阳明将"诚"解为"着实用（意）"相比，二者都将"诚"作"实行""落实"解，都是将"诚意"工夫落实在行上，都是通过"诚意"来解决行动问题。朱子更是明确将"诚意"界定为行动的开始，正如朱子所说："诚意，行之始。"③而阳明，则将行动的开始往前推至"知"，他说："知是行之始，行是知之成。"④阳明将行动的开始定于"知"，而非"意"，是基于阳明对"知"与"意"关系的处理与朱子出现不同⑤，颇具特色，见下文分解。

## 三　诚意与格、致、正

### （一）诚意只是格物

"诚意"与"格物"在大学中并不是顺接的两个工夫，对于"诚意"与"格物"的关系，朱子似乎论述得并不多，阳明则相反，其于41岁与徐爱论学，论《大学》宗旨时，将"物"解释为"意之所在便是物"，将物与心、意、知贯通为一体，从而将"格物"工夫纳入了"诚意"的视野。

> 爱曰："昨闻先生之教，亦影影见得功夫须是如此。今闻此说，益无可疑。爱昨晓思'格物'的'物'字即是'事'字，皆从心上说。"先生曰："然。身之主宰便是心；心之所发便是意；意之本体便是知；意之所在便是物。如意在于事亲，即事亲便是一物；意在于事君，即事君便是一物；意在于仁民爱物，即仁民爱物便是一物；意在于视听言动，即视听言动便是一物。所以某说无心外之理，无心外之物。中庸言'不诚无物'，大学

---

① 《四书章句集注》，第7页。
② 吴邑、吴英作《四书章句集注定本辨》中认为"诚意"的效验是"一于善而无自欺"为定本而非"自慊而无自欺"，即基于"诚意"之诚为"实用其力"解，因为："一于"二字，有用力之意，正与第六章注"知为善以去其恶，则当实用其力"，恰相针对也。若作"必自慊"，则终不如"一于善"之显豁而缜密也。详见《四书章句集注》，第385页。
③ 《朱子语类》卷十五，第304页。
④ 《传习录》上，《王阳明全集》卷一，第4页。
⑤ 陈立胜教授认为阳明说"知者行之始，即意者行之始"，认为此"知"不是认知之知，是"意"之知，论证颇有见解。详见其《何种"合一"？如何"合一"？——王阳明知行合一说新解》，《贵州学院学报》，2015年第3期。

'明明德'之功,只是个诚意。诚意之功,只是个格物。"①

由引文可知,阳明赞同徐爱将"物"解为"事",且"事""物"都是在"意"的领域之内,"物"与"意"共存亡。正如阳明所说:"有是意即有是物,无是意即无是物矣。"②如此,"格物"就被限定在"诚意"的范围之内。并且,阳明晚年在《大学问》中又将"格物"解释为"正念头"。他说:"格者,正也,正其不正以归于正之谓也。"③更是强化了这一观点。相比之下,朱子也是将"物"解释为"事",他说"物,犹事也"④,但在朱子那里,物不仅是事,物也可以是物品之物,物体之物,可以是天地万物,因为"天地万物莫不有理"。⑤ 所以朱子的格物与阳明的格物内涵大有不同,虽然阳明之"物"被限定在"意"的范围内,但阳明自认为其"格物"的范围要比朱子广,他说:"凡某之所谓格物,其于朱子九条之说,皆包罗统括于其中;但为之有要,作用不同:正所谓毫厘之差耳。然毫厘之差,而千里之谬实起于此,不可不辨。"⑥可见,阳明对自身"格物"的诠释十分自信,他认为将"格物"限定在"诚意"范围之内是有利于做格物工夫的,他说:"诚意的工夫只是格物致知。若以诚意为主,去用格物致知的工夫,即工夫始有下落,即为善去恶无非是诚意的事。如新本先去穷格事物之理,即茫茫荡荡,都无着落处。"⑦在此,阳明批评朱子的"格物"没有主向和着落,而在"诚意"的领导下,工夫有下落。这样,"格物"就成了"诚意",同理,"诚意"也成为了"格物",二者成为一个工夫。阳明晚年在《大学问》中更是直接说:

> 良知所知之善,虽诚欲好之矣,苟不即其意之所在之物而实有以为之,则是物有未格,而好之之意犹为未诚也。良知所知之恶,虽诚欲恶之

---

① 《传习录》上,《王阳明全集》卷一,第6—7页。
② 《传习录》中,《王阳明全集》卷二,第52页。
③ 《大学问》,《王阳明全集》卷二十六,第1019页。对此,陈来认为,以格物为正念头,格其非心确实是阳明曾建立的解释,是阳明"致良知"说建立之前的解释。但大体上,天泉问答显示出,晚年阳明的格物说仍然包含了正念头的一面。使得格物与正心、诚意形成重复,这样一来,修身以下四个条目就不像前四个条目那样有独立的领域和明确的意义了。从经典诠释的立场看,这是阳明在理论上的疏忽。详见《有无之境:王阳明哲学的精神》,第177—179页。
④ 《大学章句》,《四书章句集注》卷一,第4页。
⑤ 《朱子语类》卷十五,第294页。
⑥ 参见《年谱二》,《王阳明全集》卷三十三,第1281—1282页。
⑦ 《传习录》上,《王阳明全集》卷一,第42页。

矣,苟不即其意之所在之物而实有以去之,则是物有未格,而恶之之意犹为未诚也。①

可见,诚意与格物成为互相印证的工夫,阳明进一步提出致知也须从格物下手,又因致知与诚意的关系,所以诚意的下手也在格物,他说:"故致知者,意诚之本也。然亦不是悬空的致知,致知在实事上格……诚意工夫实下手处在格物也。"②他又说:"意未有悬空的,必着事物,故欲诚意,则随意所在某事而格之,去其人欲而归于理,则良知之在此事者,无蔽而得致矣。此便是诚意的功夫。"③为了不使"意"悬空,所以"诚意"离不开"格物",为了不使"致知"悬空,所以"致知"离不开"格物";而"诚意"就是做"格物"的工夫,同时这个过程也是"致良知"。由此,三者最终落实为一个工夫,其作为"不同的工夫"只是强调同一个工夫的不同面向④,格物对致知与诚意的意义在这个层面上得以凸显。⑤

**(二) 知致则意诚**

对于"知"的概念,朱子说:"人心之灵莫不有知"⑥,其将"知"解为"心之灵"能力的体现。对于知与意的关系,朱子说:"知与意皆出于心。知是知觉处,意是发念处。"⑦可见,知与意是平行的地位,但功能不同。朱子又说:"知与意皆从心出来。知则主于别识,意则主于营为。知近性,近体;意近情,近用。"⑧在此,朱子对"知"与"意"的特点作了清晰的分辨。更进一步,朱子提出"知"对"意"的影响在于"知既至,则意可得而实矣"⑨。当然,"意"之所以被"知"所影响是因为所"知"的内容是"理",所以朱子说:"知得此理尽,则此

---

① 《大学问》,《王阳明全集》卷二十六,第1019页。
② 《传习录》下,《王阳明全集》卷三,第131页。
③ 同上书,第99页。
④ 对此,陈来也提出:"在致良知的体系中,格物与致知并不是两种不同的工夫,格物只是强调整个致良知工夫过程中即事随物的必要性。"详见《有无之境:王阳明哲学的精神》,第209页。
⑤ 对此,陈来也认为晚年阳明更强调的是"即物"或"随事随物",在晚年阳明的思想中,格物与其说是一种独立的,毋宁说是致知诚意的一中必要的条件和方式。他在晚年兼以"至"训格,也应与他关于"即物"或"随事随物"的强调有关。详见《有无之境:王阳明哲学的精神》,第170页。
⑥ 《大学章句》,《四书章句集注》卷一,第6—7页。
⑦ 《朱子语类》卷十五,第300页。
⑧ 同上书,第305页。
⑨ 《大学章句》,《四书章句集注》卷一,第4页。

个意便实。"①因为"知"与"意"的这种结构关系,我们不难理解"致知"为什么在"诚意"之前,也不难理解朱子为何说"真知必能行"。② 在阳明这里,"知"与"意"的结构关系则与朱子有很大不同:

> 问:"身之主为心,心之灵明是知,知之发动是意,意之所着为物,是如此否?"先生曰:"亦是。"③

> 心者,身之主也,而心之虚灵明觉,即所谓本然之良知也。其虚灵明觉之良知应感而动者,谓之意。有知而后有意,无知则无意矣。知非意之体乎?④

在这里,阳明将朱子的"人心之灵莫不有知"直接表述为"心之灵明是知",将朱子的"知"是"心之灵"的体现转化成"知"就是心之灵,将"心"与"知"等同,将朱子的"知"近于体发展成"知"就是体。接着,阳明提出"意之所用,必有其物",实是发展了朱子"意"近于用的说法,指出"物"在"意"的关照范围,从而将格物限定在诚意范围。(上文已分析)在"知"与"意"的关系中,阳明将"意"解释为"知之发动",如此,阳明就从结构上将二者直接连接,成为上下级关系,而朱子是"平行关系"。这样,阳明处知对意的影响就比朱子处更为直接。可见,二人对《大学》"欲诚其意者,先致其知"的论证是基于对心、意、知的心理结构的不同建架。⑤ 对于"知"与"意"的关系,阳明又进一步提出"意之本体便是知"⑥,而对于"意"的本来的状态,阳明认为:"意者心之发,本自有善而无恶"⑦,也即说明"意之本体"(知)是纯善无恶,如此可知,阳明在说明心、意、知、物的关系时,"知"已为"良知"解了,所以致知的工夫在

---

① 《朱子语类》卷十五,第 292 页。
② 对此,许家星揭出:"真知的意义在于它是诚意的必由之路,起到指引方向、辨别是非的作用,故没有真知,就不可能有诚意。"详见许家星:《更是〈大学〉次序,诚意最要》——论朱子〈大学章句〉"诚意"章的诠释意义》,《南昌大学学报》,2011 年第 1 期。
③ 《传习录》上,《王阳明全集》卷一,第 26 页。
④ 《传习录》中,《王阳明全集》卷二,第 52 页。
⑤ 对于朱子知与心、意的心理结构的分析,具体可详见笔者《朱子"意"的诠释与工夫》,《中国哲学史》,2017 年第 3 期。
⑥ 《传习录》上,《王阳明全集》卷一,第 6 页。
⑦ 《稽山承语》,《王阳明全集》卷四十,第 1611 页。

阳明这里其实就已经有"致良知化"了。① 而朱子的"致知"则没有"致良知"的意思，阳明则对朱子所理解的"致知"是不屑的，他说："若只是温清之节，奉养之宜，须求个是当，可一日二日讲之而尽，用得甚学问思辩？"② 基于阳明这一态度，他没有将朱子的"致知"列入其"致良知"的范围。

基于阳明对"知"的良知化，在致知与诚意的关系中，致良知的意义就被凸显出来。阳明说："意者心之发，本自有善而无恶，惟动于私欲而后有恶也。惟良知自知之，故学问之要，曰致良知。"③ 因为良知能对意之善恶作出判断，所以致良知成为首要的工夫，这是阳明晚年重视致良知工夫的关键所在。并且，阳明对"良知"提出"自知"的概念，说明阳明对良知赋予高度的信任，"意"会犯错，但良知是自知的，基于这种理解，阳明对自欺并没有十分重视，只是简单地说："君子学以为己：未尝虞人之欺己也，恒不自欺其良知而已。"④ 朱子则认为"意"的作用是背后进行的，连自己都很难发觉，所以"意不实"是"自欺"，自欺是朱子解释诚意工夫十分重要的概念，慎独成为独属于诚意的重要工夫。而阳明认为良知是自知、独知的，所以慎独在致良知面前对诚意也发挥不了多余的作用，虽然在早期《大学古本旁释》中有提到慎独工夫，但阳明只简单地说："格物即慎独，即戒惧"⑤，将慎独与格物等同，"慎独"工夫也没有独立意义。相反，阳明晚年则倾向于把诚意解释为"着实用意"，从而将致良知、诚意与知行合一三者合一。⑥

相比阳明对"致良知"全盘信任，朱子则保持了"诚意"的独立性。朱子说："致知者，诚意之本也；慎独者，诚意之助也。致知，则意已诚七八分了，只是犹恐隐微独处尚有些子未诚实处，故其要在慎独。"⑦ 显然，朱子认为"致知"是"诚意"之本，但不是完成，慎独工夫不可缺少。从表述上，阳明虽也说："故致知者，意诚之本也。"⑧ 看似承接了朱子，但是"本"的程度却不同，一友自叹：

---

① 以"致良知"释"致知"是在阳明晚年"致良知教后"明确提出的，此时阳明虽然没有明确以"致良知"来代替"致知"，但却已经将"知"释为"良知"，已有"致良知"之倾向，故笔者说其"致良知化"。
② 《传习录》上，《王阳明全集》卷一，第4页。
③ 《稽山承语》，《王阳明全集》卷四十，第1611页。
④ 《传习录》中，《王阳明全集》卷二，第80—81页。
⑤ 《传习录》下，《王阳明全集》卷三，第133页。
⑥ 对于阳明晚年"诚意"解，文章第二部分已注解陈来先生的观点。
⑦ 《朱子语类》卷十六，第333页。
⑧ 《传习录》下，《王阳明全集》卷三，第131页。

"私意萌时,分明自心知得,只是不能使他即去。"(阳明)先生曰:"你萌时,这一知处便是你的命根,当下即去消磨,便是立命工夫。"① 可见,阳明的致良知为诚意之本,是立命工夫的"本",而不是七八分的"本",朱子认为致知不能涵盖诚意,但在阳明处,"致知"的完成即意味着"诚意"之完成。如其所说:"则若良知之发,更无私意障碍……知致则意诚。"② 致良知即是诚意的完成,诚意作为一个工夫独立环节的意义便被取消了,由此可见阳明早期所说"大学工夫只是诚意",并没有将"诚意"的强调落到实处。③ 至阳明 49 岁始揭致良知之教④,随着其"良知学"的成熟,其以致知覆盖诚意的思想最终被落实于 52 岁修改的《大学古本序》中。⑤ 阳明在"诚意之良知极,止至善而已矣"后加上"止至善之则,致知而已矣"⑥,说明阳明已用"致良知"限定"诚意",并提出:"不本于致知而徒以格物诚意者,谓之妄"⑦的观点,这样,致良知就消融了格物与诚意,成为诚意与格物的主脑。并且,阳明在结尾处补上"乃若致知,则存乎心。悟致知焉,尽矣"⑧的结论,这样,阳明便完成了由"大学工夫只是诚意"向"大学工夫只是致良知"思想的转化。他说:"今于良知所知之善恶者,无不诚好而诚恶之,则不自欺其良知,而意可诚矣。"⑨"诚意"由此成为"致良知"所指导之工夫,"诚意"成为"致良知"。

---

① 《传习录》下,《王阳明全集》卷三,第 135 页。
② 《传习录》上,《王阳明全集》卷一,第 7 页。
③ 此段引于《传习录》上卷,陈来先生认为《传习录》上卷与《大学古本旁释》都刻于戊寅,集中表现了阳明 47 岁以前的立场,这个时期阳明的思想是主"诚意"。而我们在对此段的分析中却可发现,阳明虽然在此阶段强调诚意,但诚意并没有独立的工夫意义,这与阳明晚年修改《大学古本序》《大学问》时体现出以致知主导诚意的观点暗合,由此说明,阳明对"诚意"之处理在早期就出现了端倪。
④ 对此,陈来提出阳明始揭良知之教是在正德十五年庚辰事(阳明 49 岁),因而《年谱》谓致知说始揭于正德十六年辛巳,是不够准确的,与阳明之语,不能吻合。详见《有无之境:王阳明哲学的精神》,第 183 页。
⑤ 见阳明五十二岁时作《与尚谦书》,参见《年谱三》,《王阳明全集》卷三十四,第 1298 页。
⑥ 《大学古本序》,《王阳明全集》卷七,第 258 页。
⑦ 同上书,第 259 页。
⑧ 以前的通行本断为:"乃若致知则存乎心悟,致知焉尽矣。"("国学基本丛书",上海世界书局,1936 年,第 58 页),陈来指出:"按自王门弟子时即读此序末句为'存乎心悟',然'心悟'之说不见于阳明其他文字,故我将'悟'字属下句读,似近原意。后阳明致薛侃书亦云致知二字从前儒者多不曾悟。"详见《有无之境——王阳明哲学的精神》,第 122 页。
⑨ 《大学问》,《王阳明全集》卷二十六,第 1019 页。陈来据此提出:"诚意是按照良知的指导去诚,于是诚意说完全变为致知说了。"详见《有无之境:王阳明哲学的精神》,第 147 页。

### (三) 正心只是诚意工夫里面体当自家心体

对于"诚意"与"正心"的关系,朱子也是以"心"与"意"的关系为基础进行阐发的,"心"本来是主宰"意"的,但当"意"为"私意"的时候情况就不一样了,朱子说:"意是心之所发,又说有心而后有意。则是发处依旧是心主之,到私意盛时,心也随去。"①因为"私意"对"心"的影响,所以朱子说:"心之所以正,却先须诚意。"②除此之外,朱子又从两个方面说明"正心先诚意",一方面,工夫须从心之所发处下手,因为"心"有已发未发,没有下手的着落,所以朱子说:"心无形影,教人如何撑拄。须是从心之所发处下手,先须去了许多恶根。如人家里有贼,先去了贼,方得家中宁。如人种田,不先去了草,如何下种。须去了自欺之意,意诚则心正。"③另一方面,工夫先从"小处"下手,因为"小底却会牵动了大底。心之所以不正,只是私意牵去。意才实,心便自正"。④在对二者关系的说明中,朱子说明了他重视"诚意"工夫的原因,他说:"若论浅深意思,则诚意工夫较深,正心工夫较浅;若以小大看,则诚意较紧细,而正心、修身地位又较大,又较施展。"⑤由此可见,朱子对诚意与正心的关系阐述得清晰详尽。相比之下,阳明的论述就显得较为简单,但是仍然可以看出阳明是遵循朱子的思路,如下文:

> 如今要正心,本体上何处用得功?必就心之援动处纔可着力也。心之发动不能无不善,故须就此处着力,便是在诚意。如一念发在好善上,便实实落落去好善,一念发在恶恶上,便实实落落去恶恶,意之所发,既无不诚,则其本体如何有不正的?故欲正其心在诚意。工夫到诚意,始有着落处。⑥

可见,阳明也同是认为"正心"是本体工夫,只有在心之发动处才可用力,此处便是"诚意"。其认为"工夫到诚意,始有着落处"的思路已朱子相同。再者,对于工夫的难易深浅,阳明说:"工夫难处,全在格物致知上,此即诚意之

---

① 《朱子语类》卷五,第96—97页。
② 《朱子语类》卷十四,第255页。
③ 《朱子语类》卷十五,第304—305页。
④ 同上书,第305页。
⑤ 同上书,第306页。
⑥ 《传习录》下,《王阳明全集》卷三,第131页。

事。意既诚,大段心亦自正,身亦自修。"①这与朱子所说:"意诚则心正。诚意最是一段中紧要工夫,下面一节轻一节"②观点相同,都认为诚意比正心更难,更紧要。阳明的不同在于,他认为"正心只是诚意工夫里面体当自家心体"③,于是将"正心"也纳入了"诚意"的范围,便取消了"正心"工夫的独立意义④,同时使"诚意"成为真正"彻上彻下"的工夫,达到了其以"诚"代"敬"的目的。而阳明这样处理的原因还是基于同一套说辞:"诚意"工夫是"直入本心"的工夫。如下文:

> 志道问:"荀子云'养心莫善于诚'先儒非之,何也?"先生曰:"此亦未可便以为非。'诚'字有以工夫说者:诚是心之本体,求复其本体,便是思诚的工夫。明道说'以诚敬存之',亦是此意。大学'欲正其心,先诚其意'。荀子之言固多病,然不可一例吹毛求疵。"⑤

很明显,阳明赞同荀子此句观点。而阳明赞同荀子认为"诚意"对"正心"的重要作用是基于其将"诚意"之"诚"复释为"立诚"之"诚"。阳明以"思诚"解"诚",认为"诚意"是复心之本体的工夫,这样,诚意工夫便直入本体,成为"敬"的一部分,"诚意"包含"正心"成为可能。阳明不仅以这一逻辑解释"诚意"与"正心"的关系,在解释"诚意"与"格物"的关系中,也将"诚意"之"诚"复释为"立诚",成为类似于"敬"的工夫,所以"诚意"才能成为"格物"的主脑⑥,而这一诠释逻辑是阳明批评朱子《大学》新本的前提。

## 四 结论:总观二者工夫论之分歧

综上分析,阳明对"诚意"的诠释是以朱子的论述为基础,其"诚意"观点

---

① 《传习录》上,《王阳明全集》卷一,第27页。
② 《朱子语类》卷十五,第304页。
③ 《传习录》上,《王阳明全集》卷一,第38页。
④ 陈来先生也提出"正心在这里近乎一个纯粹逻辑的环节,使阳明过渡到下一条目诚意。也就是说阳明在这里等于否认'正心'有独立的工夫实践意义,即把正心视为一个虚设的环节"。详见《有无之境:王阳明哲学的精神》,第174页。
⑤ 《传习录》上,《王阳明全集》卷一,第38页。
⑥ 对于阳明将诚解为立诚,陈来先生认为这是阳明早年以诚意为本思想的另一个表现形式。陈先生提出:阳明从滁阳到征南赣,阳明一致强调"立诚"的宗旨,把格物作为诚意的实现方式,以改变朱子学格物论的外向取向。详见《有无之境:王阳明哲学的精神》,第143—144页。

与朱子有许多类似的表述,但阳明的诠释又进行了自身的发挥,体现出阳明"良知学"的特点。

首先,阳明在早年以"诚意"为中心对大学中格物、致知、正心等各项工夫进行了贯通,确立了"诚意"工夫作为大学工夫的主线,但是"诚意"工夫并没有独立的工夫意义。而阳明晚年随着"良知学"的确立,最终确定以致良知领导诚意、格物,诚意名义上的首脑地位也被取消,格物、诚意最终都被致良知化,形成与朱子完全不同的经典诠释路径和大学工夫次第。阳明早期处理三者的关系是以诚意指导格物,格物、致知落实诚意,而阳明晚年在《大学问》中将三者的关系调整为以良知指导诚意,以格物落实诚意。实是阳明以致良知指导格物、诚意,以格物落实诚意。其工夫顺序实为致知—诚意—格物,与《大学》次序不符。① 正如蔡希渊质疑:"文公大学新本,先格致而后诚意工夫,似与首章次第相合。若如先生从旧本之说,即诚意反在格致之前,于此尚未释然。"② 而阳明的回答即是"诚意的工夫只是格物致知……若以诚意为主,去用格物致知的工夫,即工夫始有下落"。③ 阳明已将三者工夫合一,将格物消融在诚意中,使格物确实有了为善去恶的主向,但是却限制了格物,因为"格物"在朱子所诠释的范围中远不止于此;再者,阳明又将诚意限制在致良知上,使致良知覆盖了诚意,这样反而抹杀了诚意本身具有的独立意义,使诚意作为工夫的一项独立环节之意义被削弱,而正心被诚意消融,更是成为虚设的环节,从而使工夫呈现"一元性",而非"独立性"。

其次,阳明认为朱子所诠释的"诚意"工夫道德动力不足,所以朱子须强调"敬"的工夫以对其补充,而阳明的"诚意"则不需要另外再补一个"敬"字。阳明说:"如新本先去穷格事物之理,即茫茫荡荡,都无着落处,须用添个敬字方才牵扯得向身心上来。然终始没根源。若须用添个敬字,缘何孔门倒将一个最紧要的字落了,直待千余年后要人来补出?……今说这里补个敬字,那

---

① 陈来对此提出这三者工夫的顺序是致知—诚意—格物,与《大学》文本的"格物—致知—诚意"的工夫次序有所不合,并以《困知记》中罗钦顺的批评为例,指出阳明哲学的逻辑从经典诠释的立场上存在未解决的内在难题,详见《有无之境:王阳明的哲学精神》,第176—179页。
② 《传习录》上,《王阳明全集》卷一,第42页。
③ 同上。

里补个诚字,未免画蛇添足。"①可见,阳明认为朱子的《大学》新本的工夫直接从格物穷理开始,导致格物没有主向。如此,朱子才必须在格物之前加一个"敬"的工夫才能使工夫回到本心上来。阳明在此对朱子的批评与其将"物"纳入"意"的视野,而使"身、心、知、意、物"贯通为一件事物的观点相呼应。阳明以孔门对"敬"的工夫并不重视为论据,认为朱子自己补上"敬"的工夫是画蛇添足。在阳明这里,"诚意"已经包含了"敬"的作用,不需要另作"敬"的工夫。其实在阳明这里,"敬"不具有独立的工夫意义,因为"敬"也包含在"穷理"中,他说:"惟其有事无事,一心皆在天理上用功,所以居敬亦即是穷理。就穷理专一处说,便谓之居敬;就居敬精密处说,便谓之穷理。却不是居敬了,别有个心穷理;穷理时,别有个心居敬:名虽不同,功夫只是一事。"②所以,"敬"与"穷理"又称为一个工夫了。不仅如此,阳明也认为"敬"与"义"是同一个工夫,他说:"敬即是无事时义,义即是有事时敬,两句合说一件。如孔子言'修己以敬',即不须言义,孟子言'集义'即不须言敬,会得时,横说竖说工夫总是一般。"③由此可见,阳明批评朱子"敬"的工夫是画蛇添足,原因在于阳明本人将"敬"消融在各个工夫当中,所以不需独立将其列为一个工夫。朱子亦认为"敬"虽然是彻上彻下,贯穿《大学》中已发未发的所有工夫当中,但却具有自己的独立性,"敬"的作用不仅不能被"诚意"取代反而还能影响"诚意"。朱子说:"盖无放心底圣贤,'惟圣罔念作狂'一毫少不谨惧,则已堕于意欲之私矣。此圣人教人彻上彻下,不出一'敬'字也。"④并且,朱子认为:"诚意以敬为先。"⑤由此可知,"敬"是"诚意"的前提,不可取消,亦不能被其他涵养工夫代替。朱王二人对"敬"与"诚意"的关系处理在此迥异。

再次,朱王都强调对工夫的贯通,但二人对"贯通"的理解不同,这与二人对工夫次第的理解相互辉映。阳明早期强调《大学》是以"诚意"为主线,提出"大学工夫只是一个诚意""为善去恶无非诚意之事"是基于其以"意"为中介将心、意、知、物贯穿为一件事物而将其他工夫都贯通到"诚意"上成为一个工

---

① 《传习录》上,《王阳明全集》卷一,第42页。
② 同上书,第36页。
③ 同上书,第37页。
④ 《朱子语类》卷十六,第332页。
⑤ 《朱子语类》卷十五,第307页。

夫的工夫架构。阳明晚期以"致良知"统大学其他工夫，也是基于其以"知"为主脑领导心、意、知、物而贯通其他工夫。这样，阳明工夫之间的贯通从实质上更加紧密，各个工夫成为同一个工夫的不同侧面，从而各自工夫在《大学》中的独立意义只作形式上的保留，大学工夫次第的意义不可避免地被淡化。对于工夫的次序，朱子却强调说："诚、敬、寡欲，不可以次序做工夫。数者虽则未尝不串，然其实各是一件事。"①朱子也认为做工夫不要分次序进行，几个工夫可以同时下手做，同时进行。但是朱子却强调工夫虽然可以同时做，但各个工夫各自独立，各是一件事，不可以相互消融，更不可以视为一个工夫。而经前文分析，阳明的工夫可以包含其他工夫，阳明说："'穷理'者，兼格致诚正而为功也。故言'穷理'，则格、致、诚、正之功皆在其中，言'格物'，则必兼举致知、诚意、正心，而后其功始备而密。"②阳明认为工夫的互相包含才能说工夫更加细密。而以工夫的相互包含来理解工夫的贯通还是不够的，阳明的贯通就是"合一"，阳明说："惟其工夫之详密，而要之只是一事。"③虽然各种工夫分得详细、严密，但概括起来就是一个工夫。至晚年，阳明明确地说："盖身、心、意、知、物者，是其工夫所用之条理，虽亦各有其所，而其实只是一物。格、致、诚、正、修者，是其条理所用之工夫，虽亦皆有其名，而其实只是一事。"④由此，阳明工夫"一元论"就落实下来，工夫之间不分彼此，因为："此岂有内外彼此之分哉？理一而已。"⑤这个"理一"就是阳明的"良知"，阳明说："正者，正此也；诚者，诚此也；致者，致此也；格者，格此也；皆所谓穷理以尽性也；天下无性外之理，无性外之物。学之不明，皆由世不可以不察也！"⑥这就是阳明的工夫一体论，最终归于"致良知"一个工夫。

阳明对于此种工夫论说最终借用"惟精惟一"来说明。他说："盖其功夫条理虽有先后次序之可言，而其体之惟一，实无先后次序之可分。其条理功

---

① 《朱子语类》卷十二，第214页。
② 《传习录》中，《王阳明全集》卷二，第52页。
③ 同上书，第84页。
④ 《大学问》，《王阳明全集》卷二十六，第1018页。对此，陈来先生提出《大学问》为嘉靖丁亥征思田时由钱德洪手录，既系统又有条理，代表了阳明嘉靖居越以后即晚年的思想，其对《大学》的整个解释已改变为以"致良知"为主线，这和《古本旁释》初刻时不同。《古本旁释》代表了征南赣以前对《大学》格物说的理解。详见《有无之境：王阳明哲学的精神》，第141页。
⑤ 《传习录》下，《王阳明全集》卷三，第84页。
⑥ 同上。

夫虽无先后次序之可分，而其用之惟精，固有纤毫不可得而缺焉者。此格致诚正之说，所以阐尧舜之正传而为孔氏之心印也。"①可以说，这是阳明晚年对工夫次第做的最完整的总结。表面上，阳明坚守工夫无先后次序之分的观点与朱子的无次第之分表述上相同，但其所指向的深意则大不相同，朱子的无次序之分是做工夫的过程中无次序之分，但工夫本身是有各自独立的意义，并且工夫的完成是有先后的，这是朱子所强调的。阳明的无次序之分却是因为其工夫一体的观点，工夫都消融在一起，工夫之间无区分的必要所以无次序之分。如此工夫论说，通过前文以"诚意"为中心的工夫关系的全面考察方能最终体会阳明对工夫次第处理的深意所在，而这也成为理解阳明工夫论与朱子工夫论异同的关键所在。

# From "Sincerity" to "Expanding the Knowledge of Good":

## On the Similarities and Differences in "Sincerity" between Yangming and Zhu Xi

### Chen Shuangzhu

**Abstract:** "Sincerity" is one of the eight chapter of «Great Learning», Zhu Xi provides a creative interpretation of it in the ‹ Chapters of Great learning›, "sincerity" plays an important and specific role in Zhu Xi's system of moral practice, and even become the finish line of virtue. Similarly, Wang Yangming also attaches much importance to the concept of sincerity in his early years, to the point to affirm that "Sincerity is the very moral effort in the «Great Learning». Analyzing the texts, Wang Yangming's interpretation of

---

① 《大学问》，《王阳明全集》卷二十六，第1020页。

"sincerity" is based on the commentary of Zhu Xi, and in its formulation has several affinities with Zhu Xi's work. We can infer that Wang Yangming inherited here the thought of Zhu Xi. However, what deserves our attention is that Wang Yangming, despite of the similar terminological background, which has a completely different theoretical foundation compared with Zhu Xi, moreover, Yangming's interpretation of sincerity, analogously to Zhu Xi, underwent repeated reappraisal. At 53 years, he revised the ‹ The Ancient Sequence of Great Learning› , in which the "Extension of the innate knowledge of the good" replaced "sincerity" as the dominant moral effort in the «Great Learning». Yangming's interpretation manifests his characteristic "Doctrine of the Innate Knowledge". This text adopts Zhu Xi's interpretation of sincerity as a background, and the analysis of the concept of intention as a starting point and Wang Yangming's doctrine about the relationship between mind, intention, knowledge and thing as main thread. Through analyzing the relationship between the moral effort of sincerity in Yangming and the effort of thoroughly investigating things to expanding the knowledge and rectifying the mind, I will attempt to reflect about the place of sincerity in Yangming's theory of moral effort, and similarities and differences in the doctrine of moral effort between Wang Yangming and Zhuxi.

**Key words:** Mind; Intention; Knowledge; Thing; Sincerity; Expanding knowledge; Rectifying the mind

# 吴震:《阳明后学研究》(增订本)*

## 上海:上海人民出版社,2016 年

在中国思想史上,由明代哲学家王阳明所开创的阳明学无疑具有举足轻重的地位和意义,成为人们关注与研究的重要对象。明末黄宗羲著《明儒学案》,可以说就是以阳明学为核心内容的一部断代哲学史。当然,无论是就阳明学本有的广义和狭义之别[①],还是具体到诸如《明儒学案》等著作中,与阳明本人的思想相对,阳明后学无疑也当成为某种"独立"的研究领域和对象。就当代阳明后学的研究而言,吴震先生的《阳明后学研究》[②]一书无疑最具有代表性,不仅开启了阳明后学作为独立研究领域的开始,更引领着后来的阳明后学研究。该书以思想问题和人物个案为研究进路,涉及阳明后学中"现成良知"和"无善无恶"两个核心问题,涵盖王龙溪等后学代表人物,对阳明后学作了富有开创性的研究。

## 一 现成良知

就阳明后学研究而言,无论是从宏观视野进行整体性把握,还是立足动态立场揭示从阳明到阳明后学的思想发展,思想问题的研究无疑都具有选择上的优先性。在阳明后学诸多思想问题之中,"现成良知"和"无善无恶"无疑

---

\* 本文为贵州省社科规划一般项目"善恶视野下的王阳明道德哲学研究"(16GZYB60)的阶段性成果。
① 有关阳明学广义和狭义的分疏,参见吴震:《关于"东亚阳明学"的若干思考——以"两种阳明学"问题为核心》(《复旦学报》,2017 年第 2 期)。
② 《阳明后学研究》原为作者 1996 年在日本京都大学获得文学博士(中国哲学)的博士论文,增改成中文后于 2003 年由上海人民出版社首次出版。2016 年,上海人民出版社出版了该书的"增订本"。这里的讨论以"增订本"为主,并直接夹注文中页码。

居于关键的地位,自然也成为该书首要讨论的问题。

在"序章"中,作者首先讨论了现成良知问题。显然,"现成"一词是把握现成良知的关键。在对"现成"的理解上,作者分别从四个方面揭示该词在思想上的意涵,并指出时间性是把握这一概念的基本维度。不过,作者又特别强调,当从思想层面来加以理解时,见在或现成等原本属于时间性的概念,就变成了某种本体的存在方式或呈现方式的一种观念表述,涵指形上存在即是当下的存在,绝对本体就在当下呈现(第2—5页)。通过这样的梳理,现成良知的意涵就清楚了:

> 要之,阳明学及其后学中出现的"现成良知"或"见在良知"的说法,其实便是心学思想的一种观念表述,旨在肯定良知本体的当下性、现成性、见在性等特征,旨在宣称良知存在既是形上存在又是当下存在,既是超越存在又是现实存在。(第6页)

由此看来,所谓"现成良知",在"良知"上加"现成"一词,从根本上就在于表明良知本体的本质属性,即良知本体的"当下性""现成性"和"见在性"等特征。

不过,就整个阳明学而言,现成良知更多地是出现在阳明后学中。准确来说,现成良知是作为王龙溪的具体思想出现的。当然,依龙溪的说法,其现成良知的思想来自于阳明,阳明就有现成良知的思想。那么,就阳明而言,现成良知的思想内涵为何?作者通过对阳明"心即理"思想的形成过程,特别是在与朱子相关思想的对比中,指出相对于朱子哲学中"理"所具有的外在而客观之"定理"而言,阳明则明确把"理"收归于"心",并用"良知"来取代,于是作为心体存在的良知便如同朱子思想中的"天理"一样具有一般的本体性、至上性、超越性、绝对性。同时,由于阳明把朱子外在性的"天理"收归到"心"上来,因此作为本体的良知又必然具有内在性、当下性,是现成圆满、当下具足的(第13—16页)。作者这里的研究透露出两个方面的信息:其一就是认为现成良知与阳明整个思想是内在一致的,其二则是对龙溪所谓"先师提出良知二字,正指见在而言,见在良知与圣人未尝不同",或者说对龙溪用现成良知来概括阳明思想是肯定的。合而言之,表明作者对现成良知有基本的立场认同,也在一定程度肯定龙溪在阳明后学中的处于某种核心和"正统"的地位。

就阳明学而言,本体工夫的"合一"是基本的理论立场。如果说现成良知主要是从本体论立论的话,那么相应于工夫层面,必然涉及工夫的"见在""现成""当下"等问题。(第16页)作者对"见在工夫"在阳明后学中的意涵进行了详尽的论述,指出见在工夫包含强调良知存在的见在性、当下性,强调"着实用功""人情事变上作工夫""自然用功",即不牵涉人为安排(第23页)三个方面的内容。从见在工夫出发,作者又指出在阳明后学有"任其自然""率其良知"等主张和思想。总之,就阳明学的思想本质而言,本体是"当下""见在""现成",工夫也是"当下""见在""现成"。

在阳明学中,"体""用"及其关系也是重要的思想内容。基于现成良知的思想和立场,"体用一原""即用求体"就成为阳明学的应有之义,"现成良知一说意在强调良知的先天性和显在性。同时必须指出的是,良知的先天性与显在性是不可分割、密切相关的"(第34页)。以此为基础,不仅能够清楚地去揭示阳明后学的分化与发展,也能够对其中的是非进行恰当的评判:

> 只强调良知的先天性,则良知仅仅是抽象化的观念存在,停留于寂然未分的世界之中,由此便有可能抹杀良知的生命力——一种生生不已、周流六虚的生命力。阳明后学中的归寂派的学说就有这一思想倾向。反之,如果只强调良知的显在性,没有先天性作为其自身的制约——即良知本体对行为的主导和制约,则有可能任由发用而动,不免坠入一种媚世逐物的俗态之中,甚至导致"认欲为理"的严重后果。在归寂派的思想人物看来,阳明后学中的现成派所推崇的良知自然论就有这一倾向。(第34—35页)

由此看来,围绕现成良知所形成的差异是导致"归寂派"和"现成派"得以形成的思想原因。单就"归寂派"而言,反对现成良知可谓是其基本而共同的思想立场。与"现成派",或者说阳明后学中的大多数人对"即用求体"皆持肯定态度不同,作为"归寂派"代表的聂双江则强调良知的"既然不动"与"感而遂通"要进行严格的区分。"在显现状态的世界之中,善恶发生混杂、真假已经难辨,于此下手作工夫,不但困难重重,且不免逐外遗内,反而坠入阳明所斥的朱子学之类的'义外'之学;如果以良知是现成自然的,又是'明觉自然'的,具有本然之觉,自然之知的能力,于是,物来自格,善恶自辨,如此则是以知觉等同于良知——即将良知看作现实发用中的知善知恶的觉察能力,这就不免流于'知觉主义',其流弊终将导致'恣情玩意''认贼作子'。"(第35页)当然,依作者的立场,对双江的这些思想是基本不认同的。——"对现成良知说持否定态度的聂双江和罗念庵,主张回归寂然之本体、静养无欲之心体,尽管对阳明后学中的种种流弊不无严厉批判,但不得不说对阳明心学的现成良知说缺乏根本的了解。"(第35页)

概而言之,现成良知在阳明心学理论体系中实是一个非常重要的哲学概念,"强调良知是'现成'的,无非是欲证明良知本体的先天性及其普遍性。在这一意义上,可以说'现成良知'之说与孟子以来的本性至善之旨相合,同时也是阳明的良知学的必然归趋"。(第50页)这是作者的基本诠释,也反映了作者对现成良知的立场认同。

## 二　无善无恶

众所周知,"四句教"是阳明晚年的重要思想,可谓是阳明对自我一生的思想总结。而当钱绪山与王龙溪在"天泉证道"中对四句教的理解上产生分歧,特别是龙溪"势必进之四无而后快"(刘宗周语)时,已经标志着"后阳明时代",阳明后学的开始。或可以这样说,龙溪的"四无说"与阳明四句教之间所发生的理论紧张已经显示出这样的思想意义,即意味着阳明学向阳明后学的转向,揭开了"后阳明时代"的阳明学新思想发展的序幕。(第53页)无疑地,四句教中的首句——"无善无恶心之体",即"无善无恶"是问题的关键。如此,无善无恶就成为研究从阳明学(狭义)到阳明后学的思想发展,甚至是整个中晚明儒学发展的关键性问题。作者在第一章中集中讨论了这一问题。

显然,揭示无善无恶在阳明思想中的意涵是研究的起点与前提。作者在书中首先明确指出阳明的无善无恶说与告子的"性无善无不善"有着根本的区别,其用意也绝非回归先秦意义上的"性善"与"性恶"的问题,所讨论的不是人性问题,而是关于良知心体的本体论问题。(第58页)就宋明理学而言,在继承孟子性善的同时,又要有所超越,即需要有一种新的理论构造。以朱子为例,基于"性即理"的哲学立场,直接导致把"性"本体化、形上化,"性之本体犹如太极,是一种形而上存在,正因为是形而上的,犹如太极一般"。(第64

页)而当朱子把性理解为形而上存在时,"不可言""不容说"就成为本体之性重要的本质特征。

以朱子这一思想为背景,当阳明提出"性无定体,论亦无定体"(《传习录》下)的观点时,对性的理解便成为阳明"无善无恶"说的一个重要理据。(第63页)换言之,阳明和朱子具有一致性,都从本体论,而非一般人性论来理解"性"。就阳明来说,由于从本体的角度来理解"人性",那么孟子的"性善"说虽然是从"源头"处说,但也只是"大概如此",还有进一步推论的余地,只有"性之本体,原是无善无恶""无善无不善,性原是如此"(《传习录》下)才是究极之论。当然,对于阳明心学来说,性体与心体是同一的。作者总结说:

> 因为心体是形上存在,故它原是无声无臭、本无一物、超越善恶的绝对存在,所以相对意义上的善恶概念不足以规范心体。由此可见,阳明晚年在"天泉证道"之际提出的"无善无恶心之体",绝不是偶发之语,而是其内在的基本理路之必然。(第67页)

这里的论说至少有两个方面的意涵:其一是明确指出阳明"心体"在本质上是一超越的存在,其相对意义的善恶或者说经验意义的善恶,并足以彰显其绝对性;其二是明确指出就阳明自身的思想体系和发展而言,出现在"天泉证道"中的"无善无恶心之体"是其整个思想的必然结论,而不是"偶发之语"。

在研究无善无恶时,"至善"与无善无恶的关系问题是不可回避的内容。作者指出:"'至善'乃是心体的本质状态,故就心之本体而言,并不是先有一善后有一恶来彼此相对,在此意义上,可以说心体是至善的;而所谓'至善',实是超越了善恶对待的绝对的善,在此意义上,又可以说心之本体原无善恶。"(第69页)简言之,无论是在本体层面,还是在境界层面,无善无恶与至善都是内在一致的。就结论和立场而言,"无善无恶论无非是基于心学的思想立场而得出的一个结论"。(第71页)

不过,四句教发自阳明晚年,未能作详尽的阐发。对无善无恶作进一步阐发则有待天泉证道的当事人钱绪山和王龙溪。作者首先对龙溪关于无善无恶的诠释进行了讨论。由于阳明无善无恶的理论依据在于心体的形上性,因此也就无法用语言名相,相对意义的善恶概念来规定心体,具有"虚无"的本质特征。(第72页)在作者看来,龙溪正是从心体的"虚无"出发,从良知

"本虚""虚寂"等方面来论证心体"无善"本质特征的,而这也是与阳明相一致的。(第73页)而对于龙溪特别强调的"无是无非"思想,作者虽然说"良知知是知非而实无是无非"完全可以与"无善无恶心之体"相印证,但又明确指出这更多体现为龙溪对阳明良知说的创造性诠释。(第78页)作者最后对龙溪的诠释进行了总结:

> 总之,龙溪所欲强调的无非是这样一点:心体本来原是一种毫无规定的存在,但是一切外在的善恶是非之判断标准无不有赖于心性本体;换言之,正因为心性本体是无善无恶的,故而它能够成为知善知恶、知是知非的判断标准。良知固然"知是知非";但还必须对此下一转语:良知"无是无非"。龙溪之所以坚持"无善无恶"说,其因在此。(第89页)

在作者的研究中,龙溪在无善无恶的诠释上虽然有一定的创造性,但总体上与阳明的思想和精神是一贯的。

就阳明后学而言,如果说龙溪在无善无恶上的诠释总体上体现的是与阳明的一致性的话,那么王塘南"无善无恶盖言性也",以及杨晋庵"无善无恶盖指心体而言"这两种看似对立的观点却显示出阳明后学"偏离"的趋势。作者对王、杨二人在无善无恶上的诠释进行了细致的讨论,并指出虽然二人的观点看似相反,但又有相同之处,"亦即两者都要求对心体与性体作出严格的区分"。(第98页)而对于王、杨二人心性分说的思想,作者一方面指出王、杨二人在无善无恶上的这种思想立场与阳明心理合一,心性合一,心体与性体的同质性,无善无恶既可指心体,又可指性体的立场存在一定的距离,另一方面又指出二人的区分也未尝无意义。这种意义在于,由于阳明思想中缺乏对心体和性体的分疏,"所以导致在阳明后学中不断出现各种不同的解释。更有甚者,将具有灵明妙用的经验之心与先验的道德本心直接同一,由此心体的作用被无限夸大,从而不再受到任何伦理规范的制约"。阳明学心性合一是否在理论上存在不足,可暂且不论,但当书中明确指出"在宣扬'心性合一'之前,对心性的内在涵义进行分疏和界定是有必要的"(第98页),或许已经表明作者对阳明学有了一定的反省。当然,作者虽然指出杨晋庵等人对无善无恶作出了较为深刻的反思,但又强调无善无恶在阳明学中自有其充足的理论意义——"要而言之,无善无恶论的提出,其目的在于突出强调心体的'无执着'、'无定在'的本质特征。……从根本上来说,阳明讲无善无恶,并不是指向人性论意义上的善恶问题,它既是一种境界论,也是一种本体论的论述"。(第99页)

无善无恶问题上,顾宪成与管志道之间围绕这一命题所形成的思想论争是重要的内容。顾宪成对无善无恶的批判,主要是认为此说"合下便成一个空","究竟且成一个混"。所谓"空",是指对人性善的抹杀;所谓"混",则是指对善恶分别的混淆(第103页),即认为无善无恶导致了人伦败坏、道德沦丧。面对顾宪成的诘难,作者追问的是"以上所列的种种社会病态,是'预见性'的?还是'现实性'的?也就是说,无善无恶已经导致了上述的行为病态?还是将来有可能产生这些弊病?"进而,如果这种弊病只是无善无恶"可能"导致的情况,那么这也就意味着顾宪成在作出这样的判断时更多的是一种理论上的"预见"或"假设"而已。同时,如果说无善无恶已经实际上使得人们的善恶观念乃至社会伦常到了每况愈下、无可奈何的地步,那么也需要追问这些状况的存在是"事实",还是"虚构"?对于这些问题,作者明确指出:"从根本上说,理论建构不等同于'事实世界',两者未必具有内在的必然性。某种学说的提出,乃是理论思维运作的结果,自有其自身的思维逻辑,也有其思想上的独立性。思想对现实的影响总是有条件的,是需要通过某种'工具'(譬如意识形态化的思想制度)作为中介才能得以逐步发生的。"(第103页)因此,就作者的立场而言,顾宪成的上述批判带有很大程度上的"虚构性"或"主观性",即作者从根本上是不认可顾宪成对无善无恶的批判。在管志道问题上,作者借用冯友兰"正底方法"和"负底方法是"的思想,指出管志道用"无可说即是说也"来诠释无善无恶,从根本上来说在讲"形上学"。(第111—117页)显然,这与作者从本体层面来理解无善无恶是相一致的。

## 三 后学诸子

作者在书中还对钱绪山、聂双江、罗念庵、陈明水、欧阳南野、王龙溪和耿天台等后学诸子进行了个案的研究,呈现阳明后学具体化和多样化的思想世界。

作者首先对钱绪山的思想作了较全面的考察。在具体研究中,作者首先以阳明本体工夫合一,以及龙溪"即本体便是工夫"为参照,从"即工夫便是本体"的立场对绪山在天泉证道、四句教中的相关思想的意义与问题进行了深入的讨论。(第 129—137 页)在无善无恶问题上,作者指出"绪山关于'无善无恶'的看法与阳明、龙溪的见解有诸多的相似点,同时又有一些独到的见解"。(第 139 页)而所谓独到的见解,就是指绪山在阐述无善无恶时把这一学说与阳明对于《大学》"至善"的理解,或者说与阳明对于朱子"定理"的批评联系起来。而就理论基础而言,作者指出在绪山的无善无恶诠释中,体现了阳明或者说整个阳明学一贯的"心即理"的思想立场(第 141 页)。

在书的第三章和第四章,作者研究了"归寂派"代表聂双江和罗念庵的思想。在讨论双江思想部分,值得注意的是作者对双江思想的立场判定:"从双江思想的基本特征来看,是属于阳明心学无疑,但是在许多具体的思想主张方面,已与阳明师说发生偏离。"(第 212 页)具体而言,作者指出虽然双江提出诸如"归寂""致虚""守静"等思想在于矫正心学末流之弊,但从哲学义理上而言,双江的系列思想未免有所"偏激",与阳明思想已经存在着一定的距离。在对念庵的研究中,现成良知构成重要的内容。而针对念庵反对"现成良知"的根本原因与问题意识,作者提出了三个方面的提示:其一,在心学末流固然有诸种流弊,然而这只是学者之弊,并不能成为并"良知"而"疑"的理由。其二,作者指出虽然念庵的思想主要着眼于心学末流的"人病",但也在客观上有助于阳明后学在理论上的自我完善。其三,念庵针对"现成良知"的批判,"矫枉过正"而形成的"非万死工夫"不能生,即把"收敛静定"作为良知存在的前提条件,在理解阳明基本思想和精神上的确存在着偏颇。(第 257—258 页)总体来说,由于在书中预设以阳明—龙溪为基准的思想立场,导致作者对双江—念庵"归寂派"进行具体分析,肯定其思想意义的同时,又明确指出二者与正统阳明学之间已经存在一定的距离。

在书的第五章和第六章,作者介绍了陈明水和欧阳南野的思想。在陈明水部分,作者在通过"格物""性无定体"和"无善无恶,与物无对"等内容对其思想进行讨论后,最后总结指出:"通过以上对明水思想的个案研究,我们可以发现,在阳明学的展开过程当中,王门诸子在如何诠释和把握阳明学这一问题上,彼此之间既有激烈的争辩,同时也存在着相互影响、彼此认同的现象。"(第 283 页)在对欧阳南野的思想研究中,作者指出南野对阳明学有较为深切的把握,即相对于"归寂派"和"现成派"而言,南野思想较为稳健笃实,"忠实"地继承了阳明的思想。同时,作者又指出虽然"循其良知""良知本虚"等思想主张在阳明思想中都可以找到相应的根源,但南野在这些思想上有进一步的阐发,并构成其思想的主要特征。(第 314 页)所谓"进一步的阐发",足以表明从阳明到阳明后学已经存在着一定的发展,或者说相对于阳明思想自身而言,阳明后学在问题意识上已经存在某种"独立性"了。

毫无疑问,王龙溪在整个阳明后学中处于核心的地位,而《阳明后学研究》也可谓以阳明—龙溪思想为"参照系"来对阳明后学进行研究的——这在作者讨论现成良知和无善无恶的部分可以说已经得到了清楚的呈现。而在专论部分,作者则讨论了龙溪养生工夫方面的思想。作者一方面指出道教养生是宋明理学家一直以来就较为关心的问题,另一方面也强调"晚明时代的知识界已经出现了某种思想转向的明显迹象,从抽象的心性问题的讨论开始转向对身心修养等问题的关切,这一转向意味着精英文化之代表的士大夫往往在日常生活中也在共享庶民阶层的世俗文化或佛道的宗教文化"。(第 365 页)这当然也反映出阳明后学新的思想动向。

书中第八章中讨论了耿天台的思想。就具体研究来看,作者主要通过天台与王龙溪、罗近溪,以及李卓吾等人之间的关系,突出天台在思想上的"某种复杂性"。单就与龙溪的关系而言,作者一方面指出天台对无善无恶表示了理论上的理解,而另一方面对龙溪"无是无非"的观点却坚持反对。天台一方面具有强烈的"卫道"意识,并具体表现为对李卓吾以及所谓"异端"人物的批判,但却又在诸多问题上与"异端"人物有着一定的一致。天台注重人伦日用层面上的道德实践,其思想旨趣虽然有接近泰州学派的一面,但其思想的基本特征又与泰州后学注重本心"自然"、追求"乐学"的趋向有所不同。当然,在作者看来,虽然天台思想具有复杂性的一面,但就其思想本质而言,无疑属于阳明心学。天台对阳明后学中的某些思想主张有所批判和纠正,甚至是有措辞严厉的特点,但却并不足以表明其对阳明心学整个传统的否定和排斥。(第 412—413 页)

书中最后还专设"阳明后学与讲学活动"一章,讨论阳明学的发展衍化与讲学活动之间的内在关联。在作者看来,"阳明学作为一种思想学说,固是理论思辨的产物,同时阳明学的产生及其展开过程本身又是一场思想运动,其具体表现就是讲学"。(第416页)阳明后学之所以如此热衷于讲学,其根本原因又在于"阳明学在本质上是一种道德哲学,故其思想主张注重于道德实践,而阳明及其弟子之所以热衷于在士庶社会两层推动讲学,与阳明学注重由个人、家庭进而向社会推广道德教化的思想旨趣不无关系"。(第450页)一方面,阳明学道德哲学的本质内在要求通过讲学活动来实现教化民众的目的,另一方面,作为形式的讲学,又客观上推动了作为思想运动的阳明学之发展。总之,讲学不仅是阳明学的重要内容,更可以说是阳明学重要的特点。

总体来说,吴震先生的《阳明后学研究》一书以现成良知和无善无恶两个问题为中心,以王龙溪等后学诸子为具体的人物个案,为我们呈现了较为完整的阳明后学思想世界。无论是基于广义阳明学的学术研究,还是就当前阳明后学已经在一定意义上构成"独立"研究领域,并不断取得深化发展的状况,吴震先生的《阳明后学研究》无疑具有重要的开创性意义。可以说,吴震先生以《阳明后学研究》为代表的阳明后学研究[1],已经成为我们进入阳明后学思想世界的"津梁",是我们学习和研究阳明学、阳明后学的重要学术思想资源。

(邓国元,贵州大学中国文化书院副教授、复旦大学哲学学院博士后)

---

[1] 除了《阳明后学研究》一书外,吴震先生还有多部关于阳明学、阳明后学的著作,涵盖了"阳明学派中的三大板块十大人物的思想研究,浙中的王畿、钱德洪;江右学派的聂豹、罗洪先、欧阳德、陈明水、王塘南;泰州学派的王艮、罗汝芳、耿定向(其中还包括王襞、王栋、何心隐、颜山农)。"(吴震:《漫谈阳明学与阳明后学的研究》,载郭齐勇主编:《阳明学研究》,北京:中华书局,2016年,第8页)可以说,就今天的中国学术界而言,吴震先生在阳明后学的研究领域里是最为广泛而深入的学者之一。

# 高海波:《慎独与诚意:刘蕺山哲学思想研究》

北京:生活·读书·新知三联书店,2016年

高海波教授的新著《慎独与诚意:刘蕺山哲学思想研究》2016年年末由生活·读书·新知三联书店出版。高教授完成于2008年的博士论文就集中于对刘蕺山哲学思想的研究,本书的出版可谓是积多年研究之功。本书出版后也得到了多位专家教授的好评,被称许为"全面""深入""代表了目前刘蕺山研究的最高水平"①,可谓饱受赞誉。在笔者看来,如上的赞誉也确实是实至名归,高教授本书在刘宗周哲学思想的核心领域做出了深入的探索,为学界贡献了新的思考。以下,本文将试图在一些具体的研究结论上对高教授该书的新意进行一些探讨与评述。

## 一 理气论

该书首先关注并讨论了刘蕺山的理气论。在理气论中,高教授首先研究的是对气的描述问题。在之前的研究中有一种颇为流行的观点,认为刘蕺山所讲的气可以被区分为"形而上的气"与"形而下的气",高教授对此提出了反驳。高教授认为如果将气划分为形而上的气与形而下的气,在相对应的心的领域会出现问题,具体的批评主要可以概括为如下几点:第一,本心与习心、意与念,从气的角度看,都属于心之"气",并不是相互隔绝的两层,或两种不同质的东西,而是可以相互转换的。但是形而上的气、形而下的气这组划分会把本心、意等相对积极的要素与习心、念等相对消极的要素割裂为二,互相

---

① 分别为陈来教授和张学智教授语,见高海波:《慎独与诚意:刘蕺山哲学思想研究》,北京:生活·读书·新知三联书店,2016年,封底页。

对立。这并不符合蕺山的思想。第二,在这样的区分中,心层面的习心、念和造化层面的氤氲之气同属形下之气,但是前者是消极因素而后者却是中性因素。然而蕺山哲学中天人一贯,故而这样的区分有问题。第三,在心的层面生生之气不等同于理,但是"形而上的气"这个概念往往又被模糊地直接对应于形上的理。高教授认为,蕺山所讲的生生之气显然不能和生生之理混为一谈,毕竟在蕺山思想中理气并非全等。高教授的研究指出,在蕺山的思想中形而上与形而下是以有无形迹、能否被感知划分的,前者是抽象的理而后者是具体的物。心虽然比较精微,但即使是作为先天心气的喜怒哀乐四气流行仍然不是形而上的,只有作为四气流行之理的仁义礼智才是形而上的。综合来看,区分形而上的气和形而下的气是有问题的。高教授对于学界这一流行观点的批驳逻辑清晰有力,无疑值得重视。

除了如上几方面具体的反驳外,笔者认为高教授还指出了两点很关键的方向性结论。第一,高教授指出:"我们不可混淆形上、形下与先天、后天,乃至先验、经验等概念的区别。"①确实如高教授指出的,这一点在哲学史研究中至关重要。笔者认为,具体到蕺山理气论的哲学分析中,还应当注意如上概念与"积极(肯定、正面)、消极(否定、负面)""善、恶""能动、被动""精神、物质""形式、质料""主宰(超越)、从属"的区别。② 在之前的研究中,研究者们有时直接将如上所有概念二分对立,融合在一起讲,形上就等同于先天、先验,等同于积极、善、能动、精神、形式、主宰等等,这无疑是非常粗疏,甚至错误的。高教授在研究中首先讨论了抽象、具体、先天、先验、经验、正面、负面这几组概念的区别,指出了一些基本的误用,如蕺山的喜怒哀乐四气可以被认为是先验的或先天的,却不能因此被称为形上者。之后,在此基础上高教授也提出哲学分析不能"无视中国哲学概念的固有内涵"③,牵强附会地进行套用。这无疑可以看作对之前研究中某种错误时代风气的纠偏。第二,高教

---

① 高海波:《慎独与诚意:刘蕺山哲学思想研究》,北京:生活·读书·新知三联书店,2016年,第59页。本书中另有一处关于喜怒哀乐与形上形下的精彩讨论参见第346页注释1。
② 虽然如上对举是笔者的总结,高博士在本书中并没有开列出一个如上的概念对举清单,但这些概念的对举使用确实都出现于高博士本书中。
③ 高海波:《慎独与诚意:刘蕺山哲学思想研究》,北京:生活·读书·新知三联书店,2016年,第59页。

授认为,区分"形上之气"与"形下之气"的做法体现出研究者的二元性思维方式。① 高教授指出,在蕺山的思想中阴阳之气本自生生,并不需要另外设置一个内在而超越的生生之气作为主宰。如果研究者一定要在蕺山的理气论中寻找到一个超越性的独立主宰者,并认为它是形上之气,而作为形上之气的生生之气主宰形下之气,这恐怕只能体现出研究者与蕺山一元论思维方式不同的二元论研究思维。故而,这种划分虽然具有明晰的特点,但却不符合蕺山本人的看法。笔者认为,这无疑是一个精准且有启发性的论断。这不仅是准确的研究结论,更可以作为对研究方法的一般性指导意见。高教授也指出,在蕺山看来,理气关系是"一物两体",气并不仅仅是质料性的"生物之具",如在朱子学中那般。气自然具有能动性这一点是理解蕺山理气一元的一个核心。

对气的描述问题根源于对刘蕺山哲学思想中理气关系的理解,这在上文的分析中也能看出。在理气关系问题上,本书在理气论部分亦做出了精准的界定。高教授详细分析了蕺山的"无极太极"之辨,阐发了蕺山在太极与阴阳关系问题上主张层层蕴含而非呆板的生成,并从太极阴阳关系的视角确证蕺山的理气观。高教授还详细辨析了"理气合一""理气是一""理在气中"三种表述,并指出蕺山的理气观不是理气二物合一,而是认为理气是同一实体的两个方面。关于元明理学理气论的新发展,陈来教授曾有过一个经典的界定,即"去实体化"。② 高教授在本书中曾多次引用陈来教授的这一核心观点,高教授此处的研究也可以看作对陈来教授研究结论的再次确证与深入扩展。

## 二 心性论

在刘蕺山心性论的研究中,高教授首先关注了人心与道心、天命之性与气质之性这两个问题。高教授指出,蕺山在这两个问题上的结论与其理气论一致,都是一元论的结论。即"心只有人心,而道心者,人之所以为心也"。

---

① 高海波:《慎独与诚意:刘蕺山哲学思想研究》,第62页。
② 陈来:《元明理学的"去实体化"转向及其理论后果——重回"哲学史"诠释的一个例子》,载于《中国文化研究》,2003年第2期。

"性只有气质之性,而义理之性者,气质之所以为性也。"高教授通过研究指出,在蕺山看来,在人心道心关系问题上人心与人欲不同,人心并不完全是恶的,它是对人的心理活动现象总体的概括,而道心是道德本性,也即人心道心的关系是心性关系、形而上与形而下的关系。人心即《孟子》"仁,人心也"中的"人心",从源头上说亦纯善无恶,其本来体段、其当然即道心、即性。在气质之性与义理之性的关系上,蕺山认为没有义理之性和气质之性两个性,它们是一个,或者甚至义理之性这个表达就是错的,所谓性就是指气质中表现出来的义理。气质是天命的展现,故而气质之性即天命之性。气质、气质之性的关系与人心、道心的关系在结构上是一样的。在心性关系问题上,高教授的研究结论也延续了"去实体化"这一经典分析,他的研究指出,蕺山并不是要把性虚无化,而是要纠正把性实体化的倾向、做法。

除了方向性的定性外,本书在心性论部分一些更细致的问题上的研究也很值得关注。高教授的研究指出,蕺山对性有一种广义看法,接近于事物属性,这与程朱理学具有泛道德论色彩[①]的性即理思想不同。朱子将《孟子》中所讲的道德善性扩展到《中庸》《易传》中所讲的天命之性上,以泛性善论的眼光看万物,蕺山对此并不同意。蕺山认为性善的说法只适用于人类,道德原则不能无条件地运用到自然界。并且,高教授还指出,蕺山对于人物本性的问题没有继续更深入的展开,故而,一方面,蕺山似乎并没有对自己如上理论所可能推演出的革命性结论有自觉。另一方面,蕺山的理论事实上并不像王廷相走得那么远,蕺山是不会把理降低到附属于气的属性地位的。[②] 此处高教授从心性关系推回理气关系,因为在蕺山思想中这确实不是两个隔绝的领域。笔者认为,高教授此处的研究结论不仅精准而且探索得更深。从更宽泛的视野来看,思想史和哲学史的作者往往希望勾画出一条清晰且简洁的概念演化轨迹,故而在特定意识形态的笼罩下,宋明理学史的研究之前有一组"暴力"的阵营划分:理学、心学、气学,它们分别可以对应到客观唯心主义、主观唯心主义和朴素唯物主义。故而长期以来,哲学史工作者都试图在这一范式下寻找张横渠、罗整庵、王浚川、刘蕺山、王船山和戴东原等人之间的一致性,

---

[①] 高海波:《慎独与诚意:刘蕺山哲学思想研究》,第191页。
[②] 同上书,第197页。

并试图以"气本论""气学"框架建构出一个属于如上思想家的传承谱系。①
对比于上面提到的研究话语,高教授对刘蕺山的研究在突出气的核心意义这
个方向上无疑显得相当"保守"。但是,这样一个看似"保守",实则客观扎实
的研究结论恐怕会反过来启发我们对上述宏大叙事进行再反思。故而笔者
认为,高教授在研究结论应当止于何处这一点上无疑处理得相当出色。这里
的"止",又何尝没有为研究结论划定边界的意义呢?在哲学史、思想史原来
模糊的地带尝试着划出相对清晰的边界,并给予阐述甚至证明,这正是学术
研究工作有扎实进步的体现。

## 三 喜怒哀乐四气流行

蕺山对喜怒哀乐的论述和先儒有较大不同,这是蕺山哲学的特色所在,
高教授在本书中对这个问题也给予了相当的关注。高教授通过研究指出,蕺
山体会到了流行不息的心体,认为未发时喜怒哀乐不可能完全消失,以至于
心体空洞一无所有,喜怒哀乐也不是已发时又从无到有产生出来的。当然,
蕺山这里所讲的喜怒哀乐已经不是七情意义上的喜怒哀乐而是四德,不是感
性的情绪而是人心的天命之体。在蕺山的思想中,天命之性并不是脱离喜怒
哀乐的实体,相反,离开人心的喜怒哀乐一气流行天命之性就无法体现。并
且,喜怒哀乐流转不仅仅表现在人心,它也是一切事物上都具备的自然节奏,
它并非一次性的,而是一个循环不已的过程。这无疑是对蕺山思想精准的描
述。并且,高教授更进一步分析了在蕺山哲学的逻辑中,四端和喜怒哀乐关
系的一个问题,即喜怒哀乐和四端是不是作为未发、已发就完全对应?高教
授认为这个问题在蕺山哲学中有两个展开向度。其一,并不是说喜怒哀乐发

---

① 参与或涉及这一话题讨论的研究者不胜枚举,当然并不是所有学者都关注这一思想家谱系中唯物主义的一面。对于倾向于关注唯物主义、气本传统的研究者,若追溯其源头,笔者认为恐怕可以参见张岱年先生在《中国哲学大纲》中的相关分析论述。参见张岱年:《中国哲学大纲》,北京:中国社会科学出版社,1994年,第74—85页。另可参见侯外庐主编:《宋明理学史(下)》,北京:人民出版社,1987年,第609页。陈来教授在《宋明理学》中刘宗周的部分也提到了理气间的第一性与第二性问题。参见陈来:《宋明理学》(第二版),上海:华东师范大学出版社,2004年,第301—302页。至于并不持有唯物主义立场,但是也坚持以气本论来统摄这一学脉的,参见刘又铭:《理在气中》,台北:五南图书出版有限公司,2000年,二版序第1—2页。

出来只能是四端,四端可以是喜怒哀乐已发的部分表现形式。其二,在蕺山的讲法中,也有不从道德情感的已发状态讲四端的,蕺山也曾讲过在没有外在感应时四端之心也在默默流行,只是没有表现而已。① 这一分析无疑更加细密深入,对蕺山的哲学思想给予了更充分的展开。高教授还在讨论蕺山的慎独思想时讨论了喜怒哀乐四气与好恶(即意)的关系。一方面,喜怒哀乐是从性宗指点,好恶是从心宗指点,但实际存在的心体只有一个。另一方面,好恶比喜怒哀乐流行更为隐微,且保任流行之体的工夫离不开主体的知觉,故而好恶之意又比喜怒哀乐更为根本。高教授在本书中的这一分析对于蕺山思想中最为核心的慎独与诚意之间的关系进行了更为细密的阐发,更为深入、清晰地展示了二者的关系。

## 四 研究方法与写作方式

在本书的核心章节,本书的写作依循于陈来教授《朱子哲学研究》等理学个案研究专著的写作方式。高教授的这本专著虽然初看上去像是对于某一理学家哲学思想的整体进行介绍,并在介绍过程中讨论相关的牵连内容而已,然而如果仔细阅读,可以发现高教授著作的内部是有多个部分,并且相互构成严密的逻辑关联的。具体来说,首先是对理学家文献著作的考证(主要包括写作年代、版本情况、思想史背景等),在此基础之上是对理学家著作的客观解读,最后才是对理学家思想的哲学分析。其中,作为确定事实的哲学史基础工作——文献考订往往会被读者忽视或者显得突兀,但事实上,文献考订恰恰是哲学史论述的坚实基础,本书在这方面有扎实而准确的成果。比如,在本书第三章第二节关于"无极而太极"问题的讨论中,高教授从文献的角度考察了"太极本于无极"这一说法的来源。一方面追索朱子的著作、语录,找寻朱子类似的表达,并且回溯思想史上后学对朱子的理解,合如上两判之辞,证明刘蕺山所批评的对象就是朱子;另一方面对照蕺山的著作与门弟子所记的语录,分析后人编辑蕺山著作时的删芟(截除了批评朱子的言论)及其原因(在"由王返朱"的时代思潮下避免后人非议),进而再次证明蕺山所批

---

① 参见高海波:《慎独与诚意:刘蕺山哲学思想研究》,第339页注释1。

评的对象就是朱子。① 可以说由文献考订通向思想解读而非以思想定性指导文献解读是中国哲学史研究的核心方法之一，高教授本书的写作虽然没有专门就这一方法进行描述，但却在必要的时候始终贯彻这一进程。另比如，在第三章第三节讨论"理气合一"问题时高教授首先考订了《道统录》与《明儒学案·师说》的关系。在第四章第一节讨论人心、道心关系时高教授首先说明了《中兴金鉴录》与《存疑杂著》相关内容的一致性，并指出其为蕺山晚年新见。在第四章第二节讨论义理之性与气质之性的关系问题时高教授首先研究了核心材料《论语学案》的成书时间，指出此书为多年积习而成，以此说明了此书为何前后对气质之性、义理之性的看法稍微有所不同。最后，不得不提的是高教授本书中对蕺山慎独思想分为前后两期的重要论断。在第五章讨论蕺山的慎独思想时高教授在第二节首先讨论了《论语学案》第一卷的亡佚与续补问题，以说明蕺山在四十八岁前并未倡慎独说；第三节则首先讨论了蕺山丁卯至乙亥年间的文献亡佚问题。在这两部分文献辨析的基础上，高教授将蕺山论慎独以甲戌年《圣学宗要》为界分为前后两期，并断定前期始于乙丑年，且丙子年后蕺山思想虽有新的发展，偏向讲诚意，但慎独说并非就此不提，而是仍在延续。这一分期发前人所未发，是高教授贡献给学界的又一新成果。从文献考辨入手是哲学史之所以能够为"史"的关键，这一点非常值得研究者赞赏并借鉴，笔者认为需要提醒读者在阅读的时候格外留意。

另外，中国哲学史研究在宋明理学部分还会展示出另外一种方法特征。正如彭国翔教授在有关侯外庐先生中国哲学史研究方法的论文中指出的，中国哲学的研究需要"深入历史上那些中国哲学家们的原始文献以及他们自己所固有的问题意识"。② 这一论断事实上也非常恰当地展现了高教授此书研究方法的另一重要闪光点。这一研究方法有两个要点：其一，吃透原始文献；其二，把握原始文献的固有问题意识。强调理学家的固有问题意识事实上是主张一种按照内在理路叙述的方法，对这种方法的坚持可以帮助研究者不轻易用外在哲学框架嵌套所研究的对象，从而如其所是地把握研究对象的真实

---

① 高海波：《慎独与诚意：刘蕺山哲学思想研究》，北京：生活·读书·新知三联书店，2016年，第83—89页。
② 彭国翔：《典范与方法：侯外庐与作为现代学科的"中国哲学史"研究》，载于《河北学刊》，2010年第5期。

情况。比如上文已经略有述及的气的问题。在对理气关系的讨论中,传统的气论框架会着力发掘所研究对象思想中的"气本"一面,表彰气的第一性、始基地位、本质性等等,而这一范式的背后是严格的理气二元对立思维,否则根本谈不上"一""始""本"的问题。在本书中,因为对刘宗周固有问题意识、思维方式的精准把握,作者始终没有"激进地"讨论气的革命性意义、气本问题,甚至反过来对此有所反思,不得不说这是非常值得肯定的。

在笔者看来,本书在研究与写作方法上或许有一个问题值得思考。"理气——心性——工夫"这一范式架构在中国哲学史宋明理学部分的研究中无疑是主流,高教授本书的写作也依循于这一范式。对这一范式的凝结与概括无疑来自朱子哲学,朱子哲学的广博使得由之而总结出的这一范式宏大、周延,不会轻易被其他哲学思想突破,也即其他哲学都可以放进其中进行研究,而不至于"撑破"范式边界。然而,因为来自朱子哲学,故而这一范式本身其实也展示出了一些较适用于朱子而不一定适用于其他理学家的特质,比如理气关系作为"第一哲学问题"的重要意义,至少这一点在陆王哲学中就不明显。具体到刘宗周的研究,其实研究界并不是所有的著作都以理气问题着手下笔,比如张学智教授的研究首先关注的是"道体"问题,陈来教授的研究首先关注的是"意念之辨"问题①,他们都指向刘宗周哲学思想最具创造性的"意根独体"这一思考。对比而言,笔者想要提出的是,高教授全面应用"理气——心性——工夫"的写作模式会不会有如下两个问题:第一,这样的研究、写作方法会不会一方面遮蔽了意根、独体作为蕺山学核心范畴的地位,另一方面,蕺山哲学的目标之一,即绾合、批评朱子式的理气、心性等二分,所以从朱子式的这一范畴出发会不会使得对蕺山思想的揭示反而不太直接、清晰?第二,这样的写作方法将蕺山思想中的一个问题拆分成多重,在理气论、心性论、喜怒哀乐四气流行、诚意说等多个层次上重复叙述,会不会一方面反倒不能彰显蕺山学所谓"一元"的重要特质,另一方面也造成了本书部分内容的前后重复?

---

① 参见张学智:《明代哲学史》,北京:北京大学出版社,2000 年,第 434—458 页。陈来:《宋明理学》(第二版),上海:华东师范大学出版社,2004 年,第 292—310 页。

## 结　语

　　学界持续多年的宋明理学专人研究目前不仅为这一领域奠定了成熟的研究范式,也推出了一批优秀的研究著作与学人。在阅读高海波教授这部著作的过程中,我们所看到的不仅是准确的文献考辨、细致的文本解读、深刻的思想阐发,而且能体会到这一个案研究背后的研究范式多年来成熟运用所产生的学术典雅与精致。思想的推进需要传承与质疑齐头并进,在本书中,我们可以看到高教授以自己的努力向整个学术传统发出的最严肃的敬礼。

（秦晋楠,北京大学哲学系博士研究生）

# 丰子义、郗戈、张梧:《社会发展的全球审视》

## 北京:北京师范大学出版社,2017 年

全球化的深入推进使当代社会发展发生了深刻的变革,并开启了重新审视社会发展理论的研究视域。在全球化条件下,世界格局发生重组、世界交往形式不断调整、国内外环境显著变化,引发了各种新矛盾、新问题,并表现出错综复杂的新特征、新趋势。如何在全球化境遇中对重要理论问题与实践问题进行深层反思,从而实现社会的健康发展,成为了发展研究必须面对的重要问题。《社会发展的全球审视》正是一部以全球化为理论背景,植根于当代中国现代化转型的现实实践而撰写的著作。该书作为教育部人文社会科学重点研究基地重大项目"全球化视野中的中国社会发展"的成果,共分九章展开论述,其中导论、第一、五、九章由北京大学哲学系丰子义教授撰写,第六、七、八章由中国人民大学马克思主义学院副教授郗戈撰写,第二、三、四章由北京大学哲学系助理教授张梧撰写,对全球化时代的社会发展进行了深入探讨,全书主题鲜明,例证翔实,逻辑严密,语言精练,节奏明快,极富理论意义和现实意义。

作者在导言中指出,全球化已经成为不可回避的现实和历史发展的潮流。在社会发展的过程中,全球化扮演了多重角色并对社会发展产生了深刻影响。其一,就全球化所扮演的角色而言,全球化是作为时代背景的全球化,是作为历史发展高度的全球化,是作为发展工具与手段的全球化,是作为发展"问题"的全球化,更是作为社会发展内在要素的全球化,全球化的深入推进使当代社会发展产生了深刻的变革,全球化不再仅是一个国家社会发展的外部背景,而日益成为社会发展的内在要素,这一变革开启了重新审视社会发展理论的研究视域。总体而言,全球化在当代社会发展中扮演的角色是多样的,所提出的问题也是尖锐复杂的,以至于研究发展不能无视全球化。这

种情况的出现,客观上要求在对"中国问题"和"中国经验"的合理把握上确立一种全球化的思维方式。其二,就全球化的影响而言,全球化在发展的内外因关系、时空关系、发展的顺序性与跨越性关系、虚拟与现实的关系、分化与融合的关系等问题上深刻影响了现代社会的发展。研究全球化条件下的社会发展,目的是要使我国在全球化进程中更好地探索出一条适合自己发展的新路,这就要求将视镜拉回到中国的现实,用全球化的观点来审视中国的社会发展。

## 一 发展机理的深入揭示

只有对全球化时代的社会发展有一个准确的"把脉",才能在具体的发展上正确地提出问题、分析问题,才能使研究"有的放矢";也只有站在世界历史发展的前沿和制高点,把握当代社会发展的基本规律和基本趋势,才能清楚地观察和判断发展的格局,寻求本国的发展出路。① 正是基于这样的方法论自觉,作者对全球化时代的社会横向发展规律,全球化时代的时空关系,全球化时代的社会结构以及全球化时代的社会运行机制进行了深入阐释。

"发展,就其一般意义来说,是指在一定的起点上'发'与'展'的结合,前者指的是纵向的发育,后者指的是横向的拓展。"②以往的研究主要集中于社会纵向发展,对社会横向发展关注不足,而要深化对人类社会发展规律的认识,不仅要注意推进社会纵向发展规律的研究,同时要重视社会横向发展规律的探讨。作者指出,"一般来说,纵向发展主要指人类社会从低级形态向高级形态发展的趋势,突出地表现为五种社会形态依次更替的过程;横向发展主要指近代以来民族历史向世界历史转变的趋势,集中体现为一种开放的和全球化的运动"③,虽然前资本主义社会也存在一定程度的横向发展,但随着交往范围、交往内容和交往方式的变革,人类历史的横向发展直到近代社会才得以展开。在社会横向发展的过程中,资本逻辑作为根本性的内在动力,

---

① 丰子义、郁戈、张梧:《社会发展的全球审视》,北京:北京师范大学出版社,2017年,第1—2页。
② 丰子义:《发展的反思与探索——马克思社会发展理论的当代阐释》,北京:中国人民大学出版社,2006年,第7页。
③ 丰子义、郁戈、张梧:《社会发展的全球审视》,第49页。

通过资本对经济发展全过程的支配,从经济控制到社会全面控制、从民族统治到世界统治深刻影响了社会横向发展,在资本追求价值增值的过程中展现了世界历史的形成过程。在前论基础上,作者进一步揭示了社会横向发展与社会纵向发展之间的互动关系,指出社会横向发展作为社会纵向发展的产物,在全球化条件下深深影响了人类社会发展,加快了社会纵向发展的进程,推动了社会发展的重大转型,为发展注入了生机与活力,促进了文明水平的提升并促成了"跨越式发展"的出现。而深化社会横向发展的理论研究,有助社会发展规律的全面把握,有助于形成新的发展理念,推进现代化进程,这就要求我们自觉顺应历史潮流,在世界背景中认识自我,注意从总体到部分的思维转换;合理把握资本逻辑,正视资本逻辑的内在矛盾;从本国实际出发,正确选择发展道路。

  全球化的出现,还使社会时空问题日益得到凸显。作者考察了时空观念的历史流变,阐释了马克思的时空观念,指出全球化实践解构了传统的时空观念,时空和空间从外在于事物运动的静止容器成为内嵌于运动变化发展之中的对象和产物,从原先的时空中的生产转向了时空本身的生产,从历史维度转向空间维度、从时间主导转向了空间主导,社会时空在"时空压缩"和"时空分延"中高速流动并不断重组产生差异化时空。作者进一步指出,时空现象的重构要求我们重新考察时空关系,只有从资本逻辑出发,才能合理把握社会时空:从资本逻辑与社会时空的一般关系看,资本的本性决定了资本具有时空扩张性,资本和时空以社会关系为中介相互关联,资本和时空在社会关系的生产与再生产中实现了相互转化;从资本逻辑对时空现象的具体塑造看,交换价值的生产是时空物化和抽象化的内在机制,资本的再生产是时空布局的内在机制,资本的积累逻辑是时空流动和重组的内在机制。时空关系的深刻调整对社会发展方式的变革提出了时代要求:首先,"资本逻辑所蕴含的对抗性矛盾在全球范围内的各个层面上的社会空间内部不断布展"[1],这就要求在全球时空失衡的情况下处理好发展的自主性与依附性的关系,坚持经济自主和文化自觉;其次,社会发展必须始终在非均衡与均衡性的动态过程中保持可持续性,这就要求要把时空压缩转化为发展动力,就我国而言,必须

---

[1] 丰子义、郗戈、张梧:《社会发展的全球审视》,第86页。

将"大国规模"转化为"大国优势",在发达地区推进技术创新和产业升级,在欠发达地区找准"比较优势",实现"弯道超速";最后,要在时空转换中实现人的发展,从而真正实现社会发展的合理性。

社会发展实质上是这个社会之结构的功能表现,社会发展主要体现为从传统社会结构向现代社会结构的转型过程。随着全球化的深入发展,社会结构的转换从内生自发到呈现外部输入特点,社会结构的各个组成部分从协调统一到异质失衡,传统的社会发展纵向规律已经不能满足社会结构现代转换的新特征和新问题,要想在全球化时代中把握社会结构的现代转换,首先应当完成从纵向规律到横向规律的理论视域的转换。作者指出,马克思主要在社会关系的基础上把握社会结构,亦即将社会结构理解为交往关系的规范化[①]。在全球化时代,普遍交往对于社会结构产生了深刻影响,并主要体现在以下方面:第一,全球化的普遍交往赋予每个国家的社会结构以鲜明的开放性特征;第二,全球化的普遍交往使得各个国家的社会结构从垂直化结构转向扁平化结构;第三,全球化的普遍交往使得不同国家的社会结构呈现出显著的差异性特征;第四,全球化的普遍交往促使社会结构的各个领域都具有相对独立的全球性特征;第五,全球化的普遍交往同时也使社会结构各个领域之间的不平衡性更加突出。同时,各个国家的社会结构在全球化中逐渐被整合为全球性社会结构,"在经济方面,出现了以资本逻辑为基础的全球性经济领域;在政治方面,形成了以民族国家为单位的全球性政治领域;在社会方面,出现了以全球问题为导向的全球性社会领域"[②],全球社会结构的三个组成部分既彼此联系,又相互制约,深刻地改变了当今时代的社会结构。在这种总体结构中,资本逻辑的双重效应决定了全球社会结构必然存在着同质化与差异化、趋同化与对抗化、全球化与地域化之间的深刻矛盾。这些矛盾反映到政治领域,形成了强国家形态、超国家形态、后国家形态和反国家形态四种国家形态相互交织的政治秩序,与此同时,全球问题和全球公共领域的凸显又为人类的重新合作提供了新的契机。在此情境下,随着全球社会结构的分化调整,社会结构的内在整合成为各国普遍面临的严峻问题。要在全球化

---

[①] 丰子义、郁戈、张梧:《社会发展的全球审视》,第102页。
[②] 同上书,第111页。

条件下实现社会结构的有效整合,应当处理好自发与自主、集中与离散、均衡与失衡、渐进与突变、学习与模仿等诸种关系。对于后发国家而言,如果能够妥善处理以上这些关系,那么社会结构重组的进程就会顺利推进。一旦社会结构得以重组,后发国家的社会生活就能建立起新的内在联系,由此形成与全球化发展要求相适应的社会有机体。这样的机体不仅能够灵活地有效应对和利用全球化,而且能够有效处理社会发展中各种矛盾与问题,从而可以加快现代化进程。

如果社会结构是静态意义上的社会考察,那么社会运行机制则是动态意义上的社会考察。社会运行机制是否合理,直接关系到社会发展的质量和水平。作者认为,社会的运行机制受到全球社会和其他社会运行机制的深刻影响,由此建立起了相互影响的内在联系。在此情形下,交往机制、竞争机制、创新机制和认同机制日益成为全球化时代社会运行的主要机制。首先,社会运行在生产、交换、分配、消费的过程中具体展开,以资本逻辑为推动因素,以普遍竞争为基本方式,并以交往机制为主要推进方式。随着全球化条件下交往机制的深入发展,社会运行的推进方式从原先的权力支配机制转向利益激励机制,从封闭条件下的孤立运行转向普遍联系中的协同运行,从单一线性方式向弹性多元方式不断转变,这就要求社会运行方式必须与世界历史的发展要求相适应,后发国家在面临外生被动、机制断裂、社会失控、发展失序等负效益时,要在全球化过程中不断趋利避害,并在调整中提高社会运行的协调性和适应性。其次,作为现代社会运行的主要推进方式,交往机制在全球化时代突出体现为竞争机制。一方面,竞争机制作为社会运行的动力机制,对经济和社会发展起到了助力加速作用;另一方面,竞争机制作为社会运行的调节机制,在对社会物质和社会矛盾的调节过程中,产生了双重效应。从正面看,竞争机制有助于促进资源在全球范围内的合理调节和生产要素的优化配置,有助于推动科技创新与生产力进步,有助于加快现代文明发展进程,有助于推动社会调节方式的变革,有助于推动社会发展的总体进步;从负面看,在资本逻辑的统治下,竞争也呈现出制造矛盾、影响社会发展的一面,使之无法成为调节社会矛盾、控制社会风险的唯一方式。再次,在现代社会中,创新在国家、个人、企业和社会组织的发展中发挥日益重要的作用,日益呈现出必然性、独立性、全面性等新特点,创新已经深刻地融入到社会运行方式之中,成为社会运行的内在机理。在全球化条件下,创新活动获得了强大的动力需求,从要素创新转向平台创新,并在创新主体、创新过程、创新推广等各层面得到有利支持,为了保障创新活动的充分实现,为了确保创新机制的顺利运行,我国在构建创新社会的发展趋势中,要在生产方式上,处理好"要素驱动"和"创新驱动"的关系;在社会观念上,处理好"创造精神"与"传统文化"的关系;在激励制度上,处理好"常规劳动"与"创新劳动"的关系;并在创新方式上,处理好"学习创新"与"自主创新"的关系。而在社会运行中,交往机制、竞争机制和创新机制都离不开对社会主体活力的激活,而社会主体的激活则有赖于社会认同的凝聚力量。作者区分了强制机制和认同机制,考察了认同机制的纵向发展,强调了认同机制的重要作用,探源了认同问题的当代凸显,指出了全球化条件下认同机制所面临的种种挑战,进而提出了多元条件下新认同机制的建构原则:首先,以文化自觉为文化认同的必要前提,保持本国文化的主体地位和自为状态;其次,需要重新审视传统文化,在吸收全球化合理成果的同时完成文化的现代转化;最终,在文化竞争中展开文化认同,在开放环境中进行文化认同和文化整合。

## 二 发展问题的具体探讨

为了避免社会发展理论研究出现宏观化、抽象化的弊病,不仅要在社会发展机理的深入阐释中做到史论结合,以问题为导向,还应当"把社会发展理论的研究重点从一般性研究转向具体性研究,将社会发展的一般化理论具体化、应用化,具体回答发展进程中所提出的各种问题,使理论具有较强的实用性和操作性"[①],这就要求人们对社会发展的具体情况做出理论说明。面对全球化实践中日益出现的新问题、新矛盾,不能仅仅停留于现象的描述,也不能局限于惯常的狭隘解释,应当从社会历史哲学的高度作出深层次的理解和把握,以达到理论自觉与实践自觉,从而引导和促进社会发展。有鉴于此,该书就机遇把握、风险应对、和谐发展、治理逻辑和文明建设等问题展开了具体探讨。

---

① 丰子义:《马克思主义社会发展理论研究》,第8页。

随着全球化实践的深入开展,机遇问题的重要性日益凸显。作者首先对机遇问题进行哲学审视,指出机遇是一个复杂概念,为了全面把握作为现实问题存在的机遇问题,就要在哲学原理的高度上阐述机遇:即不能仅从偶然性来理解机遇,同时要从社会发展的常规来把握机遇,机遇是社会发展规律作用的产物,是社会发展的不确定性常态化下的社会常规;不能仅从客体角度来理解机遇,同时要从主体角度来把握机遇,从机遇的指向对象、意义价值、实际作用来看,机遇都离不开一定的主体,机遇是主客体相互作用的结果;不能仅从外部条件去理解机遇,也同时要从内在因素来把握机遇,而外部因素能否转化为机遇,很大程度上是由国内发展的需求和选择决定的。作者进一步探究了机遇与社会发展的基本关系,指出一方面机遇的出现有赖于社会发展,社会发展的快慢程度和社会发展的交往程度直接影响了机遇的出现,并在历史转折关头和较长时段内形成两种类型的不同机遇,另一方面机遇则通过形成新的转机、发展的突破口,形成新的经济生长点、发展的牵引力对社会发展产生重大影响;同时要对机遇与风险、危机、挑战之间的关系进行合理把握,唯有如此才能做到善于创造、利用和把握机遇。由于机遇的丰富性和有限性并存,为了合理把握机遇,还必须明确把握机遇的原则和途径。这就要求我们在善于捕捉、善于利用的大前提下,深刻认识创造、变革和参与的重要意义,而具体到我国的社会发展,还需要自觉把握历史发展潮流、形成抓好用好机遇的体制和机制、创造争取机遇的环境和条件,并在关键领域抢占先机,从而充分发挥"后发优势",在保持发展主体性和自主性的同时,在全球化时代做到有所作为。

随着全球化的深入发展,社会发展的风险问题日益凸显,厘清全球化、社会风险和风险社会之间的内在关系,对风险问题进行当代把握成为本书关注的重点问题。风险是"表征未来的概念,是体现事物破坏性的一种可能性"[①],其来源具有自然和人类的双重属性,其后果具有积极和消极的两面性质,其预测具有可计算和不可预测的二重性,其自身是客观存在和主观认知的统一。伴随人类文明发展进程中风险日益社会化和"人为化"的趋势,"风险"日益成为"社会风险",在后工业社会的历史条件下,生成了独特的社会发展形

---

① 丰子义、郗戈、张梧:《社会发展的全球审视》,北京:北京师范大学出版社,2017年,第203页。

态,出现了"风险社会"这一"自反性现代化和全球化进程可能给人类生存带来毁灭性损失的社会发展阶段"①。风险社会中的风险表现出广泛性和普遍性、隐蔽性与突发性、复杂性与复合性等新型特征,并在全球化发展的影响下,日益形成了所谓的"全球风险",使得社会风险的来源显著增多,社会风险的影响和潜在后果明显放大,社会风险意识向全球风险意识不断扩展,推动社会风险治理机制的不断变革,并在经济领域、政治领域、社会领域、文化领域、生态领域不断加深全球风险。面对社会风险的全球布展,全球风险分配和承担的不平等,以及国内"压缩式发展"或"跨越式发展"的发展格局,面对风险应对这项系统工程,我国必须树立科学的风险观和风险忧患意识,进行风险反思,完善风险机制,提升应对能力;还应注意到全球性风险已将整个世界牢牢捆绑,各国之间已经从"国际利益共同体"日益转化为生死存亡的"人类命运共同体",这就决定了在社会发展过程中,必须构建合理的风险治理机制,加强国际合作,积极参与全球风险治理,共同抗击风险。

在社会发展过程中,和谐与冲突古已有之,于今为烈。一般说来,和谐是社会发展的稳定器,冲突则是社会发展的不确定因素;"社会和谐"是指社会关系内在矛盾中同一性方面占据主导地位的状态,"社会冲突"则是指社会关系内在矛盾中对抗性或斗争性方面占据主导地位的状态②。作者首先考察了当代社会冲突的全球特征,认为冲突的根源是全球性的,冲突的发生机制是全球性的,冲突的后果是全球性的,并根据冲突的影响范围、冲突的发生领域、冲突的对抗性质、冲突的具体种类划分了冲突的多种表现形式,指出引发冲突的深层原因是在国际政治经济秩序和国际竞争作用机制下的全球发展的不平衡结构。同时,从唯物史观的角度出发具体历史地考察冲突,除了要看到冲突恶的阻碍器的作用,还要看到冲突所具有的社会发展"激活剂"的一面,合理有限的冲突可以成为社会发展的一个重要的平衡机制,成为社会运行的"安全阀"和"减压器";合理有限的冲突可能形成一种竞争氛围,激发社会的创新活力;而冲突的解决则意味着积极的变革,对发展与创新具有重要促进作用,对新的制度和体制的创立具有激发功能。正确认识和对待社会冲

---

① 丰子义、郗戈、张梧:《社会发展的全球审视》,第 206 页。
② 同上书,第 227 页。

突的直接目的是为了更好地认识和寻求社会和谐。按照马克思主义的基本观点,不存在抽象的同一和无差别的和谐,实现社会和谐不是要消灭矛盾,不是要通过强行压制冲突而实现一种"非正义的和谐",而是要通过发展合理解决社会矛盾,协调多元利益关系,促进社会协调发展,从而实现"正义的和谐"。这就要求我们合理限制冲突的范围与强度,坚守"底线思维";要把冲突和和谐统一于社会发展的动态过程中;要合理对待利益多元化和价值多样性的现实;要在全面开放过程中,在国内和国外两个层面上,构建和谐社会和和谐世界;要致力于在政治上建立一个公平正义的民主法制世界,在经济上实现合作共赢、共同繁荣,在文化上加强对话、求同存异,并树立新的全球安全观;同时还要正确认识"依附理论""世界体系论""文明冲突论"和"中国威胁论",从而深刻理解中国的"和平崛起"和"和谐世界"构建之间的有机联系。

当前,全球化进程的裂变整合向人类提出了全球治理这一尖锐问题。对于全球治理来说,全球化无疑具有二重性,一方面包含着治理的难度,另一方面又潜藏着治理的积极条件。全球发展不平衡的结构导致了主体不平等、一元多级局面、不完善规制、权威缺失、共识困境等社会发展的制约因素,全球化的内在矛盾及其解决,对全球治理提出了客观要求。作者明确了治理的内涵,指出治理是各种公共的或私人的机构管理他们共同事务的诸多方式的总和,是为了调和不同利益冲突所采取的联合行动。[①] 文中还区分了治理和统治的不同,考察了治理的特征,明确了治理的主体,指出在经济全球化条件下,以跨国公司、非政府组织、跨国专家系统、公民社会、国家联盟等多种形式为代表的"超国家力量"或"非国家力量"不断崛起,作为传统治理主体的民族国家的权力不断削弱、部分权能被取代,但是民族国家仍是多元主体现实下不可被取代的重要全球治理主体。该书从以下层面指明了主权国家作为治理主体的优势所在:首先,只有主权国家才能签订具有法律效力和强制约束力的全球治理协议,从而有效启动全球治理进程;其次,只有主权国家才能动用政府力量、动员全社会力量来落实全球治理的各项协议,从而切实推进全球治理;再次,只有主权国家才能为全球治理提供有效的制度保障,从而加强全球治理的长期性和稳定性。进一步地,作者指出,反对"全球主义"和"世界

---

[①] 丰子义、郗戈、张梧:《社会发展的全球审视》,第 274 页。

主义"等"去国家化"思潮,并不等同于主张封闭僵化的"国家主义",而是要在开放的全球视野中完成从"统治"向"治理"的转变,从"善政"走向"善治",从"民族国家的政府管理走向全球治理"的转变。这就要求我们对外要积极参与"全球治理",对内要加强"社会治理",不断完善政府负责、社会协同、公众参与的社会治理格局,不断推进国家治理体系和治理能力的现代化,实现治理正当、坚持法治、政务公开、职责分明、管理高效、公众参与、社会稳定、社会公正的善治目标,实现国家治理体系和治理能力的现代化。

社会发展是文明不断创造和提升的过程,合理把握全球化时代的文明建设,有助于理解和推动社会发展。作者指出,文明的发展与社会交往的扩展密切相关,文明发展程度和全球化的发展程度是一致的,文明是全球化的内在要求[①]。在前现代时期,文明的发展从血缘共同体走向地域共同体,从孤立发展到"多中心"时期再到"轴心时代",但由于未能摆脱区域限制,发展水平有限;随着地理大发现、海上商业扩张和早期殖民掠夺、世界市场的建立和工业革命的兴起,历史才开始成为世界历史,文明在被动迎战挑战、主动学习交流和交互碰撞融合的过程中极大扩展了其发展的广度和深度。同时,作者明确了文化和文明的概念,指出文化是与自然相对应的概念,文明则是与野蛮相对应的概念,文明的发展状况是历史进步的重要标志,正如马克思所言"没有对抗就没有进步"[②],文明的发展也内含矛盾:首先,文明的冲突交锋要求我们必须认真考虑文化发展战略;其次,文化的认同危机要求我们必须树立文化自觉;再次,文化的重构要求我们对传统文化进行现代性的调适转换。进一步地,作者从全球经济发展、国际政治关系发展、全球性科技发展、文化交流与发展、互联网发展这几层维度阐释了文明发展对全球化发展的重要意义,对文明建设的重要性和具体要求做出了说明。我国的文明建设必须在全球视野和"五位一体"的"大文明"观中得以推进,并要做到善于总结经验教训、善于吸收文明成果、善于进行自主选择、善于在传承中创新,唯有如此才能确保文明建设的顺利推进。

通览全书,我们不难发现,作者坚持把基础理论研究和问题研究相结合,

---

① 丰子义、郁戈、张梧:《社会发展的全球审视》,第304、317、307页。
② 《马克思恩格斯全集》第4卷,北京:人民出版社,1958年,第104页。

坚持把纵向研究与横向研究相结合,坚持把静态研究与动态研究相结合,不仅关注社会发展的客观规律,还关注现实社会的人的发展;不仅关注社会物质生产的发展,还关注社会的全面进步;不仅关注生产实践的能动作用,还关注社会交往的意义和作用;不仅关注世界范围的全球实践,还关注我国发展的历史语境和现实土壤。做到了深入挖掘马克思社会发展理论的思想资源,批判吸收国外发展理论的研究成果,强化现实发展的当代研究,坚持了唯物史观的基本立场、观点和方法,在对众多学理的梳理中没有陷入"往而不返"的局面,由此可窥作者的学力与笔力。但是,面对现代性和全球化浪潮的层层包裹,当代中国处在古今中外矛盾的交叉点上,使原本存在着时空差距的问题同时呈现,从而使"中国难题"成为"世界之最",这使得在全球化的高度上来审视当代社会发展这项本就艰巨的工作,显得难上加难,很难给出完整而圆满的回答。正如作者所言,该书不可能将当代有关全球化和社会发展的理论全部囊括在内,也无意于构建宏大的理论体系,而主要抓住社会发展理论中的一些基本理论问题和现实问题加以重点考察,但即便如此,《社会发展的全球审视》一书以极大的诚意和深厚的功底向读者呈现了理论、问题、文本之间的当代对话,展示了自觉构建当代中国社会发展理论体系的努力,可谓是作者献给学界的一大力作。

(张茂钰,北京大学哲学系博士研究生)

# 聂锦芳:《滥觞与勃兴——马克思思想起源探究》

## 北京:中国人民大学出版社,2017 年

《滥觞与勃兴——马克思思想起源探究》是北京大学哲学系聂锦芳教授的新著。该书考察了马克思中学时期到博士论文阶段至今留存下来的全部文献,以规范的文本学研究方式勾勒了马克思思想起源时期的思想图景,是国内第一部系统研究马克思哲学起源期思想的著作。上编从青年马克思的情感世界观入手,探索了理解人性和世界的方式,着重分析马克思中学作品和大学诗作,下编以哲学思维和自我意识为主题,细致解读了伊壁鸠鲁哲学笔记和"博士论文"。如作者所言,他试图借"滥觞与勃兴"在三个层面构建缘起、传承与递进的关系:"一是对观照人性和世界的方式由情感和爱向哲学思维和自我意识转换轨迹的梳理;二是对由马克思思想起源期所萌芽、酝酿的见解到其后来更为深刻的社会批判和卓越理论建树之间关系的重估;三是对有关现代社会的发展怎样才能算作真正源自马克思思想之渊的伟大实践的思索。"[①]最终,作者发现,马克思在思想起源时期受古希腊罗马文化、犹太基督传统、近代人道主义、启蒙思潮和自我意识学说巨大影响,在哲学起点处已达到较高水准。所谓"滥觞与勃兴",寄托了作者试图通过学术化方式重新书写马克思思想史的探索,表达了人文知识分子担当与情怀。

## 一 如何进行马克思思想起源时期的思想叙事

马克思早期文献数量众多、思路繁杂。在材料运用方面,该书囊括了至今流传下来的马克思"博士论文"之前的全部文献材料,具体而言,包括中学

---

① 聂锦芳:《滥觞与勃兴——马克思思想起源探究》,北京:中国人民大学出版社,2017 年,第 18—19 页。

时期诗作《人生》和《查理大帝》、高中毕业班教学计划和功课表、中学作文、语言翻译和毕业证书等10份材料;大学时期写给燕妮和父亲的作品,以《爱之书》《歌之书》《献给父亲的诗册》命名的111首诗歌,还有题为《乌兰内姆》的剧本、1篇小说《斯考尔皮昂和费利克斯》片段;为写作博士论文摘录的7册《伊壁鸠鲁哲学》笔记和1篇博士论文。这些文献彼此题材各异、思想叙述杂乱,深层处偶尔闪烁许多天才的思想萌芽,表面上却根本看不出任何清晰明快的线索。

正因如此,学术界以往对其关注很少,留有研究上的空白,马克思早期思想也因此被简单化了。这组材料果真如通行理解的那样,是属于没有任何思想含量的青年呓语吗?抑或是所谓"革命民主主义转向"的前夕?"面对事情本身"进行研究是该书首先面临的核心问题。为此,作者悬搁了学术界以往对马克思研究的种种简单化和教条化理解的前鉴,直接落脚于文献材料本身,在重复阅读和审慎解读基础上,呈现出了这一时期的思想画卷。

在思想架构上,作者发现,这些材料关乎两组主题:第一组主题是马克思在中学材料和大学文学作品中专注用情感思维理解人性和世界;第二组主题是为写作哲学博士论文,大量摘录、分析和评论古希腊原子论哲学,特别凸显了哲学思维方式的养成。因此,作者分别对这两组材料进行处理,提炼、概括和诠释文献蕴含的思想,从而总体勾勒出了这一时期思想。这就形成了该书目录总体呈现的逻辑,上编专注用情感和爱来理解人性和世界,下编集中用哲学思维和自我意识贯连主题,以此构成了马克思思想起源期思想的阐释框架。此外,作者访学期间深处特里尔文化场的影响,对马克思的成长环境感同身受,加之对思想与时代、文本与命运等问题又已多年沉思,马克思早期思想图谱遂在文本甄别与解读过程中跃然纸上了。

在思想叙事上,作者试图接续马克思博士论文之前思想与"《莱茵报》—《德法年鉴》时期"的思想,解读达到了很高水准。通过考证马克思中学文献,作者验证了梅林所言"还在少年马克思的头脑中,就已经闪现着一种思想的火花,这种思想的全面发挥就是他在成年时期的不朽贡献"[①]的论断,显示了一个少年之眼观世界所达到的程度和思想家资质;在大学诗歌作品中,写给

---

① 弗·梅林:《马克思传》,北京:生活·读书·新知三联书店,1965年,第10页。

燕妮与父亲的那些情感鲜活的诗作,主题丰富多样、表达酣畅淋漓,描摹出马克思摒弃宙斯神圣天国,独爱人间普罗米修斯的世界观,"神的户籍在人间"是无神论哲学的宣言;在《伊壁鸠鲁哲学》笔记中,"原子论"哲学成为马克思哲学的起点,从实体与观念、主体与实践、内在与外在的关联中思考世界,马克思形成了比较完整的哲学思维体系,对其日后价值选择、理论建树、实践行为具有重要意义;从而,在博士论文中,马克思重塑了哲学与世界关系,提出了"Idealismus 不是幻想而是真理"的思想,能够在《莱茵报》—《德法年鉴》时期"迅速完成实践转向。总之,客观而公正看待思想家本人思想,还历史人物以清白,澄清以往对马克思思想简单化、教条化的理解,是作者一贯的初衷。

除思想叙事外,该书运用"文本之语"反思东西文明、人性共通等现代问题也是一大特色。为避免直面现实问题,作者把许多论断隐藏在了文本解读之中,需要读者自行去体悟。万不要以为这是一部就文本谈文本的书,千万不要忘记马克思在《资本论》中对时代曾说过的话:"这正是说的阁下的事情!"[①]马克思早期诗作关于情感主题的描摹和德国国民性的反思讲述的不正是当下的事实吗?但凡对人性有过深刻体悟的人,对当代中国国民性有过反思的人,谁会否认这一点呢?特别要提及剧本《乌兰内姆》和小说《斯考尔皮昂和费利克斯》片段,马克思对人性的刻画、对古希腊悲剧精神的抓取、对文学创作和超越性的领悟,与 20 世纪的文学表现手法何其相似,洞见人类精神发展的进程正是思想家之所以伟大的原因啊!以上这些思考在该书综论部分被提升为思考现代社会转型、反思马克思学说命运的问题。作者问题意识着眼当代理论界,用文本叙事的方式提出了如何发展 21 世纪马克思主义的问题。

## 二 深度诠释马克思思想起源时期的思想

如上文所述,《滥觞与勃兴》在理论建构和思想叙事方面都独树一帜,是一部文本个案研究的经典之作。该书材料运用翔实,思想解读深入,对马克思博士论文之前的全部思想进行了系统清理。也正因如此,必须向读者总体

---

① 《马克思恩格斯文集》第 5 卷,北京:人民出版社,2009 年,第 8 页。

介绍该书思想解读的成果,帮助那些对马克思早期原著不够熟悉的人更好把握该书解读成果,走进作者学术视野和马克思早年思想世界。

从中学开始,马克思已逐渐意识到社会关系的重要性,尽管此时还过多专注情感体悟和人生感受,但已经自觉养成了历史意识。在这些作品里,马克思浪漫而有情怀,专注而充满批评精神。大学以后,马克思更多用文学作品表现情感和人性主题。作为情感表达最集中的"爱"是最主要的论域。对马克思来说,爱充满温馨、浪漫,照亮了心灵的天空,却也伴随妒忌、允诺、背叛、觉醒与忘志,甚至还要夹杂婚姻家庭等世俗藩篱。爱情让拥有者自豪、让相爱者糊涂,给恋人们勇气和力量,去战胜强权、追求自由。与西方传统文化将爱导向宗教和上帝不同,马克思用"精灵"意向展现了一种独特的人本主义价值追求。"精灵"是助爱的使者,既如诱惑的海妖,是爱恨的化身,也充满人性,是潜伏人间的大地之神。"精灵"意向映现了理念与现实的矛盾,凸显了人的自我意识具有最高神性的哲学主题。

除男女之爱外,马克思借"父—子诠释""'创造'形式""作者—作品命运""情感塑造中的爱的多重结局"等主题拓展了爱的内涵,从个人情感深入平凡的人性,解剖德国人传统的民族性格,描绘了德国国民的众生相。德国人大言欺世却懦于行动,远离现实而沉溺思想,喜好编造不上台面的谣言,以至于穷极无聊、附庸风雅、昧于规矩、趋炎附势、思维单一、冷酷无情,在现实和超越庸常之间沉浮。此外,在剧本《乌兰内姆》中,马克思解剖人性自身存在的"复仇与征服""矛盾与悲剧"的悲剧性,透视了人生与社会的吊诡与变奏;在《斯考尔皮昂和费利克斯》中模仿感伤文学,甚至开启了与20世纪卡夫卡、达利等现代派巨匠相类似的风格,展现出深厚的古典主义文学功底。

伴随人生成长,马克思逐渐发现精神世界的错位、矛盾与困惑问题。"渴望爱的人不一定得到爱","权倾一切的人物也掌控不了情感","小鸟也可能比雄鹰更自由","情感与生命常常不可得兼",命运之所以如此,乃在于人无时无刻不受社会关系的制约和束缚,脱离社会的精神自由只是一种枷锁,人在自然与社会面前毕竟太渺小了。这帮助马克思逐渐完成哲学转向,学习用理性把握世界和存在的思维方式。在《伊壁鸠鲁哲学》笔记中,他通过重新探索"哲人"思维,找到了自己理解世界的起点,即古希腊哲学。古希腊"原子论"从哲学和伦理学两个维度影响了他。在哲学方面,马克思借助伊壁鸠鲁的议题,通过"天体—天象—人类"三者关系,阐明了坚持主体自我意识观照和理解世界的方式。这种"哲人"思维从原子化的实体转向探求实体的观念化,进而通过观念向主体转化透视主体与观念的矛盾——主体源于实体并在实体中接受审判,主体的这种处境必须与实践相关联才能揭示事物的真正本质。在伦理学方面,马克思通过甄别普卢塔克来评论伊壁鸠鲁,提出了一种幸福观——即沟通伊壁鸠鲁"身体健康、内心宁静"的幸福体验和普卢塔克式"精神自由、神性境界"的幸福必须依靠个体和社会力量,方能真正理解现实人性的极端和错位。通过对"原子论"哲学诸如"原子如何产生世界""什么是人的存在""构成世界的物质层次""原子偏离直线的运动""精神的本质和命运"等宇宙论问题的研究,马克思表示哲学要走向现实、融通宗教,要从思维方式演进来评判精神的真相,以此呈现哲学的"内在"特征与"外在"环境之间的双向互动,理解哲学史的任务乃在于明确个人、哲学、神以及诸概念的特殊规定与其体系本身的联系,并考察概念从体系中如何发展而来的问题。至此,马克思借助古希腊"原子论"哲学形成了比较系统的把握世界的方式。

建立在《伊壁鸠鲁哲学》笔记之上的哲学"博士论文",深入评判了原子世界的哲学原则和结构。首先,马克思揭示了古希腊三派哲学与希腊社会和哲学精神的关系,用"显微镜去发现"了伊壁鸠鲁哲学的独特价值,肯定了感性现实的真实性、偶性与观念的作用,凸显了人的自由和价值。马克思借助肯定原子偏斜运动,考察了自由与必然的关系、个体自由及其界限,由此得出结论,神无法帮助人克服对象世界的恐惧与迷信,唯有偏斜运动代表的自我意识才能把人从实体世界的矛盾中拯救出来,如政治领域建立"契约"的必要,社会领域需要"友谊"等等。其次,通过比较德谟克利特和伊壁鸠鲁分析了"原子论"哲学不同观点的差异,反思了个体与总体、本质与现象、时间与永恒等哲学范畴。特别需要指出的是,在"时间—感性知觉—物质世界"的关联中,感性的自然已经是对象化的、经验的、个别的自我意识,天象因此只是感知的结果和主体的一种实践。天象作为人现实的存在,一方面连接天体,一方面连接人的自我意识与观念,现象因此成为了实体与观念的中介。马克思以此揭示了原子论哲学缺乏个体反思性的局限。形式与物质、存在与观念之间的二律背反扰乱了人自身的宁静,把人对物质世界的恐惧和迷乱归咎于天象,这本身就蕴含了古希腊"原子论"哲学的衰亡。

## 三　建构21世纪马克思主义思想史的探索

通过对马克思思想起源期思想状况和演进逻辑的解读,在该书综论部分,作者讨论了德国现代社会转型和马克思主义学说当代命运问题。这对进一步提升该书思想诠释深度和当代视野,推进理论创新具有十分重要的意义。

作者认为,德国在现代化进程中充满了磨难与坎坷,先后经历了俾斯麦铁血当权的时代、纳粹恐怖统治的时代以及德国工人运动和社会民主党拯救德国的时代,德国最终才发展为经济发达、制度完善、政治民主化和生活水准很高的欧洲国家。在德国的历史上,它经历过真专制与假民主、政治虚假和财政骗局、漂亮言辞和龌龊手腕、军事独裁和政治狂热、世界大战和民主运动,最终,德国社会民主党依靠融入资本主义国家体制的方式来推行社会主义政策,实现了马克思主义思想与德国犹太基督传统、近代人道主义和启蒙思想的结合,促进了德国开放的民主法治社会的建成。反思当代中国,在中国共产党的领导下,马克思主义理论、中国古代传统文化、西方人道主义和启蒙思潮又该何去何从呢?如何发展马克思主义是一个复杂的课题,但无疑不能把马克思主义当作马克思本人所反对的"作为'超历史'的'万能钥匙'的马克思主义""'当作标签贴到各种事物上去'的马克思主义""作为政治斗争工具的马克思主义""垄断思想解释权的马克思主义"[①],学术研究中以往对马克思主义过于简单、极端和片面化的做法,并不利于21世纪马克思主义哲学创新。

对作者来说,21世纪的马克思主义哲学研究必须走学术化研究的道路。要发展马克思主义理论,首先必须重视文本学研究,客观公正评判原著思想,不能寻章摘句,把马克思主义当成万能钥匙,当作政治标签,当作政治工具,不能垄断真理的解释权,如此才能发掘出马克思思想中最有价值的部分,从而重塑当代中国的民族精神。正是基于此,作者开启了一部庞大的研究计划——《重读马克思》12卷本项目。作为文本个案,《滥觞与勃兴——马克思思想起源探究》正是这部丛书的起首之卷。也由于该书是作者独自写就最晚

---

① 聂锦芳:《滥觞与勃兴——马克思思想起源探究》,第435—436页。

的一部著作,因此在文献运用、思想阐释、逻辑建构和当代反思方面都显得比较成熟,该书以文本个案的方式比较系统地对马克思思想起源时期的思想史进行了叙事和书写。读者仔细阅读后,必将有助于提升理论视野,全面把握马克思思想起源期的思想,更好走进文本研究深处。

意犹未尽的是,该书似乎在整体逻辑展开过程中还存有改进之处。该书引言部分提示了全书主题、写作方式,综论部分对正文思想进行了提升,然而,正文章节的逻辑展开与作者所尝试建构的"缘起、传承与递进"的初衷不够贯通,许多意旨在文本细节解读中似有疏漏。倘若如此,这真算是本书的一种遗憾!然而,通过仔细阅读,我们能够发现,作者本人比较十分明了这一点。之所以如此,乃是因为该书导言和结论在写作时间上位于全书正文成型之后,并且该书是一部依靠文献考证和思想解读建构思想的著作,作者需要根据文献考证和解读对结果进行高度提炼,这才构成了引言和综论部分凝练的思想提升。此外,这本书并不依靠逻辑优先来组织材料,而是依靠归纳、提炼概括思想,其特点是力求保证所主张的观点贴近原著本身。由于原著本身带有题材不一、思路多变、叙述凌乱、观点有异的特点,为保证文本研究的客观化,也就只能忍痛牺牲逻辑上的完备性了。如果一定按照逻辑同质化来裁剪材料,其实降低了文本研究的客观性。如果清楚这一点,上述对文本学研究和本书逻辑上的批评似乎反而显得不那么重要。或者说,学界同仁更期待一部建立在翔实文本材料基础上,叙述简明、逻辑完备、单独介绍马克思思想起源的小册子。而这恰恰已不是作者在本书中所要处理的核心问题了。在不久的将来,进一步以叙述简明、逻辑完备提炼 12 卷本文本研究思想,进而写就一部关于马克思的思想世界的书,很可能成为学术界的巨大期待。

正是以这样严谨的方式,作者以实际行动开启了重写 21 世纪马克思主义思想的探索,摒弃随波逐流和追逐时尚的态度,至今已在马克思文本研究领域默默耕耘了 32 个年头。《滥觞与勃兴——马克思思想起源探究》正是这样一部宏大计划的起首,也是完成。该书达到的文本解读和建构水准是作者新近取得的研究成果和心得,而这必将有利于推进 21 世纪马克思主义思想史的书写。

(刁超群,北京大学哲学系博士研究生)

# 邹诗鹏:《虚无主义研究》

## 北京:人民出版社,2016 年

现代性与传统的断裂,是现代虚无主义产生的根本原因,究其本质则是对人自身价值的否定。如何从这种作为断裂征候的当代虚无主义困境中超越出来,已成为现时代精神生活的根本问题。不同于传统时代那种隐蔽性的虚无主义,伴随着文艺复兴和启蒙,传统在跌落神坛后日渐式微,这一趋势导致并加剧了虚无主义价值观。在这一历史课题上,现当代西方哲学及文化精神见证了现代虚无主义这一当代哲学的主题。这种见证不仅仅在于一套虚无主义思潮和话语体系的形成,更在于其所对应的虚无主义侵入欧洲文化的现实境况。自 19 世纪下半叶,欧洲思想即在一种世俗化趋向中逐渐陷入非理性主义。文化工业及大众文化对所谓"崇高价值"的废黜使得虚无主义蔓延到了欧洲的大门口。然而"虚无主义不是一种在某时某地流行的世界观,而是西方历史的发生事件的基本特征"。[①] 这也就是说,虚无主义本质性地内置于西方所掀起的现代化浪潮之中,是现代世界不断物化及空心化的表征。虽然就其社会文化及历史基础而言,虚无主义乃是波及全部欧洲的现代性结果,但在全球化背景下,为现代性所笼罩的一切都不可避免地染上了虚无主义价值观,并形成了虚无主义思潮。简言之,虚无主义作为一系列现代性精神征候之一种,已不单单是西方尤其是欧洲的特产。虚无主义是附着于现代性的话题,且是资本逻辑的伴生物,只要卷入全球资本主义空间中,便无法避免。

虚无主义作为现代性的伴发症,并不是一个理论问题,而是时代精神本身的问题。一方面,从大的历史视野来说,作为社会发展的必经阶段,现代文

---

① 〔德〕马丁·海德格尔:《尼采》(上卷),孙周兴译,北京:商务印书馆,2003 年,第 26 页。

明应当经受虚无主义的洗礼;另一方面,如何从这种持续了一个多世纪的消极的和否定性的当代虚无主义困境中超拔出来,建立起具有预防功能、防止其恶变的机制无疑是摆在现代人面前的一个时代性问题。邹诗鹏教授所著的《虚无主义研究》一书直面作为过渡性时代的精神征候的虚无主义,通过剖析现代虚无主义的历史性生成,对物化时代的虚无主义问题及其话语作了详尽而深入的梳理与考察,并从哲学与时代精神、社会文化思潮以及大众观念及情绪等多个方面,对当代虚无主义进行了系统深入的分析批判,同时也在历史、理论、实践及其教化各个层面或环节重建现代性与传统的关联上,建构了一套虚无主义诊疗学,包括虚无主义的病因病理、症候分型及其治疗方法。

邹教授对虚无主义所作的研究无疑在洞穿虚无主义本质的同时,破解了现当代种种对于启蒙理性的逆动。从思想史的角度看,这为重新理解虚无主义的现代性宿命提供了一条思想路径和一种考察方法。现代性是凭借理性并诉诸启蒙的方式来克服世俗化时代的无意义感,正是启蒙重新确立并高扬了人的价值及主体性。但悖谬的是,越是理性化,越是虚无主义,这看起来是现代性的一个宿命。现代性及其理性化以滋生的方式不断巩固了虚无主义,造成了"物"及"物欲"对人本身的吸噬。韦伯就认为理性化最终将导致"理性铁笼",即整个社会结构的官僚化、等级化、程序化以及法律化,人完全为系统的效率与功能所奴役。黑格尔以降的保守主义传统认为虚无主义是启蒙运动的必然结果。如果单从启蒙运动的理论成就而言,这一判断不无道理。毕竟作为启蒙运动理论成就的英法唯物主义本就蕴涵虚无主义。这种为马克思所批判的旧唯物主义作为现代无神论,在与有神论彻底断裂的同时,又将自身完全置于彻底物化的世界。这种物本化思维的旧唯物主义显然不可能从主观上理解人的精神意识活动,因而只能导向一种缺乏任何超越向度的物质主义及彻底的利己主义。在这一意义上,现当代的虚无主义无疑是其直接后果。但实质地来说,虚无主义是反启蒙的。如丹尼尔·贝尔所言:"虚无主义正是理性主义的瓦解过程。它反映出人的自我意志要摧毁自己的过去,控制自己的将来。"[1]启蒙弘扬理性,而理性

---

[1] 〔美〕丹尼尔·贝尔:《资本主义文化矛盾》,赵一凡、蒲隆、任晓晋译,北京:生活·读书·新知三联书店,1989年,第50页。

主义的形成和建构过程,本身就是抵御虚无主义的过程。启蒙主义一方面克服神学虚无主义,但另一方面,过度的世俗化反过来强化了现代性的虚无主义。在很大程度上,从启蒙传统开出的资源不仅渐渐难以克服虚无主义,而且自身也陷入虚无主义泥潭。这才有了尼采所谓虚无主义全面降临欧洲的判断。尼采所针对的显然是启蒙的传统。但是完全走向启蒙的反面,诸如后现代的非理性主义、反理性主义等,同样会使得虚无主义进一步凸显。在批判虚无主义上,启蒙思想显然是不可或缺的资源,但同时也是一种需要扬弃的传统。邹教授通过梳理现当代诸多虚无主义批判思想,特别是马克思的新唯物主义、唯物史观以及资本批判思想,在深入批判虚无主义的同时,对克服、遏制和治疗当代虚无主义作出了有益探索,不仅在理论上发展了对虚无主义的研究,也拓展了马克思思想的当代视野,更在现实上为如何历史和实践地看待现当代的虚无主义,特别是作为中国现代社会文化转型顽症的虚无主义倾向,提供了一条可供践行的现实途径。

## 一 现代思想对虚无主义的批判及其困境

现代虚无主义研究者往往将虚无主义追溯至柏拉图的《智者篇》。对存在的虚无,更是前溯至巴门尼德的"无"所引发的对"存在的遗忘"。西方有无之分一开始就是排斥"无"的,"存在论"实为"存有论"。这无疑表明在西式存在论的起源,就已经预置了虚无主义的种子。其后理性主义日渐成为西方传统的主流,并分化为世俗化和神学化两个方向。然而不论是指向世俗经验及其知性活动的现象界,还是包裹着"虚无"观念的超验宗教或神学世界,虚无主义都如影随形,并在西方近现代思想中的三次虚无主义运动[①]中日益壮大,最终导致了现当代的西方虚无主义的病症,并形成了由激进政治思潮和非理性主义思潮所催生的两种语境。

（一）现代哲学对虚无主义的批判路向

克服虚无主义是现当代哲学与文化精神面临的难题。现代西方哲学的

---

[①] 在尼采看来,自柏拉图以降,西方文化精神进程中有三次旨在挑战并否定形而上学的虚无主义哲学运动,分别以笛卡儿、康德和叔本华为代表。

诸多流派乃至于后现代主义,在表现出虚无主义的同时,也都对虚无主义做过一定程度的批判与抵制。邹教授将现代性思想中对虚无主义征候的尝试性"克服"大致分为三个路向:

一是现成的传统,即休谟以降的经验主义与相对主义传统,包括20世纪以来形成的实用主义及结构功能主义。这些从属于现代实证主义大传统的诸派别,均假定价值与事实的二分,承认现代性在事实、结构以及制度方面的合理性及其有限性,拒斥形而上学因而也拒斥虚无主义。但这一路向同时也助长了虚无主义。

二是卢梭、韦伯、尼采、海德格尔等带有浪漫主义或保守主义的路向。这一路向将虚无主义视作是现代性的另一面,简言之:现代性本质上就是虚无主义。这也就是说虚无主义只存在于现代社会中。韦伯就认为虚无主义乃是现代性与生俱来的规定性并且注定是其终局。因此,克服虚无主义的唯一路径,即向传统回复。譬如尼采就通过一种复活了的悲剧意识以及悲剧时代,区分了古典的虚无主义与现代的虚无主义,并主张以前者即积极的虚无主义去克服后者亦即消极的虚无主义,从而超越欧洲悲观主义的核心价值观。如果说尼采仍然只是在西式形而上学的传统中呈现虚无主义因而依旧属于价值论层面的虚无主义,那么海德格尔则是力求揭示虚无主义的存在论基础以及虚无向存在的还原之路。在可比较的研究资源中,海德格尔从一种溯源式的存在(论)展开了对虚无的存在分析。这一分析在生存论意义上引出了虚无主义价值。其所呈现的对自然存在的还原,无疑展开了一种突破西式形而上学传统并面向非西方传统开放的想象空间,由此关联于"存在"的形而上学及相关问题,无疑承担着人类自身命运的历史使命与信念。与海德格尔把"虚无"推到其始源处不同,萨特是直接接受了意识的虚无,以意识的虚无否定了存在问题,进而将意识与存在的虚无与自我的虚无连接起来,以个体自我释此在。海德格尔"虚无的存在学"敞开了存在之本质性的"虚尤",如此规定是对人类生活的真正存在论性质的规定,因而就其本身而言并不等于虚无主义。所谓虚无主义总还是指作为价值的虚无主义。所以萨特式生存主义的虚无探讨,在海德格尔看来,无疑是向价值虚无主义的一种倒退。① 总体而言,正像这一路向不得不面对现代性的悖论及其复杂性一样,他们对虚无主义的传统酵素无法视而不见,而这一路向本身的犹疑与抑郁气质,又不断激起虚无主义之思。

三是激进政治思想,即马克思以降至西方激进左翼传统、西方马克思主义及其法兰克福学派等所形成的资本主义社会批判思想。在这一路向中,虚无主义乃是人的本质及其对象性活动迷失或丧失于外化异化劳动及其资本主义无处不在的拜物教的结果。但重理现代与传统的关系,一直是马克思主义及其激进左翼理论传统面临的课题,保守主义正是藉此指责马克思主义为现代虚无主义之一种。

## (二) 现代性思想对待虚无主义的话语

在西方思想传统中,形而上学的形成过程持续地遮蔽虚无,以致把虚无仅仅看成是一种非理性的范畴。这也就是说,形而上学及其形成就是虚无主义。形而上学不是虚无的存在学,而就是虚无价值的观念论化。区别于传统虚无主义通过神与理念对人的存在的否定,现当代的虚无主义伴随着虚无主义价值观和虚无主义产品的全球化,传统时代形成的那种间隔化的物质与精神的关系,被技术化与消费世界所重置并抹平。上面提到的现代性思想中对这一现代性病症的克服本身就代表了三种对待虚无主义的话语:首先是以韦伯为代表的对现代性的无力和顺从,这是一种彻底的虚无主义;其次是以尼采、海德格尔等为代表的古典虚无主义的回溯和还原的努力;三是以马克思为代表的历史进步论及其对虚无主义的自觉克服。

上述三种路径其实都是把问题的解决或呈现诉诸历史,都表达了现代性话语中的历史逻辑,因而可归之于现代性语境中的虚无主义的典型言述。从评价的角度来看,韦伯的理性化属于一种不彻底的历史主义。因而其在历史与未来之间呈现出双重的犹疑,而虚无主义乃是其最本质内容。尼采及其后的海德格尔,则是把现实以及可能的未来回迁到过去的历史中并为虚无主义

---

① 海德格尔当然清楚深入时代精神骨髓的虚无主义征候,而他之所以反对价值观层面的虚无主义批判,实是因为在他看来如此批判,反倒是重复了并且在更低的层次上重复了虚无主义。参见邹诗鹏:《虚无主义研究》,北京:人民出版社,2016 年,第 35 页。

"正名"。当尼采尤其是海德格尔在存在论意义上将物化与虚无主义等同起来,并进而把握为世界历史时代的必然进程时,其不仅是在拿主体性以及形而上学"垫背",而且也"捆绑"了整个现代性及当代史。如施特劳斯所认为的那样,尼采以及海德格尔实际上还是从现代性的方向来批判现代性,因而实际上还是进一步巩固了现代性,并进一步暴露出现代性的危机以及西方文明的危机。故而在虚无的存在彻底跌落为价值虚无主义时,海德格尔依然只能求助于"上帝"。相较之下,马克思则是通过将历史诉之于未来从而克服在他看来作为"异己物"的虚无主义。这不仅洞察到了虚无主义是现代资本主义社会异化及其拜物教的必然结果,而且坚信通过人的历史性解放可以克服虚无主义。

## 二 现代性语境下马克思对虚主义的批判

自尼采以来,虚无主义就被规定为当代文化的重大境遇。故对尼采来说,对西方文明根源性的批判,其全部的主题即是"虚无主义"。尼采宣称虚无主义是上帝退场之后人必然面对的主题,其始自柏拉图—基督教哲学体系之形成。正是柏拉图—基督教体系设定了一系列的对立,诸如理念世界与感性世界、彼岸世界与此岸世界以及信仰世界与实存世界,并肯定前者否定后者,由此导致了消极的虚无主义。但柏拉图的观念论不过是隐藏的虚无主义,笛卡儿基于怀疑精神而形成的反形而上学,才是历史上第一次积极的虚无主义运动,并延续到康德充满道理热忱并深刻影响18世纪欧洲思想家的不可知论。叔本华则是开创了现代虚无主义运动的第一人。尼采肯定叔本华,实际上是为了否定形而上学,通过强力意志以重估一切价值,从而回归基于其强力意志的古典的和积极的虚无主义。海德格尔承接尼采,且更为原创地将虚无主义看成是存在离弃存在者的结果。对于价值虚无主义,海德格尔只是在形而上学的意义上展开追问。同马克思的资本批判相比,海德格尔及其他现代存在主义哲学家对虚无主义的诊断,有两个特点:一是以技术批判代替资本批判;二是以物化代替异化。虽然在海德格尔之后,现代哲学及后现代哲学实际上中止了对虚无主义的批判。但时代精神却仍然不可遏止地陷入价值虚无主义,这无疑既在一定的程度上显示了海德格尔这一技术批判思想在面对现实时的无奈,也表明了在虚无主义的现代批判史上,从马克思经尼采再到海德格尔,批判力度的一再减势。从这一角度出发看马克思基于唯物史观及其人的解放学说对虚无主义的批判,无疑在当下依然存在着重思的现实可能与持续开发的理论空间。

### (一) 马克思思想出场的内外因素

精神生活问题的研究,必须诉诸历史哲学与历史理论的探究。就虚无主义批判而言,存在如下两个基本方面。其一是展开虚无主义批判的基本平台。虚无主义虽是在19世纪才成为专名,并由此成为当代精神文化的突出征候,但虚无主义却有自身的历史哲学基础,其理据主要是历史哲学或由历史哲学承担的精神哲学与宗教意识。不消说,历史哲学的产生,本身就是应对启蒙逻辑中出现的精神危机而来,黑格尔的历史哲学本身就标示着精神哲学的完成形式。在思想史上,我们可以看到,虚无主义的主题化,乃黑格尔式历史哲学及其客观精神跌落的结果。因而如何修复黑格尔历史哲学的客观原则,仍是现代思想界富于挑战的课题,而且这一课题本质上必须诉诸马克思的唯物史观;其二,有关虚无主义的诸种症型,如人类虚无主义、历史虚无主义、民族虚无主义、集体虚无主义,以及作为虚无主义亚症状的相对主义与犬儒主义等,核心征候即历史虚无主义。在所有虚无主义症型以及有关虚无主义的亚征候中,都贯穿着虚无主义,都要求展开对虚无主义的历史哲学批判。历史虚无主义不只是虚无主义的一个症型,而是整个虚无主义的焦点。对历史虚无主义的批判乃是对所有虚无主义症型的实质性批判。而马克思思想的重大使命就在于终结传统虚无主义,并创造新的价值信仰。故可以说历史性的扬弃与克服虚无主义是其对虚无主义批判的落脚点。

邹教授指出马克思是通过商品及货币拜物教这一切入点展开对虚无主义的批判的。概括来说,这主要包括三方面的内容:一是通过揭示现代性及其资本主义物化逻辑,进而揭示了价值虚无主义产生的生存论基础;二是对虚无主义文化现象的批判;三是基于唯物史观及其新唯物主义展开的虚无主义批判同现代哲学虚无主义的区分。对虚无主义这三方面的批判是建基于马克思对虚无主义的科学分析之上。首先是在哲学原则上,马克思在肯定启蒙历史功绩的前提下,以人彻底替换神并以自己的哲学宣告了一个彻底的无神论时代的到来。① 之所以说马克思唯物主义是彻底的,实际上在于他对虚无主义的弃绝,但如此弃绝已经预示着必然面对后宗教时代世俗化、资本以及技术等主题的持续回应。在那里,人的解放不是作为已经完成的历史任务,而依然是作为持续在场并不断转化的问题而出现的。对此,类似旧唯物主义、唯心主义等旧哲学始终无力面对,更加谈不上对历史进步的高度自觉;其次是肯定的现代性态度。如前所述,马克思新唯物主义及唯物史观提供了一种关于历史进步的根本信念。这一信念蕴含了当代人类生存活动所必备的辩证的、理性的和积极的生活态度。马克思并不否定虚无主义乃是现代性的一种征候,但同时也认定,作为自我异化的典型,虚无主义的克服与虚无主义的显现也将同时并存;最后是其实践批判活动所包含的虚无主义批判。人通过自身的实践活动去创造属于人自己的历史,这是马克思新唯物主义关于历史进步的根本信念。

### (二) 对马克思新唯物主义的评价

正是基于以上判断,邹教授认为马克思对虚无主义作了迄今为止最为彻底的批判。这种彻底可以从四个角度来讲:首先从存在论上讲,马克思从人的生存及生成规定和阐释存在,堵住了从存在向非存在或从"有"向"无"的过渡及推移;其次从认识论而言,虚无主义根深蒂固的观念论基础为一种基于实践的可知论所取代;再次从价值观而言,马克思构建的共产主义为人的生存意义作出了肯定的和具有历史意义的把握与阐释;最后从历史哲学而言,马克思通过建立人的发展理论、社会形态理论、生产方式理论以及人类解放理论于一体的唯物史观,既克服了保守主义史学观,也破除了虚无主义借以表达的政治哲学理据,还克服了由实证主义所巩固的单一的、线性的历史演进逻辑,抽掉了虚无主义的唯心史观基础,进而确立了历史全面进步的历史理论。

从作为真正的人的主体、"自由人联合体"的结构、生命活动这三方面的特征而言,马克思对虚无主义的历史批判依然是当今时代最有说服力与理论

---

① 马克思虽是以人的历史解放应对现代虚无主义的,但其人类解放思想不同于启蒙有关人类解放的思想。与启蒙将资本主义看成是人类解放的当然甚至于是全部的前提不同,马克思是把资本主义看成是人类解放及其实现过程中予以扬弃的环节。

效应的资源,并与现当代有关话语在物化与虚无主义课题上呈现出三个基本的界分:第一,马克思的立场是激进政治与唯物史观立场,而现当代有关物化与虚无主义的思想依然还是文化保守主义立场;第二,在对待物化逻辑与虚无主义关系上,马克思立足于唯物史观的资本主义制度批判,不仅与现当代有关物化与虚无主义话题,而且与卢卡奇的物化思想,存在重大区别;第三,马克思对物化逻辑及虚无主义的批判,在世界历史时代的展开方向上,必然要表现为对西方中心主义的识别与批判。

必须澄清的是,上面所作的"界分"并不是一种静态式的区别,并以此来突显马克思学说的优越性。马克思不是先知,处于早期资本主义时代的马克思,对于当代现实境况及社会文化问题,即使有所洞察,也难以切身体会和全面把握。故而所谓的"界分"并不是要在一种绝对贬低的意义上边缘化西方现当代有关物化与虚无主义的思想。首先,这种辨析表明了现当代有关话语既有益于把握和理解现时代,也有益于拓展马克思主义的当代视域,二者不能截然断裂开来;其次是揭示了马克思所关注过的那些问题依然是这一时代绕不过去的坎;最后,这种"界分"表明了马克思对虚无主义的批判,对于当下展开虚无主义批判仍具有独特而重要的价值。这一价值依照邹教授的说法是从三个方面体现出来的:其一,马克思的唯物史观及其新唯物主义蕴含着一种彻底的无神论精神;其二,唯物史观极清晰深刻的人类解放与进步学说,对现代虚无主义提出了针对性的批判;其三,政治经济学批判及其拜物教批判里蕴含着对利己主义以及物质主义的批判,因而也是对虚无主义产生的现代性观念的批判。

简言之,马克思对虚无主义的批判与现代思想有关虚无主义话语之间存在着一种批判性关联。这一关联本身即蕴含着虚无主义的现当代状况,其中交织着马克思与各路现代思想有关虚无主义话语的分疏与对话,其所呈现的乃是现时代精神的复杂性。

## 三 结 语

虚无主义运动,常常被看成是现代欧洲精神文化的产物和近代以来科学精神及其启蒙的结果。这一判断略显笼统。虚无主义并不是起自现代性,而是存在于历史中的常规性的文化出离。正如雅斯贝尔斯的判断：虚无主义乃是轴心时代建立的统摄世界的精神原则丧失的结果。因此对传统保持敬畏与传承，是应对虚无主义价值观侵蚀的基本方法。然而伴随着后现代非理性主义思潮的泛滥，致使许多人在一种反基础主义和反本质主义的语境下，丧失了对包括历史在内的宏大问题的思考旨趣与能力。由此在否定任何一种理性化以及形而上学的所谓"努力"中，虚无主义成了人的价值坐标。这无疑表明在尼采之后，整个现代性的精神文化并没有进入"积极的虚无主义"，而是陷入了一种消极颓废的精神处境。据此判断，当今时代已然成为一个价值虚无主义盛行的时代。

具体到我国这样一个有着几千年封建文化传统且仍处于现代转型的发展中大国，作为舶来品的虚无主义由于缺乏类似西方的文化背景，特别是其宗教传统①，故在用虚无主义描述中国当下精神现状时，无论从总体上还是从细节上，无论就中国文化传统的特质还是从现代中国人的价值世界看，无论从病因还是从病理上看，都存在着一定的隔阂。② 必须看到的是，"虚无是西方传统中的幽灵，却是中国传统中的精灵"。③ 邹教授进一步指出了中西两种文化巨大的存在论差别，而这又直接延伸到了对虚无主义的分析及其态度上：首先，中国的虚无主义传统是生成与生存意义上的，而西式虚无主义则带有存在论的"原罪"；其次，中国传统的虚无属于形而上学的虚无或本体的虚无，但其并非超验，因而也就不存在西方传统那种从存在的虚无到价值的虚无的跌落；再次，中国传统的虚无主义具有混杂性与世俗性；最后，中国的虚无主义传统领域属于一种以儒家为主干的文化治理框架，而儒家文化虽不是直接批判虚无主义，但其以拒斥神秘主义的方式拒斥虚无主义。

由上面的论述可知，虚无主义虽是西方的历史及其命运，但在世界历史的当下，却不一定是现代中国文化的命运。将西方世界中的虚无主义置入东

---

① 在尼采那里，价值虚无主义本质上是现代性的产物，是现代性离弃宗教传统的产物。虚无主义实际上呈现出的是上帝之死与人之生存的尖锐悖论。
② 现当代中国语境中的虚无主义，有两个来源：现代来源和传统本身。由于中国没有西方虚无主义生产时的宗教文化背景，与此同时又有着根深蒂固的享乐主义传统，因此发源于现代西方的虚无主义在向中国传播过程中，更多的是呈现出消极和负面的意义。参见邹诗鹏：《虚无主义研究》，第77页。
③ 邹诗鹏：《虚无主义研究》，第52页。

方传统,会体现到虚无乃是某种自然之流的涌现。在保持社会的流动性与活力上,中国传统是有优势的。就中国传统而言,日常生活及民间社会的稳定的机制与习俗,很难形成全面影响民众且持续化的虚无主义思潮及传统。实际上,西方传统自19世纪的非理性主义开始,即兴起了一股逆西方化的思想运动,其诉求的正是东方哲学,特别是佛释禅学与老庄道家,从叔本华、尼采至海德格尔,实际上反映了这一思想运动。这种现代西方思想家对东方传统的着迷,无疑是在告诫我们在看待现当下中国的虚无主义征候时,需要以恰当的方式对待中国传统的"虚无"思想资源。如此分析不仅是虚无的存在论分析的题中应有之义,而且还可在一种比较性的视域中突显中国虚无传统的现代性。这显然只有在一种世界历史的视野中通过辨析相关概念、梳理中西历史流变和反思批判当代现实中才能实现。

### (一)研究虚无主义的现实动因与研究特点

邹教授的《虚无主义研究》立足现实需要,以深厚的理论功底和学术素养、前沿性的问题意识与开阔的国际视野来研究虚无主义这一持续加剧并带有传染性效应的西方精神文化的顽疾,以期通过对虚无主义的批判及治疗的努力,为现代文明形成抗御这一侵蚀的机制与能力提供一定的助力。

首先是宏大学术论域。这一方面体现在对虚无主义滥觞及古今中外虚无主义的历史梳理和学术讨论上。譬如对当代法国哲学中虚无主义在空间转向与身体转向上所获得的全新话语的梳理;另一方面也体现在学术交叉的广阔视野中。邹教授在对虚无主义进行多层面梳理考察、机制分析、历史分析以及病理治疗的同时,展现了一种跨学科的视野,将哲学、史学、宗教学、社会学、政治学等人文学科在精神文化研究的深层次上实现了实质性的沟通。譬如在第一章第二节论述中国传统的虚无、空灵与天道中,就结合道家、佛家、儒家等对"虚无"的理解,指出中国艺术,譬如书画、园林、建筑等表明了在中国传统中,虚无并不是一种极端的形式,而是与这一文化系统之多样性共生的元素。此外,邹教授也注意多从日常生活取材来说明后福特主义时代的诸多问题。在这种铺陈的视域背后,无疑表明作者并不是将虚无主义看作是前提,而是将其作为一个历史的结果以求在对人类时间连续性的寻求中,包括寻求人与世界的生成性结构,理解个体生存、群体生存与类生存的时间性关联,把握过去是如何通过现在而指向将来的,以求在一种真正的历史哲学中分析批判当代的虚无主义。

其次是辨析相关概念。在本书中,邹教授对虚无主义相关概念的辨析是通过"区分"和"摒弃"两种途径来实现的,以求避免无意义的争论。其中"区分"比较好理解,就是将不同的概念、不同的语境区别开来,譬如邹教授在第一章展开对虚无的存在论分析的时候,就注意将虚无与虚无主义、中国传统的虚无资源与西方虚无主义传统、存在的虚无与价值的虚无等区别开来,分别予以系统的梳理和批判。此外,邹教授也依据主体性基础及其功能,将虚无主义分为三个大的层次,即:大众情绪上的虚无主义,存在于社会文化思潮中的价值虚无主义,哲学虚无主义。其中的价值虚无主义又包含人类虚无主义、历史虚无主义、民族虚无主义以及集体虚无主义等。这些都属于概念上的区分。在讨论民族主义与民族虚无主义时,邹教授指出要在全球资本主义的框架下展开西方与非西方话语的区分。这则是一种语境上的区分。当然概念和语境的区别并非截然二分,而是有机地统一在一起的,只是在特定的环境下所有侧重而已。至于"摒弃",则主要是针对一些无意义或者对研究主题关系不大的概念。譬如后现代,其作为一个没有明确时代指认的概念,本身就以一种疲软的方式指认了人对工业文明及后工业文明的消极认同。故而由于理性的匮乏,所谓后现代与现代性的对话只不过是某种话语的互换,并无思想的深度,基本不在作者讨论的主线逻辑之内。

最后是强烈的实践性。虽说邹教授在对虚无主义进行研究的时候特别注意区别描述与评价批判之间的关系,但其着力点显然在于一种扎根现实的批判。邹教授在第六章虚无主义的病理机制的分析中,包含着一种努力,即在一定程度上肯定经验的、实证的并诉诸结构的方法。虚无主义是现代性精神文化综合病症的并发症,因此对其病理分析,注定不是单一的。这也就是说对虚无主义的研究,不应只是陷入哲学层面,而应对社会事实层面的虚无主义作全面观察,并连带着分析相关精神文化征候,譬如民粹主义、犬儒主义、享乐主义、相对主义等。在邹教授看来,虚无主义是一种与现当代精神生活处境关联在一起的精神征候。这也就是说,虚无主义之所以成为一个现实问题与研究课题,一定有其所基于的精神事实以及精神生活的总体社会事实。如果不去研究社会事实,仅仅以一种前定的价值和原则对虚无主义展开外在的批判,无疑不能让人真正信服。所以在第二章中从"异化到物化""匮乏到多余""世俗化及其现当代的精神信仰处境"和"公共精神危机"四个方面展开了对虚无主义的当代精神生活处境的分析。

### (二) 虚无主义研究的理论限度与现实超越

该书总体上浸透着一股强烈的现实责任感和历史使命感,而马克思新唯物史观中包含着实证与批判这两个相互关联的维度,其中"批判既统辖着、也要求落实为实证;实证既支撑、也要求提升为批判。实证强调的是方法,批判重在贯彻实践原则,因而必然要求落实到存在论性的理论根基处"①,这两个相关联的维度无疑使得马克思在对人的历史的把握上显示了前所未有的自信。显然邹教授本人是认同和欣赏这种自信的。故而他特别注意挖掘马克思新唯物史观关于历史进步信念对时代与社会发展的巨大批判与引导意义。在缺失或剥夺了未来感的当代话语氛围中,这种"挖掘"既带着对虚无主义这一现代性"伴客"的忧虑,也带着现代社会必然接受虚无主义洗礼的惶恐,更带着通过这种洗礼从而获得整个现代文明在精神上免疫虚无主义的期待。

如果说到本书的未能尽意之处,首先是限于行文表述和论证严谨而不得不采取的一种对虚无主义相关问题的专题式研究,并由此造成的相对分散与言语重复,但在各个专题性梳理背后始终贯穿着的一种综合性思路在一定程度上弥补了这一点;其次是理论研究在现实问题上的无力感。这在前人对虚无主义的探讨中就存在。譬如从尼采开始,经海德格尔再到后现代主义,都包含了一种回复传统的精神努力,但在反讽的后现代文化氛围中,回复终究还是沦为并无社会批判与实践改造效应的精神自娱。作者本人显然也意识到了这一问题,对于虚无主义的理论性研究,实际上已经表明了虚无主义不能只在所谓的课题性质上予以把握。现代哲学虚无主义多是集中于存在论及纯粹精神层面,不仅与现实存在的虚无主义有很大距离,而且就哲学本身的理论全面性而言,也依然是片面的,反映的是一种片面的深刻性。对于缺乏实践感的研究而言,研究哲学虚无主义往往无益于思考现实中的虚无主义。正如邹教授所指出的那样:一方面,必须直观虚无主义的病理状况,为此需要悬搁所谓哲学虚无主义话语,以便从精神意识以及社会生活的方方面面弄清虚无主义问题,并作出有价值的判断;另一方面,悬搁并不是排斥,基于

---

① 邹诗鹏:《虚无主义研究》,第407—408页。

实践基础从而对哲学虚无主义话语的消化和分析,本身就意味着对当代虚无主义的深入把握与批判。以现实的虚无主义去理解哲学虚无主义,往往会误解哲学虚无主义,这样一种拿现实勉强地比附哲学理论的做法,实际上也无益于深入哲学虚无主义话语的实践基础。为此,邹教授将分析集中于价值虚无主义方面,特别强调从规范社会风气、习性培养、通识教育、社会建设以及心理疏导等方面对虚无主义的治疗意义,明确提出了启蒙及其教化、功能性治疗以及扶正祛邪三法及其运用,力求修复传统与现代的关系。邹教授这种对哲学虚无主义的研究,除了学术意义外,也力求为思潮意义上的虚无主义研究与批判提供了一种病理学的分析资源。但"现代人类是否能够走出自一个多世纪以来遭遇的虚无主义困局,还在于人类自身的实践智慧"。[①] 总结来说,邹教授对虚无主义的研究是在不断地提出问题和解决问题的过程中逐渐深入的,因而在触及坚硬的现实问题时,贴近现实的阐述和鞭辟入里的分析总是给人以酣畅淋漓之感。

历史的"当代化"意味着历史的时尚化、平面化及碎片化。与此同时,由于中国文化传统尚未完成文化自觉及其现代转化,包括尚未完成马克思主义信仰传统的中国化,尚未生成一种本土性的现代精神及信仰资源。在这种情况下,现时代中国的精神文化,极易于受西方当代精神文化(特别是后现代虚无主义)的负面影响。简言之,遭遇并陷入现代性物化处境的当代中国精神文化,与自身文化传统的断裂以及与马克思主义精神文化传统的疏离,造成了现时代中国人精神生活的虚无主义。正是在这一现实境遇下,邹教授指出要展开当代虚无主义研究与批判,不仅要区分东西方传统文化,还要努力发掘文化传统特别是中国文化传统中有关虚无的资源,在批判中汲取其积极的资源价值以激活历史感。这其中自然也少不了对马克思思想的发掘。邹教授对虚无主义的研究,无疑在分析、批判与克服当代虚无主义的层面上,挖掘了马克思思想的当代意义,在表明马克思有关虚无主义批判自身限度的同时,显示了当代虚无主义问题的复杂性,并指出了马克思学说在现当代需要直面的时代课题,而这无疑有助于开放和丰富马克思理论的当代性。同时,马克思理论指向于对人类未来及其命运的辩护与希望,以一种使命和关怀既

---

[①] 邹诗鹏:《虚无主义研究》,北京:人民出版社,2016 年,第 5 页。

在理论上延伸到了我国当下,对新时代的马克思主义者提出了新的要求,这种要求包含了马克思主义中国化与中国文化传统的现代转化的同时进行,也在现实社会建设层面的启蒙及其思想文化建设上,有助于推进社会主义核心价值的形成与构建,从而既在遏制的意义上,更在治疗和预防的意义上历史性和实践性地应对虚无主义这一时代精神的病理性过渡状态。

(郭清飞,北京大学哲学系博士研究生)

# 《哲学门》稿约

　　为了不断提高我国哲学研究的水准、完善我国的哲学学科建设、促进海内外哲学同行的交流,北京大学哲学系创办立足全国、面向世界的哲学学术刊物《哲学门》,每年出版一卷二册(每册约30万字)。自2000年以来,本刊深受国内外哲学界瞩目,颇受读者好评。

　　《哲学门》的宗旨,是倡导对哲学问题的原创性研究,注重对当代中国哲学的"批评性"评论。发表范围包括哲学的各个门类,马克思主义哲学、中国哲学、西方哲学、东方哲学、宗教哲学、美学、伦理学、科学哲学、逻辑学等领域,追求学科之间的交叉整合,还原论文写作务求创见的本意。目前,《哲学门》下设三个主要栏目:论文,字数不限,通常为1万—2万字;评论,主要就某一思潮、哲学问题或观点、某类著作展开深入的批评与探讨,允许有较长的篇幅;书评,主要是介绍某部重要的哲学著作,并有相当分量的扼要评价(决不允许有过度的溢美之词)。

　　为保证学术水平,《哲学门》实行国际通行的双盲审稿制度。在您惠赐大作之时,务必了解以下有关技术规定:
1. 本刊原则上只接受电子投稿,投稿者请通过电子信箱发来稿件的电子版。个别无法电子化的汉字、符号、图表,请同时投寄纸本。
2. 电子版请采用Word格式,正文5号字,注释引文一律脚注。
3. 正文之前务请附上文章的英文标题、关键词、摘要、英文摘要和作者简介姓名、出生年、现单位及职称。
4. 通过电邮的投稿,收到后即回电邮确认,3个月内通报初审情况。其他形式的投稿,3个月内未接回信者可自行处理。

　　在您的大作发表以后,我们即付稿酬;同时,版权归属北京大学出版社所有。我们欢迎其他出版物转载,但是必须得到我们的书面授权,否则视为侵权。

编辑部联系方式：

电子信箱:pkuphilosophy@gmail.com

通信地址:100871　北京大学哲学系《哲学门》编辑部

电话:010-62757598

## 《哲学门》参考文献的格式规范

**第1条**　正文中引用参考文献，一律用页脚注。对正文的注释性文字说明，也一律用页脚注，但请尽量简短，过长的注文会给排版带来麻烦。为了查考的需要，外文文献不要译成中文。

**第2条**　参考文献的书写格式分**完全格式**和简略格式两种。

**第3条**　**完全格式**的构成，举例如下（方括号[ ]中的项为可替换项）：

著作:作者、著作名、出版地、出版者及出版年、页码

　　吴国盛:《科学的历程》,长沙:湖南科学技术出版社,1995年,第100页[第1—10页]。

　　R. Poidevin, *The Philosophy of Time*, Oxford University Press, 1985, p. 100[pp. 1-10].

译作:作者、著作名、译者、出版地、出版者及出版年、页码

　　柯林武德:《自然的观念》,吴国盛等译,北京:华夏出版社,1990年,第100页。

　　Martin Heidegger, *Being and Time*, trans. by John Macquarrie & Edward Robinson, Harper & Row, 1962, p. 100[pp. 1-10].

载于期刊的论文(译文参照译作格式在译文题目后加译者):

　　吴国盛:《希腊人的空间概念》,《哲学研究》,1992年第11期。

　　A. H. Maslow, "The Fusion of Facts and Value", *American Journal of Psychoanalysis*, 23(1963).

载于书籍的论文(译文参照译作格式在译文题目后加译者):

　　吴国盛:《自然哲学的复兴》,载《自然哲学》(第1辑),吴国盛主编,北京:中国社会科学出版社,1994年。

　　T. Kuhn, "The History of Science", in *International Encyclopedia of the So-*

*cial Sciences*, ed. by D. L. Sills, Macmillan, 1968.

**说明与注意事项:**

1. 无论中外文注释,结尾必须有句号。中文是圆圈,西文是圆点。

2. 外文页码标符用小写 p.,页码起止用小写 pp.。

3. 外文的句点有两种用途:一种用做句号,一种用做单词或人名等的简写(如 tr. 和 ed.),在后一种用途时,句点后可以接任何其他必需的标点符号。

4. 书名和期刊名,中文用书名号,外文则用斜体(手写时用加底线表示);论文名无论中外一律用正体加引号。

5. 引文出自著(译)作的必须标页码,出自论(译)文的则不标页码。

6. 中文文献作者名后用冒号(:),外文文献作者名后用逗号(,)。

7. 中文文献的版本或期号的写法从中文习惯,与外文略有不同。

**第 4 条** 简略格式有如下三种:

**第一种** 只写作者、书(文)名、页码(文章无此项),这几项的写法同完全格式,如:

吴国盛:《科学的历程》,第 100 页。

Martin Heidegger, *Being and Time*, p. 100.

吴国盛:《自然哲学的复兴》。

T. Kuhn, "The History of Science".

**第二种** 用"前引文献"(英文用 op. cit.)字样代替第一种简略格式中的书名或文章名(此时中文作者名后不再用冒号而改用逗号),如:

吴国盛,前引文献,第 100 页。

吴国盛,前引文献。

Martin Heidegger, op. cit., p. 100.

T. Kuhn, op. cit..

**第三种** 中文只写"同上。"字样,西文只写"Ibid."字样。

**第 5 条** 完全格式与简略格式的使用规定:

**说明与注意事项:**

1. 参考文献在文章中第一次出现时必须用完全格式。

2. 只有在同一页紧挨着两次完全一样的征引的情况下,其中的第二次可以用第三种简略格式,这意味着第三种简略格式不可能出现在每页的第一个注中。

3. 在同一页对同一作者同一文献(同一版本)的多次引用(不必是紧挨着)的情况下,第一次出现时用第一种简略格式,以后出现时用第二种简略格式。下面是假想的某一页的脚注:

① 吴国盛:《科学的历程》,第 100 页。

② M. Heidegger, *Being and Time*, p. 100.

③ 吴国盛,前引文献,第 200 页。

④ 同上。

⑤ M. Heidegger, op. cit., p. 200.

⑥ T. Kuhn, "The History of Science".

⑦ Ibid.

4. 在同一页出现对同一作者不同文献(或同一文献的不同版本)的多次引用时,禁止对该文献使用第二种简略格式。

北京大学哲学系<br>北京大学出版社